macOS Mojave pour les nuls

Bob LeVitus

FIRST
INTERACTIVE

macOS Mojave pour les Nuls

Titre de l'édition originale : *macOS Mojave For Dummies*

Pour les Nuls est une marque déposée de Wiley Publishing, Inc.
For Dummies est une marque déposée de Wiley Publishing, Inc.

Collection dirigée par Jean-Pierre Cano
Traduction : Philip Escartin
Mise en page : maged

Edition française publiée en accord avec Wiley Publishing, Inc.

Éditions First, un département d'Édi8
12 avenue d'Italie
75013 Paris
Tél. : 01 44 16 09 00
Fax : 01 44 16 09 01
E-mail : firstinfo@efirst.com
Web : www.editionsfirst.fr
ISBN : 978-2-412-04117-8
Dépôt légal : 4e trimestre 2018

Imprimé en France par Pollina - 87062

Sommaire

Introduction

Et c'est reparti ! On remet le système d'exploitation en route, et plus précisément, comme le veut la tradition annuelle d'Apple, la nouvelle évolution de macOS X High Sierra qui porte, en 2019, le nom de Mojave. Après avoir pris de la hauteur l'an dernier avec High Sierra, Mojave fait référence au désert des Mojaves qui s'étend sur 40 000 km² au sud de la Californie. Bon, cette leçon de géographie étant donnée, force est de constater que, si certaines mises à jour d'un système d'exploitation sont anecdotiques, celle de High Sierra en Mojave est des plus profondes. Alors, que vous débarquiez dans le monde Macintosh ou que vous soyez un vieux de la vieille de ses diverses moutures, vous trouverez dans ce livre tout ce que vous avez toujours voulu savoir sur Mojave sans jamais oser le demander, et cela exprimé dans un langage clair à l'humour dévastateur.

À propos de cet ouvrage

Ce livre est l'évolution logique des précédents ouvrages de la collection *Pour les Nuls* que nous avons écrits à propos du système d'exploitation du Macintosh depuis sa version 7.5. Bien entendu, Mojave est la toute dernière évolution de ce logiciel développé par Apple, un programme sans lequel votre Mac ne vous serait pas plus utile que du beurre sans confiture, qu'un panier sans salade (ah ça, je vous avais prévenu que l'humour serait dévastateur). Vous trouverez ici tout ce qu'il faut savoir pour utiliser correctement cet outil.

macOS Mojave est une sérieuse évolution de High Sierra. Il suffira pour vous en convaincre que vous lisiez la section « Les nouveautés de Mojave » à la fin de cette introduction. Même si l'aspect graphique du système d'exploitation est globalement préservé, vous découvrirez de nombreuses améliorations et innovations comme un mode dit « sombre » qui permet de concentrer toute son attention sur son travail, de nouvelles actions rapides dans Aperçu, ou bien encore la possibilité de modifier un document directement dans Coup d'œil, et bien d'autres choses encore.

Comme ce livre se veut simple et humble – pour ne pas dire décontracté, voire carrément amusant parfois, nous avons à cœur d'étudier Mojave dans un langage compréhensible de tous, avec pour objectif majeur de vous aider à mieux appréhender la logique qui sous-tend ce système. Enfin, vous découvrirez de nombreux trucs et astuces qui vous feront gagner en efficacité.

Ce que vous ne trouverez pas dans ce livre

Savez-vous qu'un livre de la collection *Pour les Nuls* ne doit pas excéder un certain nombre de pages ? Non ?! Eh bien maintenant vous le savez ! C'est avec un humour et un plaisir non dissimulé que nous vous indiquons, dans la liste ci-après, l'ensemble des choses qui auraient pu figurer dans l'ouvrage, mais que vous n'y trouverez pas. Ce serait une erreur de conclure à l'inutilité de la lecture de ces lignes. En effet, la liste que nous allons dérouler sous vos yeux permettra à tout un chacun de ne pas chercher inutilement certaines informations dans le reste de l'ouvrage. Vous allez ainsi gagner un temps aussi précieux que considérable en éliminant toute recherche superflue. Par conséquent, voici ce que vous ne trouverez pas dans ce livre :

- **Des informations sur des applications livrées avec macOS Mojave :** Mojave installe une pléthore d'informations qui résident dans le sacro-saint dossier éponyme de votre disque dur ainsi que, pour certaines, dans le dossier Utilitaires. Certes, ces programmes sont importants, mais si nous les traitions dans ce livre, son volume serait tel qu'il vous faudrait une brouette pour le rapporter à la maison.

  Cet ouvrage est consacré à l'utilisation de la dernière mouture de macOS. En conséquence, nous n'y présentons que quelques applications en lien direct avec ce système d'exploitation, comme Calendrier, Contacts, Messages, Mail, Safari, TextEdit, iCloud, le Partage familial, mais insistons sur des fonctionnalités essentielles pour ne pas dire exceptionnelles comme l'assistant vocal Siri, l'application Photos, tout en survolant des nouveautés comme Bourse, Maisons, ou encore Dictaphone, et sur la nouvelle interface de l'App Store.

- **Des informations sur des programmes compatibles avec macOS Mojave, comme Microsoft Office, Pages, Numbers, Keynote, Adobe Photoshop, Lightroom,** ***etc.*** **:** il s'agit de programmes spécifiques dont la fonction n'est pas l'utilisation de Mojave à proprement parler. Des centaines de livres existent à leur sujet. Inutile d'alourdir celui-ci avec des logiciels que vous n'utiliserez peut-être jamais.

- **Des informations sur la programmation Mac :** il s'agit d'un livre consacré à l'utilisation de macOS et pas à l'écriture d'un code rébarbatif ayant permis à un ordinateur d'exprimer son talent sous vos yeux médusés. Si nous étions entrés dans les détails de la programmation de Mojave, cet ouvrage aurait pour le moins triplé de volume !

Quelques conventions

Les conventions utilisées dans ce livre vous permettront de naviguer plus facilement dans les différentes parties qui le constituent :

- Pour exécuter la commande d'un menu, nous employons la convention suivante : « Fichier/Ouvrir », ce qui, en clair, signifie : « Cliquez sur le menu Fichier et sélectionnez-y la commande Ouvrir. »
- Les éléments que vous êtes censé saisir au clavier sont présentés en **gras.**
- **Parfois, des phrases entières apparaissent en gras.** Il s'agit généralement des différentes étapes d'une mise en œuvre. Dans ces conditions, nous présentons en maigre les éléments que vous êtes censé taper.
- Les adresses Web et divers éléments qui s'affichent à l'écran apparaissent `sous cette forme`.
- Lorsque nous vous engageons à utiliser la touche ⌘, nous faisons référence à la touche Commande (Cmd), identifiée tout à la fois sur le clavier par une pomme et par un trèfle.
- Enfin, quand nous vous signalons qu'il existe, pour telle ou telle commande ou opération, un raccourci clavier, nous vous indiquons les touches qui constituent ce raccourci. Ainsi, l'instruction « Tapez ⌘ + P » signifie : « Enfoncez la touche ⌘, maintenez-la dans cette position tandis que vous activez la touche P ; relâchez ensuite ces deux touches. »

Prérequis illusoire

Nous sommes partis du principe que vous ignorez tout de macOS Mojave, mais que vous savez en quoi consistent un Macintosh et un système d'exploitation. Nous nous sommes attachés à expliquer ce programme dans un langage clair et concis, en le décrivant de la manière la plus complète possible. Nous espérons avoir atteint notre objectif.

Des icônes, de-ci, de-là

Régulièrement, des icônes placées dans la marge attirent votre attention sur les paragraphes en regard.

Elles épinglent un raccourci, une astuce ou une fonctionnalité non documentée de macOS. À lire.

Elles mettent l'accent sur un élément important. À mémoriser absolument.

Il s'agit de considérations d'ordre technique dont vous n'êtes pas obligé de prendre connaissance.

Ne négligez pas ces icônes : elles mettent l'accent sur des points qui méritent une attention particulière, car ils peuvent mettre vos données, voire votre Mac, en danger.

Nous nous servons de cette icône pour identifier des fonctions qui nous ont particulièrement plu ou déplu.

Elles signalent les caractéristiques et nouveautés liées à Mojave.

Les nouveautés de macOS X Mojave

Mac OS X Mojave, comme nous l'avons évoqué en début d'introduction, propose de nombreuses améliorations et innovations. La liste ci-dessous vous donne un aperçu de tous les apports et changements de cette nouvelle version du système d'exploitation d'Apple :

» Le Mode sombre qui permet de neutraliser la luminosité et les couleurs de l'interface pour mieux vous concentrer sur vos travaux, notamment en matière photographique. De plus, il est très reposant pour les yeux.

» L'image d'arrière-plan du bureau qui évolue en fonction de l'heure de la journée. Eh oui ! L'image passe progressivement du jour à la nuit. C'est pas beau le progrès ?

- Le mode d'affichage des éléments en piles évolue également pour mieux organiser vos fichiers logiquement. Par exemple, vous pouvez les classer par type de documents.
- Un Finder encore plus pratique pour identifier un fichier d'un simple coup d'œil. Il propose aussi de nouvelles actions rapides comme faire pivoter des images, créer des PDF, et j'en passe (ici en tout cas).
- Coup d'œil permet désormais d'obtenir un aperçu du fichier et d'effectuer des actions spécifiques sans qu'il soit nécessaire d'ouvrir le document dans une application.
- La capture d'écran sous Mojave est une véritable révolution tant l'ancien outil Capture était pénible à utiliser et manquait de nombreuses possibilités.
- Les photos prises avec votre iPhone apparaissent automatiquement sur votre Mac ! Ainsi, l'insertion d'une image dans un document devient un jeu d'enfant.
- FaceTime permet d'inclure jusqu'à 32 personnes dans une conversation, et d'inviter des interlocuteurs en cours d'appel.
- Trois nouvelles applis provenant de l'univers iOS atterrissent dans Mojave : Bourse, Maison, et Dictaphone.
- Un App Store entièrement revu et corrigé pour vous aider à trouver plus rapidement l'appli qui vous fait défaut.
- Une sécurité améliorée pour préserver votre vie privée. Gardez le contrôle de vos données et protégez-vous ainsi des traqueurs.
- De nombreuses améliorations apportées à Safari, Mail, et Siri.

Et maintenant ?

Installez-vous confortablement devant votre Mac et lisez ce livre.

Si vous débutez avec macOS, nous vous conseillons de commencer votre lecture avec les premiers chapitres de cet ouvrage. En effet, ils décrivent les fonctions élémentaires indispensables pour utiliser de manière avisée ce système d'exploitation.

AVERTISSEMENT AUX LECTEURS

Les Éditions First Interactive attirent l'attention de leurs lecteurs sur les risques encourus par le téléchargement illégal sur Internet ou la gravure de fichiers protégés par des droits d'auteur.

Les Éditions First Interactive rappellent que la copie partielle ou totale et, par voie de conséquence, le téléchargement d'œuvres littéraires, cinématographiques ou musicales sont strictement interdits sans autorisation expresse des ayants droit. En l'absence d'une telle autorisation, les utilisateurs d'Internet téléchargeant des œuvres protégées s'exposent aux peines prévues à l'article L. 335-4 du Code de la Propriété intellectuelle.

Quel que soit leur pays, les lecteurs sont invités à prendre connaissance des lois locales portant sur la protection des œuvres intellectuelles.

Éplucher Apple

DANS CETTE PARTIE...

Allumer un ordinateur Mac pour obtenir ses faveurs.

Finder et Bureau, l'élégance à l'état pur.

Asservir macOS Mojave à vos besoins.

Sur le Dock.

Fenêtres, icônes et menus : les éléments essentiels d'une interface graphique.

En cas de problème.

Simplifier votre vie informatique.

Chapitre 1

Avant le désert des Mojaves ?

DANS CE CHAPITRE :

- **Découvrir un système d'exploitation.**
- **Un Mac sous tension.**
- **Élucider le mystère de la séquence de démarrage.**
- **Éteindre correctement votre ordinateur.**
- **Ne pas tomber dans le piège.**
- **Une souris au bout du fil (ou pas).**
- **S.O.S. Détresse.**

Nous ne pouvons que vous féliciter d'avoir choisi MacOS Mojave, le dernier-né des systèmes d'exploitation Apple qui améliore considérablement la version High Sierra qui a vu le jour l'an dernier.

Bien que je vous sente impatient de vous lancer à corps perdu dans l'utilisation d'un ordinateur Apple fonctionnant grâce à macOS Mojave, je vous propose de commencer par le commencement de la vie informatique, c'est-à-dire comprendre et entreprendre les manipulations de base : allumer, éteindre, pointer, double-cliquer... Pour suivre les explications de ces quelques pages, vous n'êtes absolument pas obligé de mettre votre ordinateur sous tension, en d'autres termes de l'allumer.

Les lecteurs qui sont familiarisés avec une ancienne version de ce système d'exploitation constateront qu'ils connaissent déjà beaucoup de fonctions décrites ici.

Cependant, si vous éludez ce chapitre, vous passerez à côté de quelques petites choses qu'Apple a omis de vous mentionner.

Au cœur du système

Ce sont tout à la fois la RAM (*Random Access Memory* ou mémoire morte) et le système d'exploitation (OS pour *Operating System*) qui font du Mac ce qu'il est.

Le système contrôle en effet toutes les opérations qui se déroulent dans votre ordinateur. Plus concrètement :

- » Il gère la mémoire.
- » Il contrôle le fonctionnement des fenêtres, des icônes et des menus.
- » Il mémorise l'arborescence des fichiers.
- » Il gère le réseau.
- » Il fait le ménage (eh oui…).

Les autres logiciels (traitements de texte, navigateurs Web…) confient au système d'exploitation le soin de créer et d'entretenir l'environnement dans lequel ils sont eux-mêmes appelés à s'exécuter. Ainsi, lorsque vous créez un mémo, votre traitement de texte vous fournit les outils nécessaires à la saisie et à la mise en forme de l'information, mais c'est votre système d'exploitation qui, en arrière-plan, permet au traitement de texte de fonctionner. De fait, c'est lui qui :

- » contrôle la fenêtre dans laquelle, par exemple, opère le logiciel de traitement de texte ;
- » stocke le fichier lorsque vous procédez à sa sauvegarde et en conserve la trace (c'est-à-dire qu'il enregistre physiquement le fichier en l'écrivant sur le disque dur de votre ordinateur) ;
- » permet au logiciel de traitement de texte de dérouler les menus et d'ouvrir les boîtes de dialogue au travers desquelles il communique avec vous ;
- » autorise le dialogue (entendez ici des échanges de données) avec d'autres programmes ;
- » *etc.* (très important !).

Vous savez à présent de quoi il retourne. Lisez la section suivante pour savoir ce que votre Mac vous permet de faire.

Un dernier détail : MacOS Mojave est livré avec plus de cinquante applications. Bien que toutes vaillent la peine d'être essayées, vous n'en utiliserez régulièrement que quelques-unes.

macOS FAIT DES JALOUX

Vous avez bien fait d'acheter un Mac et de le doter de macOS. (En effet, depuis Sierra, Apple a abandonné la dénomination Mac OS X. Pourtant, techniquement, cette nouvelle version porte le numéro 10.13.) Avec Mojave, vous bénéficiez ainsi d'un système d'exploitation simple et convivial dont vous apprécierez chaque jour les possibilités et les prouesses.

macOS reste intrinsèquement OS X, et demeure donc basé sur le système d'exploitation UNIX, qui a la réputation d'être le top en la matière. Cette base garantit une stabilité supplémentaire ; un Mac plante en effet moins souvent que les PC (bien que ce soit moins vrai aujourd'hui avec Windows 10 !), et surtout depuis que les Mac sont équipés de processeurs Intel. L'avantage principal réside sans doute dans le fait que, désormais, si une application bloque, la machine n'est plus paralysée. Fini les redémarrages, fini les pertes de données !

Par ailleurs, comme les Mac sont équipés de processeurs Intel, vous pouvez y exécuter directement Windows. Eh oui ! Incroyable, mais vrai ! Vous pouvez en effet installer et faire tourner Microsoft Windows sur n'importe quel Mac équipé d'un processeur Intel. Intéressé ? Reportez-vous au Chapitre 17. Enfin, ne vous laissez pas impressionner par UNIX, le système d'exploitation sur lequel est basé macOS. Il est là si vous le souhaitez, mais il n'y est pas si vous n'en voulez pas. Au fond, tout ce qui vous intéresse, c'est de savoir que votre Mac est capable de tourner et de tourner encore sans plantage.

Le travail c'est la santé

Nous abordons dans cette section des aspects que le fichier d'aide macOS ignore totalement ou ne traite pas de manière suffisamment approfondie. Que vous soyez débutant ou utilisateur confirmé, lisez cette section !

Allumer le Mac (comme aurait dit feu Johnny)

Le grand moment est arrivé ! Oui, vous ne rêvez pas, vous allez appuyer sur le bouton Marche/Arrêt de votre ordinateur. Apple s'est attaché à faciliter la vie des utilisateurs, prévoyant toutes sortes de boutons et d'interrupteurs sur la face avant, sur la paroi latérale ou sur l'arrière de l'unité centrale, voire sur le clavier ou sur l'écran. Si vous êtes perdu, consultez le manuel de l'utilisateur fourni avec votre fabuleuse machine afin de localiser ce fameux interrupteur.

Sur la plupart des modèles, cet interrupteur se situe sur la machine. La Figure 1.1 montre celui d'un MacBook Air.

FIGURE 1.1 Le bouton Marche/Arrêt d'un MacBook Air.

Ne comptez pas sur la fonction d'aide du Mac pour vous dépanner. Cette assistance (menu Aide du Finder) est précieuse pour vous renseigner sur bien des points, mais pas sur l'emplacement de l'interrupteur. Sans localiser ce bouton magique, vous ne pourrez pas allumer le Mac, et n'aurez donc pas accès à la fonction d'aide. C'est d'une logique !

Les informations délivrées au démarrage

Une fois ce bouton localisé, appuyez dessus. Mojave entre en action et commence par tester ses matériels (connexions, ports, disques, RAM...). Si cet examen lui donne satisfaction, il émet un bref accord musical et vous propose, au centre de l'écran, le logo Apple accompagné d'un curseur circulaire animé (Figure 1.2).

Au bout de quelques minutes, le Bureau de Mojave s'affiche dans sa version de base, identique à celle de la Figure 1.3.

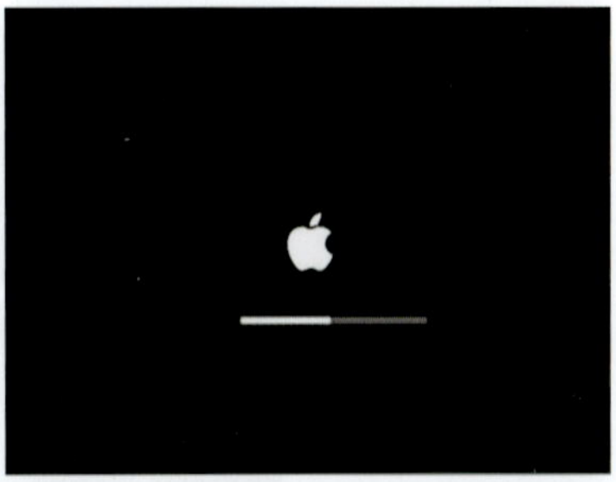

FIGURE 1.2
Voici ce qui apparaît à l'écran quand le démarrage de votre Mac est un succès.

Comment savoir quelle version de macOS est installée sur votre ordinateur ?

1. **Cliquez sur l'icône de la pomme en haut à gauche et, dans le menu local qui s'affiche, choisissez À propos de ce Mac.**

   Comme le montre la Figure 1.4, la boîte de dialogue À propos de ce Mac indique que nous sommes en présence de la version 10.14.

FIGURE 1.3
Le Bureau de macOS Mojave.

Sur la Figure 1.4, la boîte de dialogue À propos de est de couleur gris foncé. Cela s'explique par le fait que j'ai opté pour ce Mode d'apparence dans les préférences Général de Mojave. Vous en saurez davantage à ce sujet au Chapitre 3.

2. **Cliquez sur le bouton Rapport système pour lancer le programme Informations Système.**

   Vous obtenez ainsi des informations supplémentaires relatives, notamment, à la vitesse du processeur et du bus, à la configuration réseau, à la mémoire installée et aux périphériques de stockage (Chapitre 19).

FIGURE 1.4 Cette fenêtre indique la version de macOS installée sur votre ordinateur.

Éteindre correctement

Pour quitter correctement macOS Mojave afin de ne pas perturber ce système d'exploitation, vous respectez une procédure bien précise. Ne coupez jamais le courant sans avoir préalablement éteint correctement votre Mac sous peine d'endommager votre disque dur ou son contenu, voire les deux.

Voici plusieurs méthodes pour quitter correctement macOS Mojave :

» Ouvrez le menu Apple (Pomme en haut à gauche) et exécutez la commande Éteindre. Vous affichez la boîte de dialogue illustrée à la Figure 1.5. Vous avez le choix entre Éteindre et Annuler.

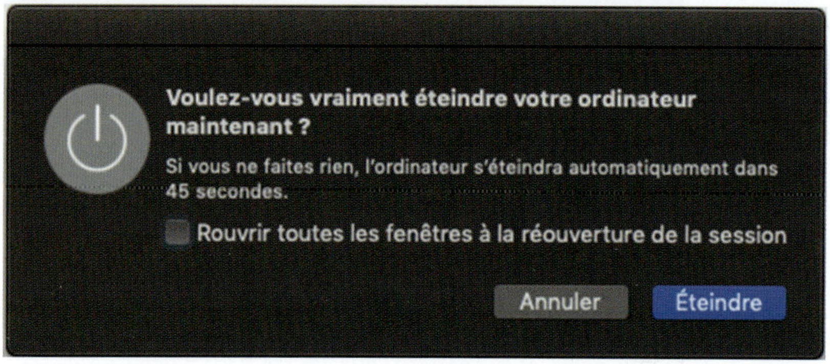

FIGURE 1.5 La boîte de dialogue qui apparaît lorsque vous exécutez la commande Éteindre du menu Pomme.

- Appuyez une fois sur la touche d'alimentation, puis cliquez sur le bouton Éteindre de la boîte de dialogue qui apparaît. Cette technique ne fonctionne pas avec tous les ordinateurs Mac.
- Exécutez la combinaison Ctrl + Éjecter pour ouvrir la boîte de dialogue illustrée à la Figure 1.6 qui propose les boutons suivants :
  - **Redémarrer :** si vous cliquez sur ce bouton, le Mac redémarre comme lorsque vous le mettez sous-tension.
  - **Suspendre :** bascule le Mac en veille.
  - **Annuler :** ferme la boîte de dialogue sans aucune autre incidence.
  - **Éteindre :** arrête le Mac.

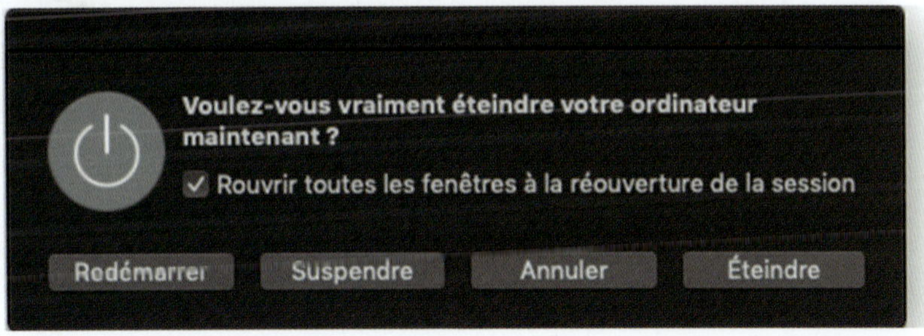

FIGURE 1.6 La boîte de dialogue qui apparaît lorsque vous exécutez le raccourci Ctrl + Eject.

L'option Rouvrir toutes les fenêtres à la réouverture de la session permet d'afficher les fenêtres et les applications actives au moment où vous avez décidé de l'éteindre.

MISE EN VEILLE

macOS Mojave est prévu pour ne jamais être éteint. *De facto*, il est facile de le basculer en mode veille après une période d'inactivité dont vous définissez la durée (Chapitre 17). Pour réveiller votre Mac, appuyez sur une touche du clavier ou sur un bouton de la souris. Éteignez votre ordinateur que si vous pensez ne pas l'utiliser pendant plusieurs jours.

Interdit de séjour !

Cette section dresse la liste des actions dommageables à éviter. En cas de problème, consultez le Chapitre 20.

- **Ne débranchez pas l'ordinateur lorsqu'il fonctionne.** Vous risquez, ce faisant, de provoquer des dommages irréparables, notamment une défaillance du système d'exploitation. Éteignez toujours votre machine proprement, comme vous avez appris à le faire dans la section précédente.

  Cet avertissement ne concerne pas les Mac portables dont la batterie est encore partiellement chargée. Dans ce cas, si vous débranchez la prise de courant murale, la batterie prend le relais sans perturber votre session informatique.

- **N'utilisez pas votre ordinateur lorsqu'un orage se prépare.** Certes, il existe des dispositifs appelés parasurtenseurs, qui sont censés encaisser la décharge à la place de la machine, mais ne leur accordez qu'une confiance relative. Seuls les modèles haut de gamme sont capables de remplir leur mission avec succès et ce ne sont généralement pas ceux-là qu'achète M. Tout-le-Monde. Le plus simple consiste donc à débrancher l'alimentation du Mac en cas d'orage.

  Pour les portables, déconnectez l'adaptateur secteur et tous les autres câbles. Ainsi, vous pourrez continuer à utiliser votre Mac portable en toute sécurité malgré l'orage qui gronde.

- **Ne déplacez, traînez, secouez, bousculez, retournez… pas votre Mac, surtout pendant qu'il fonctionne.** Son disque dur tourne à plusieurs milliers de tours par minute. Toute secousse intervenant pendant que le Mac lit ou écrit sur son disque risque d'endommager ce dernier, rendant son contenu irrécupérable.

  N'imaginez pas que cette précaution ne vous concerne pas si vous exploitez un disque dur dépourvu de parties mobiles car tous les composants sont vulnérables. Traitez votre Mac comme s'il s'agissait d'un carton d'œufs frais : vous ne le regretterez pas.

- **N'oubliez pas de faire des copies de sauvegarde de vos données !** Si vos données sont importantes pour vous, vous devez impérativement les sauvegarder. Vous vous dites peut-être que les crashs n'arrivent qu'aux autres tant il est vrai qu'expérience d'autrui n'instruit pas. Vous avez tort. Personne – absolument personne – n'est à l'abri d'un plantage. N'hésitez plus à faire des *backups*, d'autant que Sierra vous propose un outil de sauvegarde automatique intitulé Time Machine dont nous décrivons l'usage au Chapitre 18.

  Nous vous engageons à consulter ce chapitre avec une attention toute particulière ; vous y apprendrez comment mettre à l'abri une copie de sécurité de vos précieuses données.

» **Ne caressez pas votre écran avec un mouchoir.** Nettoyez toujours votre moniteur avec un tissu prévu à cet effet. Vous trouverez des kits comportant un produit de nettoyage à vaporiser et un chiffon doux pour l'essuyer.

N'utilisez jamais votre produit vaisselle ou à vitres pour nettoyer votre écran. N'utilisez pas d'éponge, et encore moins à face abrasive.

Pointer-cliquer

Découvrez, dans cette section, toutes les techniques de souris que vous serez amené à utiliser au quotidien. Passons en revue les manipulations de base :

» **Pointer :** consiste à placer votre main sur votre souris et à la faire glisser pour positionner le pointeur sur une icône, un bouton, *etc.*

Si vous utilisez une dalle tactile, faites glisser votre doigt délicatement sur la surface jusqu'à amener le pointeur sur l'objet souhaité.

» **Cliquer :** pour réaliser un simple clic, appuyez un coup bref sur le bouton principal de votre souris avec votre index. (Si vous disposez de la nouvelle souris optique d'Apple, c'est la structure tout entière que vous enfoncez puisque cette souris est dépourvue de bouton.) Utilisez le simple clic pour sélectionner une icône, enfoncer un bouton, activer une fenêtre ou une case à cocher.

En d'autres termes, vous pointez d'abord, vous cliquez ensuite. Ce faisant, vous *pointez-cliquez.*

Sur une dalle tactile, appuyez pour cliquer.

» **Double-cliquer :** il s'agit d'appuyer deux fois rapidement sur le bouton principal de la souris. Attention ! Si le laps de temps qui s'écoule entre le premier et le second clic est trop long, la machine interprète votre action comme deux simples clics successifs. Utilisez le double-clic pour ouvrir un dossier ou encore pour lancer un document ou un programme.

» **Cliquer droit :** appuyez sur le bouton secondaire de la souris, bien souvent le bouton droit ou le côté droit d'une souris Apple à un seul bouton. Il est également possible de maintenir la touche Ctrl enfoncée et d'appuyer sur le bouton principal de la souris. Un menu contextuel apparaît, contenant des options liées au contexte.

Sur une dalle tactile, vous pouvez soit maintenir la touche Ctrl enfoncée tandis que vous appuyez avec un doigt, soit appuyer avec deux doigts, ce qui vous dispense d'enfoncer la touche.

Sachez que n'importe quelle souris d'une autre marque qu'Apple est utilisable sur un ordinateur Mac !

Si votre action à deux doigts sur votre dalle tactile ne produit aucun effet, ouvrez les préférences de ce périphérique (Chapitre 3). S'il s'agit d'une dalle tactile intégrée ou du modèle Magic Trackpad 2 d'Apple, vous pourrez le configurer afin qu'il considère un double-toucher comme un clic-droit. (Vous serez peut-être amené à valider l'option correspondante depuis les préférences.)

- **Faire glisser (ou plus simplement Glisser) :** en général, vous commencez par cliquer, puis vous faites glisser. Donc, vous activez le bouton gauche de la souris, mais, au lieu de le relâcher, vous le maintenez enfoncé, puis déplacez votre souris sur votre bureau de manière à sélectionner l'élément sur lequel vous entendez agir (une portion de texte, par exemple). Relâchez le bouton lorsque le glissement est terminé. Cette opération est communément appelée « glisser-déposer ». On parle de « glisser-déplacer », lorsque vous déplacez un élément d'un dossier à un autre ou d'un disque à un autre. Cette opération correspond à un couper-coller.
- **Sélectionner un élément dans un menu :** pour accéder aux commandes logées dans un menu, vous devez d'abord ouvrir ce dernier (en pointant sur son intitulé), puis choisir la commande qui vous intéresse (en pressant le bouton de la souris, puis en faisant glisser jusqu'à cette commande). Relâchez le bouton lorsque l'élément est sélectionné (en surbrillance, dans le jargon informatique).

Un menu reste ouvert tant que vous ne cliquez pas sur un autre élément ou sur une zone de l'interface.

Si vous utilisez un Mac depuis longtemps, vous avez sûrement l'habitude de maintenir le bouton de votre souris enfoncé entre le moment où vous cliquez sur le nom d'un menu et celui où vous y sélectionnez une commande. Même si cette technique reste d'actualité, les choses ont évolué. Vous pouvez désormais cliquer sur le nom du menu et relâcher votre bouton : le menu reste déroulé. Déplacez alors le pointeur vers la commande qui vous intéresse et cliquez de nouveau : la commande est validée. En d'autres termes, les menus de macOS restent ouverts pendant quelques secondes quand vous les activez. Vous pouvez également exécuter la commande sélectionnée en appuyant sur la barre d'espacement ou sur la touche Retour.

S.O.M « Save Our Mac »

Les utilisateurs apprécient l'aide en ligne du Macintosh ; celle de Mojave ne les décevra pas. Le menu Aide propose les commandes Recherche, Envoyer des commentaires à Finder, et Aide macOS.

Nous reviendrons sur les raccourcis clavier au Chapitre 3.

- **Recherche** est un champ de saisie dans lequel vous tapez un mot ou un ensemble de mots relatifs au sujet de l'aide demandée. Par exemple, pour tout savoir sur le Finder, saisissez Finder. Une liste de rubriques et d'accès directs aux menus apparaît. L'accès direct au menu permet d'exécuter très rapidement une commande que vous ne parvenez pas à localiser car vous avez oublié son emplacement dans l'interface de Mojave.
- **Aide macOS** ouvre la boîte de dialogue éponyme. Dans son champ Rechercher, saisissez l'objet de votre requête. Un ensemble de rubriques apparaît alors dans la section principale de la boîte de dialogue. Vous devriez y trouver celle qui répondra à vos interrogations.

L'aide en ligne de macOS Mojave est plus efficace car plus complète si vous disposez d'un accès à Internet. Dès que vous posez une question dont la réponse est localisée sur Internet, le système d'aide de votre Mac en copie le contenu sur votre disque dur. Alors, si vous posez ultérieurement le même genre de question apportant le même type de réponse, l'Aide la localisera sur votre disque dur et non plus sur le site Web Apple.

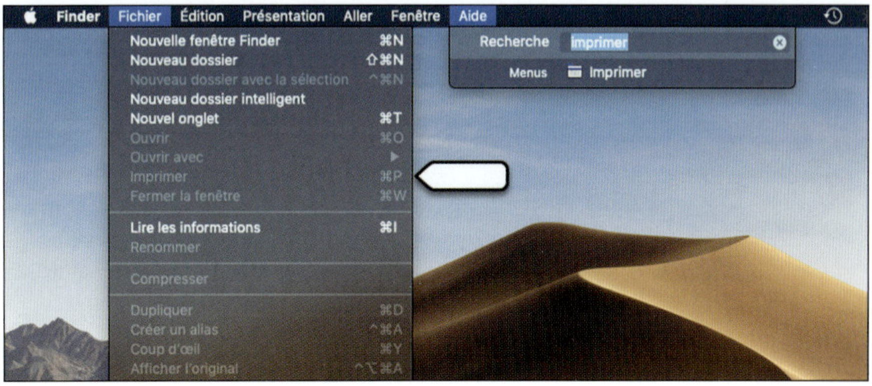

FIGURE 1.7
Si vous sélectionnez une entrée pourvue d'une icône de menu, une flèche vous montre, dans son contexte, la commande correspondante.

Enfin, voici une fonction super sympa appelée *aide visuelle automatique* :

1. **Tapez un mot ou une phrase dans le champ Recherche du menu Aide.**
2. **Dans la section Menus de l'aide, placez le pointeur de la souris sur une des rubriques proposées (comme Imprimer sur la Figure 1.7).**

   L'aide visuelle automatique, c'est-à-dire une grosse flèche bleue, apparaît. Elle pointe la commande la plus appropriée à votre requête.

Chapitre 2

Au cœur de Mojave

DANS CE CHAPITRE :

- » **Les fenêtres et leurs éléments.**
- » **L'utilisation des boîtes de dialogue.**
- » **Manipuler les fenêtres.**
- » **Les menus à la carte.**

Ce chapitre a pour ambition de vous présenter les caractéristiques fondamentales d'un ordinateur Macintosh fonctionnant sous macOS Mojave. La première chose que vous découvrez après la séquence démarrage se nomme : le Bureau. C'est dans ce lieu spécifique que vous passerez le plus clair de votre temps.

Sur le Bureau de votre ordinateur, vous ouvrez des fenêtres. L'une des plus utilisées est celle du Finder qui affiche le contenu de vos dossiers, de votre disque dur, lecteur de CD/DVD (si votre Mac en est équipé), carte mémoire, lecteur réseau et image disque. Au niveau des programmes, elles vous affichent le contenu de vos documents.

La dernière partie de ce chapitre introduit les principes et concepts élémentaires des menus qui sont essentiels dans les systèmes d'exploitation à interface graphique. À la fin de ce chapitre, vous saurez travailler avec les fenêtres et les menus de n'importe quelle application.

Tout commence sur le Bureau et avec le Finder

Le Finder est un programme comme un autre, dont la fenêtre, le fameux Bureau (*Desktop*), vous accueille à chaque démarrage de la machine. En effet, presque toutes les actions que vous entreprenez sur votre Mac commencent et finissent par le Bureau. C'est ici que vous gérez vos fichiers, stockez vos documents, lancez vos programmes, opérez le paramétrage de certains outils, *etc.* Le bureau de Mojave est illustré sur la Figure 2.1.

FIGURE 2.1 Le Bureau et le Finder prédéfinis de Mojave.

Le Finder est au centre de votre expérience macOS. Avant d'entrer dans les détails, voici une rapide description de ses principales fonctions :

» **Le Bureau :** c'est la zone qui s'étend derrière les éventuelles fenêtres ouvertes et le Dock, là où siègent l'icône de votre disque dur et l'image d'arrière-plan.

Si l'icône de votre disque dur est absente du Bureau, le Chapitre 5 vous montrera comment l'y afficher.

Le Bureau affiche le contenu du dossier Bureau de votre dossier Départ, comme cela est expliqué aux Chapitres 5 et 6.

- **Le Dock :** c'est l'outil de navigation simplifiée du Finder. Il permet de centraliser des dossiers, des programmes, et des documents, que vous pourrez alors utiliser d'un simple clic de souris. Le Chapitre 4 explique son fonctionnement.
- **Les icônes :** les icônes sont ces petits pictogrammes que vous trouvez dans les fenêtres ou sur le Bureau. Elles symbolisent un élément bien précis, comme un programme ou un document.
- **Les fenêtres :** elles s'ouvrent généralement lorsque vous double-cliquez sur un élément. Les fenêtres du Finder dévoilent le contenu du disque dur ou d'un dossier ; les fenêtres des programmes affichent des documents comme vous le verrez dans la suite de ce chapitre.
- **Les menus :** les menus contiennent des commandes pour créer un nouveau dossier, dupliquer un document, copier et coller du texte, et bien plus encore, comme vous le verrez tout au long de ce chapitre.

Pour plus d'informations sur les techniques de navigation et de gestion des fichiers, reportez-vous aux Chapitres 5 et 6.

Les fenêtres et leurs éléments

Toutes les tâches que vous exécuterez sur votre Mac s'exécuteront dans une fenêtre : le Finder, la rédaction d'une lettre, surfer sur le Web, ou encore retoucher des photos. Donc, pour maîtriser la plupart de vos programmes, commencez par comprendre le fonctionnement du Finder, dont une illustration classique est visible sur la Figure 2.2.

Le Chapitre 3 vous apprend comment personnaliser l'affichage pour l'adapter à vos habitudes de travail, et le Chapitre 5 aborde les différents modes de présentation disponibles.

Toutefois, apprenez d'ores et déjà à identifier les éléments suivants :

- **Barre de titre :** elle affiche le nom de la fenêtre.

  Faites un clic droit sur le nom de la fenêtre pour afficher un menu contextuel permettant de naviguer rapidement dans les autres volumes de votre Mac.

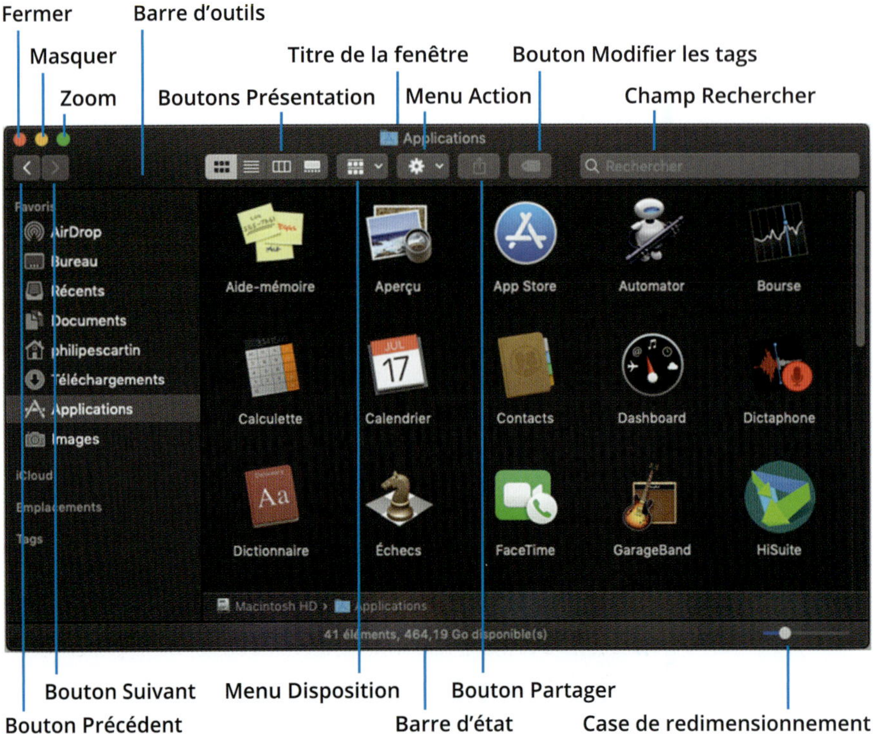

FIGURE 2.2 Une fenêtre Finder type de macOS Mojave.

Dans la partie inférieure de la fenêtre du Finder, vous pouvez afficher constamment le chemin d'accès des éléments sélectionnés. Pour cela, cliquez sur Présentation/Afficher la barre du chemin d'accès.

» **Boutons Fermeture, Masquer :** ces deux premiers boutons, en haut à gauche, ferment et masquent la fenêtre.

» **Bouton Plein écran** : troisième bouton en haut à gauche, il contraint la fenêtre à occuper toute la surface de l'écran.

» **Boutons Présentation :** au nombre de quatre, ils vous permettent de choisir parmi les présentations disponibles : par icônes, par liste, par colonnes ou sous forme de Cover Flow. Le Chapitre 5 est plus éloquent à ce sujet.

» **Menu Disposition :** propose un certain nombre d'options d'affichage par Nom, Type, Application, Date de dernière ouverture, Date de l'ajout, Date de modification, Date de création, Taille ou encore Tags. Vous pouvez opter pour Aucun mode de disposition.

- **Menu Action (roue dentée) :** il s'agit là d'un menu local qui regroupe des commandes susceptibles de s'appliquer aux éléments actuellement sélectionnés dans la fenêtre du Finder.
- **Bouton Partager :** donne accès à un menu local qui sert à partager des fichiers et des dossiers *via* Mail, Messages, des réseaux sociaux, ou AirDrop.

  Bien que l'icône du menu Partager n'arbore pas de petite flèche, le fait de cliquer dessus affiche un menu local.
- **Menu Modifier les Tags :** donne accès à un menu local qui sert à attribuer un tag (étiquette) à une sélection de fichiers ou de dossiers.
- **Champ Rechercher :** introduisez dans cette case une chaîne de caractères et Mojave lance la recherche correspondante.
- **Barre d'outils :** elle garantit l'accès aux commandes les plus sollicitées.
- **Barres de défilement :** assurent le déplacement dans la fenêtre.
- **Barre latérale :** elle regroupe les éléments auxquels vous faites régulièrement appel.
- **Case de redimensionnement :** elle vous permet, par cliquer-glisser, de contrôler la taille de la fenêtre.
- **Curseur de taille des icônes :** il permet de contrôler la taille des icônes qui apparaissent dans la fenêtre. (Notez que ce réglage n'est disponible qu'en présentation par icônes – Chapitre 5.)
- **Boutons Précédent et Suivant :** le premier affiche le contenu du dossier précédemment sélectionné ; le second affiche le suivant.

Vous pouvez profiter d'une super fonctionnalité du Finder qui consiste à travailler avec des onglets plutôt que d'ouvrir une fenêtre du Finder à chaque fois que vous souhaitez afficher le contenu d'un dossier. Si les onglets ne sont pas visibles, ouvrez le menu Présentation, et exécutez la commande Afficher la barre d'onglets.

Les onglets sont présents dans la plupart des applications de votre Mac. De facto, vous créerez plusieurs documents dans un même programme sans en multiplier les fenêtres sur votre Bureau, gardant ainsi une interface de travail plus aérée. Pour travailler avec une seule fenêtre d'une application, TextEdit par exemple, il suffit de démarrer le programme, puis d'activer la commande Afficher la barre d'onglets de son menu Présentation.

La barre de titre

La barre de titre est l'endroit où s'affiche le nom de la fenêtre. Les trois boutons situés à gauche exécutent les actions suivantes :

» **Fermeture (rouge) :** cliquez sur ce bouton pour fermer la fenêtre.

» **Masquer (jaune) :** cliquez sur ce bouton pour réduire la fenêtre. Vous avez l'impression qu'elle est fermée ; or, elle est tout simplement masquée. Les icônes des fenêtres masquées sont transférées dans le Dock. Pour les réafficher, cliquez sur leur icône à cet endroit ou choisissez leur nom dans le menu Fenêtre. Si la fenêtre est une séquence filmée QuickTime, le film continue cependant à s'exécuter dans son icône du Dock, au format timbre-poste. (Le Dock est étudié au Chapitre 4.)

» **Plein écran (vert) :** ce dernier bouton de la série ouvre la fenêtre du Finder en plein écran. Pour retrouver la taille initiale de la fenêtre du Finder :

- Appuyez sur la touche Esc de votre clavier.
- Placez le pointeur de la souris dans la partie supérieure de l'écran jusqu'à l'apparition de la barre des menus, puis ouvrez le menu Présentation et cliquez sur Quitter le mode plein écran.
- Exécutez le raccourci clavier Ctrl + ⌘ + F.

Les barres de défilement

Logées à droite et en bas de toute fenêtre dont le contenu n'est pas entièrement visible, les barres de défilement permettent de naviguer vers le haut ou vers le bas, vers la gauche ou vers la droite. La Figure 2.3 montre deux présentations : dans la grande fenêtre placée à l'arrière-plan, tout le contenu est visible ; les barres de défilement étant de ce fait inutiles, elles ne sont pas affichées. À l'inverse, dans la petite fenêtre placée au premier plan, tout le contenu n'est pas visible : vous ferez donc défiler si vous voulez le voir.

Utilisez ces barres pour faire défiler le contenu de la fenêtre dans le sens désiré.

Pour personnaliser l'affichage des barres de défilement, accédez aux Préférences Système, catégorie Général, décrites au Chapitre 3.

Les barres peuvent être manipulées de quatre manières différentes :

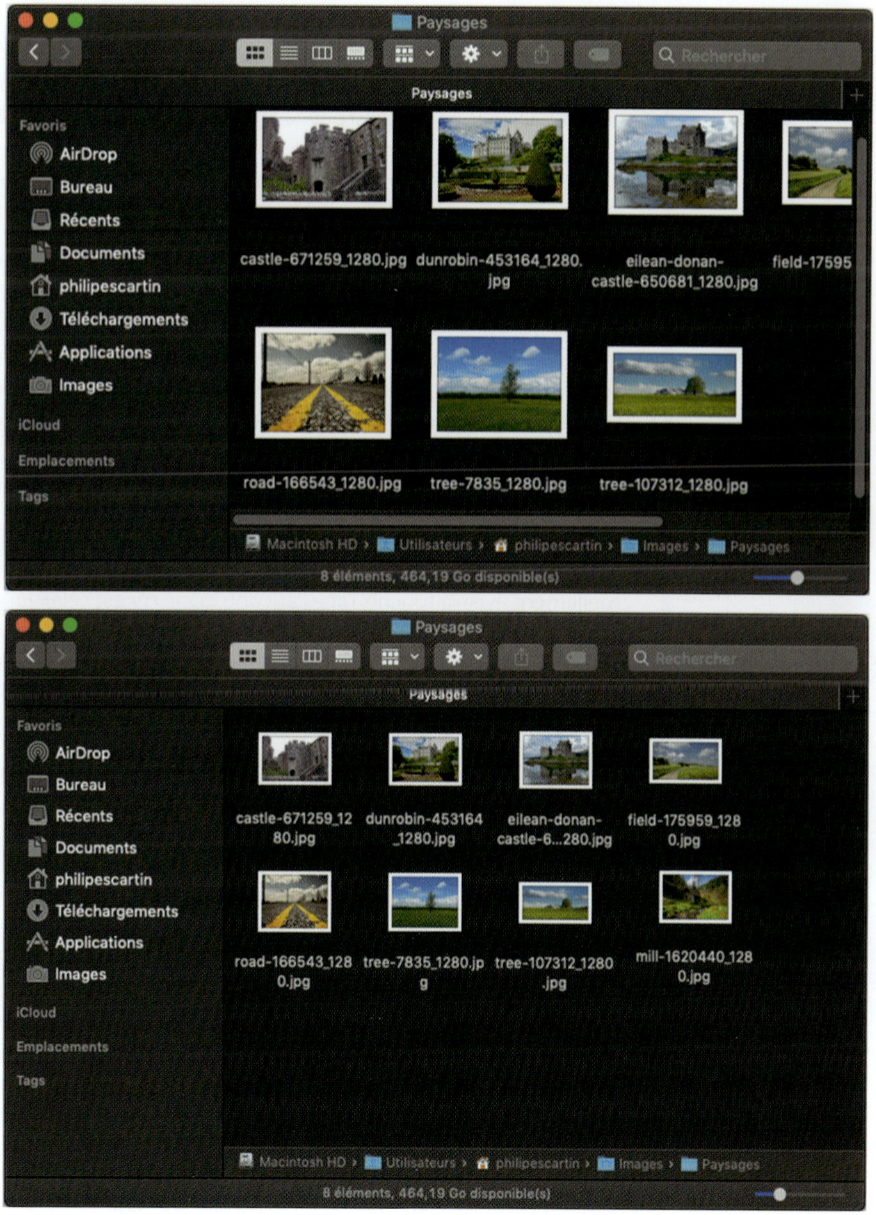

FIGURE 2.3 Une fenêtre sans barre et une fenêtre avec barre.

» **Cliquez sur l'ascenseur et faites glisser.** L'ascenseur est le bouton gris qui coulisse dans la barre. La fenêtre défile proportionnellement au déplacement que vous imposez à cet élément.

On parle aussi de curseur de défilement.

- **Cliquez dans la barre en dehors de l'ascenseur.** Verticalement, si vous cliquez dans la zone grisée au-dessus de l'ascenseur, vous déplacez le contenu de la fenêtre d'un écran vers le haut ; si vous cliquez en dessous, d'un écran vers le bas. Idem dans l'autre sens : horizontalement, si vous cliquez dans la zone grisée à gauche de l'ascenseur, vous déplacez le contenu de la fenêtre d'un écran vers la gauche ; si vous cliquez à droite, d'un écran vers la droite. Quelques options de défilement sont disponibles dans la catégorie Général des Préférences Système.

  Les touches Page Préc. Page Suiv, Début et Fin, remplissent la même fonction, mais certains programmes ne les reconnaissent pas. Les souris, trackballs et autres dispositifs de pointage équipés d'une molette permettent également de faire défiler le contenu de la fenêtre active soit verticalement, soit horizontalement si vous ajoutez au mouvement l'action de la touche Majuscule. Cette combinaison ne fonctionne pas dans toutes les applications. Ainsi, ça marche dans le programme TextEdit d'Apple ; ça ne marche pas dans le programme Word de Microsoft.

- **Utilisez le clavier.** Au Finder, commencez par sélectionner une icône (éventuellement avec la touche Tab si aucune icône n'y est sélectionnée), puis recourez aux touches fléchées pour vous déplacer vers le haut, vers le bas, vers la gauche ou vers la droite. Ces touches déplacent la sélection vers l'icône ainsi désignée, faisant au besoin défiler le contenu de la fenêtre. Certains programmes ne permettent pas ce genre de déplacement.
- **Glissez deux doigts sur un trackpad.** Si vous utilisez un notebook équipé d'une dalle tactile ou si vous employez la Magic Mouse ou le Magic Trackpad, il vous suffit d'amener le curseur dans la fenêtre, puis de poser deux doigts dessus et de glisser dans le sens de défilement voulu.

La fenêtre active

Vous ne pouvez agir dans une fenêtre que si celle-ci est active, c'est-à-dire si elle occupe le premier plan du Bureau. Les fenêtres inactives apparaissent derrière la fenêtre active ou, si elles sont au même niveau, leur barre de titre est grisée. Pour activer une fenêtre, cliquez dedans n'importe où (sa barre de titre, ses barres de défilement, son fond...). La Figure 2.4 montre une fenêtre active (la fenêtre Applications) placée par-dessus une fenêtre inactive (la fenêtre Utilitaires).

Pour établir la distinction entre fenêtre active et fenêtre inactive, sachez que :

FIGURE 2.4 Une fenêtre active superposée à une fenêtre inactive.

- **La barre de titre** d'une fenêtre inactive est grisée. Les boutons Fermeture, Masquer et Plein écran de la barre de titre sont en couleurs dans la fenêtre active ; ils sont gris dans la fenêtre inactive.
- **Les autres boutons et barres de défilement** sont colorés dans la fenêtre active ; ils sont gris et atténués dans la fenêtre inactive.
- **L'ombre portée** d'une fenêtre active est plus large et plus dense.

Discuter avec des boîtes de dialogue

Ne nous voilons pas la face, vous ne discuterez pas vocalement avec vos boîtes de dialogue. Ce sont des fenêtres grâce auxquelles vous interagissez avec le programme. Une commande dont le nom est suivi de trois points de suspension indique qu'elle va ouvrir une boîte de dialogue où vous définirez des options, comme sur la Figure 2.5.

Détaillons ces éléments :

- **Boutons radio :** ils sont circulaires et une seule option peut être validée.
- **Onglets :** lorsqu'une zone de dialogue comporte trop d'options pour les afficher toutes en même temps, elle les répartit en volets ou « onglets ». À noter que, si une fenêtre comporte des onglets, seul un de ceux-ci est actif à la fois.

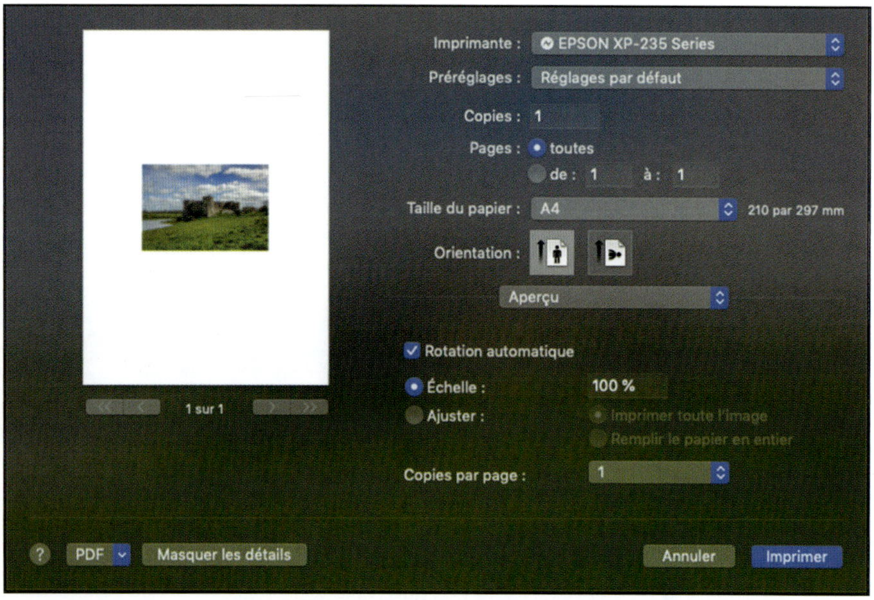

FIGURE 2.5 Une boîte de dialogue typique.

- **Menus locaux :** ce sont des listes qui se déroulent dès que vous cliquez dessus. Elles sont représentées par une case rectangulaire affublée, à droite, d'une double flèche qui permet de naviguer aisément parmi les valeurs de la liste.

  À l'instar des boutons radio, vous ne pouvez, ici, choisir qu'une seule option à la fois.

- **Zones de saisie :** vous entrez dans ces champs, également connus sous le nom de « cases d'édition », le texte ou la valeur souhaitée.
- **Cases à cocher :** elles représentent des options cumulables. Vous pouvez donc, dans une série de cases de ce type, valider plusieurs choix. C'est notamment le cas des mises en forme typographiques, un texte pouvant tout à la fois être souligné, en italique et en gras.

Manipuler les fenêtres

Les fenêtres se déplacent, se redimensionnent, et se ferment manuellement.

Ouvrir et fermer

Pour utiliser des fenêtres, vous devez en ouvrir. Non, non, pas celle de votre domicile, mais celles de Mojave. Toutes les fenêtres de macOS fonctionnent sensiblement de la même manière.

Pour exécuter rapidement des actions, je vous conseille de mémoriser quelques équivalents clavier (ou raccourcis clavier), détaillés plus loin dans ce chapitre.

- **Nouvelle fenêtre Finder (⌘ + N) :** ouvre une nouvelle fenêtre Finder. Dans d'autres applications, ce raccourci crée un nouveau document, un nouveau projet, une nouvelle feuille de calcul... selon le cas.
- **Ouvrir (⌘ + O) :** ouvre l'élément sélectionné, qu'il s'agisse d'une icône, d'une fenêtre ou d'un dossier.
- **Fermer la fenêtre (⌘ + W) :** ferme la fenêtre active, au même titre que le bouton Fermeture. Si aucune fenêtre n'est ouverte ou si aucune n'est sélectionnée, la commande est tout bonnement grisée.

Si vous maintenez la touche Option (Alt) enfoncée quand le menu Fichier est ouvert, vous verrez que l'intitulé de la commande change : de « Fermer la fenêtre », il devient « Tout fermer » et vous permet de fermer, en une seule opération, toutes les fenêtres ouvertes.

Plusieurs commandes du menu Fichier opèrent une transformation d'intitulé dès que vous appuyez sur la touche Option (Alt). Pour masquer ces commandes et revenir aux commandes initiales, relâchez la touche Option (Alt).

Redimensionner

Pour afficher plus ou moins le contenu d'une fenêtre, placez le pointeur de la souris sur un de ses angles ou de ses bords. Lorsque le curseur prend la forme d'une double flèche, cliquez et, sans relâcher le bouton de la souris, faites glisser cette partie de la fenêtre vers l'intérieur ou l'extérieur, comme le montre la Figure 2.6.

Les fenêtres se composent de plusieurs volets. Ainsi, la barre latérale du Finder est séparée du volet principal de la fenêtre par une ligne verticale. Lorsque vous placez le pointeur de la souris sur cette ligne, il prend la forme d'un trait vertical orné de deux flèches pointant respectivement à gauche et à droite.

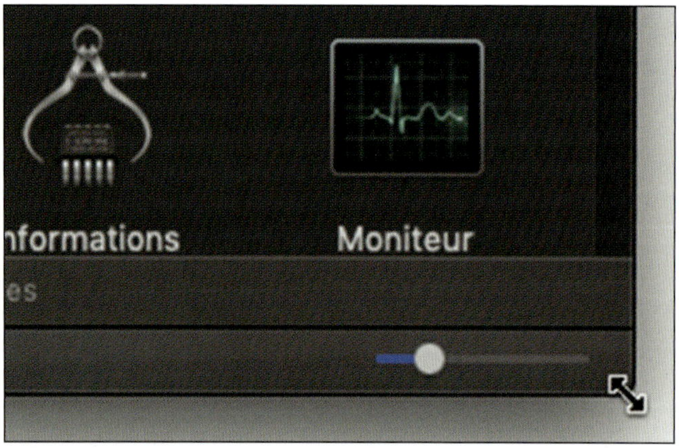

FIGURE 2.6 Placez le pointeur de la souris sur un angle ou un bord. Quand il prend la forme d'une double flèche, cliquez-glissez pour redimensionner la fenêtre.

Dès cet instant, cliquez et, sans relâcher le bouton de la souris, faites glisser ce trait vertical pour redimensionner simultanément la barre latérale et le volet principal.

Déplacer

Ici aussi, c'est l'enfance de l'art : placez le pointeur de la souris sur une partie vide de la barre de titre. Cliquez et, sans relâcher le bouton de la souris, faites glisser la fenêtre.

Exploiter le menu Fenêtre

Vous en savez déjà beaucoup en matière de fenêtres ! Mais permettez-nous une dernière section, consacrée au menu Fenêtre.

Détaillons-en rapidement les articles pour parfaire vos connaissances en la matière ; nous y reviendrons en détail dans la suite de ce chapitre.

N'oubliez pas, et cela malgré le titre très explicite de cette section, que les commandes suivantes sont localisées dans le menu Fenêtre du Finder :

- **Placer dans le Dock :** place la fenêtre dans la partie droite du Dock, exactement comme si vous cliquiez sur le bouton Réduire du Finder.
- **Réduire/agrandir :** action comparable à celle du bouton Zoom (voir la section « Identifier les éléments d'une fenêtre » plus haut dans ce chapitre, pour vous rafraîchir les idées si nécessaire).

- **Faire défiler les fenêtres (⌘ + `) :** chaque fois que vous activez cette commande (ou son équivalent clavier), c'est une autre fenêtre qui s'active. Le principe est simple. Imaginons que vous ayez ouvert trois fenêtres que nous appellerons, pour les besoins de l'exposé, Fenêtre 1, Fenêtre 2 et Fenêtre 3, et que ce soit la Fenêtre 1 qui soit active. Une première validation de la commande provoque l'activation de la Fenêtre 2, une deuxième celle de la Fenêtre 3, une troisième celle de la Fenêtre 1, et ainsi de suite.

  Ce raccourci (⌘ + `) n'est pas facile à exploiter à cause d'une confusion. L'apostrophe à utiliser n'est pas celle de la touche 4 du clavier, mais celle de la touche £.

Les quatre commandes suivantes de ce menu Fenêtre vous permettent de gérer les onglets de Mojave. Si vous aimez la fonction telle que l'implémente Safari, vous aimerez aussi l'exploiter au niveau du Finder.

- **Afficher l'onglet précédent (Ctrl + Maj + Tab) :** chaque fois que vous invoquez cette commande (ou son équivalent clavier), l'onglet précédent (celui à la gauche de l'onglet courant – à moins qu'il ne s'agisse de l'onglet le plus à gauche) devient actif. Ainsi, dans la Figure 2.7, c'est l'onglet Applications qui est actif. Validez la commande et c'est l'onglet Téléchargements qui devient actif. Validez-la encore et c'est au tour de l'onglet suivant de s'activer, et ainsi de suite.

FIGURE 2.7 Pour visualiser le contenu des dossiers Téléchargements, Applications et Utilisateurs, inutile d'ouvrir des fenêtres il suffit d'activer les onglets.

- **Afficher l'onglet suivant (Ctrl + Tab) :** idem que ci-dessus, mais dans l'autre sens. C'est donc l'onglet placé à droite qui sera activé si vous choisissez cette commande.
- **Placer l'onglet dans une nouvelle fenêtre :** ça paraît clair, l'onglet devient une fenêtre à part entière. Cette commande se situe dans le menu Fenêtre du Finder.
- **Fusionner toutes les fenêtres :** combine toutes les fenêtres et tous les onglets de plusieurs occurrences du Finder en une seule fenêtre du Finder. Chacune des occurrences devient alors un onglet de cette fenêtre unique.

  Certaines de ces commandes sont accessibles dans le menu contextuel qui apparaît lorsque vous faites un clic droit (Ctrl + Clic) sur un onglet du Finder.

  N'hésitez pas à réorganiser vos onglets par cliquer-glisser. Vous pouvez aussi glisser-déposer un onglet d'une fenêtre Finder vers une autre.

- **Tout ramener au premier plan :** Mojave permet d'empiler des fenêtres issues d'applications différentes. Vous pouvez ainsi superposer une fenêtre Finder, une fenêtre Microsoft Word, une fenêtre Adobe Photoshop, une autre fenêtre Microsoft Word et une autre fenêtre Finder. Si vous validez la commande Tout ramener au premier plan alors que c'est le Finder qui est actif, ses deux fenêtres seront transférées au sommet de la pile, au-dessus de celles de Word et de Photoshop.

  Autre moyen de parvenir au même résultat : activer, dans le Dock, l'icône du programme (Finder ou autre) dont vous désirez amener les fenêtres au premier plan.

  Si vous appuyez sur la touche Option (Alt) lorsque le menu Fenêtre est ouvert, la commande Réduire/agrandir se transforme en Réduire/agrandir toutes les fenêtres.

- **Autres commandes :** la partie inférieure du menu Fenêtre a aussi l'intelligence de regrouper les noms de toutes les fenêtres ouvertes, garantissant ainsi un accès aisé.

  Le nom des onglets ouverts est affiché en bas du menu Fenêtre. Le nom de l'onglet actif est coché. Vous pouvez donc activer un onglet depuis cette zone de ce menu en cliquant simplement sur son nom.

Les menus à la carte

Les menus du Mac sont dits déroulants, tout simplement parce qu'ils se déroulent lorsque vous cliquez dessus ou y positionnez le pointeur de la souris. Dans le langage Mac, on parle souvent de menu local. Pour voir à quoi ressemblent ceux de macOS, activez le Finder en cliquant sur son icône depuis le Dock, puis examinez la partie supérieure de votre écran. De gauche à droite, les menus sont Pomme (Apple), Finder, ainsi que six autres menus que nous nous proposons de commenter tout au long de ce chapitre. Pour utiliser l'un d'eux, cliquez sur son nom, puis déplacez le pointeur de la souris vers le bas sans appuyer sur un de ses boutons. Une fois que le pointeur se situe sur la commande qui vous intéresse, c'est-à-dire celle que vous souhaitez exécuter, cliquez !

La barre des menus

Les menus changent, bien entendu, *en fonction du programme actif*. Ceux dont nous venons de parler correspondent au Finder, mais ils s'effacent au profit d'autres dès que vous lancez une application. Pour preuve, la Figure 2.8 représente la barre des menus du Finder, celle du programme TextEdit, puis celle du programme Aperçu.

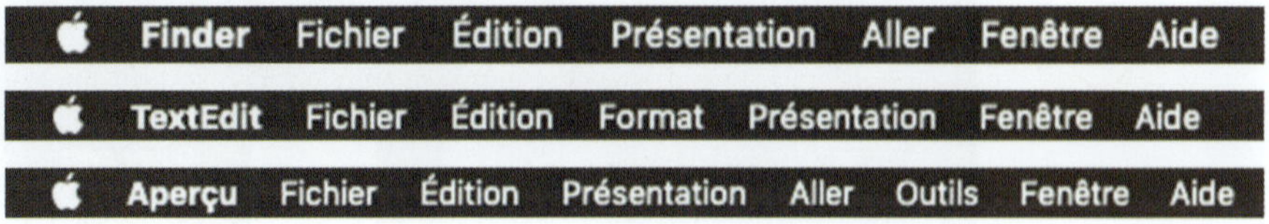

FIGURE 2.8 Le contenu de la barre des menus varie selon l'application en cours.

Pour savoir rapidement quel est le programme actif, regardez l'intitulé du menu le plus à gauche (juste à droite du menu Pomme). Lorsque le Finder est actif, ce menu indique Finder. Si vous basculez vers un autre programme actif (en cliquant sur son icône depuis le Dock ou dans une de ses éventuelles fenêtres ouvertes) ou si vous lancez un programme qui ne tourne pas encore, le nom de ce programme vient remplacer le mot Finder dans la barre des menus.

Même si les commandes varient, nous l'avons dit, en fonction des applications, certaines commandes standard restent accessibles, que vous évoluiez sous Mail ou Safari. Par exemple, dans le menu Édition de n'importe quelle application, vous retrouvez les classiques commandes Couper, Copier et Coller. La troisième partie revient sur ces articles de menu qui vous aident, dans Mojave, à mener à bien vos tâches.

Les menus contextuels

Les menus contextuels sont des listes de commandes qui s'affichent sous le pointeur et dont le contenu est directement en rapport avec la tâche en cours, d'où leur nom. Ils peuvent se manifester dans une fenêtre, sous une icône, sur le Bureau.

Un simple clic-droit (ou Ctrl + clic avec les anciennes souris à un seul bouton) en assure l'accès.

La Figure 2.9 montre d'abord le menu contextuel qui se déroule lorsque vous cliquez-droit sur une icône de document. Ses commandes sont en rapport avec l'élément sélectionné. Faites un clic-droit sur le Bureau, c'est-à-dire en dehors des fenêtres et des icônes, et voilà un autre menu contextuel qui se déroule sous votre pointeur. Ses commandes sont propres au Bureau ; elles n'ont rien à voir avec celles du menu contextuel précédent qui, lui, concernait les icônes.

La plupart des applications proposent également ce type de menu. Lancez votre programme favori et cliquez-droit sur un élément. Le plus souvent, un menu

FIGURE 2.9 Seules les options appropriées sont affichées dans les menus contextuels.

contextuel se déroule ; il vous dispense de voyager jusqu'à la barre des menus principale pour choisir une commande. Dans certains programmes comme iMovie et iTunes, quelques commandes ne sont accessibles qu'à travers des menus contextuels.

Pour mettre les menus contextuels du Finder à la portée de tous, Apple a intégré un bouton Action à la barre d'outils correspondante. Ceux qui ignorent tout du clic-droit (ou du Ctrl + clic) ou ceux que cette action dérange pourront malgré tout, *via* ce menu, accéder à ces commandes. Le clic-droit fait gagner un temps précieux.

Les commandes grisées

Dans un menu, les commandes disponibles sont affichées en noir ; celles qui ne le sont pas dans le contexte actuel sont affichées en gris. C'est logique : impossible d'éjecter un disque si le lecteur est vide ! Impossible aussi de créer un alias si aucun fichier n'est sélectionné.

Dans la Figure 2.10, nous avons reproduit les deux scénarios : à gauche, le menu Fichier quand aucun élément n'est sélectionné ; à droite, dans le cas contraire.

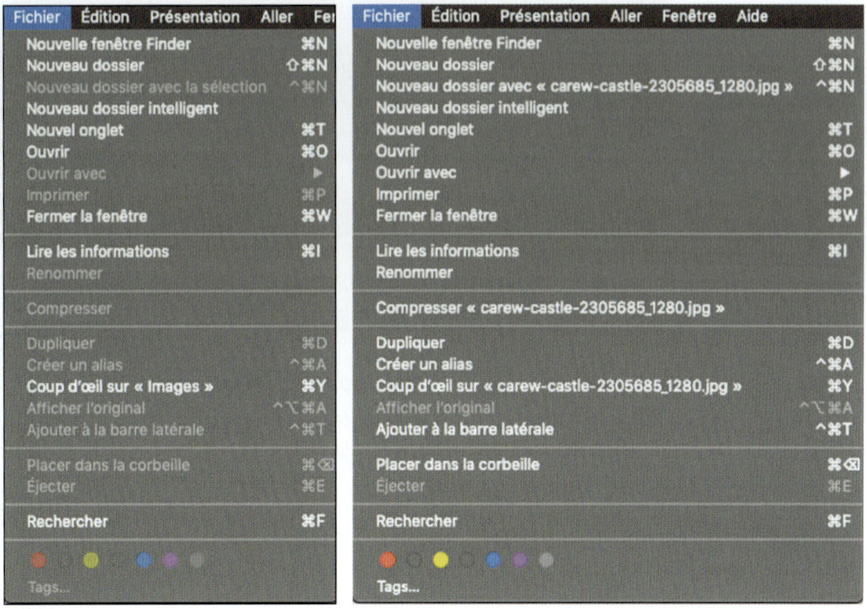

FIGURE 2.10 Le menu Fichier quand rien n'est sélectionné (à gauche) ; quand l'icône d'un document est active (à droite). Les commandes inaccessibles sont grisées.

Enfin, les éléments qui se terminent par trois petits points (...) ouvrent une boîte de dialogue dès que vous cliquez dessus.

Les sous-menus

Certains éléments des menus n'exécutent pas directement la commande, mais déroulent un autre menu, appelé sous-menu, qui propose une liste d'options.

Pour utiliser un sous-menu, sélectionnez la commande principale. Son sous-menu se déroule. Faites glisser le pointeur dans la zone de ce sous-menu et désignez la commande souhaitée. La Figure 2.11 présente un sous-menu déployé.

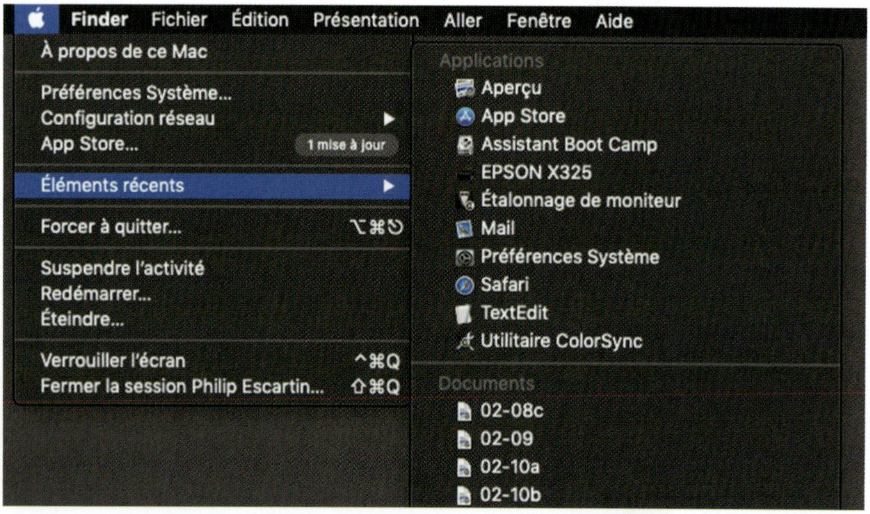

FIGURE 2.11 Un sous-menu du menu Pomme.

Le menu Pomme

Puisqu'on en parle ! Le menu Pomme s'installe d'autorité à l'extrémité gauche de la barre des menus. Il est là en toutes circonstances, toujours fidèle au poste. Il dispose d'une série de commandes, toujours disponibles, quel que soit le programme actif. Parmi celles-ci :

» **À propos de ce Mac :** vous indique la version de macOS que vous exploitez et vous renseigne sur le modèle de Mac que vous utilisez, le type de processeur qui l'équipe et la mémoire qui le soutient. Cette fenêtre dispose d'un certain nombre d'onglets qui communiquent des informations sur l'écran utilisé et sa résolution (Moniteurs), les disques durs et autres lecteurs équipant votre ordinateur (Stockage), la quantité de mémoire installée sur votre Mac et le nombre de barrettes utilisées (Mémoire), un accès à une aide sur macOS et sur votre Mac (Assistance), des informations et un accès à des services d'assistance (Services).

Lorsque, dans la fenêtre À propos de ce Mac, vous cliquez sur le numéro de version, le numéro de la dernière mise à jour s'affiche. La Figure 2.12 montre l'onglet Aperçu et l'onglet Stockage de la boîte de dialogue À propos de ce Mac.

FIGURE 2.12 Deux onglets de la boîte de dialogue À propos de ce Mac.

- **Préférences Système :** ouvre la fenêtre des préférences du système (sur laquelle nous reviendrons plusieurs fois en détail, notamment dans le courant du chapitre suivant).
- **Configuration réseau :** permet de sélectionner une des connexions au réseau que vous avez définies, mais aussi d'accéder aux Préférences Réseau en cas de problème de connexion à votre réseau local et/ou à Internet.

- **App Store :** lance le Mac App Store qui délivre aujourd'hui aussi bien les mises à jour de logiciels que celles du système d'exploitation. Un bouton peut éventuellement indiquer le nombre de mises à jour disponibles.
- **Éléments récents :** fournit un accès rapide aux applications, documents et serveurs récemment utilisés.
- **Forcer à quitter :** cette commande ne s'utilise qu'en cas de force majeure. Elle permet de quitter un programme qui se comporte bizarrement ou plante carrément.

  Mémorisez le raccourci clavier de la commande Forcer à quitter. Il s'agit de ⌘ + Option (Alt) + bouton Allumer/Éteindre. En effet, il peut arriver que le dysfonctionnement d'un programme entraîne un blocage du système de pointage. Il est alors impossible de cliquer sur quoi que ce soit. Dans ce cas, exécutez le raccourci clavier ci-dessus. La boîte de dialogue Forcer à quitter apparaît. Récupérant ainsi la souris, vous pouvez cliquer sur le nom du programme à quitter ou bien appuyer sur la touche Retour.

  N'exécutez la commande Forcer à quitter que si un programme ne répond plus. En effet, l'utiliser pour fermer un programme dans lequel vous travaillez sans souci risque de vous faire perdre toutes les données que vous n'avez pas encore enregistrées.

  Ou pas ! Mojave dispose des fonctions Auto Save et Versions que nous développons au Chapitre 6. *De facto*, toute application compatible avec ces fonctions préserve vos dernières modifications, même si vous n'avez pas enregistré votre document.

- **Les options d'extinction :** il s'agit d'un ensemble de commandes qui permettent de forcer à quitter un programme récalcitrant, de mettre l'ordinateur en veille, de le faire redémarrer, de l'éteindre ou encore de quitter votre séance de travail. Pour éteindre correctement votre Mac, consultez le Chapitre 1.

Les équivalents clavier

À la plupart des commandes principales correspond en général un équivalent ou raccourci clavier, qui vous permet de vous exprimer sans devoir utiliser votre souris. Celui-ci est le plus souvent constitué de la touche Commande (⌘), associée à une touche alphanumérique. Parfois, les touches Option (Alt) et/ou Majuscule participent à l'action. Mémorisez les raccourcis des commandes que vous utilisez le plus souvent.

Le chapitre suivant vous apprendra comment modifier ces équivalents, voire en créer de nouveaux... si le cœur vous en dit !

Certains utilisateurs appellent la touche Commande *touche Pomme* parce que la pomme du logo d'Apple est apposée dessus. Faites-vous votre religion en la matière.

Pour utiliser efficacement les raccourcis clavier :

» **Les raccourcis sont mentionnés dans les menus.** Par exemple, la Figure 2.10, un peu plus haut dans ce chapitre, montre le raccourci qui permet d'exécuter la commande Fermer. Il s'agit de ⌘ + W. Prenez l'habitude de vous familiariser avec quelques raccourcis, car ils vous feront gagner du temps. Les plus communément utilisés sont mentionnés dans ce chapitre.

Les raccourcis ne sont pas toujours très simples à mémoriser. En effet, ils se composent d'une ou plusieurs touches, bien souvent la touche ⌘ (Cmd) et d'une lettre. Généralement, cette lettre est la première lettre du nom de la commande anglaise. Parfois l'équivalent français est identique. Ainsi, pour Quitter un programme, vous appuierez tout naturellement sur ⌘ + Q. En revanche, pour fermer une fenêtre comme expliqué au précédent paragraphe, vous n'appuierez pas sur ⌘ + F (F pour Fenêtre ou Fermer), mais sur ⌘ + W (W pour Window c'est-à-dire Fenêtre en anglais). Idem pour lancer une recherche : il vous faudra appuyer sur ⌘ + F (F pour *Find* en anglais) et non pas sur ⌘ + R.

» **Bien que ces menus affichent la lettre du raccourci en majuscule, c'est une minuscule que vous devez taper.** Donc, lorsque vous lisez dans un menu que l'équivalent de la commande qui vous intéresse est ⌘ + P, c'est, en réalité, ⌘ + p qu'il faut saisir. Ce n'est que lorsque la touche Majuscule est expressément indiquée dans la combinaison que vous devez l'activer depuis votre clavier. Ainsi, l'équivalent de la commande Nouveau dossier du menu Fichier est ⌘ + Majuscule + N.

» **La touche Option (Alt) est représentée par une sorte de S inversé surmonté d'une petite barre.** Certains raccourcis font intervenir cette touche ; c'est le cas de la commande Masquer les autres du menu Finder (Figure 2.13). Enfon-

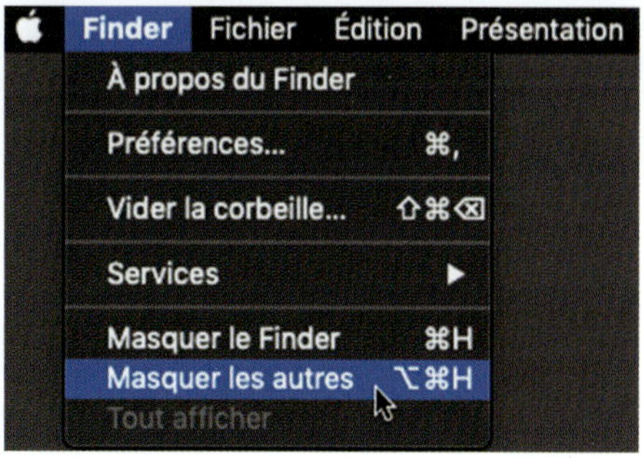

FIGURE 2.13
L'équivalent clavier de la commande Masquer les autres du menu Finder fait intervenir cette touche.

cez donc les touches ⌘ et Option (Alt), puis, tandis que vous les maintenez dans cette position, activez la touche H. Relâchez ensuite les trois touches du raccourci.

» **Autre signalisation.** Il arrive, mais c'est assez rare, que le signe ^ représente la touche Ctrl. L'équivalent devient ^ ⌘ + E, ce qui revient donc à Ctrl + ⌘ + E.

» **En général, les raccourcis sont logiques.** Pour vous faciliter la vie, Apple a cherché à ce que ses raccourcis représentent logiquement la commande à laquelle ils sont associés :

Commande	**Raccourci**
Nouvelle fenêtre Finder	⌘ + N
Nouveau dossier	⌘ + Majuscule + N
Nouveau dossier avec la sélection	Alt + ⌘ + N
Ouvrir	⌘ + O
Lire les infos	⌘ + I
Tout sélectionner	⌘ + A
Copier	⌘ + C
Dupliquer	⌘ + D

DES MENUS À LA CARTE

Si vous adorez les menus, voici une bonne nouvelle : ce macOS Mojave contient 22 menus à tout faire, appelés *Menus Extras*, que vous pouvez installer si vous le désirez.

Certains, comme Son, Moniteurs ou Batterie, peuvent être activés à partir des volets correspondants des Préférences Système. Toutefois, le moyen le plus facile d'y accéder est d'ouvrir le dossier Menu Extras (Système/Bibliothèque/CoreServices/Menu Extras) et d'y opérer un double-clic sur le menu que vous souhaitez ouvrir.

Soyez rassuré : rien n'est irrémédiable. Ainsi, si vous avez installé un menu extra et que, pour l'une ou l'autre raison, vous n'en voulez plus, activez la touche ⌘ et, tout en la maintenant enfoncée, faites-le tout simplement glisser hors de la barre des menus. Il disparaîtra dans un « pfuitt » désinvolte.

Utiliser le mode Split View de Mojave

Le mode Split View permet de placer deux fenêtres l'une à côté de l'autre. Elles occupent ainsi le même espace sur l'interface. Ce mode est idéal pour comparer des données, ou pour en saisir alternativement dans l'une et l'autre des applications ouvertes simultanément.

Voici comment mettre en œuvre cette fonction :

1. **Ouvrez les deux fenêtres d'application que vous souhaitez juxtaposer.**
2. **Maintenez le bouton de la souris enfoncé sur le bouton Plein écran de l'une d'elles.**

   La fenêtre de l'application se réduit est l'écran se divise en deux zones égales, l'une bleue et l'autre montrant l'arrière-plan du Bureau, comme à la Figure 2.14.

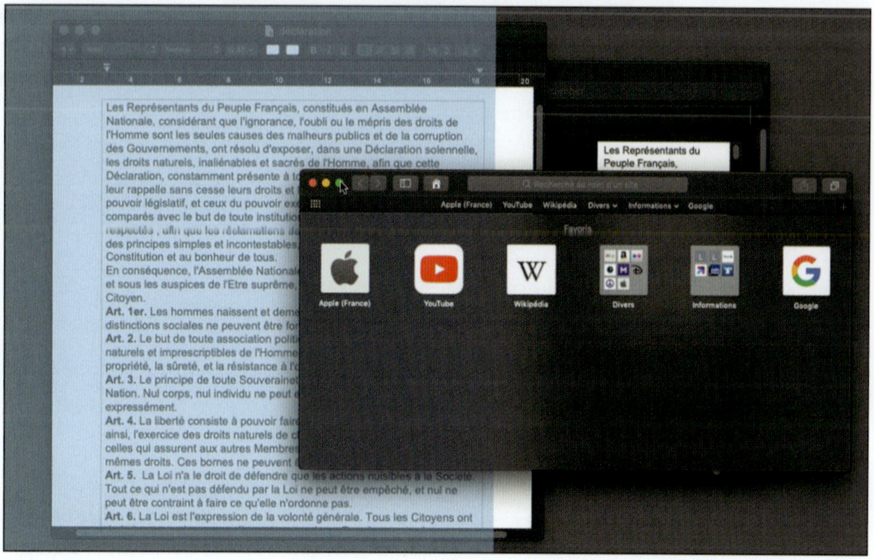

FIGURE 2.14
La fonction Split View de Mojave.

3. **Glissez la fenêtre active soit dans la partie de droite, soit dans celle de gauche, et relâchez le bouton de la souris.**

   La fenêtre de l'application ajuste sa taille à l'espace qui lui est ainsi octroyé.
4. **Cliquez sur l'autre fenêtre d'application afin qu'elle prenne place dans l'autre zone.**

   Les deux fenêtres se retrouvent côte à côte, comme le montre la Figure 2.15.
5. **Si vous le souhaitez, permutez les deux fenêtres en en glissant, via sa barre de titre, l'une à la place de l'autre.**

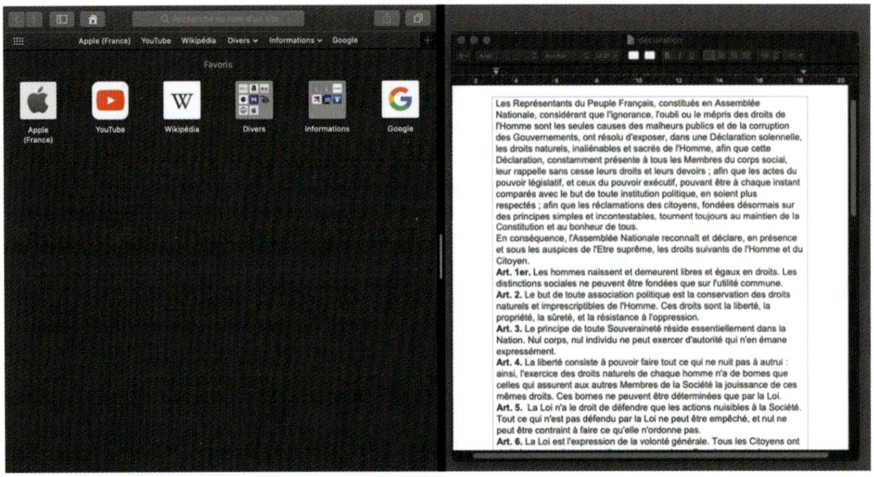

FIGURE 2.15 Deux fenêtres côte à côte en mode Split View.

6. Pour quitter ce mode, appuyez sur Esc, ou bien sur le bouton Plein écran d'une des fenêtres.

Chapitre 3

Asservir macOS Mojave à vos besoins

DANS CE CHAPITRE :

- » **Définir les Préférences Système.**
- » **Choisir un arrière-plan et un économiseur d'écran.**
- » **Travailler avec les widgets du Dashboard.**
- » **Personnaliser le matériel et les raccourcis clavier.**
- » **Régler le son.**

Les Préférences Système permettent de configurer votre Mac pour qu'il réponde à vos besoins propres. C'est l'objet de ce nouveau chapitre.

Les Préférences Système

Les Préférences Système sont accessibles depuis le menu Pomme et le Dock. Conformez-vous aux étapes suivantes :

1. **Ouvrez la fenêtre des Préférences (Figure 3.1) en appliquant l'une des trois méthodes suivantes :**

FIGURE 3.1 La fenêtre des Préférences Système.

- Cliquez sur Pomme/Préférences Système.
- Ouvrez votre dossier Applications et double-cliquez sur l'icône Préférences Système.
- Cliquez sur l'icône Préférences Système du Dock.

2. Cliquez sur n'importe quelle icône.

Le contenu de la fenêtre change. Nous appellerons *volet* sa partie inférieure, c'est-à-dire la zone dans laquelle sont regroupés les réglages propres à l'icône sélectionnée.

Lorsque vous avez fini de travailler dans le volet Préférences Système, fermez-le en cliquant sur Préférences Système/Quitter Préférences Système ou en exécutant le raccouci clavier ⌘ + Q.

Maintenez le bouton de la souris enfoncé sur l'icône représentant une matrice de points pour accéder à une liste de toutes les préférences système de la boîte de dialogue. Il suffit de faire glisser le pointeur de la souris jusqu'à la rubrique à consulter, puis de relâcher le bouton du rongeur. Cliquez sur cette icône pour revenir à l'ensemble des rubriques des préférences.

3. Quand vous en avez terminé avec un volet et souhaitez revenir à la fenêtre principale, cliquez sur le bouton situé à droite des boutons Précédent et Suivant (la fameuse matrice de points), ou choisissez Présentation/Afficher toutes les préférences, ou bien utilisez son équivalent clavier, ⌘ + L.

Le menu Présentation permet de choisir la rubrique à afficher dans les Préférences système.

Si vous maintenez le bouton de la souris enfoncé sur l'icône Préférences Système du Dock ou si vous faites un clic-droit dessus, vous accédez à la liste de ces préférences.

Vous pouvez également exploiter les boutons Précédent et Suivant placés à droite des trois boutons classiques situés dans la partie supérieure gauche de la fenêtre des Préférences Système.

Pour trier ces préférences par ordre alphabétique, ouvrez le menu Présentation et choisissez Classer par ordre alphabétique. Pour revenir à la présentation classique, ouvrez de nouveau ce menu et optez pour Classer par catégorie.

Mojave permet de masquer les préférences les moins exploitées *via* la commande Personnaliser du menu Présentation. Aussitôt, une coche apparaît en bas à droite de chaque icône (voir la Figure 3.2) ; désactivez celles des icônes que vous ne voulez plus voir ; réactivez-les pour les faire réapparaître. Cliquez sur OK (qui remplace le bouton de la matrice de points en haut à gauche) pour valider les changements.

Vous pouvez également maintenir le bouton de la souris enfoncé sur le bouton de la matrice de points et choisir Personnaliser en bas du menu local qui s'affiche.

FIGURE 3.2 Personnaliser les Préférences système.

Même si vous ne décochez aucune catégorie, validez par un clic sur le bouton OK.

Afficher une image sur le Bureau

Lorsque vous accédez pour la première fois au Bureau de macOS X Mojave, le moins que l'on puisse dire est que son arrière-plan est des plus ... désertiques.

Mojave innove en matière de fond d'écran puisqu'il est possible de le rendre dynamique, comme cela est expliqué un peu plus loin à la section « Appliquer un Bureau dynamique ».

Procédure générique de définition d'un arrière-plan

Voici comment changer l'image d'arrière-plan du Bureau :

1. **Faites un clic-droit sur un espace vide du Bureau.**
2. **Dans le menu contextuel qui apparaît, choisissez Modifier le fond d'écran.**

   La préférence Bureau et économiseur d'écran s'affiche.

   A priori, vous accédez directement aux préférences du Bureau. Si ce n'est pas le cas, cliquez sur l'onglet Bureau.
3. **Choisissez un dossier à gauche, puis une image à droite (Figure 3.3).**

   Pour accéder au contenu des dossiers, cliquez sur le petit triangle situé à gauche du mot Dossiers.

Il existe au moins trois autres moyens de changer l'image d'arrière-plan du Bureau :

- Faire glisser un fichier image depuis le Finder jusque sur la vignette représentant l'actuelle image d'arrière-plan, en haut à gauche de la boîte de dialogue Bureau et économiseur d'écran.
- Sélectionner Dossiers dans la liste proposée dans la partie gauche de la fenêtre, puis choisir un sous-dossier dans la liste qui apparaît lorsque vous cliquez sur le petit triangle à gauche de Dossiers.

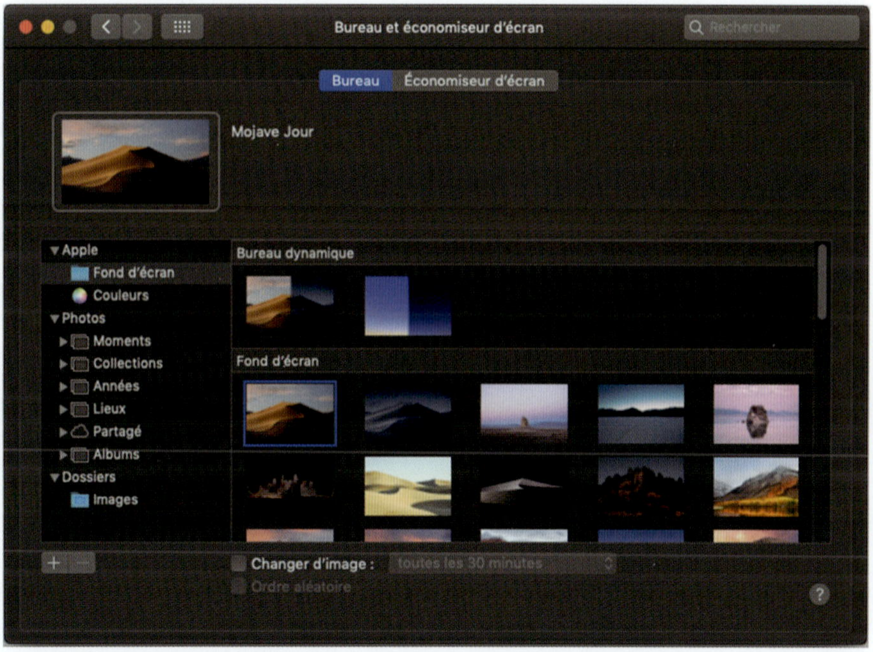

FIGURE 3.3 Les choix du dossier Fond d'écran.

Vous pouvez ajouter un autre dossier par un clic sur le bouton + situé en bas à gauche de la boîte de dialogue. Dans la barre latérale de la fenêtre du Finder qui apparaît, choisissez un disque dur puis un dossier. Validez par un clic sur le bouton Choisir. Le dossier est alors ajouté à la catégorie Dossiers des préférences Bureau et économiseur d'écran. Pour retirer un dossier, cliquez dessus dans la catégorie Dossiers, puis sur le signe moins (-) situé en bas à gauche de la fenêtre.

Dernière chose : même si toutes ces images sont très tentantes, rien ne nous paraît plus reposant qu'un Bureau blanc immaculé ou gris moyen. Pour cela, cliquez sur Couleurs unies. Dans le nuancier qui s'affiche à droite, cliquez sur le rectangle blanc.

Vous ne voyez pas le dossier Couleurs unies ? Alors, cliquez sur le petit triangle situé à gauche du mot Apple !

Appliquer un Bureau dynamique

Le terme Bureau dynamique employé par Apple est assez mal choisi. En effet, ce n'est pas le Bureau qui est dynamique mais son arrière-plan, et encore, dans des proportions purement esthétiques. Bref, le Bureau dynamique est un gadget qui n'a pas une grande utilité pratique.

Cette nouvelle fonctionnalité de Mojave permet de définir une image d'arrière-plan dont la luminosité varie en fonction de l'heure de la journée. Ainsi, la dune choisie par Apple est parfaitement visible en plein jour, et elle va s'estomper progressivement vers la nuit au fur et à mesure qu'avance l'heure réelle de la journée. Pour faire simple, le matin lorsque vous allumez votre Mac, la dune est éclairée comme en plein jour, et le soir la dune se retrouve plongée dans l'obscurité. Entre ces deux moments de la journée, l'image change progressivement comme si vous viviez réellement dans le désert des Mojaves.

Voici comment configurer cet arrière-plan dynamique plus bête que méchant :

1. **Répétez la procédure de la précédente section.**
2. **Dans le dossier Apple, veillez à sélectionner le dossier Fond d'écran.**
3. **Dans la section Bureau dynamique, cliquez sur une des deux vignettes proposées.**

   Il s'agit du désert des Mojaves et d'une vue du ciel.
4. **Dans le menu local Mojave, choisissez entre Dynamique, Clair (fixe), ou Sombre (fixe), comme sur la Figure 3.4.**
   - **Dynamique :** l'aspect de l'image évolue tout au long de la journée, comme si le soleil avait une réelle influence sur le fond d'écran.

FIGURE 3.4 Choisissez dynamique pour varier l'aspect du fond d'écran tout au long de la journée.

- **Clair (fixe) :** affiche l'image choisie en plein jour. Cette fois, son aspect ne variera pas en fonction de l'heure de la journée.
- **Sombre (fixe) :** affiche l'image choisie de nuit. Cette fois, son aspect ne variera pas en fonction de l'heure de la journée.

5. **Une fois le fond d'écran choisi, quittez les Préférences Système.**

Paramétrer un économiseur d'écran

Plusieurs modules sont fournis d'origine. Pour en paramétrer un, agissez comme décrit ci-après :

1. **Faites un clic-droit sur un espace vide du Bureau.**
2. **Dans le menu contextuel, choisissez Modifier le fond d'écran.**
3. **Cliquez sur l'onglet Économiseur d'écran.**

   Une autre méthode consiste à ouvrir les Préférences Système, à choisir l'icône Bureau et économiseur d'écran, puis à activer l'onglet Économiseur d'écran (Figure 3.5).

4. **Dans la colonne de gauche, choisissez un économiseur.**

   Faites défiler le contenu du volet pour afficher tous les économiseurs et diaporamas disponibles.

5. **(Facultatif) Testez l'économiseur par un clic sur son aperçu.**

   L'incrustation Aperçu apparaît sur l'image lorsque vous y placez le pointeur de la souris pour vous rappeler que vous prévisualisez un économiseur. Appuyez sur n'importe quelle touche pour mettre fin au test, ou cliquez directement sur l'écran.

6. **Une fois votre choix arrêté, ouvrez le menu local Démarrer après et choisissez le laps de temps au terme duquel l'économiseur devra entrer en action.**
7. **Cochez l'option Superposer l'heure pour afficher en plus une horloge digitale.**
8. **(Facultatif) Cliquez sur Coins actifs pour désigner le coin dans lequel le positionnement de la souris déclenchera l'économiseur et celui dans lequel il le désactivera.**

FIGURE 3.5 L'onglet Économiseur d'écran.

Lorsque cette option est active, l'économiseur se déclenche dès que vous placez le pointeur de la souris dans un angle de l'écran.

9. **Quand vous avez terminé, fermez la fenêtre.**

Si vous ne savez pas quel type d'économiseur choisir, laissez faire Mojave en cochant l'option Utiliser un économiseur d'écran aléatoire.

Mojave est fourni avec son lot de nouveautés en matière d'économiseur d'écran. Ainsi, vous avez la possibilité d'afficher un message personnalisé. Pour cela, choisissez Message, puis cliquez sur le bouton Options de l'économiseur d'écran. Dans la boîte de dialogue qui apparaît, tapez le message qui s'affichera en écran de veille. Vous pouvez également opter pour Illustrations iTunes. Dans ce cas, Mojave utilisera les pochettes de disques comme fond d'écran en les affichant sous la forme d'un mur d'images dynamique. Enfin, le Mot du jour permet de laisser à Mojave le choix d'un mot aléatoire qui illuminera (ou pas) votre journée. Au moment où nous écrivons ces lignes, seuls les dictionnaires anglais, chinois, ou japonais sont utilisés par Mojave pour choisir lui-même un mot du jour.

La procédure de réveil peut être associée à un mot de passe. Dans la pratique :

1. **Cliquez sur Pomme/Préférences Système/Sécurité et confidentialité, puis sur l'onglet Général.**
2. **Validez l'option Exiger le mot de passe après la suspension d'activité ou le lancement de l'économiseur d'écran, puis fermez la fenêtre.**
3. **Fixez un délai grâce au menu local correspondant (immédiatement, 15 minutes, 4 heures…).**

   Désormais, le mot de passe Utilisateur sera requis pour tout réveil de la machine.

Afficher des widgets sur le Dashboard

Dashboard, c'est le pays des *widgets*, ces mini-applications très utiles. Comme il n'est plus accessible par défaut depuis le Dock, ouvrez le Finder puis son dossier Applications. Double-cliquez sur Dashboard. Au départ, seuls quelques widgets sont proposés, comme le montre la Figure 3.6.

FIGURE 3.6 Le Dashboard s'installe sur le Bureau, masquant le Finder et les fenêtres des applications.

Les widgets sont donc des programmes élémentaires, investis d'une mission unique et évoluant dans le cadre exclusif du Dashboard. Certains (comme Calendrier ou Contacts) communiquent avec des applications de votre disque dur.

D'autres (comme Flight Tracker, Bourse ou Météo) vont chercher sur Internet les informations dont ils ont besoin.

Apprenez à gérer ces widgets :

- **Chaque fois que vous mettez Dashboard en service,** les widgets qui étaient ouverts lors de sa dernière mise en route le sont de nouveau automatiquement.
- **Pour fermer un widget**, cliquez sur le bouton moins (-) situé dans l'angle inférieur gauche de la fenêtre, puis sur le symbole x qui apparaît dans l'angle supérieur gauche du widget.
- **Pour configurer un widget**, cliquez sur le « i » qui s'affiche dans l'angle inférieur droit de sa fenêtre lorsque vous en approchez votre pointeur. Le volet pivote et vous propose, sur son envers, différents réglages. Dans le cas de l'horloge, par exemple, vous pouvez choisir la région et la ville ; dans le cas de Météo, vous pouvez spécifier l'endroit et opter pour l'affichage en Celsius ou en Fahrenheit. Une fois les réglages établis, il suffit de cliquer sur Done ou sur Terminé pour retrouver le widget côté face.

  Seuls les widgets affichant un « i » quand vous positionnez votre pointeur sur le coin inférieur droit de la fenêtre sont personnalisables.
- **Pour accéder à d'autres widgets que les quatre prédéfinis,** cliquez sur le signe + en bas à gauche de votre écran (illustré à la Figure 3.6). Cela ouvre un écran de sélection.
- **Pour ajouter un widget depuis l'écran de sélection du Dashboard,** cliquez directement dessus.
- **Pour fermer la barre des widgets,** cliquez n'importe où sur l'arrière-plan gris ou bien cliquez de nouveau sur le bouton Plus de widgets...
- **Pour déplacer un widget sur l'écran,** cliquez dessus et faites-le tout simplement glisser vers son nouvel emplacement.
- **Pour désinstaller un widget tiers dont vous ne voulez plus,** ouvrez le gestionnaire et cliquez sur le signe – situé en bas à gauche de l'écran. Les icônes des widgets se mettent à vibrer et celles que vous pouvez supprimer arborent une croix (x) dans leur coin supérieur gauche. Cliquez dessus et votre Mac vous demandera si vous souhaitez vraiment vous débarrasser du widget sélectionné.

Pour fermer le Dashboard, appuyez sur la touche Esc de votre clavier, ou cliquez sur la petite flèche affichée dans la partie inférieure droite de sa fenêtre.

Si vous utilisez un trackpad, posez trois doigts dessus et faites-les glisser vers la droite pour basculer vers votre Dashboard, et vers la gauche pour revenir sur le Bureau. Vous pouvez aussi recourir aux équivalents clavier Ctrl + Flèche gauche et Ctrl + Flèche droite. Ne perdez simplement pas de vue que, pour exploiter l'une ou l'autre de ces techniques, il faut que vous ayez validé l'option qui assimile Dashboard à un espace (option Afficher le Dashboard comme un espace dans la préférence Système Mission Control accessible depuis la fenêtre Préférences Système).

Les widgets sont des applications extrêmement pratiques et fonctionnelles, toujours à portée de main. Les sections suivantes en décrivent quelques-uns plus en détail.

Adapter boutons, menus et fenêtres

En général, les ordinateurs aiment la sobriété. Mais si vous estimez qu'un peu de fantaisie n'a jamais fait de mal à personne, tournez-vous vers le volet Apparence des Préférences Système pour égayer un peu votre environnement. Pour y parvenir, cliquez sur Pomme/Préférences Système, puis sur l'icône Général (Figure 3.7).

Agissez dans les sous-menus suivants :

- **Mode d'apparence :** cette nouvelle fonctionnalité de Mojave permet de choisir entre un mode d'interface Clair et Sombre. Clair applique l'apparence traditionnelle de macOS, tandis que Sombre (choisie pour les illustrations de ce livre) applique une couleur gris foncé qui repose les yeux. Elle sera très prisée des photographes car cette couleur permet de mieux apprécier le rendu chromatique des images. Cliquez simplement sur la vignette du mode à appliquer, et l'effet est immédiat.
- **Couleur d'accentuation :** ces huit cercles de couleurs permettent de choisir la couleur dans laquelle des éléments sélectionnés (boutons radio, cases à cocher, *etc.*) seront affichés.
- **Couleur de surbrillance :** définit la couleur dans laquelle s'affiche le texte sélectionné, qu'il s'agisse de caractères que vous sélectionnez dans un document ou du nom des icônes des fenêtres du Finder. Ici, l'éventail de possibilités est plus vaste.

  Personnellement, nous ne raffolons pas de l'option Jaune ; on dirait qu'on a surligné le texte avec un fluo jaune pisseux.

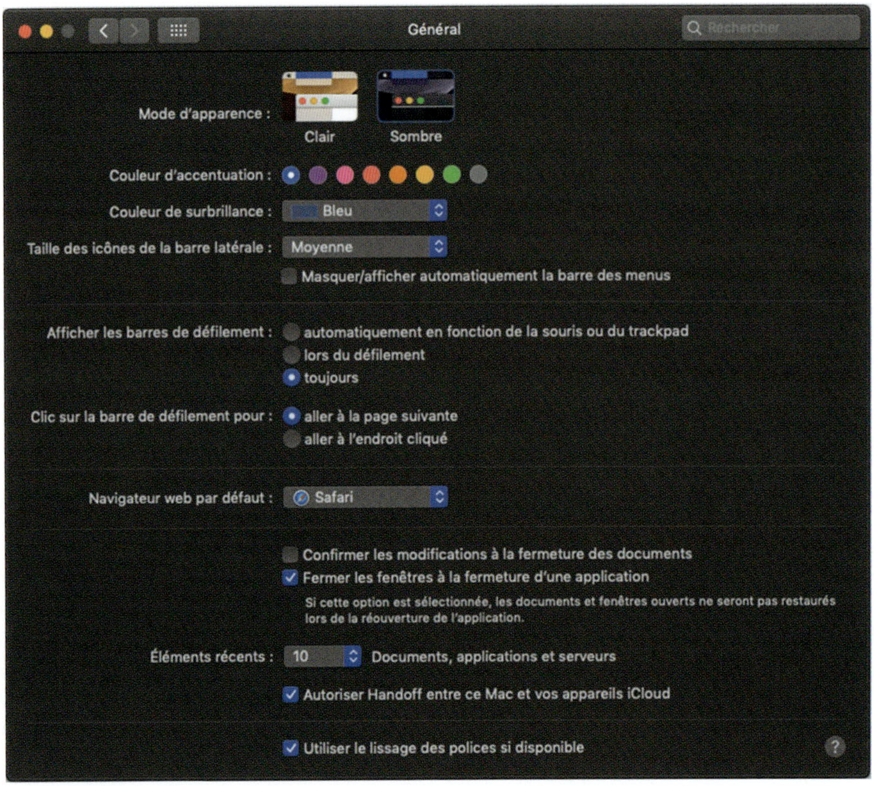

FIGURE 3.7 Le volet Apparence des Préférences Système.

- **Taille des icônes de la barre latérale :** choisissez Petite, Moyenne ou Grande pour définir la taille des icônes de la barre latérale du Finder.

La rubrique suivante gère les flèches et la barre de défilement :

- Les boutons radio Afficher les barres de défilement permettent de choisir les barres de défilement qui seront visibles dans les fenêtres. Vous avez le choix entre Automatiquement en fonction de la souris ou du trackpad, Lors du défilement ou Toujours.
- Le bouton radio Clic sur la barre de défilement permet qu'un clic dans la barre de défilement au-dessus ou en dessous de l'ascenseur fasse monter ou descendre d'une page (option par défaut) ou vous amène à l'endroit du document qui correspond, proportionnellement, à l'endroit de la barre où vous avez cliqué.

Activez Aller à l'endroit cliqué si vous travaillez sur un document contenant plusieurs pages afin d'y naviguer rapidement. N'oubliez jamais l'existence de la touche Page Suiv. qui a le même effet que l'option Aller à la page suivante.

- **Navigateur Web par défaut :** si plusieurs navigateurs Web sont installés sur votre ordinateur, choisissez celui qui s'ouvrira par défaut lorsque vous cliquerez sur un lien Internet dans un e-mail ou tout autre document. Je rappelle que le navigateur Web des ordinateurs Mac se nomme Safari. Toutefois, rien ne vous empêche d'utiliser Chrome de Google ou bien encore Firefox.
- **Confirmer les modifications à la fermeture des documents :** Mojave peut enregistrer automatiquement des versions de votre document sans aucune action de votre part. Activez cette option si vous souhaitez que vos dernières modifications soient enregistrées sans que vous ayez à le confirmer dans une boîte de dialogue.
- **Fermer les fenêtres à la fermeture d'une application :** par défaut, votre Mac rouvre tout document ou fenêtre qui étaient opérationnels lorsque vous avez quitté le programme. Ainsi, à sa réouverture, vous retrouvez le même environnement de travail. Pour désactiver cette fonctionnalité et toujours repartir d'un nouveau document, cochez cette option.

Ces deux dernières fonctions ne donnent des résultats convaincants qu'avec les applications Apple. Les programmes tierce partie ignorent bien souvent ces commandements.

- La valeur que vous appliquez dans le champ de la rubrique Éléments récents détermine le nombre d'applications, de documents et de serveurs recensés dans le sous-menu Éléments récents du menu Pomme. Cette valeur est fixée à 10 par défaut. Augmentez-la si vous le souhaitez.
- L'option Autoriser Handoff entre ce Mac et vos appareils iCloud permet de reprendre, avec n'importe quel appareil Mac, un travail commencé sur un autre. Par exemple, vous pouvez consulter une page Web sur votre iPhone, puis poursuivre sur votre Mac. De nombreuses applis tirent profit de Handoff.
- Enfin, la dernière rubrique de la fenêtre contrôle l'aspect de vos polices de caractères. L'option Utiliser le lissage des polices pour écran LCD si disponible améliore l'affichage du texte sur la plupart des moniteurs. Ne la désactivez que si vous disposez encore d'un vieil écran à tube cathodique (CRT).

Régler clavier, souris, trackpad et autres périphériques

À chacun sa façon bien à lui d'employer son clavier et sa souris. Certains font l'impasse sur la souris ; d'autres utilisent une dalle tactile ou trackpad ; d'autres encore vont jusqu'à se passer de clavier (s'ils disposent d'un système de reconnaissance vocale, comme ceux que nous décrivons au Chapitre 16 et au Chapitre 7 avec Siri, connue des utilisateurs d'iPhone). Si vous utilisez macOS sur un notebook, vous disposerez peut-être d'un trackpad, c'est-à-dire une petite surface tactile sur laquelle vous déplacez vos doigts pour contrôler le pointeur de la souris. Ou bien, vous utiliserez un clavier et une souris Bluetooth que vous pouvez connecter sans fil à votre Mac.

Quel que soit votre cas, vous désirez sans doute personnaliser le fonctionnement de ces périphériques d'entrée.

C'est dans les fenêtres Clavier, Souris et Trackpad des Préférences Système que tout se passe. Ouvrez-les donc et emboîtez-nous le pas.

Clavier

Cette préférence Système comporte cinq onglets : Clavier, Texte, Raccourcis, Méthodes de saisie, et Dictée.

Onglet Clavier

Ce premier onglet autorise les réglages suivants :

- **Répétition de touches** : définit la fréquence à laquelle un caractère est répété lorsque la touche correspondante est maintenue enfoncée.
- **Pause avant répétition** : contrôle la durée pendant laquelle il faut maintenir une touche enfoncée pour que la répétition commence.

Si vous possédez un portable (MacBook, MacBook Pro ou MacBook air), quelques options supplémentaires vous sont proposées ; elles vous permettent notamment de mener les actions suivantes :

- **Utiliser les touches F1, F2 et ainsi de suite comme des touches de fonction standard :** si cette case est cochée, les touches F situées en haut du clavier contrôlent le programme actif.

  Pour exploiter les fonctionnalités *hardware* indiquées sur ces touches (comme le réglage de la luminosité ou du volume du haut-parleur), nous vous rappelons qu'il est nécessaire d'activer d'abord la touche fn.

- **Régler la luminosité du clavier en faible éclairage :** cette option active ou désactive le rétroéclairage du clavier si la lumière ambiante est faible. Cette option n'est présente que sur les portables.

- **Désactiver lorsque l'ordinateur n'est plus utilisé depuis :** définit le laps de temps pendant lequel cet éclairage doit rester actif alors que le Mac ne l'est plus. Réservé là aussi aux portables.

Bien entendu, si votre notebook ne dispose pas de rétroéclairage, ces deux dernières options ne sont pas présentes.

Attention : le rétroéclairage réduit la durée de vie de votre batterie. Ne l'utilisez que si vous en avez vraiment besoin.

- **Afficher les visualiseurs de clavier, d'Emoji et de symboles dans la barre des menus :** cette option ajoute un nouveau menu qui permet d'ouvrir facilement ces deux fenêtres.

- **Configurer un clavier Bluetooth :** lance l'Assistant Bluetooth qui vous aide à jumeler et à configurer ce type de matériel (voir le Chapitre 16.

- **Touches de modification :** permettent de modifier l'incidence des touches de verrouillage des majuscules, Ctrl, Option et Cmd. Cette possibilité est très utile quand vous utilisez un clavier qui n'a pas été conçu par Apple, et cela même s'il a été conçu pour le système d'exploitation macOS.

Il nous arrive souvent d'activer accidentellement la touche Caps Lock (Verr. Maj). Nous l'avons donc configurée pour qu'elle soit sans effet. Dès lors, nous n'écrivons pas tout en majuscules quand NOUS APPUYONS ACCIDENTELLEMENT SUR CETTE TOUCHE.

Onglet Texte

Personnellement, nous adorons, car cette option nous épargne des frappes inutiles. Certes, l'utilisateur dispose ici de l'option de Correction automatique, validée par défaut. Mais c'est surtout la possibilité d'attribuer un raccourci à un texte plus long qui nous intéresse. Quelques exemples :

Quand nous tapons :	**Le Mac écrit pour nous :**
pe	par exemple
co	Cordialement
jvc	Je vous prie de croire à l'expression de mes sentiments les meilleurs

Pour ajouter vos propres raccourcis, cliquez sur le signe + en bas à gauche ; tapez le raccourci dans la case Remplacer ; tapez le texte à introduire en son lieu et place dans la case Par. Il vous suffira ensuite, depuis TextEdit par exemple, de taper le raccourci pour que le texte complet soit introduit, comme par enchantement. (Figure 3.8).

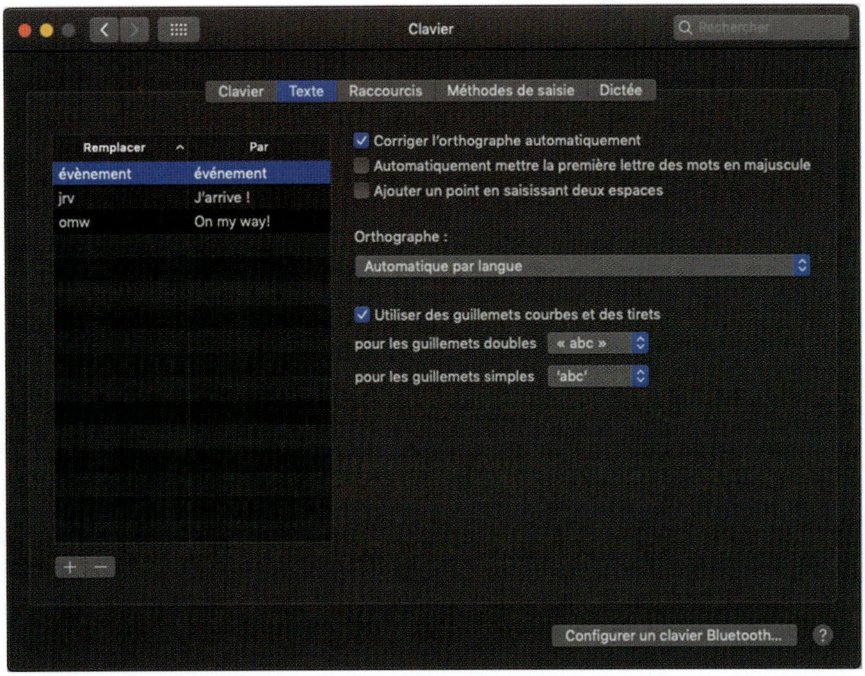

FIGURE 3.8 Deux raccourcis définis dans l'onglet Texte des préférences système du clavier.

Contrairement aux apparences, vous pouvez fort bien entrer un texte de plusieurs lignes. Il suffit d'enfoncer la touche Option, puis Entrée ou Retour pour entamer une nouvelle ligne.

Onglet Raccourcis

Cet onglet permet de modifier, d'ajouter et de supprimer des raccourcis clavier pour la plupart des tâches prises en charge par le système d'exploitation, comme prendre une photo de l'écran ou choisir, *via* le clavier, des commandes dans les menus ou des icônes dans le Dock. Il vous permet même de traiter les raccourcis clavier de certaines applications.

Au Chapitre 2, nous présentons les raccourcis clavier les plus utilisés. Toutefois, sachez qu'il est possible de leur assigner d'autres commandes que vous utilisez fréquemment. En créant vos propres raccourcis clavier, toutes les commandes nécessaires à vos besoins informatiques se retrouvent à portée de vos doigts.

Vous pouvez ajouter, supprimer ou changer des raccourcis exécutant de nombreuses fonctions du système d'exploitation. Enfin, sachez qu'il est également possible de changer les raccourcis clavier de vos programmes.

Voyez comme les choses sont simples :

- **Pour modifier un raccourci** : commencez par sélectionner, dans la liste de gauche, l'application, la préférence ou la fonctionnalité à traiter. Ensuite, dans la colonne de droite, cliquez sur le nom du raccourci, puis sur le raccourci lui-même pour le sélectionner. Aussitôt, le raccourci actuellement utilisé est mis en surbrillance. Il ne vous reste plus, à ce stade, qu'à taper le nouveau raccourci pour le substituer à l'ancien.
- **Pour créer un nouveau raccourci d'application :** commencez par sélectionner Raccourcis de l'application dans le volet gauche des Préférences Clavier. Ensuite, cliquez sur le bouton +. Dans la boîte de dialogue qui vous est alors proposée, choisissez l'application concernée dans le menu local Application ; saisissez, dans la case Titre du menu, le nom exact de la commande de menu que vous souhaitez ajouter, puis introduisez, dans le champ Raccourci clavier, la combinaison de touches à lui associer. Ce n'est pas plus compliqué que ça !
- **Pour supprimer un raccourci** : sélectionnez-le dans le volet droit, puis cliquez sur –.

Cet onglet vous permet en outre de modifier l'ordre de tabulation. En effet, les boutons radio intitulés « les champs et listes seulement » et « tous les contrôles » vous autorisent à décider de ce qui doit se passer lorsque vous activez la touche Tab dans une fenêtre ou dans une boîte de dialogue.

» **La touche Tab activera les champs et listes seulement** : elle fera en sorte que l'activation de cette touche déplace le pointeur de zone de saisie en zone de saisie et d'entrée de liste en entrée de liste (généralement classées par ordre alphabétique).

» **La touche Tab activera tous les contrôles** : tous les réglages seront balayés, les uns après les autres.

En effet, l'activation de la touche Tabulation déplace alors le curseur de champ en champ, de zone en zone, d'élément en élément, mettant la sélection en surbrillance pour en faciliter le repérage.

Onglet Méthodes de saisie

C'est dans cet onglet que vous avez l'opportunité d'afficher un ou plusieurs claviers étrangers dans le menu Saisie.

Lorsque vous cochez l'option Afficher le menu de saisie dans la barre des menus, un petit drapeau de la langue actuellement utilisée s'affiche en haut à droite du Bureau (à gauche de la date et de l'heure). Comme vous êtes français ou francophone, le drapeau affiché actuellement sera probablement le drapeau français. Cliquez alors sur ce drapeau pour ouvrir un menu local qui liste les langues ajoutées. Basculez vers une autre méthode de saisie en cliquant sur le drapeau de la langue à utiliser. Dans ce menu local, vous observez la présence de deux options : Afficher le visualiseur de clavier et Afficher les Emoji et symboles. La première ouvre un clavier virtuel qui permet de saisir en cliquant sur les lettres avec votre souris ; la seconde ouvre le Visualiseur de caractères qui permet d'insérer des tonnes d'émojis et de symboles dans vos textes. Pour fermer ces éléments, cliquez sur le drapeau, puis sur les options Masquer de chacune de ces fonctionnalités. Vous obtiendrez le même résultat en cliquant sur le bouton de fermeture de chacune de ces fenêtres de visualiseurs.

L'icône d'un drapeau n'est visible que si plusieurs méthodes de saisie ont été ajoutées. Sinon, cette partie de l'interface du Bureau affiche l'icône d'accès au menu local des visualiseurs.

Dictée

Permet de dicter du texte plutôt que de le saisir au clavier. Bien entendu, un micro ou un micro-casque doit être connecté à votre Mac pour que la dictée puisse s'effectuer. Il vous suffit ensuite de cliquer sur le bouton radio Activée pour dicter directement dans les applications et les fenêtres où la saisie de texte est possible.

Souris

La préférence Système Souris sert à régler les options de ce périphérique (Figure 3.9).

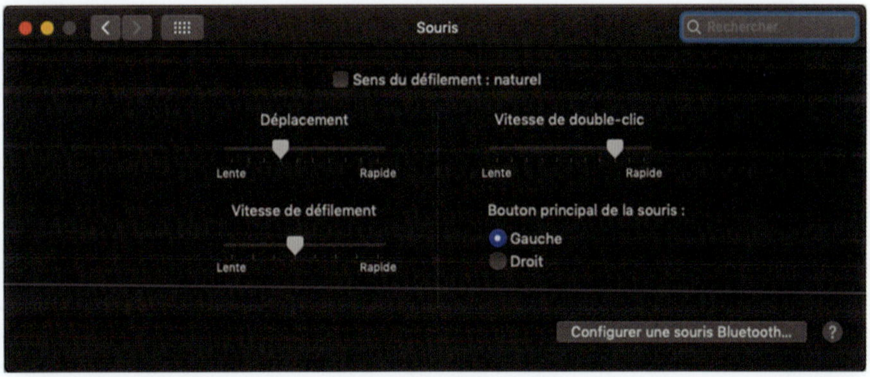

FIGURE 3.9 La préférence Système Souris.

Décochez Sens du défilement : naturel si vous ne parvenez pas à vous habituer à cette façon de faire.

D'autres options vous attendent dans cette fenêtre :

- **Bouton principal de la souris :** si votre souris possède plusieurs boutons, cette option vous permet de définir lequel fera office de bouton principal. L'autre deviendra, par la force des choses, bouton secondaire, utilisé donc pour le Ctrl + clic ou le clic-droit.

  Les gauchers apprécieront l'existence de ce réglage. Ils pourront ainsi définir le bouton droit comme bouton principal et cliquer avec l'index de leur main gauche. Les droitiers, bien entendu, feront l'inverse, c'est-à-dire qu'ils définiront le bouton gauche comme bouton principal et le droit comme bouton secondaire.

- **Déplacement** : ce curseur définit le rapport entre le déplacement physique de la souris sur le plan de travail et celui du pointeur à l'écran.
- **Vitesse de double-clic :** permet d'ajuster la vitesse à laquelle vous devez appuyer deux fois sur le bouton de la souris pour que le double-clic soit pris en compte.
- **Vitesse de défilement :** augmente ou diminue la vitesse à laquelle défilera le contenu d'un document lorsque vous agirez sur la molette de votre souris.

Les modifications que vous opérez dans ce volet sont immédiatement opérationnelles. N'hésitez pas à faire des essais.

Bluetooth

Bluetooth est un protocole de réseau sans fil qui permet au Mac, s'il est équipé de l'adaptateur correspondant, de communiquer par radio avec des périphériques, comme des souris ou des claviers Bluetooth ou encore des appareils téléphoniques.

C'est dans la fenêtre de la préférence Système Bluetooth que vous configurerez les périphériques Bluetooth que vous souhaitez exploiter (Chapitres 16 et 17).

Si tel est le cas de votre ordinateur, vous trouverez, dans les fenêtres correspondantes, des infos sur l'état des piles. Vous y trouverez aussi une option intitulée Afficher Bluetooth dans la barre des menus, qui ajoute, dans la partie droite de cette barre, un menu regroupant toutes les commandes relatives à Bluetooth.

Trackpad

Si votre Mac est un portable – MacBook, MacBook Air ou MacBook Pro –, il est équipé d'une dalle tactile ; il se peut aussi que vous ayez adjoint un trackpad à un modèle de bureau. Dans ces deux éventualités, vous avez accès à une préférence Système que les autres Mac n'ont pas. Baptisée Trackpad, elle permet notamment de configurer la vitesse de déplacement du pointeur ou de simuler un clic par une touche sur le pavé.

La technique est simple : cochez une option pour l'activer ; décochez pour désactiver. Positionnez votre pointeur sur une option pour voir comment elle agit (inutile de cliquer) ; aussitôt, une démo vous est proposée dans la partie droite de la fenêtre.

Quelques infos concernant d'autres options disponibles :

- **Toucher pour cliquer :** tapez une fois sur le trackpad avec un seul doigt pour que Mojave l'interprète comme un clic.
- **Recherche et détection de données avec 3 doigts :** pour ouvrir des menus locaux avec trois doigts placés sur le trackpad sans devoir appuyer sur un de ses deux boutons.

- **Vitesse de déplacement :** faites glisser ce curseur pour modifier l'interaction entre le mouvement des doigts sur la dalle tactile et le déplacement du pointeur de la souris. Plus cette vitesse est élevée plus le curseur parcourt de chemin avec un déplacement minimal de votre doigt sur la dalle. En revanche, plus cette vitesse est faible, plus vous avez l'impression que le pointeur de la souris se déplace au ralenti. Faites des essais pour trouver la bonne vitesse.
- **Sens du défilement : naturel :** (sous l'onglet Faire défiler et zoomer) pour placer deux doigts l'un à côté de l'autre, puis les glisser vers le haut ou le bas afin de faire défiler verticalement le contenu d'une fenêtre.
- **Zoom avant ou arrière :** permet d'effectuer un zoom avant ou arrière en maintenant la touche Ctrl (par défaut) enfoncée tout en faisant glisser deux doigts sur la dalle. Cliquez sur la flèche située à gauche du bouton Option pour accéder à un menu local qui permet de choisir une autre touche de modification.
- **Zoom intelligent :** il suffit de toucher deux fois avec deux doigts pour effectuer un zoom avant fixe, et pour revenir à un affichage à 100 %.
- **Pivoter :** pour faire tourner des images par exemple en utilisant deux doigts.

Régler le son

Mojave est capable, d'emblée, d'émettre toutes sortes de sons. C'est *via* la préférence Système Son que vous lui dites ce que vous en pensez. Trois onglets y sont à votre disposition pour vous permettre de spécifier comment le Mac doit jouer et enregistrer les sons : Effets sonores, Sortie et Entrée, comme le montre la Figure 3.10.

Les réglages disponibles peuvent varier en fonction du périphérique audio connecté à votre Mac :

- **Volume d'alerte :** règle le volume des sons émis par le système pour attirer votre attention sur une action ou un danger spécifique.
- **Activer les effets sonores de l'interface utilisateur :** permet au système d'émettre un son pour valider une action ou attirer votre attention sur un souci.
- **Émettre un son lorsque le volume est modifié :** un son équivalent au nouveau volume sonore sera émis afin que vous mesuriez l'impact du nouveau réglage sur l'intensité sonore de votre Mac.

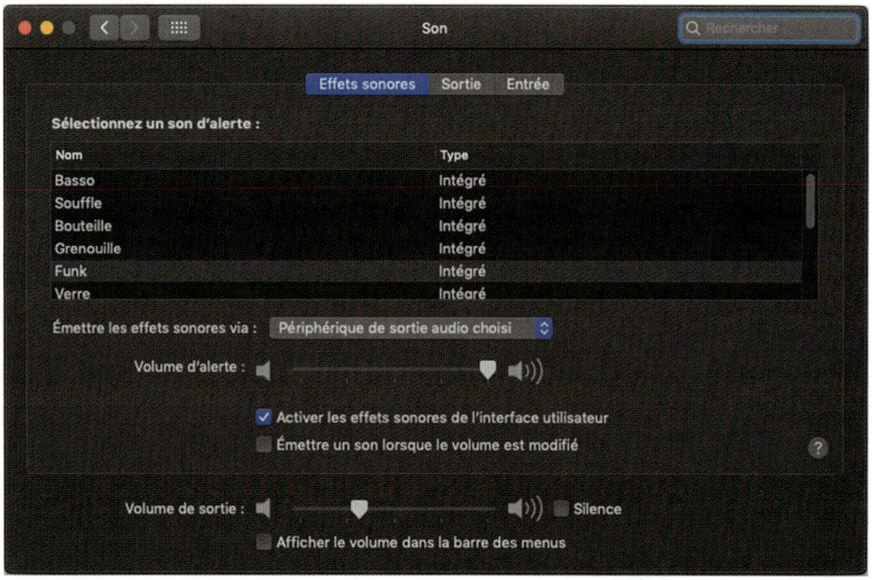

FIGURE 3.10 Les paramètres Son de Mojave.

- **Volume de sortie** : règle la puissance du son.
- **Silence** : fait en sorte que le Mac n'émette plus le moindre bruit.
- **Afficher le volume dans la barre des menus :** permet d'accéder commodément à ce réglage qui apparaît en haut à droite du Bureau.

Un raccourci pour ouvrir rapidement cette fenêtre : enfoncer la touche Option et la maintenir dans cette position tout en activant une des touches de réglage du volume (en général, les touches F11 ou et F12 sur les modèles plus récents).

Selon le modèle de votre Mac et l'interface audio externe qui lui est connectée, vous disposerez d'options supplémentaires.

Enfin, paramétrez, dans l'onglet Entrée, vos périphériques d'entrée audio, outre le micro qui équipe d'origine certains Mac ou la webcam intégrée de certains Mac, dotée de son propre microphone. Le curseur Volume d'entrée contrôle le niveau d'entrée d'un micro, par exemple, c'est-à-dire le gain d'enregistrement. Si les diodes du vumètre s'allument totalement, le son est trop fort. L'idéal est de maintenir éclairés les trois quarts des diodes de ce vumètre. Vous êtes alors certain de ne pas saturer le son en entrée. L'enregistrement sera alors de bonne qualité.

Certains périphériques d'entrée (microphones) ne vous permettent pas d'ajuster ici leur volume sonore.

Vous pouvez accéder à des réglages supplémentaires, notamment au niveau des haut-parleurs *via* l'utilitaire Configuration audio et Midi que vous trouverez dans le dossier Utilitaires du dossier Applications. La Figure 3.11 montre l'utilitaire de configuration des périphériques audio pour un système de haut-parleur stéréo classique.

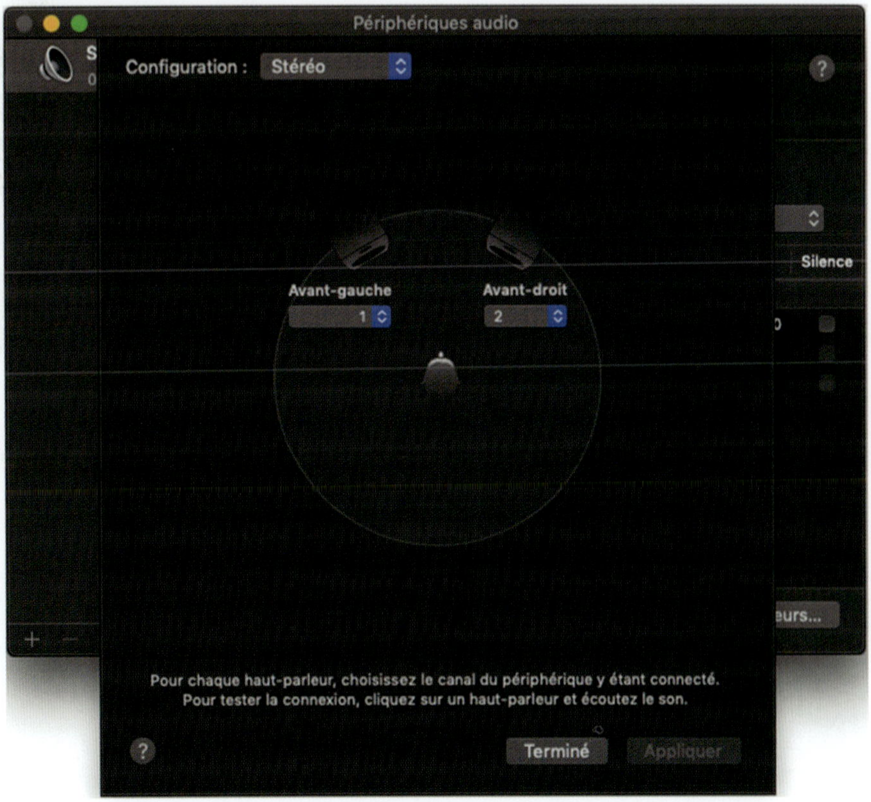

FIGURE 3.11 Des options audio supplémentaires via la Configuration audio et MIDI.

Chapitre 4

Euh ? Quoi de neuf Dock(teur) ?

DANS CE CHAPITRE :

» **Découvrir le Dock.**

» **Identifier les icônes par défaut.**

» **Mettre à la poubelle.**

» **Les icônes du Dock et leurs menus.**

» **Personnaliser le Dock.**

Par défaut, le Dock s'affiche en permanence en bas de l'écran pour vous permettre d'accéder rapidement à la majorité de vos programmes, documents et dossiers.

Beaucoup d'utilisateurs préfèrent afficher le Dock sur le côté gauche ou droit de l'écran. Vous en saurez davantage sur la gestion du Dock en poursuivant la lecture de ce chapitre.

Les icônes du Dock permettent de lancer des programmes, d'ouvrir des fichiers dans les applications qui les ont créés (ou qui savent les lire), de consulter le contenu de dossiers (appelées des *piles*). Lorsque vous cliquez sur leur icône, elles vous dévoilent le contenu du dossier correspondant comme un éventail, une grille ou encore une liste.

Le Dock est super pratique. N'hésitez pas à y intégrer les icônes des éléments (applications, documents ou dossiers) que vous sollicitez le plus souvent.

Les icônes du Dock ne sont que des pointeurs, c'est-à-dire des alias ou des raccourcis vers les éléments correspondants qui sont stockés sur votre disque dur. Par conséquent, vous pouvez ajouter et retirer des icônes du Dock sans affecter les éléments qui leur correspondent et qui sont stockés sur votre Mac. En d'autres termes, supprimer l'icône d'une application dans le Dock ne la supprime pas de votre ordinateur.

Le Dock dans tous ses états

Le Dock s'affiche dans la partie inférieure de l'interface (Figure 4.1).

FIGURE 4.1 Le Dock par défaut.

Pour activer une icône du Dock, placez le pointeur de la souris dessus. En fonction de la configuration du Dock, l'icône pourra s'animer (grossir par exemple). Cliquez dessus ! Différence avec le Finder où un clic unique ne fait que sélectionner les éléments tandis qu'un double-clic est requis pour les ouvrir.

Que se passe-t-il à la suite de cette sollicitation ?

- Si c'est une **application**, elle s'ouvre et devient active. Si elle est déjà ouverte, elle s'active, et passe donc au premier plan.
- Si c'est un **document**, il s'ouvre dans l'application qui l'a créé ou qui est capable de le lire. La fenêtre du programme apparaît alors au premier plan.
- Si c'est un **dossier ou l'icône de disque optique (CD/DVD)**, un menu s'affiche et en dévoile le contenu. Si, dans ce menu, vous validez la commande Afficher, la fenêtre du dossier s'ouvre au niveau du Finder, qui devient alors l'application active.

Si l'élément en question est déjà ouvert, le fait de cliquer sur son icône depuis le Dock le rend actif.

Les icônes prédéfinies

Par défaut, le Dock regroupe les applications macOS les plus courantes. Rien cependant ne vous empêche d'y ajouter vos propres programmes, fichiers et dossiers. Pour ce faire, voyez la section intitulée « Ajouter une icône », plus loin dans ce chapitre.

Le Tableau 4.1 présente rapidement les applications que vous trouverez, *a priori*, dans votre Dock.

Pour connaître le nom d'une icône du Dock, placez-y le pointeur de la souris. Le nom apparaît instantanément, dans un phylactère grisé.

TABLEAU 4.1 Les icônes du Dock.

Icône	Nom	Description	Plus d'infos
	Finder	Application ouverte en permanence et qui sert à gérer le Bureau, les fichiers, les dossiers, les disques, *etc*.	Chapitres 5 et 6
	Siri	Siri est une sorte d'assistant vocal qui améliore l'expérience du multitâche, c'est-à-dire la possibilité de lancer plusieurs opérations simultanément sur votre Mac. La version de Mojave est encore plus performante que celle introduite par High Sierra ?. Vous en saurez davantage au Chapitre 17.	Chapitre 17
	Launchpad	Affiche toutes les applications sur une grille ressemblant à celle d'un iPad ou d'un iPhone	Ce chapitre
	Safari	Navigateur Web	Chapitre 10
	Mail	Messagerie électronique	Chapitre 11
	Contacts	Carnet d'adresses	Chapitre 11

Icône	Nom	Description	Plus d'infos
	Calendrier	Gestionnaire d'emploi du temps	Chapitre 9
	Notes	Bloc-notes	
	Rappels	Listes de choses à faire et rappels	Chapitre 9
	Plans	Cartographie et GPS	Chapitre 11
	Photos	Cette application permet d'organiser et de consulter vos photos, mais aussi de leur apporter de sérieuses modifications, surtout avec la mise à jour macOS High Sierra.	Chapitre 13
	Messages	Programme d'envoi et de réception de SMS et MMS + transfert de fichiers + contrôle d'autres Mac à distance	Chapitre 13
	FaceTime	Messagerie instantanée vidéo	Chapitre 10
	iTunes	Lecteur de fichiers audio et vidéo et pilote de l'iPod (membre de la suite logicielle iLife)	Chapitre 12
	iBooks	Programme permettant d'obtenir des livres électroniques payants ou gratuits.	Chapitre 13
	App Store	Magasins d'applications en ligne d'Apple	Chapitre 17
	Préférences Système	Programme qui permet de personnaliser différents aspects du fonctionnement du Mac	Chapitres 3, 15 et 16

Icône	Nom	Description	Plus d'infos
	Séparateur	Divise le Dock en deux : les applications à gauche, les documents et les dossiers à droite	Ce chapitre
	Téléchargements	Dossier vide au démarrage et appelé à stocker les fichiers que vous téléchargez depuis Safari	Chapitre 10
	Corbeille	Endroit où vous déposez les fichiers et les dossiers dont vous voulez vous débarrasser. Vous y faites aussi glisser tous les disques amovibles à éjecter.	Ce chapitre

Il y a fort à parier que votre Dock ne ressemble pas tout à fait à celui que nous avons présenté à la Figure 4.1. C'est notamment le cas si vous lui avez ajouté des icônes avant de procéder à la mise à jour vers macOS High Sierra. C'est aussi le cas si vous avez installé Pages, Numbers, ou encore Keynote.

Tout ça vous semble obscur et, au fond de vous-même, vous préféreriez que votre Dock ressemble en tous points à celui que nous commentons ici ? Pas de problème : la fin de ce chapitre vous explique comment faire.

Mettre à la poubelle

La *Corbeille* est particulière. Ce n'est ni un fichier ni une application, mais un emplacement où vous déposez les éléments qui ne vous sont plus utiles. Pour cela, il suffit de cliquer sur l'élément à jeter et de faire glisser son icône sur celle de la Corbeille.

L'idée de cliquer-glisser vers la Corbeille ne vous emballe pas ? Alors, utilisez une des deux autres techniques suivantes : commencez par sélectionner l'objet à jeter, puis exécutez la commande Placer dans la Corbeille du menu Fichier du Finder ou, plus rapide, exécutez le raccourci clavier ⌘ + Retour arrière.

Vous pouvez également cliquer-droit dessus, puis exécuter la commande Placer dans la corbeille du menu contextuel qui apparaît.

Rassurez-vous : si vous vous ravisez après avoir jeté un élément, il vous suffit d'invoquer la commande Annuler le déplacement de <nom du fichier> du menu

Édition (⌘ + Z). Mais ça ne marche que si vous l'invoquez juste après avoir mis l'élément à la Corbeille, c'est-à-dire avant d'avoir entrepris toute autre action.

Les fichiers que vous jetez à la Corbeille ne sont pas immédiatement détruits. Il y a souvent moyen de les récupérer, mais ça demande des compétences techniques que tout le monde n'a pas.

Quelques manips relatives à la Corbeille au cas où vous n'auriez pas invoqué à temps la commande d'annulation :

- **Pour ouvrir la Corbeille et voir son contenu :** cliquez sur son icône depuis le Dock. Une fenêtre Finder baptisée Corbeille s'ouvre ; vous n'avez plus qu'à faire les poubelles !
- **Pour sortir un élément de la Corbeille :** faites-le tout simplement glisser en dehors de la fenêtre, vers le Bureau ou vers un dossier.

  Ou bien exécutez un raccourci clavier : sélectionnez le ou les éléments de la Corbeille à restaurer et appuyez sur ⌘ + Retour arrière (opération inverse de la suppression effectuée avec ce même raccourci clavier). Les éléments sont replacés dans leur dossier d'origine, c'est-à-dire le dossier à partir duquel vous les avez supprimés. Si ça ne marche pas, opérez un clic-droit sur l'élément et exécutez la commande Remettre.
- **Pour vider la Corbeille :** et ainsi vous débarrasser de ses éléments, cliquez-droit sur son icône du Dock. Dans le menu contextuel qui apparaît, exécutez la commande Vider la corbeille. Vous pouvez également exécuter le raccourci clavier, ⌘ + Maj + Retour arrière. Cette action ouvre un message qui demande confirmation de la suppression définitive des éléments de la corbeille. En effet, cette action ne pouvant pas être annulée, elle est donc irréversible. Si vous êtes sûr de votre coup, cliquez sur le bouton Vider la corbeille.

Un bon conseil : lisez d'abord le Chapitre 18 qui traite de la sauvegarde. Ainsi, en cas d'incident, vous pourrez toujours retrouver l'élément qui aura ainsi été supprimé par mégarde (en tout cas, en théorie).

Quand la Corbeille est vide, son icône représente une corbeille à papier en fil de fer vide. Dès qu'un élément y est jeté, l'icône change : elle représente une corbeille débordant de papiers froissés.

Enfin, bien que vous ne puissiez pas ouvrir un fichier de la Corbeille, sélectionnez-le et utilisez la fonction Coup d'œil (⌘ + Y) pour en vérifier le contenu avant de vider la Corbeille de votre Mac. Vous trouverez une commande équivalente dans le menu local Actions de la fenêtre du Finder, ou en effectuant un clic-droit sur l'élément.

Ouvrir le menu des applications depuis le Dock

Sachez d'abord que le simple fait de cliquer sur une icône d'application logée dans le Dock suffit à ouvrir le programme correspondant. Si ce programme est déjà ouvert, alors sa fenêtre s'affiche au premier plan.

Mais les icônes des applications intégrées au Dock (comme Calendrier, Safari, iTunes et autres) sont également capables de dérouler un menu regroupant des commandes fort utiles. (Les dossiers possèdent eux aussi un menu de ce type, mais différent ; nous en parlerons plus loin dans ce chapitre.)

Pour afficher ce menu :

- Cliquez sur l'icône sans relâcher le bouton de la souris.
- Cliquez-droit sur l'icône.

Si le programme n'est pas ouvert ces deux actions ouvrent un menu contextuel semblable à celui de la Figure 4.2 :

FIGURE 4.2
Voici, depuis le Dock, le menu contextuel de l'application Calendrier.

- La commande Ouvrir lance le programme.
- La commande Éléments récents affiche, au-dessus du Dock, les icônes des documents récemment modifiés. Si le nom d'un document ne s'affiche pas en entier, placez votre pointeur de souris sur son icône.
- Le sous-menu Options propose la commande Afficher dans le Finder. Elle ouvre le dossier ou l'élément là où il est stocké sur votre ordinateur, et en sélectionne l'icône ; la commande Supprimer du Dock retire l'icône du Dock ; enfin, Ouvrir avec la session provoque

le lancement automatique de l'application chaque fois que vous ouvrirez une session sous le nom de l'utilisateur qui invoque cette commande. En d'autres termes, l'application s'ouvrira dans la session macOS de l'utilisateur actuel, c'est-à-dire probablement vous.

Si l'icône d'une application ne figure pas dans le Dock, vous trouverez, dans le menu Fenêtre, une commande Placer dans le Dock. Utilisez-la si le cœur vous en dit.

D'autres programmes, comme Aperçu ou Safari, se limitent à une liste de fenêtres ouvertes. La fenêtre active est cochée.

Enfin, les éléments affichés dans la liste d'un programme comme Aperçu correspondent à des documents récemment consultés.

Comprendre le comportement des icônes du Dock

Les icônes du Dock vous envoient des signes que vous devez savoir interpréter. Le Tableau 4.2 en propose un résumé.

TABLEAU 4.2 Comment interpréter correctement le comportement des icônes.

Mouvement ou symbole de l'icône	Signification
L'icône s'élève à la verticale, puis revient en place.	Vous avez cliqué sur cette icône ; elle vous signale qu'elle est activée.
L'icône s'agite de bas en haut quand le programme correspondant est ouvert, mais non actif (c'est-à-dire lorsque sa barre des menus n'est pas affichée et qu'il n'occupe pas le premier plan).	Ce programme réclame votre attention ; cliquez sur son icône pour savoir ce qu'il vous veut.
Un point s'affiche sous une icône (Figure 4.3).	L'application correspondante est ouverte.
Une icône qui ne figure généralement pas dans le Dock y apparaît soudainement.	Les icônes de tous les programmes actifs s'affichent dans le Dock. Elles disparaissent comme par enchantement dès que vous y validez la commande Quitter.

Ouvrir un fichier depuis le Dock

Une des principales missions du Dock est de faciliter l'ouverture des icônes. Donnez-vous-en à cœur joie :

» **Faites glisser une icône de document sur l'icône de l'application logée dans le Dock.** Si l'application en question sait comment gérer ce type de document, son icône de Dock s'affiche en surbrillance ; l'application démarre et ouvre le document. Dans le cas contraire, l'icône du Dock ne bronche pas ; impossible alors d'y déposer le document.

FIGURE 4.3
Une icône du Dock au repos (en haut) et en action (en bas).

Si l'application est incapable d'ouvrir le document, essayez ceci : sélectionnez l'icône du fichier et choisissez Fichier/Ouvrir avec ou encore opérez un clic-droit sur cette icône et validez la commande Ouvrir avec du menu contextuel. Il ne vous reste plus qu'à choisir l'application avec laquelle vous voulez effectuer cette ouverture. Si vous maintenez la touche Option enfoncée, la commande Ouvrir avec devient Toujours ouvrir avec, ce qui vous permet de choisir l'application qui ouvrira systématiquement ce type de document.

» **Retrouvez l'original de n'importe quel élément du Dock en invoquant la commande Afficher dans le Finder du sous-menu Options de son menu Dock.** La fenêtre dans laquelle est stocké l'élément s'affiche ; macOS vous le met gentiment en surbrillance.

Un Dock sur mesure

Par défaut, Apple a placé dans le Dock les icônes des applications que vous êtes supposé utiliser plus que toute autre. Ces applications sont listées au Tableau 4.1. Mais, si vos habitudes de travail nécessitent une tout autre organisation du Dock, ne vous privez pas de le personnaliser à votre convenance.

Ajouter une icône

La personnalisation du Dock consiste à ajouter les applications, les documents et les dossiers que vous utilisez régulièrement et à supprimer ceux qui ne vous intéressent pas. Un Dock doit répondre à vos besoins propres.

Qu'il s'agisse d'une application, d'un fichier ou d'un dossier, tout, ici, est affaire de glisser-déposer :

1. **Ouvrez la fenêtre dans laquelle se trouve l'élément à ajouter (application, fichier ou dossier).**

   L'icône en question peut aussi se trouver sur le Bureau.

2. **Cliquez dessus pour le sélectionner.**

   Nous avons choisi l'application TextEdit, comme le montre la Figure 4.4.

3. **Glissez l'élément de la fenêtre du Finder jusque sur le Dock (Figure 4.4).**

   Les icônes voisines s'écartent pour faire place à la nouvelle venue. Notez que l'élément original n'est pas déplacé : il reste gentiment là où il séjourne habituellement, dans un dossier ou sur le Bureau. En fait, l'icône qui s'affiche dans le Dock n'est qu'un pointeur vers l'icône originale. Nous n'avons pas encore abordé les alias (les *raccourcis* dans le monde Windows), mais c'est bien de cela qu'il s'agit ici. Nous reviendrons sur la question, bien entendu.

   Dans le même ordre d'idées, le fait de supprimer une icône du Dock n'a évidemment aucune incidence sur l'original. Ce n'est que l'alias que vous supprimez, pas le « vrai » fichier.

FIGURE 4.4 Faites glisser une icône depuis sa fenêtre vers le Dock et le tour est joué !

Dans le Dock, les icônes des dossiers, disques et URL (adresses Internet susceptibles, elles aussi, de trouver leur place dans le Dock et que nous abordons ci-après) s'ancrent à droite du séparateur alors que celles des applications se trouvent à gauche. Pourquoi cette distinction ? Sans doute parce qu'Apple a pensé qu'il serait judicieux de regrouper les éléments propres au système et de consacrer une autre partie de la barre aux éléments personnels, ajoutés par les utilisateurs.

Il est possible de traiter plusieurs icônes simultanément : opérez la sélection souhaitée, puis faites glisser. Pas question, cependant, de supprimer plusieurs icônes du Dock en une seule opération.

L'ajout d'URL s'opère de manière légèrement différente. Pour preuve :

1. **Lancez Safari et allez à la page où se trouve l'URL qui vous intéresse.**
2. **Cliquez sur l'adresse afin de faire apparaître l'icône du site Web à gauche de l'adresse Internet.**

   Si l'icône du site n'est pas visible, cliquez sur l'adresse.

3. **Glissez-déposez cette icône à droite du dernier séparateur du Dock.**
4. **Relâchez le bouton de la souris lorsque vous avez déposé l'icône à l'endroit souhaité.**

   Les icônes qui se trouvent déjà à cet endroit se poussent pour faire place à la nouvelle venue, comme l'illustre la Figure 4.5. Désormais, il vous suffira de cliquer sur l'icône de cette URL pour lancer Safari et gagner immédiatement la page Web correspondante.

FIGURE 4.5 Faites glisser l'icône affichée à gauche de l'adresse vers la partie droite du Dock. L'URL s'y installe instantanément sous la forme d'un globe terrestre.

Pour qu'une icône qui séjourne provisoirement dans le Dock s'y implante de manière définitive (c'est-à-dire qu'elle y reste même lorsque vous aurez quitté le programme correspondant) :

- Faites un clic maintenu ou un clic-droit sur l'icône en question puis, dans le menu contextuel qui apparaît, ouvrez le sous-menu Options et validez la commande Garder dans le Dock.

  ou :

- Faites glisser l'icône de l'application ouverte soit en dehors du Dock, soit dans le Dock, mais vers un autre emplacement, puis ramenez-la à sa position initiale, le tout sans relâcher le bouton de votre souris.

Retirer une icône

La technique est simple : faites glisser l'icône depuis le Dock vers le Bureau jusqu'à ce qu'apparaisse la mention Supprimer au-dessus de l'icône en question, comme le montre la Figure 4.6. Dès cet instant, il suffit de relâcher le bouton de la souris.

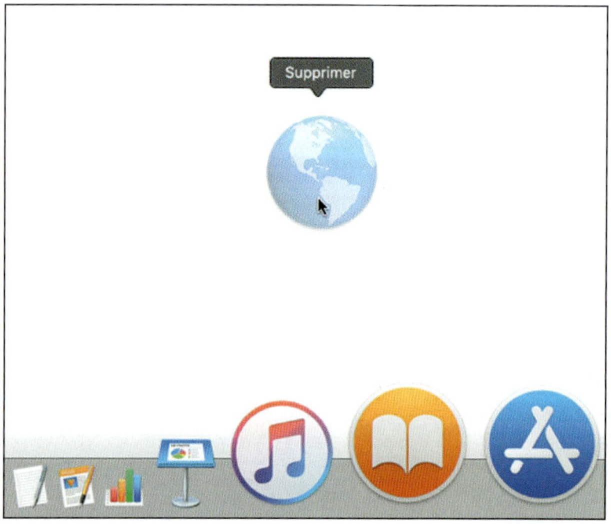

FIGURE 4.6 Tirez une icône hors du Dock et relâchez-la dès que la mention Supprimer apparaît.

Autre façon d'agir : faites un clic-droit sur l'icône. Dans le menu contextuel qui s'affiche, pointez sur le sous-menu Options, et exécutez la commande Supprimer du Dock.

Il est impossible de supprimer l'icône d'un élément en cours d'utilisation. Quittez donc l'application ou fermez le fichier concerné avant de le supprimer. Par ailleurs, soyez rassuré : comme nous vous l'avons déjà expliqué, quand vous retirez une icône du Dock, vous n'agissez pas sur l'élément proprement dit. Ce n'est pas parce que vous supprimez la fiche d'un ouvrage dans un fichier Bibliothèque que vous supprimez le livre qui se trouve en rayon.

Redimensionner

Si la taille par défaut du Dock ne vous convient pas, augmentez-la ou réduisez-la, une possibilité que vous apprécierez tout particulièrement lorsque vous y aurez ajouté beaucoup d'éléments.

Pour agrandir ou réduire le Dock sans transiter par la fenêtre de ses préférences :

1. **Affichez le pointeur de redimensionnement en plaçant votre souris sur le trait vertical qui marque la frontière entre les parties gauche et droite du Dock.**
2. **Cliquez et, sans relâcher le bouton de la souris, faites glisser le pointeur vers le bas pour réduire sa taille ou vers le haut pour l'agrandir.**

   Le Dock atteint sa taille maximale quand il occupe toute la largeur de l'écran.

Que peut-on placer dans le Dock ?

Placez-y tous les éléments que vous utilisez souvent afin de les garder constamment à portée de clics. Ainsi, vous disposerez dans le Dock :

- **Un traitement de texte :** c'est l'application la plus utilisée.

  Si vous n'utilisez pas un programme de traitement de texte comme Microsoft Word ou Pages d'Apple, essayez TextEdit. Ce programme est accessible depuis le dossier Applications de n'importe quelle version de macOS (et de l'ancien OS X). Vous constaterez que ce petit logiciel est bien plus puissant qu'il n'y paraît.

- **Un dossier Projets :** *a priori*, nous vous conseillons de regrouper tous vos fichiers dans le dossier Documents et dans ses sous-dossiers. Imaginons qu'un de ceux-ci réunisse tous les fichiers ayant trait à un projet que vous êtes en train de développer. Ajoutez donc ce sous-dossier au Dock de manière à y accéder facilement, c'est-à-dire sans devoir, au préalable, ouvrir le dossier Documents.
- **Une application ou un utilitaire :** choisissez le programme qui vous est le plus utile : un tableur, un logiciel graphique, un calendrier…
- **Vos URL (adresses de sites Web) favorites :** enregistrez des liens vers les sites que vous visitez tous les jours. Certes, vous pouvez définir un site comme page d'accueil de votre navigateur, mais le Dock vous permet, lui, d'intégrer plusieurs URL.

Vous pouvez, en agissant de la sorte, ancrer plusieurs pages dans le Dock ; n'oubliez toutefois pas que plus vous intégrez d'icônes, plus la taille de celles-ci diminue et plus leur identification devient difficile. Pour vous ménager un accès direct à plusieurs URL, la meilleure solution consiste sans doute à créer un dossier, à y regrouper ces adresses Internet, puis à ajouter ce dossier au Dock. Dès que vous laisserez stationner votre pointeur sur son icône, son contenu apparaîtra sous la forme d'un menu pop-up où vous n'aurez plus qu'à faire votre choix.

N'oubliez pas que, même si vous réduisez la taille du Dock, vous n'y disposerez que d'une seule rangée d'icônes. Dans ces conditions, plus vous réduisez la taille de cette fenêtre, plus vous pouvez y intégrer d'éléments. À vous de choisir : soit vous ajoutez un grand nombre d'icônes au Dock avec, comme inconvénient, des intitulés moins lisibles ; soit vous en ajoutez moins, mais les identifiez plus facilement.

Après avoir placé les icônes des éléments que vous utilisez le plus souvent, supprimez celles des éléments que vous n'utilisez jamais ou très rarement.

Définir les préférences

Le Dock est personnalisable. Nous détaillerons d'abord les préférences relatives au Dock proprement dit ; nous envisagerons ensuite celles qui ne concernent que les icônes de dossiers et de disques.

Préférences globales

Choisissez donc Préférences Système dans le menu Pomme. Cliquez sur Dock dans la première rangée d'icônes. Les préférences du Dock s'affichent (Figure 4.7).

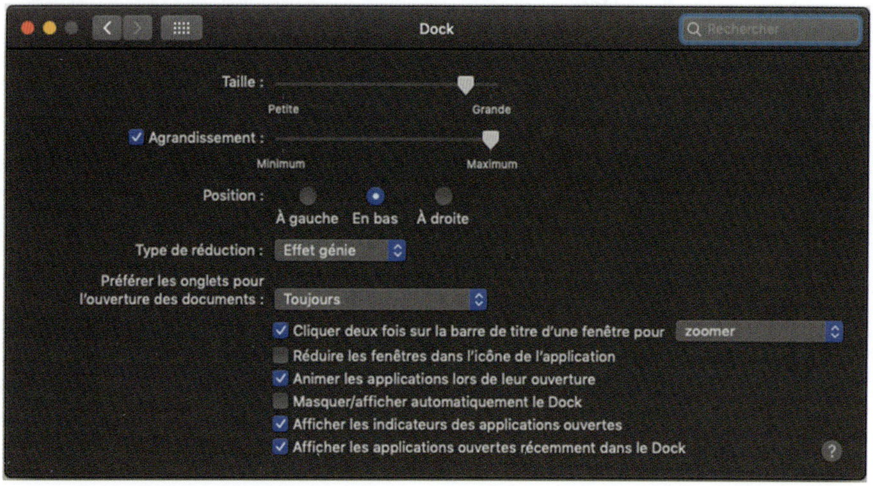

FIGURE 4.7 Les préférences du Dock se définissent dans cette fenêtre.

Vous pouvez également ouvrir les Préférences du Dock en effectuant un clic-droit sur le séparateur. Dans le menu contextuel qui apparaît, choisissez Préférences du Dock, comme sur la Figure 4.8.

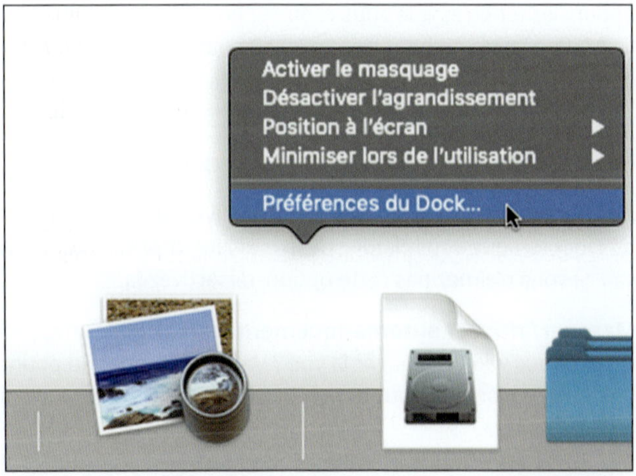

FIGURE 4.8 Une autre technique d'accès aux préférences du Dock.

Les réglages suivants sont proposés ;

- **Taille :** faites glisser le curseur vers la droite (pour augmenter la taille du Dock) ou vers la gauche (pour la réduire). Le réglage s'applique instantanément.

  Quand vous ajoutez des éléments au Dock, les icônes précédentes – et le Dock lui-même – subissent une réduction de taille de manière à accueillir les nouvelles venues.

- **Agrandissement :** ce curseur contrôle l'apparence que prennent les icônes quand vous passez le pointeur de la souris dessus. Décochez cette option si vous ne souhaitez pas que les icônes changent de taille au passage de la souris.
- **Position :** choisissez l'emplacement du Dock : le long du bord gauche, inférieur ou droit de votre écran. Ces commandes sont également dédoublées dans le menu local Dock du menu Pomme.
- **Type de réduction :** désignez ici l'effet visuel qui se produit lorsque vous cliquez dans la case de réduction d'une fenêtre. Par défaut, c'est l'effet génie qui est validé ; l'autre, l'effet d'échelle, est moins spectaculaire, mais plus rapide.

- **Cliquez deux fois sur la barre de titre d'une fenêtre pour :** dans le menu local situé à droite de cette option, choisissez l'action que provoquera ce double-clic, c'est-à-dire Zoomer ou Placer dans le Dock.
- **Réduire les fenêtres dans l'icône de l'application** : si vous activez cette option, les fenêtres que vous réduirez en cliquant sur leur bouton Masquage (le bouton jaune en haut à gauche) n'apparaîtront pas sous forme d'icônes dans le Dock.

  Si cette option n'est pas cochée, toutes les fenêtres que vous réduisez échouent sous forme d'icônes dans la partie droite du Dock.
- **Animer les applications lors de leur ouverture :** macOS anime les icônes du Dock lorsque vous cliquez dessus (il leur imprime un mouvement vertical). Si vous n'aimez pas cette option, désactivez-la.
- **Masquer/afficher automatiquement le Dock :** vous n'appréciez pas le Dock ? Vous voulez dégager la vue ? Validez cette option pour qu'il s'affiche uniquement lorsque vous approchez le pointeur de l'endroit où il se trouve habituellement.

  Si le Dock n'est pas affiché en permanence et que vous souhaitiez qu'il le soit, désactivez cette option. Elle le restera jusqu'à ce que vous exécutiez le raccourci clavier ⌘ + Option + D.

  Le raccourci clavier ⌘ + Option + D inverse l'état de cette option chaque fois que vous l'utilisez.
- **Afficher les indicateurs des applications ouvertes :** choisissez cette option si vous souhaitez que toutes les applications ouvertes affichent un indicateur sous leur icône du Dock. Celles qui n'arborent pas ce petit point noir sont fermées. Le fait de désactiver cette option ne permet plus de distinguer les programmes ouverts des programmes fermés.
- **Afficher les applications ouvertes récemment dans le Dock :** en cochant cette option, les applications que vous avez récemment utilisées apparaissent sur la droite du Dock entre deux séparateurs. Pour retirer l'icône d'une de ces applications, cliquez-droit dessus. Dans le menu contextuel qui apparaît, pointez sur Options, puis cliquez sur Supprimer du Dock. Vous pouvez également placer cette icône en permanence dans le Dock en choisissant la commande Garder dans le Dock.

Préférences propres aux icônes de dossiers et de disques

Les icônes de dossiers et de disques bénéficient, en effet, de préférences particulières. Pour y accéder, cliquez sur une icône de dossier ou de disque ancrée dans le Dock. Un menu local s'affiche, semblable à celui de la Figure 4.9.

Si vous faites un clic-droit sur l'icône d'un dossier ou d'un disque, vous accédez à son menu de préférences illustré à la Figure 4.10.

Commentons les options disponibles :

- **Trier par :** détermine l'ordre dans lequel les éléments qui composent le dossier sont présentés lorsque vous activez son icône du Dock.
- **Afficher comme :** conditionne le look de l'icône. Si vous optez pour Dossier, l'icône du Dock ressemble à un dossier classique. Si vous validez Pile, elle superpose à cette icône standard celle du dernier élément ajouté au dossier en question.

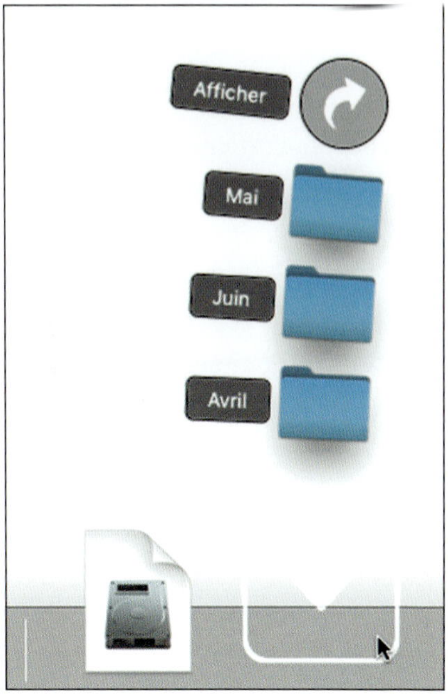

FIGURE 4.9
Le menu des préférences d'une icône de dossier affiché en éventail.

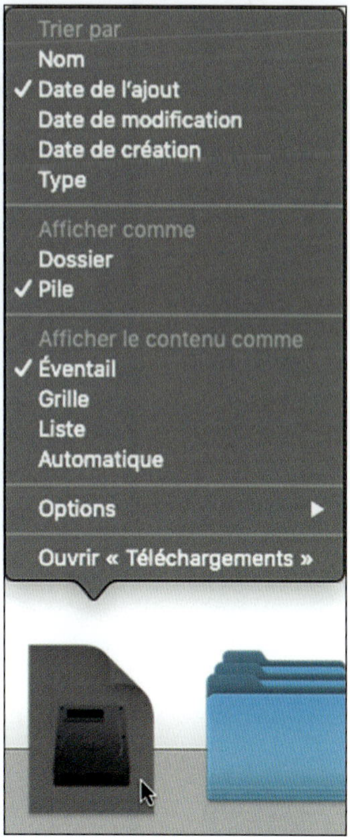

FIGURE 4.10
Le menu des préférences du dossier Téléchargements.

» **Afficher le contenu comme :** vous avez le choix entre Éventail, Grille, Liste ou Automatique.

Automatique est l'option par défaut. Cela signifie que le Dock essaye de sélectionner le menu à votre place. Personnellement, nous préférons choisir le menu adapté à nos besoins. Nous aimons le mode Liste pour accéder aux dossiers et aux disques qui contiennent de nombreux sous-dossiers. Le menu Liste est le seul à montrer une hiérarchie complète des éléments. En revanche, pour les dossiers contenant des images, nous préférons le mode Grille, car il montre des icônes parfaitement identifiables. Enfin, le mode Éventail est super quand le dossier ou le disque ne contient que quelques éléments.

» **Le sous-menu Options :**

- **Supprimer du Dock :** élimine l'icône du Dock.
- **Afficher dans le Finder :** ouvre la fenêtre dans laquelle figure l'élément et sélectionne son icône.

Le Dock est votre ami. Maintenant que vous en connaissez le fonctionnement, asservissez-le à vos besoins propres. Placez-y les programmes et les dossiers que vous utilisez le plus fréquemment pour gagner du temps en travaillant sans effort.

Chapitre 5

Retrouver ses petits dans le Finder

DANS CE CHAPITRE :

- **Bonjour Monsieur Finder.**
- **Créer des alias.**
- **Afficher le Finder.**
- **Naviguer.**
- **Choisir une présentation.**
- **Définir les préférences.**
- **Obtenir des informations.**

Le Finder est l'endroit où tout commence et où tout finit. Vous y menez, de fait, toutes sortes d'actions : un double-clic lance votre programme favori, ouvre vos documents, vous connecte à Internet. Ce chapitre fait la part belle à cet espace incontournable de macOS Mojave.

Le Finder, son Bureau et ses icônes

Grâce au Finder, vous naviguez parmi les dossiers, documents et applications entreposés dans votre disque dur ; il vous permet aussi de vous connecter à d'autres Mac ou à des serveurs Internet, directement depuis le Bureau.

Avant de détailler son fonctionnement, nous vous proposons de découvrir les icônes que vous allez y rencontrer.

Découvrir le Bureau

Le Bureau est l'arrière-plan du Finder. Il est toujours affiché donc accessible ; en général, vous y trouvez l'icône de votre disque dur, des dossiers, des CD, des DVD, des volumes partagés sur le réseau, et ainsi de suite. Ces éléments peuvent contenir un nombre illimité de fichiers d'applications, de fichiers de documents et de dossiers.

La Figure 5.1 détaille les principaux éléments qui apparaissent sur le Bureau de Mojave.

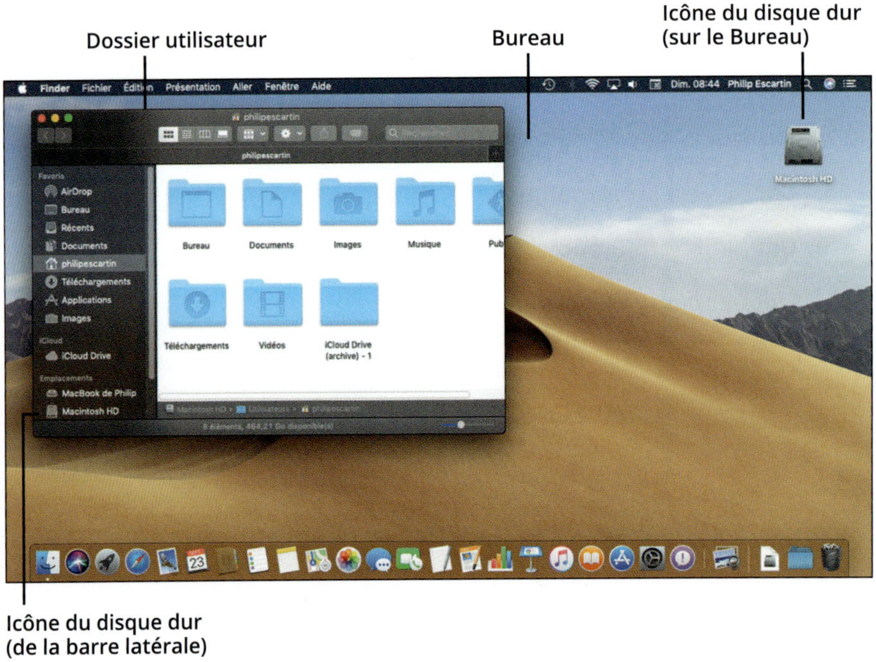

FIGURE 5.1 Le Finder et le Bureau en toute simplicité.

Si vous n'êtes pas un habitué du Bureau et de son Finder, voici quelques petites astuces qui vous en faciliteront l'usage :

- **Les icônes du Bureau se comportent comme dans une fenêtre :** vous les déplacez et les copiez comme vous le feriez si elles étaient affichées dans une fenêtre.
- **La première icône à identifier est celle de votre disque dur Macintosh HD (Figure 5.2) :** elle est généralement localisée dans le coin supérieur droit du Bureau et porte, par défaut, le nom de Macintosh HD. (Pour savoir comment renommer cette icône, consultez le Chapitre 6.) La Figure 5.2 montre l'apparence de cette icône quand elle est sélectionnée et désélectionnée.

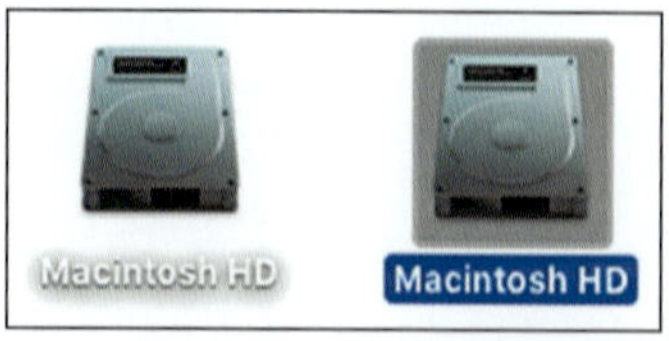

FIGURE 5.2 Désélectionnée à gauche, sélectionnée à droite.

- **D'autres icônes de disque apparaissent sur le Bureau par défaut.** C'est le cas à l'insertion d'un CD ou d'un DVD (pour les Mac équipés d'un graveur SuperDrive) ou de la connexion d'un disque dur externe et d'une clé USB. Vous en saurez davantage à ce sujet au Chapitre 8.
- **Vous pouvez déplacer un élément vers le Bureau pour l'avoir toujours à portée de clic de souris.** Cliquez sur l'icône de l'élément affiché dans une fenêtre du Finder, sans relâcher le bouton de la souris, glissez-déposez-le sur le Bureau. Relâchez alors le bouton de la souris.

  Par défaut, Mojave en crée une copie comme en atteste le signe + qui apparaît à la base du pointeur de la souris lorsque l'élément est prêt à être posé sur le Bureau.

Si vous faites glisser un élément depuis un autre disque sur le Bureau (ou vers un endroit quelconque de votre disque de démarrage), l'élément sera copié et non déplacé. En d'autres termes, lors d'un cliquer-glisser, l'élément est déplacé si vous agissez sur le même disque ; il est dupliqué si vous agissez sur un autre disque.

Si vous souhaitez déplacer l'élément et non pas le copier, glissez-déplacez-le, et appuyez sur la touche Cmd (⌘) de votre clavier avant de relâcher le bouton de la souris. Le signe + disparaît indiquant alors que l'élément va quitter son emplacement actuel pour le nouveau. Il n'existera donc qu'une occurrence de ce fichier ou de ce dossier.

Il est possible d'afficher des informations supplémentaires dans la partie inférieure de la fenêtre du Finder. Pour cela, ouvrez le menu Présentation et exécutez les commandes Afficher/Masquer la barre du chemin d'accès, Afficher/Masquer la barre d'état et Afficher/Masquer la barre latérale.

Exploiter la barre d'outils

Les fenêtres de macOS proposent différents outils de navigation. Plusieurs sont logés dans la barre d'outils (les boutons Précédent et Suivant ainsi que les boutons de présentation) ; d'autres se tiennent à votre disposition dans le menu Présentation. Les sections suivantes vous expliquent comment exploiter les uns et les autres.

La barre d'outils, illustrée à la Figure 5.3, est cette rangée de boutons qui court le long du bord supérieur des fenêtres qui permettent de naviguer rapidement et d'agir sur les fichiers sélectionnés. Pour activer un bouton de la barre d'outils, il suffit de cliquer une seule fois dessus.

FIGURE 5.3 La barre d'outils par défaut du Finder.

Vous ne voulez plus de cette barre ? Choisissez Présentation/Masquer la barre d'outils ou agissez par clavier *via* ⌘+ Option + T. Effectuez ce raccourci dès lors que la commande Masquer la barre d'outils est grisée dans le menu Présentation du Finder.

La commande Afficher/Masquer la barre d'outils n'est pas disponible lorsque plusieurs onglets sont ouverts dans la fenêtre du Finder.

Hélas ! Dans la foulée disparaissent également la barre latérale et la barre d'état. C'est ennuyeux pour ceux qui se servent souvent de ce volet tout en n'exploitant presque jamais les options de la barre d'outils qui, toutes, proposent des raccourcis clavier. Si seulement il y avait moyen de les masquer sélectivement !

Lorsque la barre d'outils est masquée, toute ouverture de dossier provoque l'ouverture d'une *nouvelle* fenêtre Finder plutôt que la substitution au contenu courant de la fenêtre, comme cela se produit normalement quand la barre d'outils est affichée (sauf si vous en avez décidé autrement au niveau des préférences du Finder ou si vous évoluez en présentation par colonnes).

Voici les boutons par défaut de la barre d'outils tels que vous pouvez les voir à la Figure 5.3 :

Si vous avez personnalisé votre barre d'outils (comme vous apprendrez à le faire plus loin dans ce chapitre), elle risque de ne plus ressembler tout à fait à la barre par défaut de la Figure 5.3.

- **Les boutons Précédent et Suivant :** réactivent les dossiers précédents ou suivants, à la manière des boutons du même nom que proposent tous les navigateurs Web.

  De fait, le bouton Précédent agit de la même manière que celui des navigateurs Web, qui vous ramène à la page qui était affichée avant la page courante, sauf qu'ici le retour s'effectue vers le dossier précédent plutôt que vers la page précédente. Ainsi, imaginons que vous partiez du dossier Départ, puis cliquiez sur Musique. Un clic sur Précédent vous ramène au… Départ ! Le bouton Suivant produit, c'est évident, l'effet inverse. Leurs équivalents clavier ⌘ +] et ⌘ + [sont très pratiques.

- **Les boutons Présentation :** activent, selon le cas, la présentation par icônes, par liste, par colonnes ou sous forme de galerie (nouveauté de Mojave) ; nous les détaillons toutes dans les pages suivantes.

  Certains préfèrent les listes ; d'autres ne jurent que par les colonnes. Testez toutes les possibilités, puis faites votre choix.

  Prêtez une attention toute particulière à la nouvelle présentation proposée Galerie, un mode hérité de l'ancien Cover Flow et d'iTunes qui permet de parcourir intégralement le contenu des dossiers.

  N'oubliez pas que chaque présentation est assortie d'un équivalent clavier bien pratique : ⌘ + 1 par icônes, ⌘ + 2 par liste, ⌘ + 3 par colonnes et ⌘ + 4 sous forme de Cover Flow.

- **Le bouton Disposition :** cliquez sur ce bouton pour dérouler un menu local contenant des options d'affichage du contenu de cette fenêtre (Figure 5.4).

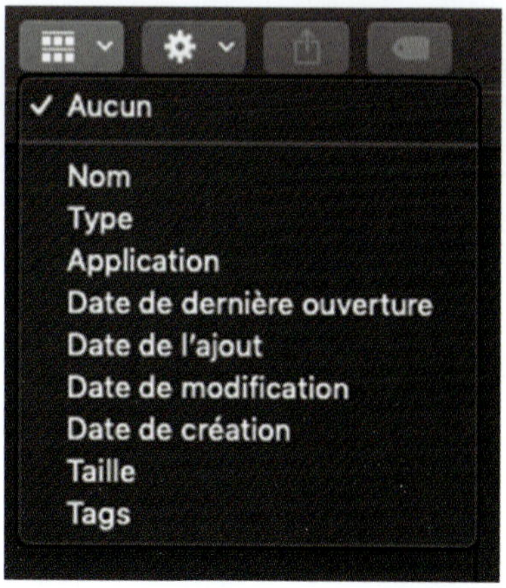

FIGURE 5.4 Le menu Disposition.

- **Le bouton Action :** cliquez dessus pour dérouler un menu proposant des actions en rapport avec le type d'icône sélectionnée (Figure 5.5). Des flèches situées à droite de certaines options permettent d'accéder à des paramètres supplémentaires.

- **Le bouton Partager :** cliquez dessus pour accéder aux options de partage de vos fichiers. Ainsi, vous pouvez, selon votre configuration, envoyer les éléments sélectionnés *via* Mail, Messages, AirDrop, ou encore les réseaux sociaux.

» **Le bouton Tags :** permet d'attribuer un code couleur à la sélection. Nous reviendrons sur cette fonctionnalité plus tard dans ce chapitre, à la section intitulée « Personnaliser le Finder ».

» **La zone Rechercher :** utilisez-la pour localiser vos fichiers et vos dossiers. Tapez-y l'objet de votre recherche et patientez quelques secondes : le résultat s'affiche.

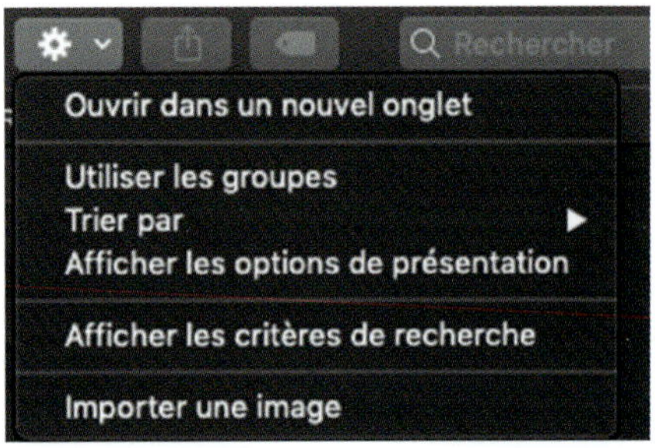

FIGURE 5.5
Le menu Action affiche uniquement les actions qui peuvent être menées sur l'élément sélectionné.

Vous pouvez également invoquer la commande Fichier/Rechercher (⌘ + F).

Vous en saurez davantage sur cette fonction de recherche en consultant le Chapitre 7.

Identifier les icônes

Le Bureau est l'arrière-plan du Finder. Il est toujours disponible ; en général, vous y trouvez l'icône de votre disque dur, des dossiers, des clés USB, des CD, des DVD, des volumes partagés sur le réseau, et ainsi de suite. Ces éléments peuvent contenir un nombre illimité de fichiers d'applications, de fichiers de documents et de dossiers.

Les icônes du Dock et de la barre latérale du Finder diffèrent des icônes du Finder que nous vous présentons dans ce chapitre. Techniquement, les icônes sont des alias, concept expliqué à la fin de ce chapitre.

Quelle que soit la nature des icônes, leur utilisation est très facile :

» Un clic sélectionne l'icône.

» Un double-clic ouvre l'icône.

» Un cliquer-glisser déplace l'icône.

» Relâcher la souris pour déposer l'icône.

Bien ! Assez parlé ! Voyons comment se comportent ces éléments indispensables à tout système d'exploitation à interface graphique.

Identifier les icônes du Finder

Bien que les icônes fonctionnent toutes de la même manière, elles existent en différents types, formes et tailles. Au bout de quelques semaines d'utilisation de votre Mac, vous développerez une sorte de sixième sens sur l'identification d'une icône et de son contenu.

Voici les principaux types d'icônes :

» **Les icônes d'applications** sont des *programmes* que vous utilisez pour accomplir des tâches avec votre Mac. Mail, Safari et Calendrier sont des applications au même titre que Microsoft Word ou Adobe Photoshop.

Les icônes d'applications existent en différentes formes. Par exemple, elles sont généralement carrées, en forme de losanges, rectangulaires, rondes ou bien totalement étranges. La Figure 5.6 montre diverses icônes d'applications.

FIGURE 5.6 Les différentes formes des icônes d'applications.

» **Les icônes de documents** sont des fichiers créés avec des programmes. Ainsi, des lettres écrites avec TextEdit sont des documents. Ce chapitre est un document créé avec Microsoft Word. Des feuilles de calcul, des documents PDF, des vidéos, des images et des chansons sont tous des documents.

Les icônes des documents ressemblent souvent à des feuilles de papier, comme vous pouvez le voir à la Figure 5.7.

FIGURE 5.7 Des icônes de documents typiques.

- **Les icônes des dossiers et des volumes** sont des conteneurs qui organisent vos données. Ainsi, vous pouvez placer des icônes – et les applications ou les documents qui leur correspondent – dans des dossiers ou des volumes. En revanche, vous ne pouvez pas placer un volume dans un autre volume.

Les dossiers ressemblent à des chemises telles qu'on en utilise dans de vrais bureaux, c'est-à-dire sur votre lieu de travail, et peuvent contenir n'importe quel autre type d'icône. Utilisez les dossiers pour organiser, c'est-à-dire ranger, vos fichiers et vos applications sur votre disque dur. Vous pouvez créer autant de dossiers que nécessaire à une organisation cohérente de vos données. Envisagez votre disque dur comme une commode et vos dossiers comme des tiroirs dans lesquels vous rangez les chaussettes avec les chaussettes, les slips avec les slips, *etc*. La Figure 5.8 montre des icônes typiques de dossiers.

Enfin, comme les volumes et les disques se comportent comme des dossiers, leurs icônes ressemblent souvent à celles illustrées à la Figure 5.9.

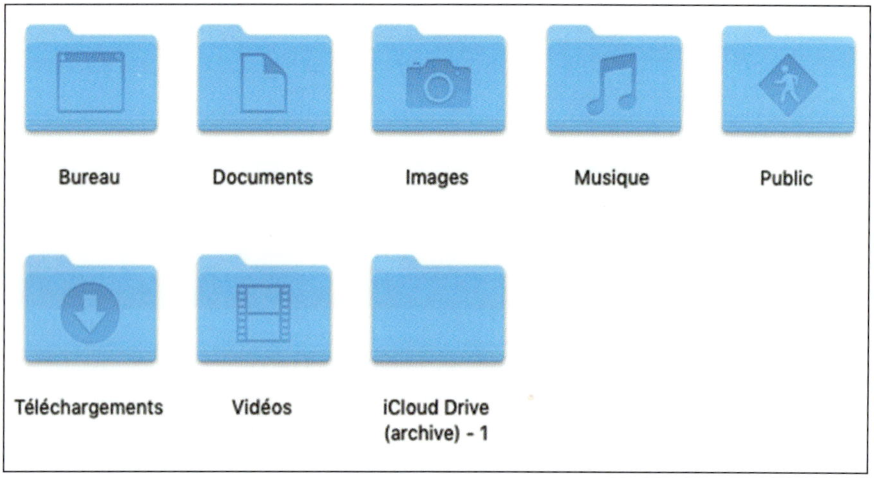

FIGURE 5.8 Les dossiers de mon dossier Départ.

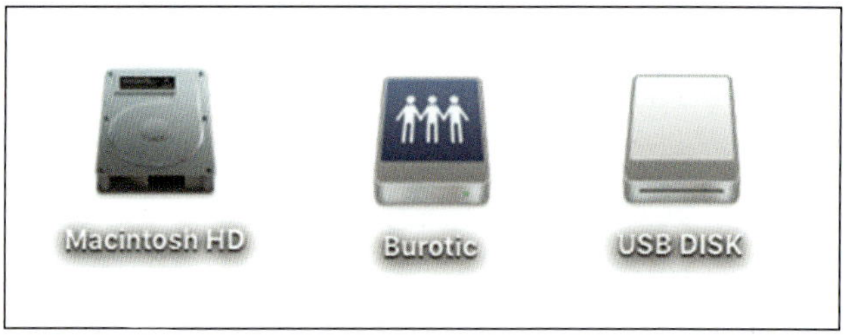

FIGURE 5.9 Les icônes des volumes ressemblent à des volumes (ou disques).

» **Les alias :** il existe un type supplémentaire d'icône que vous devez connaître, les alias. Il s'agit d'un outil organisationnel absolument épatant, à tel point que nous leur consacrerons une section tout entière.

Familiarisez-vous avec les icônes en les déplaçant dans vos dossiers, en les supprimant, *etc.* Le Chapitre 6 explique l'organisation et la gestion des fichiers et des dossiers.

Créer des alias

Un alias est un petit fichier qui ouvre automatiquement l'élément qu'il représente : un fichier, un dossier, un disque.

L'alias ressemble à une icône classique, mais n'en est pas vraiment une puisque, si vous double-cliquez dessus, il ne s'ouvre pas lui-même (c'est impossible), mais ouvre l'élément dont il est le représentant. Ce n'est qu'un « pointeur » qui définit un chemin d'accès vers un programme, un fichier ou un dossier.

Pensez à créer des alias des éléments que vous exploitez souvent et entreposez-les où bon vous semble, sur le Bureau par exemple ; de la sorte, vous les aurez toujours à portée de souris.

Voici quelques bonnes raisons d'utiliser des alias, outre le fait qu'ils ouvrent n'importe quel fichier ou n'importe quel dossier de n'importe quel disque :

» **La commodité :** les alias permettent de faire figurer le même élément à plusieurs endroits, ce qui est pratique. Vous pourriez ainsi, par exemple, placer un alias de votre traitement de texte sur le Bureau, un autre dans le Dock et un autre encore – pourquoi pas ? – dans le dossier Documents. Vous auriez ainsi un triple accès à ce programme et ne seriez plus contraint, pour le lancer, de descendre en rappel dans votre dossier Applications.

Certes, vous pouvez agir différemment et introduire, tant dans le Dock que dans la barre latérale, l'icône de votre traitement de texte. Vous n'aurez donc plus à cliquer comme un forcené dans une cascade de fenêtres chaque fois que vous voudrez exploiter ce programme.

» **Souplesse :** vous pouvez créer plusieurs alias qui représenteront le même document et qui seront stockés à des endroits différents. Cette solution est intéressante lorsqu'un même document peut logiquement appartenir à des catégories distinctes. Supposons que vous écriviez un mémo à Dutilleul à propos de la prochaine campagne publicitaire que vous mettez au point avec lui et qui doit se dérouler en mai. Dans quel dossier convient-il d'archiver ce texte ? Dans le dossier Dutilleul, dans le dossier Campagne de pub ou dans le dossier Activités en mai ? N'hésitez plus : stockez le fichier original dans un de ces dossiers et créez des alias que vous stockerez dans les deux autres.

» **Intégrité :** certains programmes doivent obligatoirement être entreposés dans le même dossier que les fichiers et dossiers qu'ils gèrent. C'est le cas des traitements de texte, qui exigent de rester à proximité de leurs dictionnaires ; c'est aussi le cas de la plupart des jeux, qui ne peuvent vivre sans leurs fichiers de données... Les alias permettent de placer un lien vers ces programmes où bon vous semble.

Nous avouons faire partie de la vieille école informatique ; nous aimons donc ventiler nos fichiers dans des dossiers et sous-dossiers appropriés (voir le Chapitre 6). Toutefois, le système de recherche Spotlight de Mojave (secondé par des fonctionnalités comme Launchpad et Mission Control que nous traitons au Chapitre 7) permet de retrouver à peu près n'importe quoi n'importe où.

Créer un alias

Par défaut, les alias portent le même nom que l'icône qu'ils symbolisent, sauf que ce nom est complété de la mention alias et d'une petite flèche qui indique la nature de l'icône (Figure 5.10).

FIGURE 5.10
Un programme original (à gauche) et son alias (à droite).

Pour créer un alias :

» Cliquez sur l'icône source et choisissez Fichier/Créer un alias.

» Cliquez sur l'icône source et enfoncez les touches Ctrl + ⌘ + A.

» Cliquez sur l'icône source, enfoncez les touches ⌘ + Option (Alt), maintenez-les dans cette position, puis faites glisser.

» Cliquez-droit sur l'icône et choisissez Créer un alias dans le menu contextuel qui se déroule alors sous votre pointeur.

L'alias ainsi créé est archivé dans le même dossier que son icône source. (Nous avons déjà abordé la notion de menu contextuel dans le Chapitre 2.)

Nous avons mis au point une méthode de travail qui nous paraît pratique : nous stockons tous nos documents là où ils sont censés être stockés, c'est-à-dire dans le dossier Documents de notre dossier Départ. Nous créons des alias de tous les fichiers que nous comptons utiliser plusieurs fois et entreposons ces alias directement sur le Bureau, sous la main donc. Et quand nous en avons fini avec ces fichiers, nous nous débarrassons des alias correspondants et laissons les originaux à leur place, bien au chaud au fond du dossier Documents.

Supprimer un alias

Rien de plus simple : faites-le glisser sur l'icône de la Corbeille. C'est tout ! Vous pouvez aussi faire un clic-droit sur son icône et choisir Placer dans la Corbeille dans le menu contextuel. Ou encore sélectionnez l'icône, puis enfoncez les touches ⌘ + Retour arrière. Dans ce cas, l'alias est supprimé donc placé dans la Corbeille sans aucun message d'avertissement de macOS Mojave.

Lorsque vous supprimez un alias, vous n'affectez en aucune manière l'élément source dont il est issu.

Les modes de présentation des fenêtres

Les présentations vous permettent de vous sentir à l'aise. C'est pourquoi Mojave en propose pas moins de quatre qui, chacune, répondent à des exigences précises. Toutefois, certaines personnes sont tellement habituées à une présentation qu'elles n'utilisent jamais les autres. D'autres, comme nous, mémorisent les raccourcis clavier qui permettent de basculer rapidement et facilement d'un mode de présentation à un autre sans recourir à la souris.

Testez tous les modes et choisissez celui ou ceux qui vous conviennent le mieux.

La présentation par colonnes

C'est le mode le plus indiqué pour visualiser, en une seule opération, un grand nombre d'éléments. C'est aussi la présentation la plus adaptée aux dossiers qui regroupent des fichiers graphiques.

Pour activer ce mode (Figure 5.11), cliquez sur le bouton Par colonnes de la barre d'outils, ou choisissez Présentation/Par colonnes dans le menu Présentation du Finder, ou encore utilisez la combinaison de touches ⌘ + «.

FIGURE 5.11
Une fenêtre Finder présentée par colonnes.

Voici le chemin parcouru pour arriver à cette fenêtre Figure 5.11 :

1. **Cliquer sur Applications dans la barre latérale. Le contenu du dossier Applications se dévoile dans la première colonne.**
2. **Cliquer sur Contacts dans la première colonne.**

   Des infos relatives à ce programme apparaissent dans le dernier volet. On apprend que ce logiciel a une taille de 21,4 Mo.

   Vous ne voyez pas ces informations ? Alors agrandissez la fenêtre du Finder en tirant son bord inférieur vers le bas.

Apprenez à utiliser efficacement le mode Par colonnes :

» **Vous pouvez afficher autant de colonnes que votre écran est capable d'en montrer.** Faites tout simplement glisser la case de contrôle de taille de la fenêtre (en bas à droite) pour augmenter la largeur de la fenêtre et permettre ainsi l'ouverture de davantage de colonnes.

» **Vous pouvez modifier la largeur d'une colonne grâce à sa poignée de redimensionnement (le double trait situé dans la partie inférieure du séparateur placé à sa droite).** Voici comment vous y prendre :

- Faites glisser la poignée vers la gauche ou vers la droite pour rétrécir ou élargir la colonne correspondante.
- Si vous associez au cliquer-glisser l'action de la touche Option, ce sont toutes les colonnes de la fenêtre qui sont affectées par le réglage.
- Si vous cliquez deux fois sur un séparateur, la largeur de la colonne correspondante s'adapte automatiquement à son entrée la plus longue.
- Si vous associez au double-clic l'action de la touche Option, ce sont toutes les colonnes de la fenêtre qui s'adaptent automatiquement à leur entrée la plus longue.

» **Vous pouvez afficher à droite des données sur un élément sélectionné, à condition qu'il ne s'agisse ni d'un dossier ni d'un disque.** Le volet situé en bout de course, appelé Aperçu, vous fournit en effet une série de renseignements (icône agrandie, nom, type, taille, date de création et de modification...). Si l'élément sélectionné est un fichier graphique (voire un PDF) enregistré dans un format que QuickTime est capable d'interpréter (c'est-à-dire la plupart des formats d'images), ce n'est pas l'icône qui s'affiche, mais un aperçu de l'image. Si cet aperçu ne vous intéresse pas, choisissez Présentation/Afficher les options de présentation et désactivez l'option Afficher la colonne d'aperçu.

La présentation par icônes

C'est le mode de présentation qui vous assure la plus grande marge de manœuvre : vous pouvez, en effet, y disposer les icônes comme bon vous semble.

Pour basculer en présentation par icônes, cliquez sur l'icône Par icônes de la barre d'outils, ou choisissez Présentation/Par icônes dans la barre de menus du Finder, ou encore enfoncez les touches ⌘ + &.

Découvrez le contrôle Taille de l'icône situé dans le coin inférieur droit de la fenêtre ou dans le coin supérieur droit quand la barre latérale et la barre d'outils sont masquées.

Lorsque vous ouvrez le menu local Présentation, différentes options de tri sont disponibles et varient en fonction du contenu du Finder :

- Nom
- Catégorie d'application
- Date de la modification
- Date de création
- Date de la dernière ouverture
- Date de l'ajout
- Taille (⌘ + Option + 6)
- Tags (⌘ + Option + è)

Une dernière chose : si vous ne souhaitez plus que le Finder organise les icônes d'une fenêtre, ouvrez le menu local et choisissez Aucun.

La présentation par liste

Nous en arrivons à un autre grand classique, la présentation par liste (illustrée à la Figure 5.12). C'est génial, tous ces petits triangles qui s'affichent à gauche du nom d'un dossier et qui en dévoilent ou en masquent le contenu par simple clic, sans compter qu'ils permettent également de sélectionner en une seule opération des éléments appartenant à des dossiers différents.

Pour présenter une fenêtre par liste, activez le bouton correspondant de la barre d'outils, invoquez la commande du menu Présentation ou recourez au raccourci clavier ⌘ + é.

Quelques trucs pour vous faciliter la vie en mode Par liste :

- **Pour développer un dossier, cliquez sur son triangle orienté à droite.** Un clic sur le même triangle désormais orienté vers le bas produit l'effet inverse, à savoir qu'il réduit le dossier.

  Associez au clic sur le triangle droit d'un dossier l'action de la touche Option et vous développerez, dans la foulée, tous les sous-dossiers du dossier traité.

- **Pour inverser l'ordre (alphabétique, chronologique, par taille…), cliquez, dans la barre de titre de la colonne concernée.** Ainsi, un clic sur l'en-tête

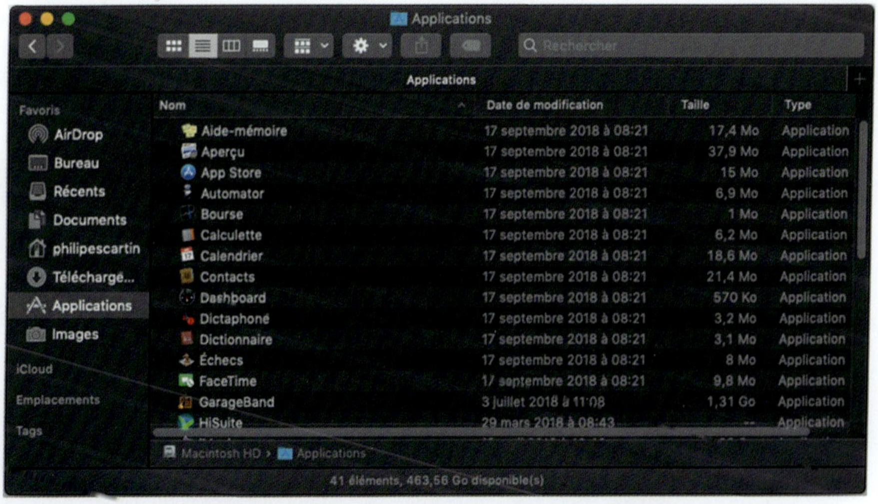

FIGURE 5.12
La présentation par liste.

de colonne Nom affiche les noms par ordre alphabétique décroissant ; un nouveau clic au même endroit rétablit l'ordre alphabétique croissant.

» **Pour modifier l'ordre des colonnes,** cliquez sur le nom de l'une d'elles, puis faites-le glisser vers la gauche ou vers la droite.

Seule la colonne Nom ne peut être déplacée : elle occupe toujours la première position. Notez encore que les colonnes peuvent être masquées ou affichées.

Pour peaufiner ce mode de présentation, n'hésitez pas à recourir aux options de la fenêtre Afficher les options de présentation du menu Présentation toujours (raccourci clavier ⌘ + J). Ces options s'appliquent à la fenêtre active sur le Bureau. Cliquez sur le bouton Utiliser comme valeurs par défaut pour que ces options s'appliquent à toutes les fenêtres qui utilisent cette présentation.

» Pour élargir ou rétrécir une colonne, placez le pointeur de la souris sur un des traits de séparation des colonnes. Cliquez et, sans relâcher le bouton de la souris, glissez ce séparateur vers la gauche ou la droite. En fait, la modification de la taille de la colonne devient possible quand le pointeur de la souris prend l'aspect d'une double flèche.

La présentation sous forme de Galerie

Il s'agit d'une amélioration de l'ancien mode de présentation Cover Flow. Le mode Galerie permet d'identifier ce que vous cherchez en un simple coup d'œil. Il est idéal pour localiser des photos par exemple.

Pour activer cette présentation, activez l'icône Galerie de la barre d'outils, choisissez Présentation/par galerie d'icônes, ou utilisez la combinaison de touches ⌘ + '. La Figure 5.13 vous fait découvrir cette nouvelle façon de voir les choses.

FIGURE 5.13 Une fenêtre en mode Galerie.

Ce mode Galerie présente plusieurs autres fonctionnalités par rapport à l'ancien Cover Flow :

» Un film fixe en bas de la fenêtre qui permet de passer rapidement d'un fichier à un autre. Par exemple, sur la Figure 5.13, le film fixe affiche une miniature de toutes les images du dossier. Il suffit de faire glisser la barre de défilement horizontal pour accéder aux autres images.

» Si la miniature est un dossier, double-cliquez dessus pour l'ouvrir dans le mode de présentation Galerie.

» Les métadonnées des images dans le volet droit. Cliquez sur le lien Plus de détails pour obtenir des informations supplémentaires concernant le fichier actuellement sélectionné.

» Des boutons d'action notamment pour les images, comme Rotation à gauche, Annoter, et un bouton Plus qui permet de créer un PDF à partir de l'élément affiché.

Vous pouvez masquer le volet droit en faisant glisser vers la droite sa barre verticale.

Découvrir le menu Finder

Le menu du Finder contient de nombreux gadgets que nous vous proposons de découvrir dans cette section.

Le Finder… par le menu

Détaillons à présent les principales commandes du menu Finder. Elles sont peu nombreuses, mais terriblement efficaces.

- **À propos du Finder :** vous renseigne sur la version du Finder qui équipe votre Mac.
- **Préférences :** contrôle la manière dont le Bureau s'affiche et réagit. Voyez la section « Régler les préférences », plus loin dans ce chapitre.
- **Vider la corbeille :** vide la corbeille mais affiche un message vous demandant confirmation de votre décision.
- **Services :** ce sous-menu (Figure 5.14) est une des fonctionnalités les plus intéressantes des applications macOS. De fait, il permet, par exemple, de sélectionner une adresse e-mail et d'adresser un courrier à un destinataire, de vérifier l'orthographe d'un document ou bien d'une sélection (même si le programme source n'est pas équipé d'un vérificateur), de lancer Google, *etc.*

  Avec Mojave, le sous-menu Services permet d'importer une image depuis un appareil photo numérique, un scanner, ou bien encore un smartphone.

  Le contenu de ce menu est lié au contexte. Faites une sélection, puis voyez ce que le sous-menu Services vous propose. Si vous n'y trouvez rien d'intéres-

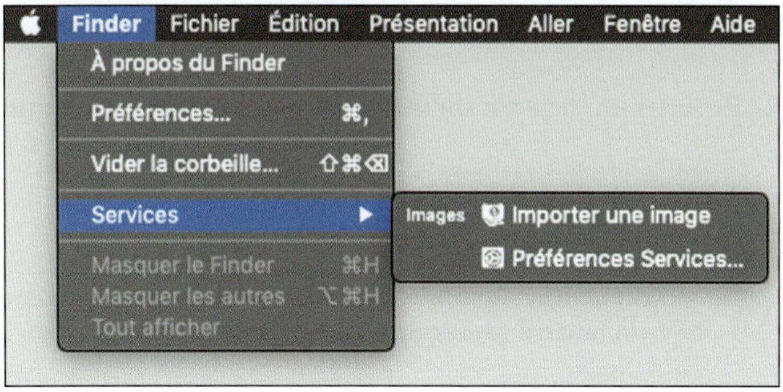

FIGURE 5.14 Le sous-menu Service du menu Finder.

sant, faites une autre sélection, puis retournez voir. Vous aurez peut-être une bonne surprise !

Sélectionnez la dernière commande du menu, Préférences Services, et vous accéderez à une foule de services particulièrement utiles qui ne sont pas disponibles par défaut.

- **Masquer le Finder (⌘ + H) :** désactive le Finder au profit d'une autre application éventuelle et masque toutes ses fenêtres ouvertes. Pour le réafficher, vous pouvez soit choisir Tout afficher dans le menu Finder – ou la commande équivalente que propose l'application depuis laquelle vous agissez –, soit cliquer sur le bouton Finder du Dock.

  La commande Masquer le Finder vous permet de vous dégager la vue plus radicalement que ne le ferait une fermeture ou une réduction de fenêtres.

- **Masquer les autres (⌘ + Option + H) :** masque toutes les fenêtres de tous les programmes, exception faite du programme actif.

  Autre technique pour masquer toutes les applications et toutes les fenêtres tout en activant le Finder : enfoncez les touches ⌘ + Option et cliquez sur l'icône Finder du Dock. Ça marche avec n'importe quel programme actif, pas seulement le Finder. Donc, imaginons que vous soyez en train de surfer sur Internet et que vous souhaitiez n'avoir plus sous les yeux que les fenêtres de Safari : ⌘ + Option + cliquez sur l'icône Safari du Dock et le tour est joué !

- **Tout afficher :** produit l'effet inverse des commandes de masquage.

Le menu déroulant du dossier courant

Au centre de la barre de titre de toute fenêtre s'affiche le nom du dossier courant. Mais ce dossier peut vous mener loin. Pour preuve :

1. **Ouvrez un dossier dans le Finder.**

   Le nom de ce dossier apparaît dans la barre de titre du Finder.

2. **Faites un clic-droit sur le nom du dossier de la barre de titre du Finder.**

   S'affiche alors un menu déroulant qui indique, en première position, le nom du dossier courant, puis, sous cet intitulé, le nom des dossiers ou des disques parents (Figure 5.15).

3. **Sélectionnez n'importe quel dossier de ce menu ; il devient le dossier actif de la fenêtre courante. Relâchez le bouton de la souris ; son contenu s'affiche.**

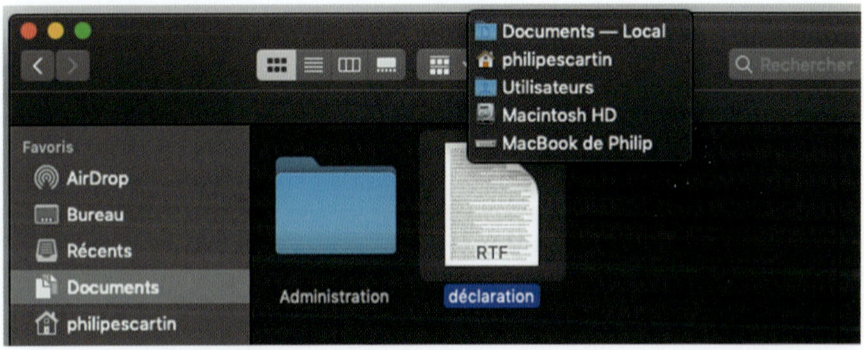

FIGURE 5.15 Naviguez dans l'arborescence du disque grâce à ce menu déroulant.

En fait, ce menu déroulant permet de voyager du dossier courant vers le niveau 1 de votre arborescence, celui de votre ordinateur, avec tous les éventuels stades intermédiaires.

4. **Utilisez, si nécessaire, le bouton Précédent pour revenir au dossier qui était actif avant votre action.**

N'oubliez pas que vous pouvez afficher le chemin d'accès à proximité de la zone inférieure de la fenêtre. Pour cela, cliquez sur Présentation/Afficher la barre du chemin d'accès. Ensuite, double cliquez sur n'importe quel dossier de cette barre pour afficher le chemin d'accès.

Bon à savoir : ça ne marche pas seulement au niveau des fenêtres Finder, mais aussi dans la plupart des fenêtres de documents (Word, Photoshop…). Une façon bien pratique de connaître le chemin d'accès du document que vous avez sous les yeux.

Le menu Aller

Ce singulier menu regorge de raccourcis permettant de gagner rapidement toutes sortes de destinations.

Détaillons ses options :

- **Précédent (⌘ + <) :** réactive la dernière fenêtre Finder que vous avez ouverte. Cette commande équivaut au bouton Précédent de la barre d'outils.
- **Suivant (⌘ + >) :** fait l'inverse de la commande précédente. À noter que si vous n'avez pas activé Précédent vous n'aurez pas accès à Suivant.

- **Dossier parent (⌘ + Flèche vers le haut) :** affiche le dossier dans lequel figure l'élément sélectionné.

C'est le moment d'utiliser le menu local Trier par pour trier ces fichiers selon un certain ordre.

- **Récents (⌘ + Maj + F) :** ouvre un dossier contenant les éléments que vous avez récemment consultés. La liste peut paradoxalement contenir des données très anciennes.
- **Documents (⌘ + Maj + O) :** c'est sans doute un des articles du menu que vous solliciterez le plus régulièrement tant le dossier Documents paraît tout indiqué pour stocker toutes vos petites affaires.
- **Bureau (⌘ + Maj + D) :** affiche... le Bureau.
- **Téléchargements (⌘ + Option + L) :** ouvre votre dossier Téléchargements qui stocke les fichiers que vous récupérez sur le Net *via* Safari, Mail ou AirDrop.
- **Départ (⌘ + Maj + H) :** affiche votre dossier Départ (en règle générale, identifié par votre nom abrégé).
- **Ordinateur (⌘ + Maj + C) :** affiche le niveau Ordinateur ; c'est là qu'apparaissent l'icône Réseau ainsi que les icônes de disques.
- **AirDrop (⌘ + Maj + R) :** AirDrop permet le partage sans fil de fichiers avec toute personne située dans un environnement proche du vôtre. Le plus génial dans toute cette histoire est que vous n'avez rien à faire ! Cliquez simplement sur l'icône AirDrop de la barre latérale du Finder, ou invoquez cette commande du menu Aller, ou encore recourez à son équivalent clavier si vous souhaitez que votre Mac identifie automatiquement d'autres personnes qui utilisent AirDrop. Ne perdez toutefois pas de vue que tous les Mac capables de faire tourner Mojave ne sont cependant pas capables d'exécuter AirDrop ; ce sera vraisemblablement le cas si votre Macintosh date d'avant 2009.
- **Réseau (⌘ + Maj + K) :** affiche, dans la fenêtre Finder, tout ce qui est accessible sur le réseau.
- **iCloud Drive (⌘ + Maj + I) :** donne accès au contenu que vous avez téléchargé sur le cloud d'Apple.
- **Applications (⌘ + Maj + A) :** affiche le contenu du dossier Applications, l'endroit rêvé pour stocker les programmes qui vous ont été livrés avec votre Mac ainsi que ceux qui émanent d'autres sources.

- **Utilitaires (⌘ + Maj + U) :** affiche le contenu du dossier Utilitaires, stocké dans le dossier Applications. C'est là que vous regroupez tous vos programmes utilitaires comme Utilitaire de disque (qui vous permet de formater, tester et réparer vos supports) et Disk Copy (qui permet de créer et monter des images disque). Ces outils, fort utiles, sont traités au Chapitre 19.
- **Dossiers récents :** ce sous-menu vous permet de revenir rapidement à un dossier que vous avez ouvert il y a peu. En effet, chaque fois que vous ouvrez un dossier sous macOS, le système en crée un alias qu'il stocke dans le dossier Dossiers récents, vous y autorisant ainsi un retour rapide *via* le sous-menu correspondant.
- **Aller au dossier (⌘ + Maj + G) :** fait surgir la boîte de dialogue Aller au dossier, illustrée à la Figure 5.16. Que votre Bureau soit dégagé ou encombré de fenêtres, il peut parfois s'avérer pénible de parvenir jusqu'à un dossier. Si vous connaissez son chemin d'accès (sa position dans l'arborescence de votre disque dur), vous pouvez entrer cette information dans la case d'édition de la fenêtre. La procédure : tapez ce chemin en séparant les noms des dossiers par une barre oblique /, puis confirmez votre intention en cliquant sur le bouton Aller.

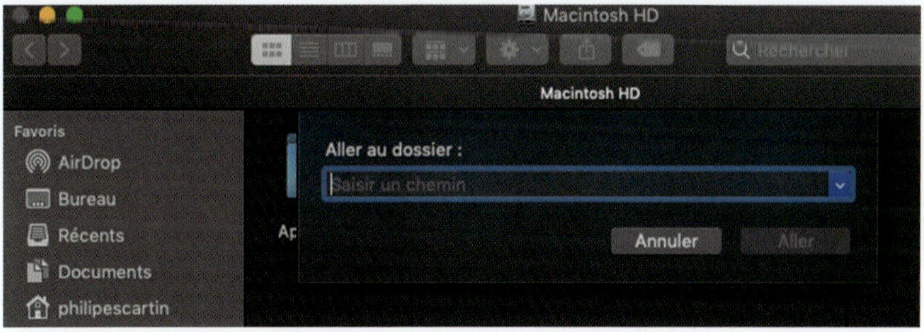

FIGURE 5.16 Atteindre un dossier en tapant son chemin d'accès.

Le premier caractère que vous entrez doit aussi être une barre oblique, sauf si vous souhaitez gagner un sous-dossier de la fenêtre courante.

Sachez en outre que macOS vous facilite la tâche : dès que vous avez entré suffisamment de caractères pour lui permettre d'identifier votre cible, il complète la saisie à votre place. Si vous tapez A, il pense qu'il s'agit du dossier Applications et remplit d'emblée la case ; ensuite, si vous tapez U, il complète là aussi le mot Utilitaires.

- **Se connecter au serveur (⌘ + K) :** si votre Mac est branché à un réseau ou à Internet, utilisez cette commande pour établir la connexion avec un autre ordinateur du réseau. Il vous sera alors demandé son nom d'utilisateur et son mot de passe. Une fois la connexion établie, vous pourrez accéder à toutes les ressources partagées par cet ordinateur. La connexion se fait aussi bien avec d'autres Mac que des PC.

Une dernière chose : le dossier Bibliothèque, qui était autrefois accessible *via* le menu Aller, est désormais masqué pour des raisons de sécurité. Pour le faire apparaître dans ce menu, ouvrez le menu Aller, et appuyez sur la touche Option.

Personnaliser le Finder

Le Finder est extrêmement commode, procurant un accès aisé à toutes les fenêtres. Pourtant, même si le Finder est très pratique, vous ne résisterez sans doute pas à l'envie d'en personnaliser quelques aspects.

Ajouter des dossiers à la barre latérale

C'est l'enfance de l'art : sélectionnez l'élément à ajouter, puis tournez-vous vers la commande Ajouter à la barre latérale du menu Fichier (⌘ + Ctrl + T). Désormais, l'icône de cet élément stationne dans la barre, directement à portée de souris.

Vous pouvez également glisser-déposer l'élément directement dans la barre latérale. Un trait horizontal permet d'identifier l'emplacement où vous le positionnerez dans cette barre latérale.

Pour supprimer un élément de cette barre, faites un clic-droit sur cet élément, puis choisissez Supprimer de la barre latérale. Autre façon d'agir : glisser-déposer l'élément en dehors de la barre latérale.

Régler les préférences

Allons-y ! Validez la commande Finder/Préférences (⌘ + ,). La fenêtre éponyme apparaît. Elle propose quatre volets : Général, Tags, Barre latérale et Options avancées (Figure 5.17).

L'onglet Général

» **Afficher ces éléments sur le bureau :** fait en sorte que les icônes de tous les disques que vous connectez ou introduisez dans le lecteur *ad hoc* (disque

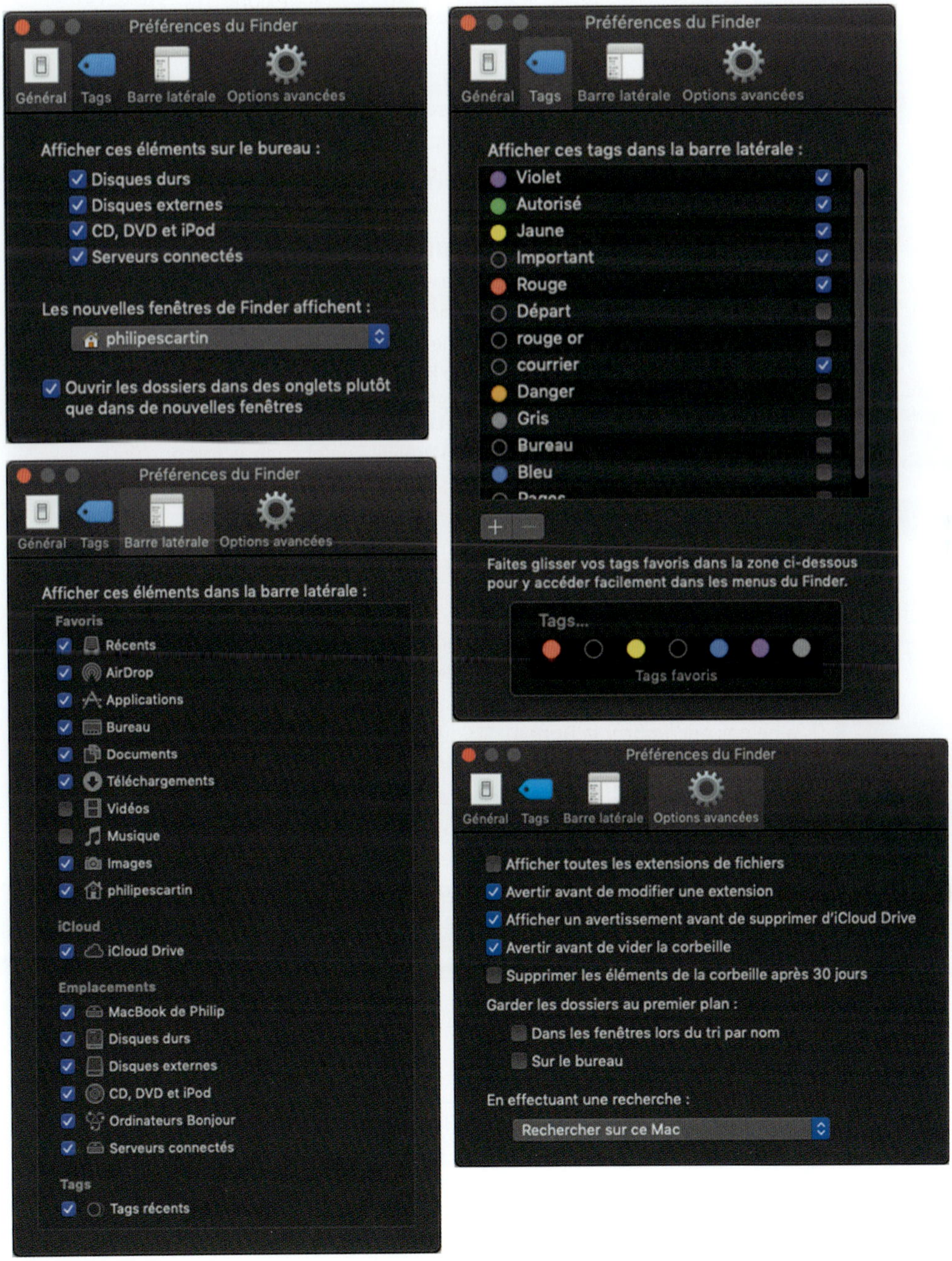

FIGURE 5.17
Les quatre onglets des préférences du Finder.

dur externe, CD, DVD, iPod, clé USB, serveurs et autres périphériques) s'affichent sur le Bureau. Par défaut, toutes les options de la rubrique sont validées. Mais si vous préférez ne pas encombrer votre surface de travail, désactivez celles qui ne vous intéressent pas. Vous ne verrez plus ces icônes, mais vous pourrez toujours agir sur les disques correspondants en ouvrant une fenêtre du Finder et en cliquant, dans la barre latérale, sur l'icône correspondante.

» **Les nouvelles fenêtres de Finder affichent :** vous pouvez faire en sorte que l'ouverture d'une nouvelle fenêtre Finder affiche soit votre fenêtre Départ (option par défaut qui porte généralement votre nom d'utilisateur), soit la fenêtre Ordinateur, soit encore une quelconque fenêtre que vous définissez *via* la commande Autre du menu local.

» **Ouvrir les dossiers dans des onglets plutôt que dans de nouvelles fenêtres :** provoque l'ouverture d'un nouvel onglet chaque fois que vous double-cliquez sur une icône de dossier ou de disque avec la touche ⌘ enfoncée.

Désactivez l'option et le ⌘ + double-clic ouvrira l'élément dans une nouvelle fenêtre.

Par défaut, les dossiers s'ouvrent « en place » quand vous double-cliquez sur leur icône, c'est-à-dire que la nouvelle fenêtre que vous sollicitez de la sorte se substitue à celle qui était affichée à l'appel de la commande de manière à ne pas encombrer le Bureau. Si vous préférez que les dossiers que vous cherchez à ouvrir s'affichent plutôt dans une nouvelle fenêtre ou dans un nouvel onglet, il vous faut adjoindre à votre double-clic l'action de la touche ⌘. Et, selon que vous aurez activé ou non l'option dont il est question ici, cette combinaison provoquera l'ouverture de l'élément concerné dans une nouvelle fenêtre ou dans un nouvel onglet.

L'onglet Tags

Mojave, comme son prédécesseur High Sierra, utilise des tags qui combinent couleur et mot-clé.

C'est donc logiquement dans ce volet Tags que cette fonctionnalité se gère, sachant que les tags apparaissent dans le menu Fichier, dans le menu contextuel (accessible *via* un clic-droit), dans la barre latérale et dans la barre d'outils. Les tags que vous attribuez sont visibles dans la fenêtre Finder, dans la fenêtre Infos ainsi que dans les fenêtres Ouvrir et Enregistrer. Ils peuvent en outre servir de critère de recherche et de base pour les dossiers intelligents.

» Pour rebaptiser un tag : faites un clic-droit sur son étiquette. Dans le menu contextuel qui apparaît, exécutez la commande Renommer « *nom de la balise* ». Une fois le nom en surbrillance, tapez sa nouvelle appellation, et validez avec la touche Retour de votre clavier.

Vous pouvez également cliquer sur son nom pour le sélectionner, puis presser la touche Retour de votre clavier. Le nom passe en surbrillance. Il suffit alors de taper le nouveau.

» Pour changer la couleur d'un tag : placez le pointeur de la souris sur sa pastille, et cliquez. Dans le menu local qui apparaît, choisissez une autre couleur.

» Pour désigner les tags qui doivent s'afficher dans la barre latérale (Figure 5.18) : cochez les cases en bout de ligne, et décochez celles qui ne vous serviront pas.

FIGURE 5.18
Les tags Important et Courrier ont été cochés, et Danger et Jaune décochés.

Décocher une balise se fait en deux temps. Vous devez commencer par la cocher, puis vous devez de nouveau cliquer sur la coche pour la décocher.

Pour exploiter cette fonctionnalité, c'est-à-dire pour attribuer un tag à une ou plusieurs icônes sélectionnées :

» Choisissez Fichier. Dans la section Tags, cliquez sur le tag à appliquer.

» Opérez un clic-droit sur la sélection et choisissez un ou plusieurs tags dans le menu contextuel.

» Cliquez sur le bouton Tags de la barre d'outils et choisissez un ou plusieurs tags dans la liste.

D'autres manips intéressantes :

- **Pour personnaliser rapidement un tag :** opérez un clic-droit sur un élément, choisissez Tags, introduisez le nom du tag dans le champ de saisie, puis validez *via* la touche Retour ou Entrée.
- **Pour retirer un tag :** opérez un clic-droit sur l'élément à traiter, puis cliquez sur le tag à enlever. Vous constatez que la mention Supprimer le tag <nom du tag> apparaît quand vous placez le pointeur de la souris sur le tag à retirer.
- **Pour supprimer toutes les occurrences d'un tag** (tous les fichiers et/ou dossiers de votre disque dur que vous avez traités de la sorte) : agissez depuis le volet Tags des préférences du Finder.

  Cette action supprime ce type de tag de la liste des tags disponibles.

Choisissez un tag dans la barre latérale pour afficher à droite, dans la partie principale de la fenêtre Finder, tous les éléments auxquels ce tag a été attribué.

L'onglet Barre latérale

L'onglet Barre latérale permet de contrôler les éléments qui doivent ou non s'afficher dans la barre du même nom. Cochez les éléments que vous voulez voir ; décochez les autres.

L'onglet Options avancées

Vous trouverez ici des cases à cocher et un menu local :

- **Afficher toutes les extensions de fichiers** affiche un suffixe composé de trois, quatre ou davantage de caractères, connu sous le nom d'extension (comme .DOC, .PDF ou .JPEG). Par défaut, le Finder n'affiche pas les extensions. Sachez toutefois que vous ne pourrez les inclure dans une recherche que si elles sont visibles.
- **Avertir avant de modifier une extension** ne vous laisse pas changer une extension de fichier sans vous demander confirmation.
- **Afficher un avertissement avant de supprimer d'iCloud Drive :** un message demandera confirmation de la suppression d'un élément stocké sur iCloud Drive.

- **Avertir avant de vider la corbeille** peut être désactivé, si vous ne souhaitez pas qu'un signal sonore vous mette en garde lorsque vous vous débarrassez de fichiers.
- **Supprimer les éléments de la corbeille après 30 jours :** les éléments stockés dans la corbeille seront supprimés automatiquement au bout de 30 jours.
- **Garder les dossiers au premier plan** contient deux options :
  - **Dans les fenêtres lors d'un tri par nom :** les dossiers seront toujours affichés en haut de la liste lorsque vous procéderez au tri des éléments par leur nom. Sous ces dossiers, les éléments seront bel et bien triés par nom.
  - **Sur le bureau :** trie les éléments comme avec la précédente option, mais pour les dossiers placés sur le Bureau.

  Les effets de ces deux options sont visibles lorsque vous affichez les éléments en mode Liste.
- **Le menu local En effectuant une recherche** permet de définir le champ d'application par défaut de la fonction de recherche dont nous avons parlé plus haut dans ce chapitre. Les trois options disponibles sont : Rechercher sur ce Mac, Rechercher dans le dossier actuel et Utiliser les derniers critères de recherche.

Obtenir des informations

Pour chaque icône, le Mac vous permet d'afficher une fenêtre d'informations qui vous fournit toutes sortes de renseignements concernant les applications, les documents, les dossiers, les disques ainsi que les serveurs de réseau. Vous pouvez, entre autres, y sélectionner les éventuels autres utilisateurs qui auront le privilège d'utiliser l'icône. (Le partage des fichiers et les autorisations d'accès sont décrits au Chapitre 16.) C'est là aussi que vous verrouillez une icône pour empêcher qu'on puisse la renommer ou la jeter à la Corbeille.

Pour accéder à cette fenêtre, sélectionnez l'icône, puis choisissez Fichier/Lire les informations (⌘ + I). La fenêtre correspondante s'affiche (Figure 5.19).

Le contenu de cette fenêtre varie légèrement selon qu'il s'agit d'un document, d'un programme, d'un dossier ou d'un disque.

Les triangles grisés dévoilent davantage d'informations. Détaillons les infos que vous glanez ici :

» **+ Tags :** ce champ permet d'attribuer des tags depuis la fenêtre d'infos.

» **Général :** informations générales comme :

- *Type* : indique le type de l'élément : document, programme, dossier, disque...
- *Taille* : renseigne sur l'espace disque que l'élément occupe.
- *Emplacement* : montre le chemin d'accès à l'élément, c'est-à-dire son emplacement dans l'arborescence du disque dur.
- *Création* : fournit la date de création de l'élément.
- *Modifié* **:** fournit la date de la dernière modification apportée à l'élément.
- *Version* : fournit les données du copyright et le numéro de version de l'élément, s'il en possède un.

Cinq autres cases à cocher peuvent, selon le cas, se manifester dans la section Général de cette fenêtre :

- *Ouvrir en mode 32 bits* (case à cocher) : la plupart des derniers modèles de Mac sont capables d'exploiter le mode 64 bits de Mojave. C'est aussi le cas de certaines applications. Mais il arrive à quelques-unes d'entre elles d'éprouver à ce niveau quelques difficultés. Dans ces conditions, si vous constatez qu'un de vos programmes ne se comporte pas comme il devrait (il quitte inopinément, se fige ou tout bonnement refuse de démarrer), essayez cette option et voyez si les choses s'améliorent.

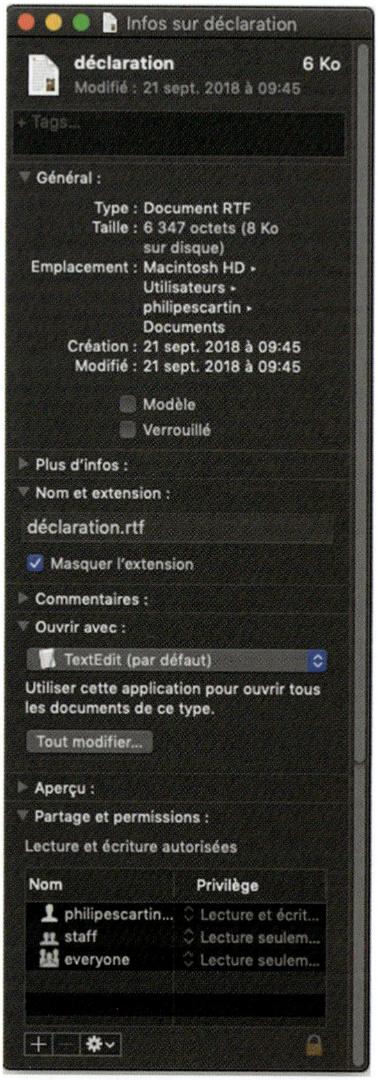

FIGURE 5.19
La fenêtre Infos d'un fichier Pages.

L'option n'est bien entendu disponible que pour les applications capables de fonctionner sous ces deux modes. Si elle n'apparaît pas, déduisez-en donc que l'app ne tourne que sous un de ces modes.

- Le menu local *Plus d'infos* peut contenir la date d'ouverture, de création du contenu, ou encore de sa modification.

- *Dossier partagé* (case à cocher) : si vous avez sélectionné un dossier, cette option vous permet de lui attribuer le statut *partagé*, ce qui, concrètement, signifie que les autres utilisateurs du Mac seront autorisés à visualiser et exploiter son contenu. Le partage est traité au Chapitre 16.

- *Modèle* (case à cocher) : si vous avez sélectionné un document, cette option vous permet de le transformer en *modèle*. Dans la pratique, toute ouverture de ce modèle provoquera la création d'un document Sans titre, réplique exacte du modèle de base, que vous pourrez ensuite enregistrer sous le nom de votre choix.

- *Verrouillé* (case à cocher) : validez cette option et un message d'alerte vous sera adressé dès que vous tenterez de jeter l'élément correspondant à la Corbeille. Vous aurez le choix entre Arrêter ou Continuer. Si vous continuez, toute tentative de vidage de la Corbeille provoquera l'affichage d'un second message, vous donnant la possibilité de supprimer tous les éléments, uniquement ceux qui sont verrouillés ou uniquement ceux qui ne le sont pas. Dans le premier cas, vous serez définitivement débarrassé du contenu de la Corbeille ainsi que des éléments verrouillés qui s'y trouvaient. Dans le troisième cas, les éléments verrouillés resteront dans la Corbeille ; toute velléité de vidage sera de nouveau suivie du message d'alerte du début, vous indiquant que des éléments sont verrouillés et vous demandant si vous souhaitez malgré tout poursuivre.

  Pour supprimer un élément verrouillé, cliquez sur son icône dans le Dock et glissez-déposez l'élément verrouillé en dehors de la Corbeille, mais dans un dossier ou sur le Bureau.

» **Nom et extension :** fournit le nom complet, y compris l'extension (masquée le cas échéant).

» **Commentaires :** introduisez, dans ce champ, un commentaire de votre cru que Spotlight pourra, par la suite, utiliser comme critère de recherche.

» **Ouvrir avec :** présent lorsque vous ne disposez pas de l'application permettant d'ouvrir le document. Par exemple, vous ne possédez pas Word pour ouvrir un fichier .doc. Choisissez un autre programme compatible dans le menu local de cette option.

Nous avons déjà décrit le champ Recherche ; nous aborderons Spotlight plus en détail à l'occasion du Chapitre 7.

- **Aperçu :** donne un aperçu lorsque l'élément sélectionné est un document. Cet aperçu s'affiche aussi en mode Par colonnes (dans celle placée à l'extrémité droite). S'il s'agit d'un fichier son ou d'une séquence QuickTime, ce volet permet de lire le son ou la séquence sans pour autant lancer un programme spécifique.
- **Partage et permissions :** règle les autorisations d'accès. (Le partage de fichiers et les autorisations d'accès sont traités au Chapitre 16.)

Si vous maintenez la touche Option (Alt) enfoncée lorsque le menu Fichier du Finder est ouvert, la commande Lire les informations devient Afficher l'inspecteur (ou si vous appuyez sur ⌘ + Option + I). La fenêtre Inspecteur ressemble et se comporte comme la fenêtre Lire les informations, à une exception près :

- **Elle affiche les infos de la fenêtre active.** Si vous cliquez sur une autre fenêtre, l'inspecteur communique alors les informations de cette nouvelle fenêtre active.
- **Elle affiche des informations cumulatives quand vous sélectionnez plusieurs icônes.** C'est une technique simple pour déterminer la taille totale de plusieurs éléments que, par exemple, vous souhaitez envoyer par mail à un de vos contacts.

Et voilà. C'en est fini des icônes, ces éléments fondamentaux qui ont grandement contribué à faire du Mac ce qu'il est. Apprenez à présent à... dompter la bête !

II

Un grain de sable dans une dune de foin

DANS CETTE PARTIE...

Les chapitres de cette deuxième partie traitent de l'organisation des éléments que vous manipulerez dans macOS Mojave. Vous commencerez par explorer le Finder, et apprendrez à mener à bien deux actions de la plus haute importance : ouvrir et enregistrer des fichiers. Vous découvrirez comment exploiter des disques amovibles, et mettrez en application les techniques de recherche. Enfin, vous apprendrez à gérer votre temps et d'autres types de données fondamentales pour rester parfaitement bien organisé sans vous prendre la tête.

Chapitre 6
Fichiers et dossiers : pour rester bien organisé

DANS CE CHAPITRE :

- **Maîtriser la structure arborescente de macOS.**
- **Enregistrer : l'acte de survie.**
- **Ouvrir des icônes.**
- **S'organiser.**
- **Copier, coller et déplacer des fichiers et des dossiers.**

Ce chapitre est sans doute le plus important de tout notre ouvrage, puisqu'il insiste sur la structure arborescente de macOS et sur les procédures d'ouverture et d'enregistrement, c'est-à-dire autant de notions indispensables à l'utilisation d'un ordinateur.

À la fin de la journée, vous connaîtrez toutes les techniques indispensables au maintien d'une organisation parfaite. Toutefois, bien que les fonctions de recherche de Mojave soient d'une exceptionnelle efficacité, notamment avec Siri, mieux vous saurez organiser vos fichiers et documents dans des dossiers et des sous-dossiers, plus vous serez productif dans votre environnement informatique.

Maîtriser la structure arborescente de macOS

Commençons par le commencement. Ouvrez une fenêtre Finder et cliquez, dans la section Emplacements de la barre latérale, sur l'icône de votre disque dur (il s'appelle en général Macintosh HD). Vous y trouvez au moins quatre dossiers : Applications, Bibliothèque, Système et Utilisateurs.

Vous ne voyez pas votre disque dur dans la barre latérale ? Placez le pointeur de la souris sur la mention Emplacements, puis cliquez sur le verbe Afficher qui apparaît à sa droite.

Le mot « Utilisateurs » dit bien ce qu'il veut dire. En effet, tout utilisateur du Mac dispose d'un espace qui lui est intimement réservé et dans lequel sont archivés ses documents, ses préférences et ses données personnelles.

Le dossier Utilisateurs comporte à tout le moins un dossier Départ (qui porte votre nom tel que vous l'avez défini lors de l'installation de Mojave) et un dossier Partagé ; c'est là que vous entreposez les fichiers auxquels vous souhaitez laisser libre accès aux autres utilisateurs. En effet, tout, ici, est affaire de dossiers et de sous-dossiers, lesquels constituent la célèbre structure arborescente du Macintosh. Pas facile, au départ, d'en saisir le principe.

Jetez un œil à la Figure 6.1 et vous verrez comment les dossiers s'imbriquent les uns dans les autres.

Comprendre le principe d'imbrication

Un dossier stocké dans un autre dossier est dit « imbriqué ». Pour vous aider à comprendre la manière dont les dossiers imbriqués sont gérés par le système macOS, jetez un œil sur la Figure 6.2.

- Le dossier Administration occupe le premier niveau.
- Les dossiers 2016, 2017, et 2018 sont placés dans le dossier Administration ; ils sont donc situés un niveau plus bas et occupe le deuxième niveau.
- Les dossiers Avril, Juin, et Mai sont placés dans le dossier 2018 ; ils occupent donc le troisième niveau.

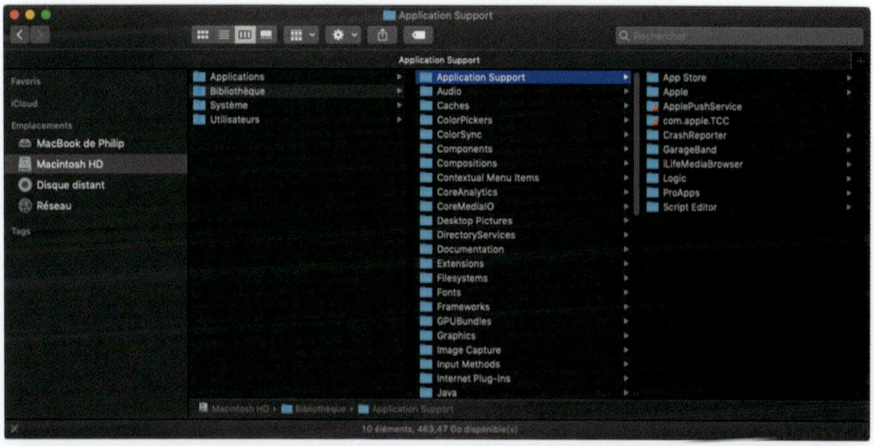

FIGURE 6.1 Un aperçu de la façon dont macOS structure le contenu de votre disque.

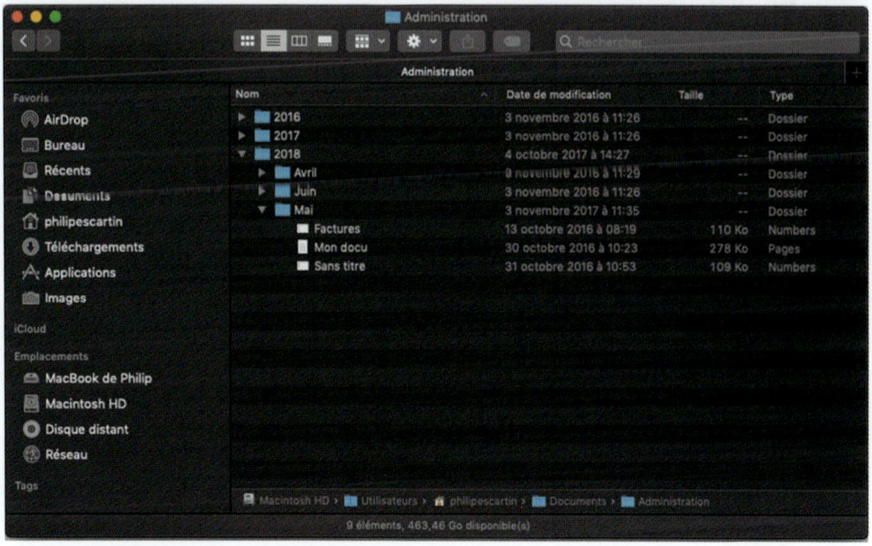

FIGURE 6.2 Des dossiers imbriqués sur quatre niveaux.

- Le fichier Factures se trouve dans le dossier Mai du dossier 2018, occupant ainsi le quatrième niveau.

À ce stade, vous devez être capable de visualiser la structure et d'identifier le chemin qui mène, par exemple, au dossier Mai : pour parvenir à son contenu, il vous faudra ouvrir le dossier Administration, puis le dossier 2018, puis le dossier Mai proprement dit.

Le dossier Ordinateur

Nous commencerons par le dossier Ordinateur, qui se trouve à la racine de l'arborescence, donc au sommet. Il affiche tous les dispositifs de stockage connectés au Macintosh (disques durs, CD ou DVD-ROM, clés USB, *etc.*).

Le dossier Ordinateur porte généralement le nom de votre Mac.

Voici comment démarrer à ce niveau pour descendre ensuite au plus profond de la structure :

1. **Pour localiser ce dossier Ordinateur, validez la commande Aller/Ordinateur ou enfoncez les touches ⌘ + Majuscule + C.**

   Vous pouvez aussi y accéder depuis la barre latérale du Finder. Localisez la section Emplacements et, si besoin, cliquez sur la mention Afficher qui apparaît sur la droite lorsque vous placez le pointeur de la souris sur Emplacements. Ensuite, cliquez sur le nom de votre ordinateur.

   Dans l'exemple de la Figure 6.3, l'ordinateur s'appelle Mac mini de Philip. Il comporte trois icônes : Macintosh HD, Réseau (pour accéder à des serveurs ainsi qu'à d'autres ordinateurs de votre réseau local), Burotic qui est justement un dossier d'un disque d'un autre ordinateur du réseau. (Le Chapitre 16 vous en apprend davantage sur le partage, qu'il soit de postes ou de fichiers.)

   Si vous voyez l'icône Disque distant comme sur la Figure 6.3, cela indique que vous pouvez utiliser des fichiers stockés sur un CD ou un DVD affichés sur un autre ordinateur. Votre Mac propose cette fonction lorsqu'il n'est pas équipé d'un lecteur/graveur de disque optique. C'est le cas de la majorité des ordinateurs de la marque à la pomme.

   Si l'icône Ordinateur n'apparaît pas dans la barre latérale, choisissez Finder/Préférences, puis activez l'onglet Barre latérale et validez la première option de la section Emplacements, celle qui correspond à votre ordinateur et qui porte le nom personnalisé ou assigné par défaut comme Mac mini de <nom>. Quant au nom de l'ordinateur, vous pouvez le modifier dans le volet Partage des Préférences Système.

   Le nombre d'icônes affichées dans la première colonne dépend évidemment du nombre de disques installés (*montés* en jargon informatique).

2. **Double-cliquez sur l'icône qui regroupe vos éléments macOS ; on l'appelle « disque de démarrage ».**

   Dans la Figure 6.3, nous avons conservé son nom prédéfini, Macintosh HD.

FIGURE 6.3 Le dossier Ordinateur de mon Mac.

Rebaptisez le vôtre si le cœur vous en dit. Pour cela, cliquez sur l'icône du disque afin de la sélectionner. Au bout de deux secondes, cliquez sur son nom pour le passer en surbrillance. Tapez le nouveau nom et validez avec la touche Entrée.

3. Examinez son contenu.

Il regroupe au départ quatre dossiers principaux (davantage si vous avez installé des outils de développement). Détaillons-les.

Le dossier Applications

Situé à la racine du disque de démarrage (celui sur lequel macOS est installé), ce dossier est également accessible par l'icône Applications de la barre latérale, par le menu Aller ou encore à l'aide de la combinaison de touches ⌘ + Majuscule + A. Il regroupe les programmes livrés avec Mojave et ceux que vous y ajouterez. Tous les utilisateurs d'un même poste ont accès à ces programmes, à l'exception des comptes sur lesquels pèse un contrôle parental étudié au Chapitre 16.

Le dossier Bibliothèque

Il s'agit là d'une bibliothèque publique dans le sens où y sont stockés les éléments que tous les utilisateurs du Mac peuvent exploiter. Vous trouverez deux dossiers Bibliothèque sur votre disque dur : celui-ci, à la racine de l'arborescence du disque dur, et un autre stocké dans le dossier Départ.

En réalité, votre disque dur comporte au moins quatre bibliothèques : une qui se trouve à la racine de votre disque macOS, une stockée dans le dossier Système de la racine aussi, un troisième dans le dossier Utilisateurs et un quatrième dans votre dossier Départ.

Ne touchez au dossier /Système/Bibliothèque sous aucun prétexte. Évitez absolument de le déplacer, de le supprimer ou de le renommer. C'est le centre nerveux de votre Mac. Prudence !

Le dossier Bibliothèque du disque dur regroupe un grand nombre de dossiers. Certains abritent des fichiers que vous n'aurez jamais à manipuler. Il s'agit, pour la plupart, de fichiers de préférences.

Le seul dossier auquel vous aurez à faire est le dossier Fonts, qui réunit toutes les polices installées sur votre Macintosh. Son contenu est accessible :

- **À tous les utilisateurs du Mac :** si plusieurs utilisateurs ont été définis, les polices communes sont stockées à cet endroit.
- **À un utilisateur en particulier :** les polices réservées à tel ou tel utilisateur sont réunies, elles, dans le sous-sous-dossier Fonts du sous-dossier Bibliothèque propre à cet utilisateur.

Sachez que c'est au sein du dossier Bibliothèque situé en racine de votre disque système que sont stockés les fichiers de configuration et de préférences partagés par tous les utilisateurs de la machine.

Un bon conseil : en dehors de ces sous-dossiers auxquels vous serez peut-être amené à ajouter des éléments et en dehors de la gestion de vos polices de caractères *via* le sous-dossier Fonts, ne touchez pas à ce dossier Bibliothèque publique. Ne déplacez, supprimez, renommez aucun de ses fichiers ni dossiers. macOS a besoin des éléments qui s'y trouvent et n'aimerait pas du tout que vous interveniez. Dans le même ordre d'esprit, évitez de déplacer, rebaptiser ou supprimer les applications que Mojave a lui-même installées dans le dossier Applications.

En général, d'ailleurs, ce n'est pas vous, mais les applications qui ajoutent ou suppriment des éléments aux sous-dossiers de ce dossier Bibliothèque. Vous n'avez donc aucune raison d'aller traîner par là : moins vous y toucherez, mieux cela vaudra.

Si votre Mac est configuré multiutilisateur, seuls les utilisateurs disposant de droits d'administrateur (admin) peuvent ajouter des éléments à ce dossier Bibliothèque publique (Chapitre 16).

Le dossier Système

C'est là que sont réunis tous les fichiers dont le Mac a besoin pour démarrer et fonctionner.

Sous aucun prétexte, ne modifiez ni le nom, ni le contenu, ni l'emplacement de ce dossier. Vous vous en mordriez les doigts !

Le dossier Utilisateurs

Ce dossier regroupe autant de sous-dossiers que le Mac compte d'utilisateurs, auxquels s'ajoute un dossier Partagé.

Les fichiers placés dans ce dossier Partagé sont accessibles à tous les utilisateurs du Mac.

Rares sont les macintoshiens qui partagent leur Mac. En effet, beaucoup de machines ne sont utilisées que par une seule personne. Vous vous demandez sans doute pourquoi, dans ces conditions, nous parlons systématiquement d'utilisateurs multiples et de partage ? La raison en est que macOS est basé sur le système d'exploitation UNIX, qui est multiutilisateur par essence puisque destiné aux serveurs et aux gros systèmes.

Le dossier Départ

Plongez du dossier Utilisateurs vers votre dossier Départ (qui porte le nom que vous avez indiqué lors de l'installation de Mojave ou de celui d'une version antérieure d'OS X si vous procédez à une mise à jour) afin d'en découvrir le contenu. Dès qu'un utilisateur ouvre une séance de travail, son dossier Départ s'affiche dans toutes les barres latérales, à chaque invocation de la commande Aller/Départ ainsi qu'à chaque activation de la séquence ⌘ + Majuscule + H.

En tant qu'utilisateur, ce dossier Départ est le plus important. Stockez, dans ses sous-dossiers et – par préférence – dans le sous-dossier Documents, tous les fichiers que vous créez ou manipulez. L'avantage de ce sous-dossier Documents est qu'il bénéficie d'un accès direct et que la plupart des programmes le proposent comme dossier prédéfini lorsque vous cherchez à ouvrir ou à enregistrer un document.

Quand vous ouvrez votre dossier Départ, une fenêtre Finder s'affiche dont la barre de titre contient votre nom d'utilisateur abrégé (tel que défini au moment de la configuration du compte lors de l'installation de Mojave). Il peut s'agir de votre nom, de vos nom et prénom, de votre surnom, de vos initiales... La Figure 6.4 montre un dossier Départ (portant mon nom).

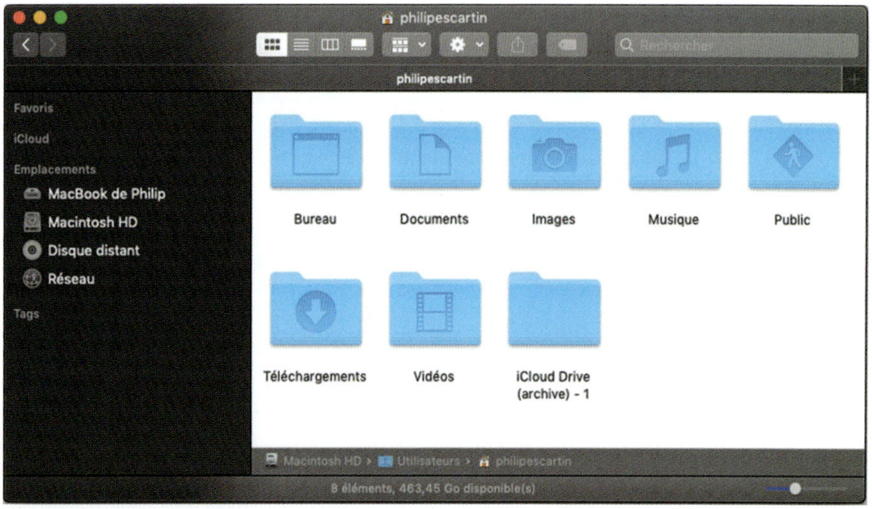

FIGURE 6.4
Mon dossier Départ.

La fenêtre propose plusieurs dossiers Départ si plusieurs utilisateurs ont été définis. Le Mac vous permet de visualiser le contenu de ces dossiers, mais vous empêche d'en ouvrir ou d'y enregistrer des fichiers. Chacun chez soi, donc.

Ouvrez donc votre dossier Départ et constatez d'emblée que macOS y a prévu, à votre intention, plusieurs sous-dossiers. Détaillons les principaux :

- **Public :** si vous partagez votre Mac, vous n'avez pas accès aux dossiers des autres utilisateurs. En revanche, vous pouvez partager des fichiers avec eux si vous les stockez dans ce dossier (nous en reparlerons au Chapitre 16).
- **Images, Musique, Vidéos et Téléchargements :** ces dossiers stockent par défaut et respectivement vos images, vos musiques préférées, et vos vidéos.

N'hésitez pas à créer d'autres dossiers, autant, en fait, que votre organisation personnelle l'exige. Mais pensez à tout stocker dans ce fameux dossier Documents dont il a déjà été question à plusieurs reprises. Nous détaillons plus loin les techniques de création et d'organisation des dossiers et sous-dossiers.

Terminons cette section par quelques considérations supplémentaires relatives, toujours, à ce dossier Départ :

» Si vous souhaitez qu'un élément qui figurait sur le Bureau n'y figure plus, vous pouvez vous en débarrasser en faisant glisser son icône soit depuis le dossier Bureau vers la Corbeille, soit directement du Bureau vers la Corbeille. Dans un cas comme dans l'autre, l'élément y séjourne jusqu'à ce que vous la vidiez. Ou, si vous désirez que l'élément ne figure plus sur le Bureau sans pour autant vous en défaire, faites-le glisser vers le dossier de votre choix.

» Les dossiers Images, Musique, et Vidéos sont vides. En revanche, le dossier Téléchargements peut être vide, ou bien comporter un document qui en explique l'utilité et le fonctionnement. Lisez ces infos, puis débarrassez-vous du fichier si vous le souhaitez.

Le sous-dossier Bibliothèque

C'est dans ce sous-dossier invisible de votre dossier Départ que sont réunis tous les fichiers dont le Mac se sert pour personnaliser votre environnement. Même si nous vous conseillons de ne pas intervenir sur son contenu, nous vous engageons malgré tout à le découvrir.

Attention : regardez mais *sans toucher* ! macOS est très pointilleux sur l'organisation des dossiers et des fichiers. Comme expliqué plus haut dans ce chapitre, vous pouvez ajouter et retirer des éléments en toute sécurité des dossiers Public et Bibliothèque utilisateur. En revanche, ne modifiez pas à ces dossiers. Dans le cas contraire, Mojave risque de ne plus fonctionner correctement.

Pour atteindre ce dossier :

1. **Cliquez sur le menu Aller.**
2. **Maintenez la touche Option (Alt) enfoncée.**

   Le dossier Bibliothèque, normalement invisible, apparaît dans le menu Aller dès lors que vous appuyez préalablement sur cette touche Option, comme le montre la Figure 6.5.

FIGURE 6.5 Le menu Aller standard à gauche ; quand la touche Option (Alt) est enfoncée à droite.

3. **Choisissez Bibliothèque ; relâchez le bouton de la souris et la touche Option (Alt).**

Vous verrez peut-être plusieurs dossiers dans le dossier Départ/Bibliothèque. Leur nombre dépend des programmes que vous avez installés sur votre Mac. Vous y trouverez sans doute aussi les dossiers Mail, Safari, Logs et Préférences.

Les principaux sous-dossiers sont :

- **Application Support :** certains programmes stockent leurs fichiers ici, tandis que d'autres les stockent dans le dossier Bibliothèque.
- **Fonts :** ce dossier est vide tant que vous n'y installez pas des polices. Celles qui sont livrées avec macOS ne sont pas entreposées ici, mais dans le dossier Bibliothèque publique. Pour installer des polices de caractères auxquelles vous seul aurez accès, placez-les dans ce sous-dossier Fonts de votre propre dossier Départ.

  La méthode la plus simple pour installer une police consiste à double-cliquer sur son icône et à laisser Mojave prendre en charge l'utilitaire Livre des polices décrit au Chapitre 14. Voici comment installer manuellement une police de caractères :

- *Pour installer une police que vous seul désirez utiliser :* glissez l'icône du fichier de la police dans le dossier Fonts de votre Départ/Bibliothèque. La police n'est disponible que sur votre compte d'utilisateur.
- *Pour installer une police pour tous les utilisateurs de ce Mac :* glissez l'icône du fichier de la police dans le dossier Fonts du dossier Bibliothèque publique. Il se situe en racine de votre disque dur.

» **Preferences :** regroupe les fichiers de préférences grâce auxquels vous personnalisez votre environnement. En effet, chaque fois que vous modifiez une préférence du système ou d'une application, c'est ici que ces changements sont stockés.

Ne touchez pas à ce sous-dossier ! D'une manière générale, ne touchez à aucun des sous-dossiers du dossier Départ à moins d'avoir une bonne raison de le faire.

Apple a d'excellentes raisons de cacher le dossier Départ/Bibliothèque de Mojave. La principale est de vous empêcher d'y apporter accidentellement des modifications.

Pour survivre dans le désert : enregistrez !

L'enregistrement est la base de tout comportement informatique avisé. En effet, vous pouvez créer autant de documents que vous le souhaitez, tous vos efforts seront vains si vous ne les enregistrez pas, sous la forme de fichiers, sur votre disque dur ou un support amovible.

Lorsque vous enregistrez un fichier, vous en stockez une copie sur un disque (qu'il soit monté sur votre Bureau, accessible *via* réseau ou qu'il s'agisse d'une unité amovible, comme une clé USB ou un disque dur externe).

La fonction Rouvrir de Mojave réactive automatiquement toutes les fenêtres qui étaient ouvertes au moment où vous avez quitté le programme. Cerise sur le gâteau : cette nouvelle fonction Rouvrir semble compatible avec la majorité des applications tierce partie.

Pour sa part, la fonction Auto Save enregistre automatiquement votre travail dès que vous faites une pause ou toutes les 5 minutes si vous ne vous arrêtez pas quelques instants.

Le problème des bonnes nouvelles est qu'elles sont souvent suivies de mauvaises... toutes les applications tierces n'utilisent pas Auto Save et Versions. Bien souvent, une mise à jour de ces programmes est nécessaire. Par conséquent, ne vous fiez à ces deux fonctions qu'une fois réalisée la mise à jour de tous vos programmes.

Dans les sections suivantes, vous apprendrez à sauvegarder votre travail. Prenez l'habitude d'enregistrer :

- toutes les *x* minutes ;
- avant de basculer vers un autre programme que le programme actif ;
- avant d'imprimer un document ;
- avant de quitter votre poste de travail, même pour un instant.

L'équivalent clavier pratiquement universel de la commande Enregistrer est ⌘ + S. Mémorisez-le. Venez-en à l'utiliser presque inconsciemment.

Si vous n'enregistrez pas votre travail et que votre programme plante, vous aurez tout perdu ! Nous savons – hélas ! – qu'expérience d'autrui n'instruit pas. Nous insistons malgré tout ; c'est notre rôle.

Agir dans la fenêtre d'enregistrement

Apprenez, dans cette section, à procéder au premier enregistrement d'un document. La procédure reste la même, que votre application soit ou non compatible avec les fonctions Auto Save et Versions.

Sachez que la procédure d'enregistrement est bien souvent la même, quel que soit le programme, TextEdit, Microsoft Word, Adobe Photoshop, Apple Keynote...

Pour nous suivre pas à pas (comme nous venons de vous encourager à le faire), commencez donc par lancer TextEdit (vous le trouverez dans votre dossier Applications). Dans la boîte de dialogue qui apparaît, cliquez sur le bouton Nouveau document en bas à gauche. Vous créez ainsi un document qui porte le nom « Sans titre ». Tapez quelques mots dans ce document vierge.

Vous voilà dans la même situation que nous ; vous allez pouvoir nous suivre pas à pas.

Quand vous enregistrez un fichier pour la première fois (*via* la commande Fichier/Enregistrer ou son raccourci ⌘ + S), une fenêtre d'enregistrement semblable à celle de la Figure 6.6 s'affiche.

FIGURE 6.6 Une fenêtre d'enregistrement typique.

Pour mener à bien une procédure d'enregistrement :

1. **Dans le champ Enregistrer sous, donnez le nom de votre choix à ce nouveau fichier texte.**

   Lorsque la fenêtre d'enregistrement s'affiche, le nom Sans titre par défaut est sélectionné afin d'être immédiatement remplacé par le nom de votre choix.

2. **Voyez si le menu local Où propose l'endroit qui vous intéresse. Si oui, passez à l'Étape 5. Sinon, cliquez sur le triangle de développement situé à droite du champ Enregistrer sous (voir la Figure 6.6).**

   En effet, vous pouvez sélectionner, dans ce menu local Où, n'importe quel emplacement (volume ou dossier) répertorié dans la barre latérale de toutes les fenêtres Finder. Mais il vous faudra cliquer sur le petit triangle noir à droite de la case Enregistrer sous pour pouvoir naviguer jusqu'aux dossiers proprement dits, comme vous le feriez au niveau du Finder, c'est-à-dire en ouvrant ces dossiers pour en visualiser le contenu.

Donc, dans une fenêtre d'enregistrement classique, le menu local Où agit comme un raccourci vers les éléments de la barre latérale. Il propose un ou plusieurs endroits vers lesquels vous êtes susceptible d'effectuer la sauvegarde (Documents, Départ, Macintosh HD...), comme à la Figure 6.7.

Lorsque vous développez le contenu de la boîte de dialogue Enregistrer sous par un clic sur le triangle situé à droite du nom du document, vous pouvez alors utiliser la barre latérale pour choisir le disque de destination. Choisissez ensuite le dossier dans la partie centrale de la boîte de dialogue.

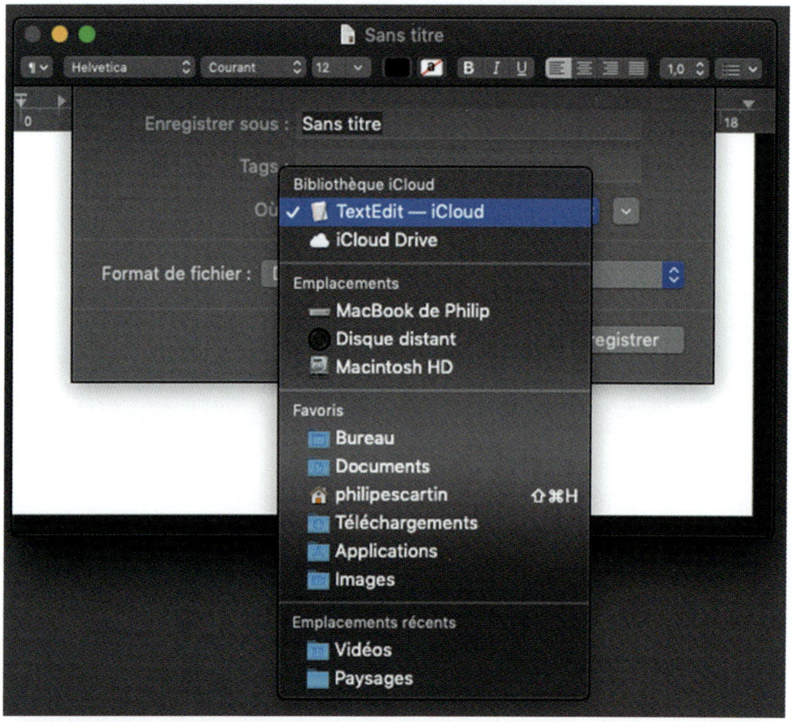

FIGURE 6.7
Le menu local Où.

Si vous disposez d'un compte iCloud Drive, il est fort possible que Mojave ne propose, dans l'emplacement de stockage, que ce stockage distant. Il vous faudra alors utiliser la barre latérale pour choisir un emplacement local, c'est-à-dire directement sur votre ordinateur

Si votre destination n'y figure pas, développez la fenêtre. Le menu local Où retrace alors le chemin du dossier sélectionné dans la partie centrale de la fenêtre (Figure 6.7)

Basculez du mode standard au mode étendu en cliquant sur le petit triangle de développement. Vous verrez la différence qui existe entre les deux versions du menu Où.

3. **Commencez par sélectionner la présentation qui vous intéresse grâce aux boutons correspondants de la barre d'outils : par icônes, par liste, par colonnes ou par galerie. (Ces boutons sont identiques à leurs correspondants Finder.)**

   Exploitez si nécessaire les boutons Précédent et Suivant : ils vous aident, comme toujours, à naviguer sur vos disques. Ils fonctionnent exactement comme leurs homologues du Finder (Chapitre 5). N'hésitez pas à agrandir la fenêtre pour mieux en visualiser le contenu. Pour ce faire, cliquez-glissez sur sa case de redimensionnement, logée dans le coin inférieur droit.

   Si vous ne parvenez pas à localiser le dossier qui vous intéresse, tapez son nom dans le champ Rechercher, qui fonctionne exactement comme son homologue des fenêtres Finder (Chapitre 5). Inutile de valider vos actions *via* la touche Retour ou Entrée : la fenêtre d'enregistrement se met à jour toute seule, ne montrant que les éléments correspondant aux caractères que vous avez tapés.

   Lorsque vous développez la boîte de dialogue Enregistrer sous, le menu local Où ne s'affiche plus sous ce nom. Vous l'identifiez par le dossier de stockage dont il affiche le nom. Dans cette configuration, le menu local Où ne contient que les dossiers dans lesquels vous enregistrez régulièrement vos documents TextEdit. Pour choisir un autre emplacement, recourez à la barre latérale.

4. **Sélectionnez le dossier cible.**

5. **Si vous souhaitez créer un nouveau sous-dossier, cliquez sur le bouton Nouveau dossier (dans le bas de la fenêtre), donnez-lui un nom, et cliquez sur le bouton Créer.**

   Le bouton Nouveau dossier n'est visible que si vous affichez la boîte de dialogue Enregistrer sous en mode étendu comme expliqué un peu plus haut dans cette procédure.

   Dans l'exemple de la Figure 6.8, nous avons sélectionné le dossier Divers. Vous savez qu'il est sélectionné car son nom apparaît en surbrillance.

   C'est dans le dossier ou sous-dossier sélectionné que le fichier en cours d'enregistrement sera archivé.

   L'équivalent clavier ⌘ + Majuscule + N sert à créer un nouveau dossier, que vous l'invoquiez au niveau du Finder ou depuis une fenêtre d'enregistrement. Ainsi, si nous avions Ventes, il nous aurait suffi d'enfoncer ces touches ou

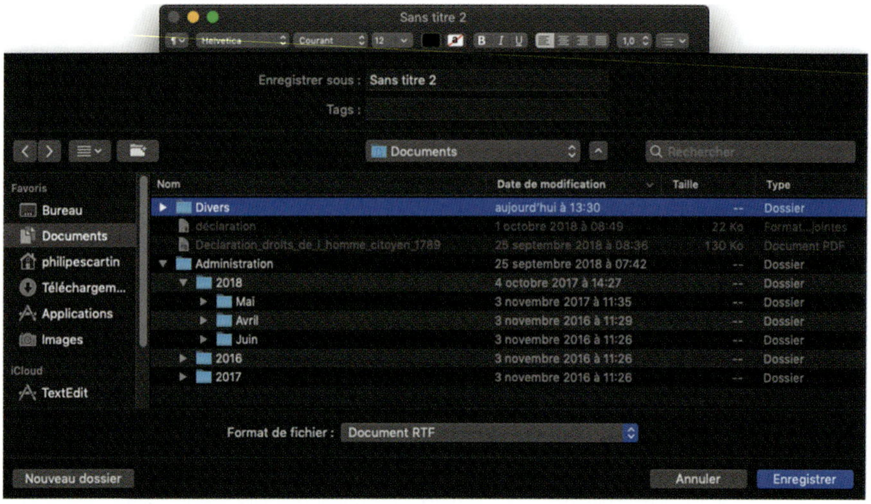

FIGURE 6.8 La sauvegarde s'effectuera dans le dossier Divers.

de cliquer sur le bouton correspondant, intitulé – c'est logique – Nouveau dossier.

6. **Déroulez le menu local Format de fichier et sélectionnez le format souhaité.**

7. **Jetez un dernier coup d'œil au menu Où pour vous assurer que vous enregistrez bien le fichier au bon endroit, puis cliquez sur Enregistrer.**

   Le fichier est sauvegardé à l'endroit désigné. Si vous préférez reporter l'opération, cliquez sur Annuler.

Après avoir effectué un premier enregistrement, cliquer sur Fichier/Enregistrer, Fichier/Enregistrer une version ou appuyer sur ⌘ + S n'ouvre aucune boîte de dialogue. Ce qui arrive ensuite dépend de la compatibilité ou non des applications avec les fonctions Auto Save et Versions. Si l'application est incompatible, la commande est alors appelée Enregistrer. Elle sauvegarde le nouveau document au même emplacement et avec le même nom. Pour enregistrer une version unique, exécutez la commande Enregistrer sous et sauvegardez votre fichier sous un nouveau nom. Si le programme prend en charge Auto Save et Versions, lisez la prochaine section pour en comprendre le fonctionnement.

Vous souhaitez enregistrer ce document TextEdit sous un autre nom, mais sans le dupliquer préalablement. Dans ce cas, ouvrez le menu Fichier et appuyez sur la touche Alt (Option) de votre clavier. Vous constatez, comme sur la Figure 6.9 que la commande Dupliquer se transforme en Enregistrer sous.

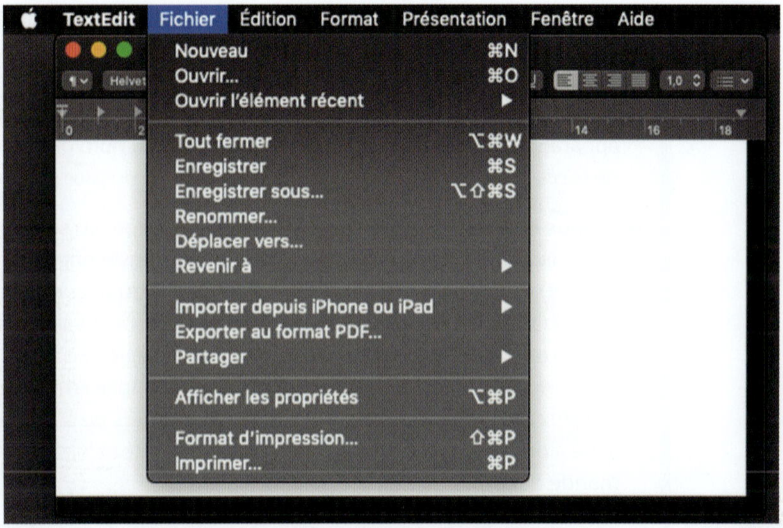

FIGURE 6.9 La touche Option permet d'activer une commande Enregistrer sous.

Lorsque vous utilisez des applications incompatibles avec les fonctions Auto Save et Versions, prenez l'habitude d'appuyer régulièrement sur ⌘ + S. Vous êtes alors certain de disposer d'une version de votre travail contenant les dernières modifications que vous lui avez apportées.

Les fenêtres d'enregistrement représentées dans cette section proviennent de TextEdit. Il se peut que celles d'autres programmes proposent quelques options supplémentaires. Ne vous inquiétez pas : la fenêtre fonctionne toujours, pour l'essentiel, de la même manière, quelles que soient ses options annexes.

Enregistrer sous et Dupliquer : même combat

Les commandes Fichier/Dupliquer et Fichier/Enregistrer sous produisent un effet identique. La seule différence tient au fait que la commande Dupliquer identifie des applications qui sont compatibles avec Auto Save et Versions. En revanche, l'objectif poursuivi est le même : enregistrer un fichier existant sous un autre nom.

Imaginons que vous ayez établi votre budget du mois de mars (nommé Mars) et l'ayez stocké dans un dossier (nommé Trimestre 1). Vous souhaitez partir de ce budget pour établir celui du mois suivant. Vous l'enregistrez donc sous le nom Avril et le stockez dans un dossier nommé, lui, Trimestre 2. Vous n'avez plus qu'à remplacer les valeurs de mars par celles d'avril ! Que vous utilisiez Fichier/Enregistrer sous ou Fichier/Dupliquer le résultat sera le même : la création d'un nouveau fichier.

- **Si vous exécutez Enregistrer sous :** la boîte de dialogue Enregistrer sous apparaît. Assignez à votre document un nouveau nom de fichier et profitez de l'occasion pour le sauvegarder dans un autre dossier si nécessaire.
- **Si vous choisissez Dupliquer :** la barre de titre met en surbrillance le nom du fichier dans une fenêtre dupliquée (ou un nouvel onglet si l'appli le permet). Le nom du fichier est identique à celui du document dupliqué mais porte la mention « copie ». Tapez un nouveau nom et validez-le en appuyant sur Retour. Le document dupliqué est alors enregistré dans le même dossier que l'original. Pour enregistrer, dans un autre emplacement, le fichier nouvellement renommé, cliquez sur Fichier/Déplacer vers ou sur le petit triangle situé à droite du nom du document. Vous exécutez alors cette même commande dans le menu local qui apparaît.

  La commande Déplacer vers est absente du menu Fichier du Finder. Elle est présente dans celui de la majorité des programmes tournant sous macOS.

Maintenant que vous connaissez les commandes Enregistrer sous et Dupliquer, voici une autre technique qui permet de créer une copie conforme de votre fichier. Avant de commencer à modifier votre document, ouvrez le Finder et dupliquez son fichier. Pour cela, sélectionnez son icône et cliquez sur Fichier/Dupliquer ou appuyez sur ⌘ + D. Renommez la copie ainsi obtenue et ouvrez-la dans le programme avec lequel vous avez créé le document original. Modifiez son contenu et exécutez simplement la commande Enregistrer (⌘ + S).

Si vous souhaitez enregistrer sous un autre nom au lieu de dupliquer le document, ouvrez le menu Fichier et maintenez la touche Option (Alt) enfoncée. La commande Dupliquer, comme expliqué plus haut dans ce chapitre, se transforme en Enregistrer sous.

Versions permet d'exécuter la commande Enregistrer sous sans aucune action de votre part. Toutefois, seuls quelques programmes sont, à l'heure actuelle, compatibles avec ces fonctions Auto Save et Versions. Espérons que, dans quelque temps, vous pourrez probablement utiliser cette technique d'Auto Save avec de nombreux programmes.

Dernière chose : si l'application que vous exécutez gère Versions, Mojave crée un instantané de votre travail chaque fois que vous faites une pause de 5 minutes et chaque fois que vous exécutez la commande Fichier/Enregistrer (⌘ + S). Choisissez

Fichier/Revenir à/Parcourir toutes les versions pour comparer les diverses versions du document qui s'affichent alors côte à côte.

C'est Time Machine qui gère cet affichage, l'utilitaire de sauvegarde intégré de Mojave. Le Chapitre 18 vous en apprend davantage à son sujet.

Ouvrir

Mojave vous propose pas moins de six techniques différentes pour ouvrir vos fichiers (sept même si on compte les alias – Chapitre 5).

Voyons tout cela en détail :

- Cliquez une fois sur l'icône à ouvrir, puis choisissez Fichier/Ouvrir.
- Cliquez deux fois sur l'icône à ouvrir.

  Si l'icône ne s'ouvre pas, c'est que vous avez laissé passer trop de temps entre le premier et le deuxième clic. macOS vous permet de régler la vitesse du double-clic *via* la fenêtre de la Préférence Système Souris.
- Cliquez une fois sur l'icône à ouvrir (c'est-à-dire sélectionnez-la), puis enfoncez les touches ⌘ + O ou ⌘ + Flèche vers le bas.
- Opérez un clic-droit sur l'icône, puis choisissez Ouvrir dans le menu contextuel.
- S'il s'agit d'un document, faites glisser son icône sur celle d'une application susceptible de l'ouvrir (dans son dossier ou dans le Dock).
- S'il s'agit d'un document, faites un clic-droit sur l'icône, puis déroulez le sous-menu Ouvrir avec du menu contextuel et désignez-y l'application de votre choix.

Vous pouvez toujours ouvrir un document depuis l'application qui l'a créé. Jugez plutôt :

1. **Lancez le programme en question, puis choisissez Fichier/Ouvrir ou enfoncez les touches ⌘ + O.**

   La fenêtre d'ouverture apparaît (Figure 6.10).

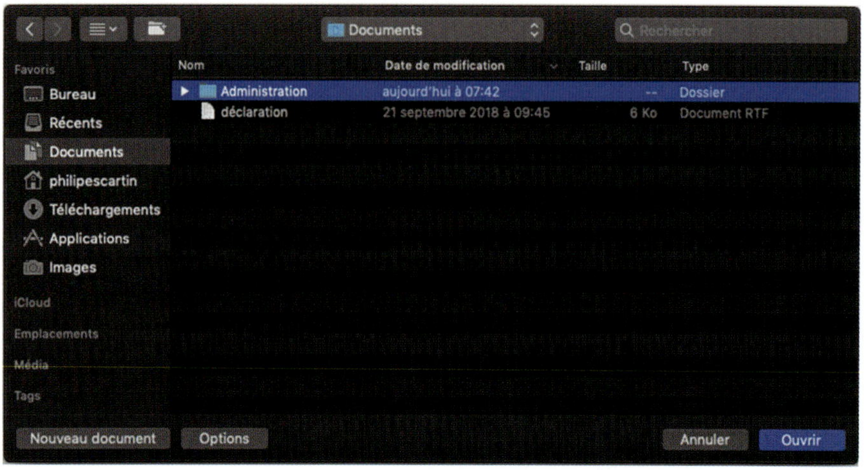

FIGURE 6.10 La boîte de dialogue Ouvrir vous est instantanément proposée.

Cette fenêtre ne permet d'ouvrir que les fichiers susceptibles d'être lus par le programme depuis lequel vous l'avez invoquée. En d'autres termes, elle élimine (généralement !) de la liste les fichiers que le programme courant n'est pas capable d'interpréter, évitant ainsi un engorgement inutile des listes de fichiers proposées à l'ouverture. Pratique, non ?

2. **Localisez le fichier à ouvrir (en recourant aux mêmes méthodes que celles que vous avez apprises dans la section précédente).**
3. **Sélectionnez ce fichier, puis cliquez sur Ouvrir.**

Dans certaines applications, il est possible de sélectionner plusieurs fichiers en une seule opération. Il suffit de maintenir la touche Majuscule enfoncée et de cliquer sur les fichiers correspondants s'ils sont contigus, ou la touche ⌘ s'ils ne le sont pas. Si cette possibilité vous intéresse, voyez si cela marche. Sinon, vous serez contraint de cliquer autant de fois que vous aurez de fichiers à ouvrir.

Certains programmes, comme Microsoft Word et Adobe Photoshop, proposent, dans leur fenêtre d'ouverture, un menu Afficher ou Format qui permet de définir la nature des fichiers à proposer dans la liste. Leur option Tous donne accès à tous les formats de fichier que ces programmes sont capables d'interpréter.

Glisser-déposer

La technique du glisser-déposer est intéressante à bien des égards.

Vous connaissez ? En général, vous l'utilisez pour déplacer des images et du texte d'un endroit d'un document vers un autre. Mais elle peut aussi servir à ouvrir des fichiers.

Faites donc glisser l'icône d'un document sur celle de l'application qui l'a créé, et le voilà qui s'ouvre ! Imaginons que vous ayez créé un document à l'aide de Microsoft Word : pour lancer cette application, il vous suffit alors de glisser-déposer l'icône de ce document sur celle de l'application. Word démarre et ouvre le document. Vous me direz que le double-clic fait aussi bien l'affaire puisqu'un double-clic sur une icône de document lance le programme source. Enfin, il le lance… la plupart du temps. Ce qui me fait penser que…

Choisir l'application

Il nous arrive assez souvent de recevoir des fichiers qui ont été créés avec des applications que nous n'utilisons pas… ou, en tout cas, que nous n'utilisons pas avec ce type de documents. Heureusement, macOS a tout prévu : il vous permet en effet de choisir l'application qui, désormais, ouvrira le fichier lorsque vous double-cliquerez sur son icône. Mieux encore : il vous autorise à faire en sorte que tous les documents du même type soient traités de la même manière.

Tout se passe dans la fenêtre Informations.

Attribuer un type de fichier à une application

Imaginons que vous souhaitiez que tous vos fichiers textes .txt créés avec TextEdit s'ouvrent désormais dans Pages. Voici comment vous faire entendre :

1. **Sélectionnez un de ces fichiers au niveau du Finder.**
2. **Choisissez Fichier/Lire les informations (⌘ + I).**

   Vous pouvez également faire un clic-droit sur l'icône du fichier et, dans le menu contextuel qui apparaît, choisir Lire les informations.

3. **Dans la fenêtre d'infos, développez la section Ouvrir avec.**
4. **Choisissez, dans ce menu local, le programme qui, désormais, devra prendre en charge l'ouverture du document (Figure 6.11).**
5. **(Facultatif) Cliquez sur Tout modifier pour que tous les fichiers de ce type s'ouvrent, à l'avenir, dans le programme que vous venez de désigner.**

Vous observez une alerte très utile qui apparaît quand vous cliquez sur le bouton Tout modifier. Elle explique ce qui se passera à l'avenir si vous validez votre action *via* le bouton Continuer.

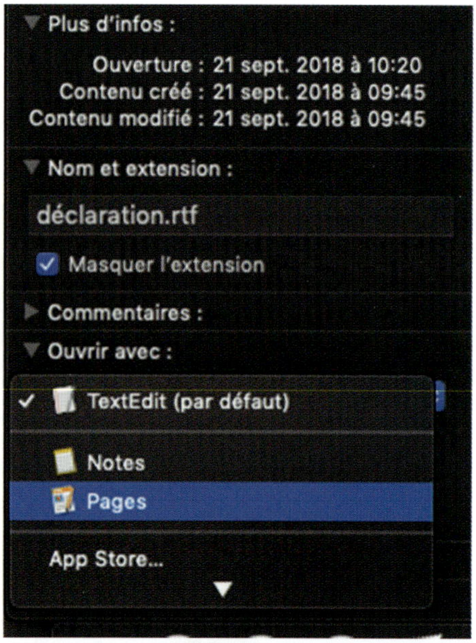

FIGURE 6.11
Ouvrir désormais les .rtf avec Pages.

Ouvrir un fichier avec un programme autre que celui par défaut

Si vous souhaitez ouvrir un document dans une application autre que celle destinée par défaut, voici une façon simple de parvenir à vos fins : faites tout simplement glisser l'icône du fichier sur celle de l'application, de son alias ou de son représentant du Dock et le tour est joué !

Expliquons-nous : si vous double-cliquez sur un fichier MP3, celui-ci provoque spontanément le lancement d'iTunes. Mais si, pour une raison qui n'appartient qu'à vous, vous préférez écouter ce morceau depuis QuickTime Player, faites glisser son icône sur celle de cet utilitaire (dans le dossier Applications ou dans le Dock) ; le Mac obtempère !

Attention : si l'icône n'apparaît pas contrastée et que vous relâchez malgré tout le bouton de votre souris, le document échoue dans le même dossier que l'application qui n'a pas été mise en surbrillance. Que s'est-il passé ? Comme le Mac est incapable d'ouvrir le document avec le programme que vous lui désignez, il en déduit que vous voulez déplacer le document vers le même dossier que ce programme. Si cela vous arrive, choisissez Édition/Annuler (⌘ + Z) ; le document égaré retourne gentiment à sa place. Cela ne fonctionne, bien sûr, que si vous invoquez la commande d'annulation juste après le glisser-déposer. Évitez toute autre action intempestive entre le glissement et son annulation, faute de quoi l'annulation sera impossible.

Le monde est malgré tout bien fait : seules les applications susceptibles d'ouvrir un fichier se mettent en surbrillance lorsque vous manifestez l'intention d'y déposer une icône de document.

Dernière chose : si tout ce que vous voulez faire, c'est ouvrir un fichier avec une autre app que celle prédéfinie (sans modifier aucunement les comportements futurs), vous pouvez, certes, exploiter les techniques que nous venons de décrire, mais il y a plus simple : faites un clic-droit sur l'icône, puis choisissez l'app qui vous convient dans la liste du sous-menu Ouvrir avec (Figure 6.12).

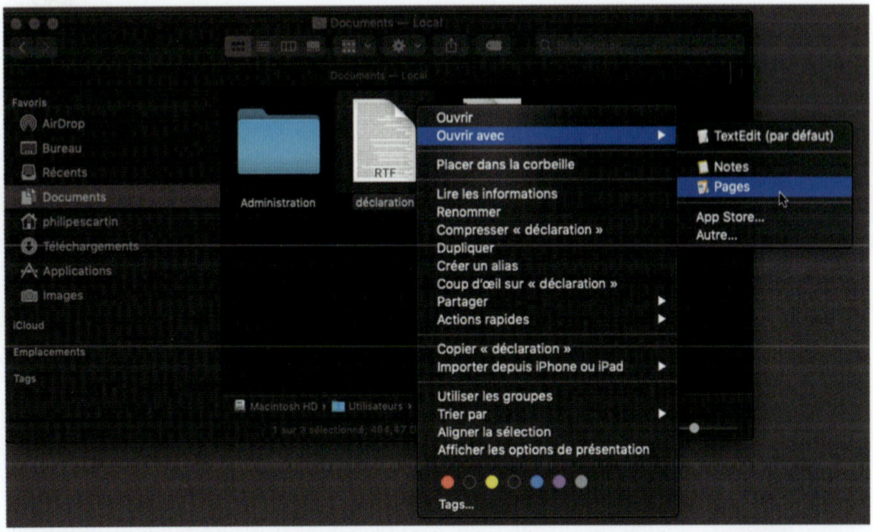

FIGURE 6.12 Changement ponctuel.

Autre moyen de changer l'application par défaut appelée à prendre en charge l'ouverture du document : commencez par opérer un clic-droit sur l'icône du document puis, quand le menu contextuel est développé, enfoncez la touche Option (Alt). Aussitôt, la commande Ouvrir avec devient Toujours ouvrir avec ; il ne reste plus qu'à sélectionner, dans la liste, le programme de votre choix. Impossible, toutefois, de décider ici de modifier l'app par défaut pour tous les fichiers du même type ; pour opérer ce réglage, vous devrez impérativement transiter par la fenêtre d'informations.

Faire du rangement

Nous n'avons pas la prétention de vous expliquer comment ranger votre Mac. En effet, l'organisation des fichiers est une tâche personnelle que vous développez au fur et à mesure que votre expérience informatique grandit. Toutefois, maintenant que vous savez ouvrir et enregistrer des documents, les sections suivantes vous donnent des idées quant à l'organisation de vos données, le but étant de faciliter votre travail quotidien.

Les sections qui suivent font la différence entre un fichier et un dossier. Elles expliquent comment imbriquer des dossiers les uns dans les autres et en expliquent quelques fonctions spéciales.

Pour encore mieux ranger votre Bureau, la nouvelle fonctionnalité Piles de Mojave permet d'organiser automatiquement vos fichiers selon leur type, comme cela est expliqué plus loin dans ce chapitre.

Distinguer fichier et dossier

Par fichier, entendez toute icône qui n'est ni celle d'un disque, ni celle d'un dossier. Il peut s'agir d'un document, d'une application, de l'alias d'un document ou d'une application, d'un dictionnaire, d'une police de caractères, *etc.*

Une icône de fichier est une représentation, pas un conteneur ; il est impossible d'y ranger quoi que ce soit.

L'exception à la règle est l'ensemble d'icônes qui représente les paquets de macOS. Un paquet est une icône qui se comporte comme un fichier sans en être un. C'est le cas de la plupart des installeurs de programmes et des applications, ainsi que des documents enregistrés par certains logiciels (comme ceux de Keynote ou de GarageBand, ou encore les fichiers TextEdit enregistrés en format .RTF). Quand vous ouvrez l'icône d'un paquet de la manière habituelle (par un double-clic, en choisissant Fichier/Ouvrir ou en enfonçant les touches ⌘ + O), le programme ou le document s'ouvre. Pour voir le contenu d'une icône de paquet, vous devez effectuer un clic-droit sur son icône et exécuter la commande Afficher le contenu du paquet du menu contextuel qui apparaît. Si cette option n'est pas proposée, l'icône n'est pas celle d'un paquet, mais d'un fichier.

Les *dossiers*, en revanche, peuvent accueillir toutes sortes d'éléments, des fichiers ou des sous-dossiers. Un sous-dossier étant un dossier stocké dans un dossier.

Une exception : si vous faites glisser une icône de disque dans un dossier, vous obtenez un alias de ce disque (à moins que vous n'ayez joint au mouvement l'action de la touche Option (Alt)). N'oubliez pas qu'il est *impossible de copier un disque sur lui-même*. En d'autres termes, vous ne pouvez pas copier une icône de disque dans un dossier qui se trouve sur ce disque. Le Chapitre 5 aborde les alias ; le Chapitre 8 traite des disques.

Les icônes des fichiers ressemblent à tout et n'importe quoi. Donc, si une icône ne ressemble pas à celle d'un dossier, d'un paquet ou d'un disque, vous êtes probablement en présence de l'icône d'un fichier.

Ranger vos affaires dans des sous-dossiers

Comme vous l'avez appris plus haut, vous pouvez introduire des dossiers dans des dossiers de manière à faciliter l'organisation de vos documents. Un dossier placé dans un autre s'appelle sous-dossier.

N'hésitez pas à créer autant de sous-dossiers que l'organisation de votre travail en impose. Vous pourriez imaginer, par exemple, de regrouper vos fichiers selon l'un ou l'autre des critères suivants :

- **par type de document :** « Documents traitement de texte », « Feuilles de calcul », « Fichiers graphiques ».
- **par date :** « Documents mai-juin », « Documents hiver 2013 ».
- **par contenu :** « Mémos », « Courriers », « Dépenses ».
- **par projet :** « Projet X », « Projet Y », « Projet Z ».

Par ailleurs, laissez évoluer cette structure au gré de vos besoins. Ainsi, au départ, quelques sous-dossiers feront sans doute l'affaire, mais il vous faudra, par la suite, repenser votre organisation et, c'est vraisemblable, ajouter des sous-dossiers pour structurer mieux un nombre grandissant de fichiers.

N'hésitez pas à constituer une structure à plusieurs niveaux : des dossiers contenant des sous-dossiers, contenant eux-mêmes des sous-dossiers, et ainsi de suite. En un mot : divisez pour mieux régner ! D'une manière générale, ne vous laissez pas envahir par les fichiers : créez et exploitez autant de sous-dossiers que nécessaire pour y voir clair et vous y retrouver facilement.

Il est préférable de regrouper vos fichiers dans votre dossier Documents (du dossier Départ). Faites démarrer l'arborescence depuis cet emplacement.

Si, parmi vos dossiers, il s'en trouve un que vous utilisez régulièrement, créez-en un alias que vous stockerez dans le Dock, dans votre dossier Départ ou sur votre Bureau, voire à ces trois endroits en même temps (les alias sont décrits au Chapitre 5). Pensez même à l'ajouter à votre barre latérale ; vous y aurez ainsi directement accès tout le temps, y compris depuis les fenêtres d'ouverture et d'enregistrement.

Créer des sous-dossiers

Vous pensez qu'Apple a déjà créé suffisamment de dossiers pour vous ? Vous n'imaginez pas avoir besoin de dossiers supplémentaires ? Pourtant, nous vous conseillons de créer un dossier pour chaque nouveau projet, exactement comme vous le feriez avec des chemises cartonnées ; vous leur collez une étiquette pour en identifier le contenu, ce qui vous permet de les réorganiser dans une armoire en fonction de leur priorité.

La technique de création de sous-dossiers est élémentaire :

1. **Activez la fenêtre dans laquelle vous désirez stocker le nouveau dossier.**

   Pour l'entreposer sur le Bureau, assurez-vous, au contraire, qu'aucune fenêtre n'est active.

   Pour activer une fenêtre, cliquez dedans ; pour activer le Bureau si des fenêtres sont ouvertes, cliquez dans son arrière-plan.

2. **Choisissez Fichier/Nouveau dossier ou enfoncez les touches ⌘ + Majuscule + N.**

   Un nouveau dossier apparaît ; il s'intitule provisoirement « dossier sans titre ». Ce nom est sélectionné, prêt à être modifié.

   Vous pouvez également faire un clic-droit dans un espace vide de la fenêtre du Finder. Dans le menu contextuel qui apparaît, choisissez Nouveau dossier.

3. **Tapez le nom que vous entendez donner à ce nouveau dossier.**

   Si, par inadvertance, vous cliquez ailleurs avant de taper, le nom n'est plus sélectionné. Pour le resélectionner, cliquez une fois sur son icône, puis enfoncez la touche Entrée ou Retour. Le revoilà sélectionné !

Essayez, dans la mesure du possible, de donner à vos dossiers des noms significatifs. Évitez les termes vagues, comme Divers ou Dessins. Soyez le plus précis possible.

Se familiariser avec l'ouverture automatique

Cette technique est simple : lorsque vous déplacez un élément (fichier ou dossier) vers un dossier et que vous patientez quelques secondes avec le bouton (gauche) de votre souris enfoncé le dossier cible s'ouvre et révèle son contenu. Immobilisez le pointeur sur un sous-dossier : il s'ouvre à son tour. Relâchez le bouton de la souris quand vous avez atteint votre cible : toutes les fenêtres ouvertes disparaissent, à l'exception de la dernière en date. Vous changez d'avis ? Éloignez votre pointeur et la fenêtre se referme !

Dans la pratique :

1. **Sélectionnez n'importe quelle icône à l'exception d'une icône de disque.**

   L'élément correspondant s'affiche en surbrillance, signifiant ainsi qu'il est sélectionné.

2. **Faites glisser vers une icône de disque ou de dossier tout en maintenant fermement enfoncé le bouton de votre souris.**

   Après une ou deux secondes, l'icône du disque ou du dossier ainsi désigné clignote deux fois, puis s'ouvre.

   Si vous êtes du genre impatient, enfoncez la barre d'espacement et le dossier s'ouvre immédiatement, sans même l'ombre d'un clignotement.

3. **Menez ensuite une des actions suivantes :**

   - Continuez, en procédant de la même manière, à descendre dans l'arborescence.
   - Relâchez le bouton de la souris pour déposer l'élément en cours de déplacement dans la fenêtre active. Celle-ci reste ouverte, mais toutes celles que vous avez traversées pour parvenir jusque-là se referment comme par enchantement. Ah ! Que c'est facile d'avoir de l'ordre !
   - Vous changez d'avis ? Vous ne voulez plus déplacer l'élément ? Pas de problème : éloignez le pointeur de l'icône du disque ou du dossier ou en dehors des limites de la fenêtre courante. Tout se referme. Rien ne se passe.

Ce principe d'ouverture automatique présente un avantage énorme : il vous dispense d'ouvrir des piles de dossiers et de sous-dossiers lorsque vous souhaitez archiver un élément à un niveau inférieur de votre arborescence. Dès que vous aurez commencé à l'exploiter, vous ne pourrez plus vous en passer.

Découvrir les dossiers intelligents

Les dossiers intelligents vous permettent de rechercher et d'organiser automatiquement des fichiers selon leur type ou leur objet. Vous pourriez ainsi imaginer de réunir dans un seul et même endroit toutes vos feuilles de calcul ou tous vos fichiers graphiques d'une taille supérieure à une taille spécifiée, ou encore de regrouper tous les fichiers relatifs à un projet spécifique.

Une fois constitués, ces dossiers intelligents sont constamment mis à jour de manière à vous suivre à la trace à mesure que vous ajoutez, modifiez ou supprimez des fichiers sur votre ordinateur. Les possibilités sont infinies. De plus, comme ces dossiers intelligents reposent sur un principe de type « alias », les fichiers proprement dits ne sont pas dédoublés ; ils n'existent qu'en un seul exemplaire, là où vous les avez archivés. Autrement dit, les dossiers intelligents ne créent pas des copies des fichiers de base pour les entreposer ailleurs : ils n'en créent que des alias, ce qui leur permet de laisser les originaux à leur place. Génial, non ?

De plus, comme Spotlight (dont il est question au Chapitre 7) est parfaitement intégré à macOS, les dossiers intelligents sont toujours à jour, même si vous ajoutez ou supprimez des fichiers.

Les dossiers intelligents sont si utiles qu'Apple a prévu plusieurs façons d'en créer :

1. **Créez votre dossier intelligent en cliquant sur Fichier/Nouveau dossier intelligent.**
2. **Ajoutez un ou plusieurs critères en cliquant sur le bouton + situé à droite du bouton Enregistrer (Figure 6.13).**

   Pour en supprimer un critère, cliquez sur le bouton –.
3. **Une fois que vous êtes satisfait et prêt à convertir votre critère en dossier intelligent, cliquez sur le bouton Enregistrer situé sous le champ Rechercher.**

   Une fenêtre d'enregistrement vous est alors proposée. Donnez un nom à votre dossier intelligent et affectez-lui un emplacement. L'option Ajouter à la barre latérale est explicite.
4. **Choisissez où vous désirez enregistrer votre dossier.**
5. **Une fois que vous avez fini d'éditer vos critères, cliquez sur le bouton Enregistrer.**

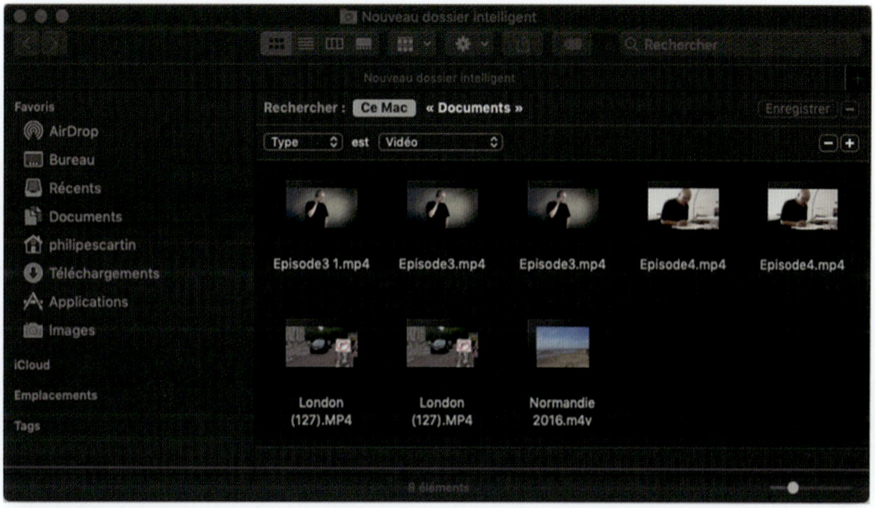

FIGURE 6.13 Un dossier intelligent pour fichier vidéo.

Après avoir créé le dossier intelligent, vous pouvez le placer où bon vous semble sur le disque dur et l'utiliser comme n'importe quel autre dossier.

Pour modifier ses critères de recherche, ouvrez-le, puis cliquez sur le bouton du menu Action de sa barre d'outils. Là, choisissez Afficher les critères de recherche, comme à la Figure 6.14.

FIGURE 6.14 Ouvrez un dossier intelligent dans le Finder, puis modifiez ses critères via cette commande du menu local Action.

Lorsque la modification du critère est terminée, cliquez sur le bouton Enregistrer pour sauvegarder ce dossier de nouveau. Si vous tentez de fermer un dossier intelligent que vous venez de modifier sans l'enregistrer préalablement, macOS vous invite à le faire et vous prévient qu'en cas de refus vos modifications seront perdues.

Les dossiers intelligents affichent un petit engrenage au centre de leur icône, une petite icône qui permet de les distinguer des dossiers standard.

Ranger le Bureau avec Piles

Les Piles représentent une nouvelle fonctionnalité dédiée au rangement efficace et automatique du Bureau. En effet, force est de constater que de nombreux utilisateurs ne sont guère organisés. Résultat, ils accumulent des fichiers et des dossiers sur leur Bureau à tel point qu'une poule n'y retrouverait pas ses petits.

Je connais bien des personnes qui passent de longues minutes à chercher un fichier, perdues qu'elles sont dans la masse d'icônes qui ont envahi leur Bureau. Et si par malheur l'icône du fichier convoité est cachée derrière celle d'un autre, alors là c'est panique à bord : « Mais qui a bien pu supprimer ce fichier ! » En réalité, personne, sauf que dans un capharnaüm comme celui de la Figure 6.15, comment voulez-vous retrouver facilement un document particulier ?

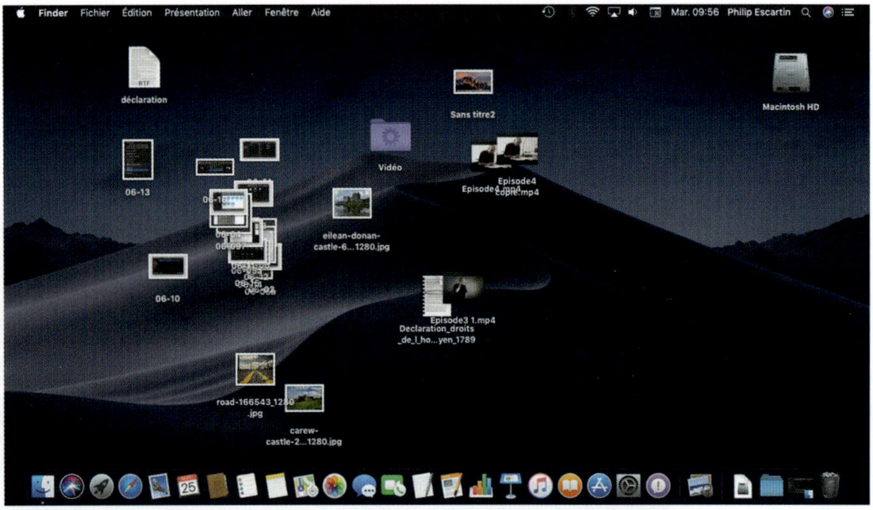

FIGURE 6.15
Quel bazar !

Voici la réponse d'Apple à cette question :

1. **Cliquez-droit sur un espace vide du Bureau.**
2. **Dans le menu contextuel qui apparaît, exécutez la commande Utiliser les piles, comme sur la Figure 6.16.**

FIGURE 6.16
Pour ranger rapidement votre Bureau.

Les fichiers sont tous regroupés dans des piles portant le nom du type de fichiers ainsi empilés, comme Images, Vidéos, Captures d'écran, *etc.*, comme le montre la Figure 6.17.

FIGURE 6.17
Des piles de fichiers organisent un Bureau digne de ce nom.

Tant que vous ne décocherez pas l'option Utiliser des piles, dès que vous placerez sur le Bureau un fichier entrant dans une des catégories de piles (Images par exemple), il sera automatiquement rangé dans cette pile.

3. **Pour accéder au contenu d'une pile, cliquez simplement dessus.**

   La pile s'ouvre, et vous pouvez alors double-cliquer sur un fichier pour l'ouvrir dans une application, ou pour le ranger dans un autre dossier hors du Bureau.

Seul inconvénient des piles : vous ne pouvez pas glisser-déposer un élément d'une pile sur le Bureau ! Il retourne automatiquement et instantanément dans sa pile. Donc, pour cela, vous devez préalablement cliquer-droit sur un espace vide du Bureau et décocher la commande Utiliser les piles dans le menu contextuel qui apparaît. Alors, le Bureau redevient le même capharnaüm qu'au moment où vous aviez invoqué cette commande.

Manipuler fichiers, dossiers et icônes

Une fois que vous aurez rangé toutes vos petites affaires, il vous faudra encore apprendre à les manipuler. Vous serez ainsi régulièrement amené à copier des fichiers et des dossiers, à en déplacer, à en renommer ou encore à en compresser si vous avez l'intention de les faire parvenir à des amis. Les sections suivantes vous expliquent comment faire.

Découvrir le Presse-papiers

Avant que vous ne commenciez à changer tout de place, laissez-nous vous présenter le *Presse-papiers*. Il s'agit là d'une mémoire temporaire dans laquelle est stocké le dernier élément que vous avez copié ou coupé. Il peut s'agir d'un texte, d'une image, d'une partie d'image, d'un objet dessiné dans un logiciel de dessin, d'une colonne de nombres issue d'un tableur, *etc.*

En général, le Presse-papiers fonctionne discrètement en tâche de fond, mais vous pouvez à tout moment en visualiser le contenu *via* la commande Afficher le presse-papiers du menu Édition. Une fenêtre en dévoile alors le contenu ; une mention dans le bas de la fenêtre précise la nature.

Attention ! Le Presse-papiers est une mémoire temporaire. Très temporaire. Cela signifie que son contenu n'est préservé que tant que vous n'invoquez pas de nouveau la commande Couper ou Copier, auquel cas la nouvelle sélection remplace l'ancienne selon le principe bien connu du clou qui chasse l'autre.

Le contenu du Presse-papiers est également perdu si l'application se bloque, si le système plante, si l'alimentation électrique se coupe.

Si les commandes du menu Édition sont grisées, c'est qu'elles ne peuvent être invoquées dans le contexte actuel. Ainsi, si vous n'avez rien sélectionné ou si votre sélection ne peut être coupée ni copiée, Couper et Coller sont grisés. Si le Presse-papiers est vide ou si le programme en service ne vous autorise pas à y introduire son contenu, c'est Copier qui est grisé.

Copier des fichiers et des dossiers

Le Presse-papiers vous permet de copier un élément, c'est-à-dire de laisser l'original en place tout en en archivant un exemplaire ailleurs.

Pour y parvenir, sélectionnez l'élément à copier (fichier ou dossier), choisissez Édition/Copier (⌘ + C), cliquez à l'endroit où l'icône doit atterrir, puis choisissez Édition/Coller (⌘ + V). Et le tour est joué !

Il existe d'autres moyens d'agir :

- **Enfoncez la touche Option (Alt)** et maintenez-la dans cette position tandis que vous faites glisser l'icône de l'élément à copier vers celle du dossier cible. Un gros signe + apparaît à la base du pointeur de la souris. Relâchez le bouton de votre souris quand l'icône cible apparaît contrastée. Et ça marche, que ce dossier soit ouvert ou non.

  Sans la touche Option (Alt), vous déplacez l'élément plutôt que de le copier (voyez à ce sujet la section suivante).

- **Enfoncez la touche Option (Alt) pendant le cliquer-glisser.** Activez la touche Option (Alt) et maintenez-la dans cet état tandis que vous faites glisser l'icône de l'élément source vers la fenêtre ouverte du dossier cible (ou vers un autre disque dur, ou encore vers une unité de stockage amovible, comme une clé USB).
- **Choisissez Fichier/Dupliquer (⌘ + D)** ou bien opérez un clic-droit ou un Ctrl + clic sur l'élément à copier, puis choisissez Dupliquer dans le menu

contextuel. Ce faisant, vous créez une copie de l'élément, que macOS signale aimablement en ajoutant la mention « - copie » au nom original.

Vous pouvez tout dupliquer, sauf les disques. Impossible, en effet, de dupliquer un disque sur lui-même. En revanche, vous pouvez copier tout son contenu vers un autre disque, à condition, bien sûr, que cet autre disque ait une capacité suffisante. Imaginons que vous possédiez deux disques, Disque 1 et Disque 2, et souhaitiez copier Disque 1 sur Disque 2 : sélectionnez l'icône Disque 1, enfoncez la touche Option (Alt) et faites glisser jusqu'à l'icône Disque 2 : le contenu de Disque 1 y est copié dans un dossier, baptisé... « Disque 1 » !

Vous pouvez couper le nom d'une icône, mais pas l'icône elle-même. L'icône ne peut être que copiée. Pour couper malgré tout une icône, sélectionnez-la et copiez-la dans le Presse-papiers. Ensuite, collez-la à un nouvel emplacement, puis déplacez l'icône originale jusqu'à la Corbeille.

Si vous vous posez la question de savoir si un jour vous aurez besoin de copier un fichier, la réponse est « oui » sans aucune hésitation. Imaginons que vous ayez stocké dans le dossier Anciennes correspondances un fichier intitulé « Longue lettre à ma mère ». Vous pensez que votre mère a oublié cette lettre et vous décidez de lui en envoyer une copie. Avant cela, vous désirez en modifier la date ainsi que la référence que vous y faites au chien Clarence, mort l'an passé. Pour cela, effectuez une copie de la lettre d'origine et apportez vos modifications à cette copie. Cette technique revient à utiliser la commande Enregistrer sous qui permet de faire une copie d'un document en cours de modification, comme cela est expliqué dans ce chapitre.

Après avoir copié un fichier, vous avez tout intérêt à modifier le nom de la copie afin qu'il ne soit pas identique à celui de l'original ; sinon, vous risquez de finir par ne plus savoir qui est quoi, même si les deux exemplaires sont stockés dans des dossiers différents. Car, rien ne s'oppose à ce que plusieurs fichiers stockés sur un même disque portent un nom identique, à condition qu'ils ne figurent pas dans le même dossier (même si, comme nous l'avons signalé plus haut, cette situation est à déconseiller).

De nombreux fichiers portant le même nom peuvent être stockés sur un même disque dur. En revanche, votre Mac interdira que des fichiers portant la même extension (comme .TXT, .JPG, .DOC) soient stockés dans le même dossier.

Coller des fichiers et des dossiers

Cliquez à l'endroit où le contenu du Presse-papiers doit être introduit, puis choisissez Coller dans le menu Édition (⌘ + V). À moins que vous ne préfériez réaliser une sélection avant d'invoquer la commande, auquel cas le contenu du Presse-papiers se substituera à cette sélection.

Coller ne vide pas le Presse-papiers ; son contenu, au contraire, est préservé dans les conditions énoncées ci-dessus. Vous pouvez donc coller le même élément à plusieurs reprises, à plusieurs endroits différents.

Presque tous les programmes proposent un menu Édition et utilisent le Presse-papiers de macOS. Cela signifie que vous pouvez couper ou copier n'importe quel contenu d'un document ouvert dans un programme dans un document ouvert dans un autre programme.

Déplacer des fichiers et des dossiers

Dans les fenêtres présentées en mode Par icônes, vous pouvez organiser les icônes comme bon vous semble. Certains utilisateurs passent des heures à organiser ainsi le contenu de leurs fenêtres ; personnellement, nous estimons que cette présentation n'est guère pratique, car les icônes sont encombrantes.

Il est impossible de déplacer les icônes en présentation par liste, par colonnes ou par galerie. C'est logique ! Sauf, bien entendu, pour les mettre ailleurs.

Voyons à présent comment vous devez vous y prendre pour déplacer un élément (application, dossier, document ou alias) vers un autre dossier. Plusieurs techniques sont envisageables :

- **Faire glisser l'icône de l'élément à déplacer sur celle du dossier ou du disque cible :** sélectionnez l'élément à déplacer, enfoncez et maintenez enfoncé le bouton de la souris, puis faites glisser vers l'icône du dossier cible ; relâchez le bouton de la souris quand cette icône apparaît contrastée (Figure 6.18).

  L'élément échoue dans le dossier ainsi désigné. Si cet élément est un dossier, il devient un sous-dossier du dossier cible.

- **Faire glisser l'icône de l'élément à déplacer dans la fenêtre ouverte du dossier ou du disque cible**.

Si vous faites glisser un élément d'un disque vers un autre, cet élément sera copié, pas déplacé. Pour le supprimer définitivement du disque source, enfoncez la touche ⌘ avant le cliquer-glisser. Pas mal, hein ?

Sélectionner plusieurs icônes

Il vous arrivera de vouloir déplacer plusieurs icônes vers un même emplacement. Plutôt que de traiter chacune d'elles individuellement, vous pouvez réaliser un tir groupé. Le principe est simple : il convient, au départ, de sélectionner toutes les icônes à déplacer avant de les faire glisser vers leur destination, *d'un seul mouvement.*

Pour sélectionner toutes les icônes d'un dossier particulier, il vous suffit de valider la commande Édition/Tout sélectionner ou d'utiliser son équivalent clavier, ⌘ + A. Toutes les icônes de la fenêtre sont incluses dans la sélection, même celles qui, le cas échéant, ne sont pas visibles. Si vous invoquez cette commande quand aucune fenêtre n'est ouverte, ce sont les icônes du Bureau qui sont affectées.

Mais comment vous y prendre pour limiter la sélection à quelques icônes de la fenêtre active ou du Bureau ?

1. **Pour sélectionner plusieurs icônes dans un même dossier, réalisez une des actions suivantes :**

   - Cliquez dans un espace vide de la fenêtre du dossier et, sans relâcher le bouton de la souris, faites glisser votre pointeur pour tracer un rectangle de sélection englobant les icônes à sélectionner. Ce sera chose faite lorsque vous relâcherez le bouton de la souris (Figure 6.18).
   - Cliquez sur la première icône à sélectionner, enfoncez la touche Majuscule et maintenez-la dans cette position tandis que vous cliquez sur les autres icônes à inclure dans la sélection ; relâchez la touche Majuscule.
   - Cliquez sur la première icône à sélectionner, enfoncez la touche ⌘ et maintenez-la dans cette position tandis que vous cliquez sur les autres icônes à inclure dans la sélection ; relâchez la touche ⌘. La différence entre cette technique et la précédente est qu'en présentation Par liste et Par colonnes, le Majuscule + clic sélectionne tous les éléments entre le premier clic et le Majuscule + clic, tandis que le ⌘ + clic limite la sélection aux éléments effectivement activés. En présentation Par icônes, la différence n'est pas sensible.

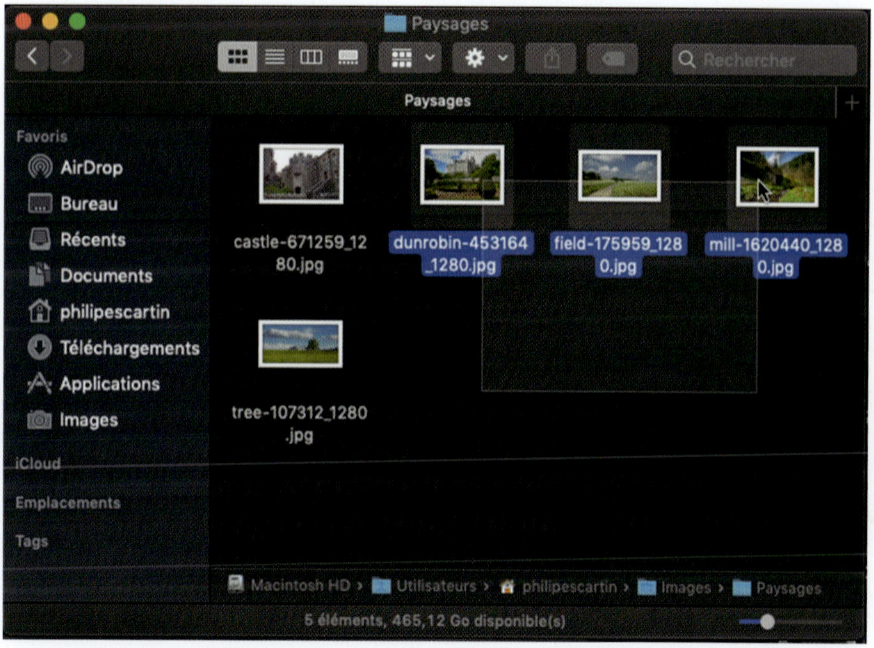

FIGURE 6.18 Une sélection multiple réalisée avec la souris.

Pour exclure une icône d'une sélection réalisée selon une de ces trois techniques, cliquez, touche ⌘ enfoncée, sur l'icône en question.

2. **Lorsque la sélection est réalisée, cliquez sur une des icônes qui la composent – ne cliquez pas en dehors de la sélection sous peine de l'annuler – et cliquez-glissez (pour déplacer) ou Option (Alt) + cliquez-glissez (pour copier) jusqu'à l'endroit souhaité.**

Ces sélections multiples sont parfois délicates à réaliser. Il vous arrivera souvent de sélectionner plus d'icônes que vous n'en souhaitez. Contrôlez votre sélection avant de la manipuler, surtout si l'action consiste à l'expédier vers la Corbeille.

Renommer des icônes

Vous pouvez modifier le nom de la plupart des icônes.

Une restriction : si une icône est verrouillée (*via* l'option correspondante de la fenêtre d'infos), en service (une application tourne), ou encore si l'administrateur de votre réseau ne vous a pas donné l'autorisation de changer les noms des icônes (Chapitre 16), vous ne pourrez pas agir. Par ailleurs, macOS interdit la modification du nom de certaines icônes (c'est notamment le cas des dossiers Bibliothèque, Système et Bureau).

Pour renommer une icône, vous pouvez soit cliquer directement sur son nom (par sur l'icône elle-même, sous peine de la sélectionner), soit cliquer sur l'icône proprement dite, puis enfoncer la touche Retour ou Entrée afin d'en sélectionner l'intitulé.

Dans tous les cas, le nom de l'icône passe en surbrillance et se borde d'un fin trait bleu ; le curseur prend la forme d'un I d'insertion : c'est le moyen qu'a choisi le Mac pour vous signaler qu'il est prêt à éditer le texte. Il ne vous reste plus qu'à taper le nouveau nom. (Vous pouvez cliquer dans l'ancien intitulé et y sélectionner quelques caractères si votre intention est de ne modifier qu'une partie du nom.)

N'oubliez pas : si vous cliquez sur l'icône, c'est elle que vous sélectionnez et il vous sera impossible, dans ces conditions, d'en modifier le nom. Si vous réalisez cette sélection par erreur, enfoncez la touche Retour ou Entrée pour sélectionner son nom plutôt que l'icône proprement dite.

Une dernière chose : si vous souhaitez déplacer plusieurs icônes vers un nouveau dossier, sélectionnez les éléments et choisissez Fichier/Nouveau dossier avec la sélection, ou exécutez le raccourci ⌘ + Ctrl + N, ou encore faites un clic-droit sur un des éléments et cliquez sur Nouveau dossier avec la sélection (*x* éléments). Ces trois techniques créent un nouveau dossier contenant les éléments sélectionnés. Bien entendu, les éléments disparaissent de leur emplacement d'origine.

Compresser des fichiers

Si vous envisagez d'envoyer des fichiers (notamment en tant que pièces jointes à un e-mail), pensez à les compresser d'abord : ce sera plus rapide tant à l'envoi qu'à la réception. Pour ce faire, sélectionnez le ou les fichiers à traiter, puis choisissez Fichier/Compresser *x* éléments. Ce faisant, vous demandez – et obtenez – la création d'un fichier .zip, version compressée de votre sélection.

Lorsque vous « multisélectionnez » ainsi des documents, vous avez aussi la possibilité de créer un dossier qui contiendra les documents sélectionnés. Pour cela, ouvrez le menu Fichier, et cliquez sur Nouveau dossier avec la sélection (*x* éléments). Les éléments s'animent pour venir se placer dans l'icône de ce nouveau dossier qu'il ne vous reste plus qu'à renommer puisque son nom est sélectionné.

Supprimer des icônes

Faites tout simplement glisser l'icône jusqu'à la Corbeille, dans la partie droite du Dock.

Quand vous vous débarrassez d'un alias, vous n'affectez pas le fichier original. Mais si vous jetez à la Corbeille l'icône d'un document, d'une application ou d'un dossier, c'est bien le document, l'application ou le dossier que vous éliminerez la prochaine fois que vous viderez la Corbeille. Le menu Finder met à votre disposition différentes commandes relatives à la gestion de la Corbeille :

- **Vider la Corbeille… :** affiche un message vous indiquant que vous allez effacer les éléments de manière irréversible.

  Réfléchissez avant d'agir ! Quand c'est vidé, c'est vidé (même s'il existe des utilitaires capables d'aller récupérer ce que vous avez jeté par mégarde).

- **Vider la Corbeille :** notez l'absence ici des trois petits points. Pour activer cette option, vous devez appuyer sur la touche Option (Alt) du clavier. Sans relâcher cette touche, cliquez sur Vider la corbeille. Cette fois elle se vide sans message d'avertissement. En ajoutant cette touche, Mojave considère que c'est un acte volontaire de votre part. Vous savez ce que vous faites, car vous êtes des grands garçons et des grandes filles.

Vous venez de mettre un élément à la Corbeille par erreur ? Pas d'affolement : invoquez immédiatement la commande Annuler le déplacement de « nom de l'élément » du menu Édition ou enfoncez tout simplement les touches ⌘ + Z et les choses rentrent dans l'ordre !

Chapitre 7

Optimiser votre travail sous Mojave

DANS CE CHAPITRE :

- » **Jeter un coup d'œil à vos fichiers.**
- » **Rechercher rapidement des dossiers et des fichiers.**
- » **Prendre les choses en main avec Mission Control.**
- » **Manipuler les espaces.**
- » **Apprendre à aimer le Launchpad de Mojave.**

Dans ce chapitre, nous vous présentons quelques outils époustouflants qui permettent de gagner du temps : Coup d'œil, Spotlight, Mission Control, Spaces, et Launchpad. Le but : vous permettre d'optimiser l'exploitation de votre Mac. Bien entendu, vous pouvez utiliser votre souris et cliquer sur n'importe quel fichier ou dossier de n'importe quel disque. Toutefois, ces fonctions sont présentes par défaut dans Mojave pour vous faciliter la vie.

Notre conseil : essayez tous les outils et techniques de ce chapitre au moins une fois afin d'opter pour ceux qui combleront vos besoins.

Coup d'œil

La fonction Coup d'œil permet de visionner, dans une fenêtre translucide, le contenu d'un fichier sans pour autant ouvrir l'application correspondante (Figure 7.1). Pour exploiter Coup d'œil, sélectionnez le fichier, puis cliquez sur l'icône Coup d'œil de la barre d'outils ou validez la commande Coup d'œil sur… du menu Fichier (⌘ + Y), ou encore, plus simplement, enfoncez la barre d'espacement : Coup d'œil s'ouvre automatiquement. Vous trouverez également cette commande en exécutant un clic-droit sur l'icône du Fichier, même dans la boîte de dialogue Ouvrir.

Modifier un document avec Coup d'œil

Coup d'œil s'enrichit de nouvelles fonctionnalités avec Mojave :

- Vous pouvez annoter certains documents comme des fichiers PDF (voir la Figure 7.1) ou bien encore des photos. Il suffit pour cela de cliquer sur l'icône de la pointe de surligneur en haut à droite de la fenêtre Coup d'œil. Utilisez ensuite sa barre d'outils pour surligner, entourer, souligner, ajouter des commentaires, recadrer, ou bien encore faire pivoter le document. Une fois les modifications apportées, cliquez sur le bouton Terminé.
- Élaguer vos fichiers audio et vidéo.
- Partager immédiatement le document modifié par un clic sur le bouton idoine situé en haut à droite de la fenêtre Coup d'œil.

Lorsque les nouvelles fonctionnalités ne peuvent pas s'appliquer au fichier sur lequel vous invoquez Coup d'œil, vous ne pourrez alors qu'en consulter le contenu et cliquer sur le bouton Ouvrir avec <nom de l'application qui peut ouvrir ce type de document>, comme le montre la Figure 7.2 pour un fichier compatible avec le programme TextEdit.

Lorsque Coup d'œil est actif, cliquez sur n'importe quel autre élément et vous verrez s'afficher son contenu à la place de celui actuellement sélectionné.

Pour quitter Coup d'œil, cliquez sur son bouton de fermeture en haut à gauche.

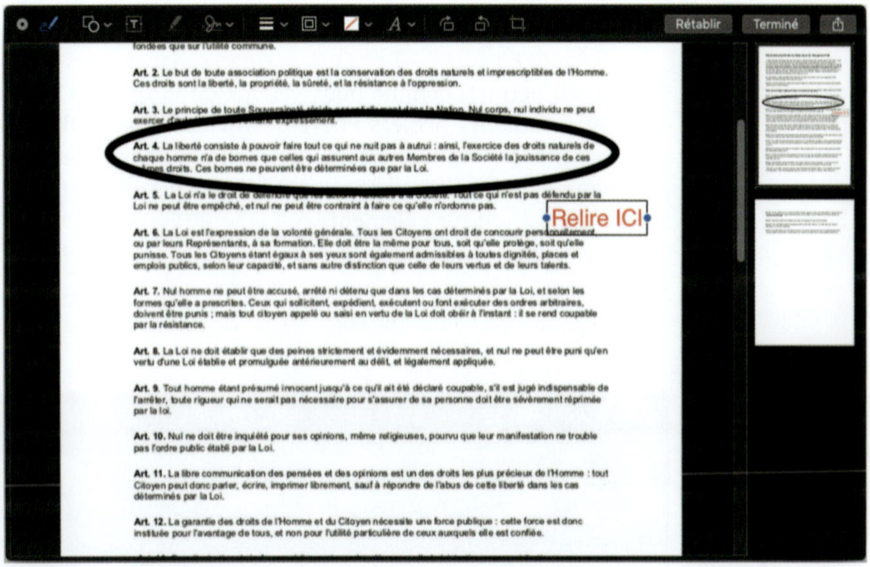

FIGURE 7.1
Les nouvelles fonctionnalités de Coup d'œil permettent d'annoter des documents sans les ouvrir dans une application.

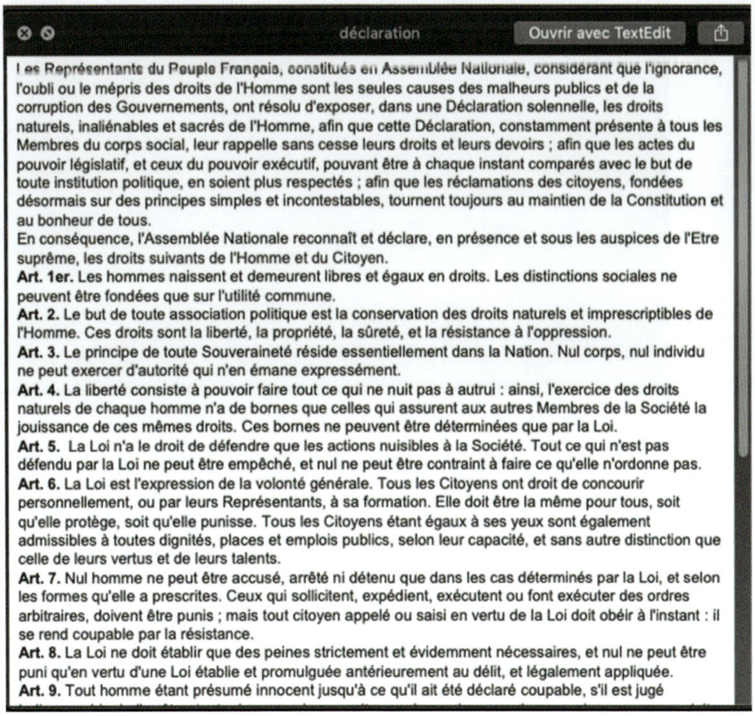

FIGURE 7.2
Ici, Coup d'œil ne permet qu'une seule chose : ouvrir le document dans TextEdit.

Afficher plusieurs documents

Coup d'œil permet, comme nous venons de l'expliquer, d'annoter certains documents comme les fichiers PDF et les fichiers image. Il permet aussi d'afficher plusieurs fichiers simultanément. Par exemple, dans le Finder, sélectionnez quatre photographies. Ensuite, vous ouvrez le menu Fichier, et vous exécutez la commande Coup d'œil sur *x* éléments.

Coup d'œil va alors ouvrir ces quatre fichiers mais n'en afficher qu'un seul, comme sur la Figure 7.3.

FIGURE 7.3 Bien que vous ayez sélectionné quatre photos, une seule est visible dans Coup d'œil.

Pour voir les quatre images, cliquez sur l'icône des six petits carrés en haut à gauche de la fenêtre Coup d'œil. Cette fois, comme le montre la Figure 7.4, les quatre images (ou plus) sont toutes visibles. Cliquez sur celle que vous souhaitez afficher seule dans Coup d'œil.

Diffuser un diaporama en mode Plein écran

Coup d'œil permet de diffuser des fichiers image sous la forme d'un diaporama. Voici comment procéder :

FIGURE 7.4 Les quatre images sélectionnées dans le Finder et affichées dans Coup d'œil.

1. **Dans une fenêtre du Finder, sélectionnez plusieurs photos.**
2. **Ouvrez le menu Fichier et choisissez Coup d'œil sur *x* éléments.**
3. **Cliquez sur le bouton Plein écran situé en haut à gauche de la fenêtre (juste à droite du bouton de fermeture de Coup d'œil).**

   Cette action bascule Coup d'œil en mode Diaporama.

4. **Cliquez sur le bouton de lecture situé sur la barre de transport affichée dans la partie inférieure de l'écran.**

En mode Diaporama, de nouveaux boutons de contrôle illustrés à la Figure 7.5 apparaissent.

Les boutons de contrôle du diaporama disparaissent au bout de quelques secondes d'inactivité. Pour les afficher quand vous en avez besoin, faites simplement bouger le pointeur de la souris.

Pour quitter le diaporama, appuyez sur la touche Esc ou bien cliquez sur le bouton Fermer. Ce faisant, vous interrompez le diaporama et quittez Coup d'œil.

FIGURE 7.5 Les boutons de contrôle d'un diaporama lancé depuis Coup d'œil.

Lorsque vous avez fini de travailler dans la fenêtre Coup d'œil, cliquez sur le bouton x situé dans son angle supérieur gauche. Faites de même en mode Diaporama (ici, le bouton est situé dans la partie droite). Autre technique : appuyer sur ⌘ + Y.

Partager à l'envi avec le menu local Partager

Si vous utilisez un périphérique Apple dédié à Internet, vous connaissez probablement la signification de l'icône Partager. Quatre options permettent de partager les éléments sélectionnés :

- **Mail :** lance l'application Mail et joint les fichiers sélectionnés à votre courriel.
- **Messages :** lance l'application Messages et place le fichier sélectionné dans un message sortant (voir le Chapitre 11).
- **AirDrop :** envoie, d'un simple clic de souris, le fichier sélectionné à d'autres utilisateurs Mac travaillant sur le même réseau. Seuls les systèmes Lion, Mountain Lion, Yosemite, El Capitan, High Sierra et Mojave sont compatibles AirDrop, contrairement aux versions plus anciennes de macOS, qui ne le

gèrent pas. De plus, seuls les Mac récents en font autant (modèles d'après 2010).

» **Notes :** permet d'envoyer le fichier sous la forme d'une note stockée sur iCloud.

» **Ajouter à Photos :** cette option n'est disponible que si vous sélectionnez un fichier image. La photo est alors ajoutée au catalogue du programme Photos qui connaît son lot d'amélioration à chaque nouvelle version de macOS X.

» **Plus :** ouvre la boîte de dialogue Extensions des Préférences Système de Mojave où vous pouvez personnaliser votre Mac en utilisant des extensions tierce partie. Par exemple, pour personnaliser le menu Partager, cochez et décochez les éléments qui s'afficheront dans ce menu local.

Spotlight

Même si vous suivez à la lettre le moindre conseil donné dans ce chapitre, il vous arrivera, à un moment ou à un autre, de ne pas réussir à mettre la main sur un fichier ou sur un dossier alors que vous êtes convaincu qu'il est quelque part sur votre disque dur. Heureusement, Mojave propose une fonctionnalité géniale ! Connue sous le nom de Spotlight, elle permet de retrouver quasiment tout et n'importe quoi.

En effet, Spotlight est capable de rechercher :

» des fichiers ;

» des dossiers ;

» du texte dans des documents ;

» des fichiers et des dossiers à partir de leurs métadonnées (date de création, date de modification, type, taille, *etc.*).

Depuis High Sierra, Spotlight permet de taper un numéro de vol pour obtenir les horaires de départ et d'arrivée, le numéro des terminaux, des portes d'embarquement, les retards éventuels, et bien entendu les plans d'accès.Spotlight trouve ce que vous cherchez et l'organise logiquement.

Spotlight est à la fois une technologie et une fonctionnalité. La technologie est omniprésente dans Mojave puisqu'elle est exploitée par la majorité des champs de recherche qu'on trouve dans les applications Apple ainsi que dans bon nombre d'utilitaires comme Mail, Contacts, les Préférences Système ou le Finder. Vous pouvez également la mettre en œuvre depuis le menu Spotlight en cliquant sur l'icône de la loupe située dans l'angle supérieur droit de la barre des menus. Enfin, sachez que les recherches Spotlight peuvent être stockées dans un dossier intelligent, fonction présentée au Chapitre 6.

La recherche de fichiers et de dossiers est très rapide et très complète avec Spotlight, même si nous verrons (au Chapitre 17) que l'implémentation de Siri ouvre de nouvelles perspectives en la matière. Dans les sections qui suivent, nous détaillons les deux méthodes de recherche que propose Spotlight. La première consiste à mettre en œuvre cette technologie depuis une fenêtre du Finder, la seconde directement depuis le menu Spotlight.

Utiliser le champ Rechercher du Finder

Appuyez sur ⌘ + Option (Alt) + F pour afficher le point d'insertion dans le champ de recherche d'une fenêtre du Finder. Ensuite, procédez comme indiqué ci-après :

1. **Tapez un seul caractère dans le champ Rechercher.**

   Un menu apparaît, comme à la Figure 7.6. Il permet de limiter la recherche soit à des noms de fichiers, soit à des types de fichiers, ou bien encore des éléments téléchargés.

FIGURE 7.6 La recherche commence dès qu'un caractère est saisi.

Pour changer le critère d'un ou plusieurs éléments, cliquez sur le bouton/menu Action et choisissez Afficher les critères de recherche. Une fois vos nouveaux critères déterminés, cliquez sur le bouton Enregistrer pour sauvegarder de nouveau votre dossier.

2. **Le cas échéant, choisissez un type de fichiers afin de limiter le nombre des résultats obtenus.**

   Comme le montre la Figure 7.7, la recherche cible les applications. Pour l'élargir de nouveau, ouvrez alors le menu local Application (dans notre hypothèse), et choisissez Quelconque.

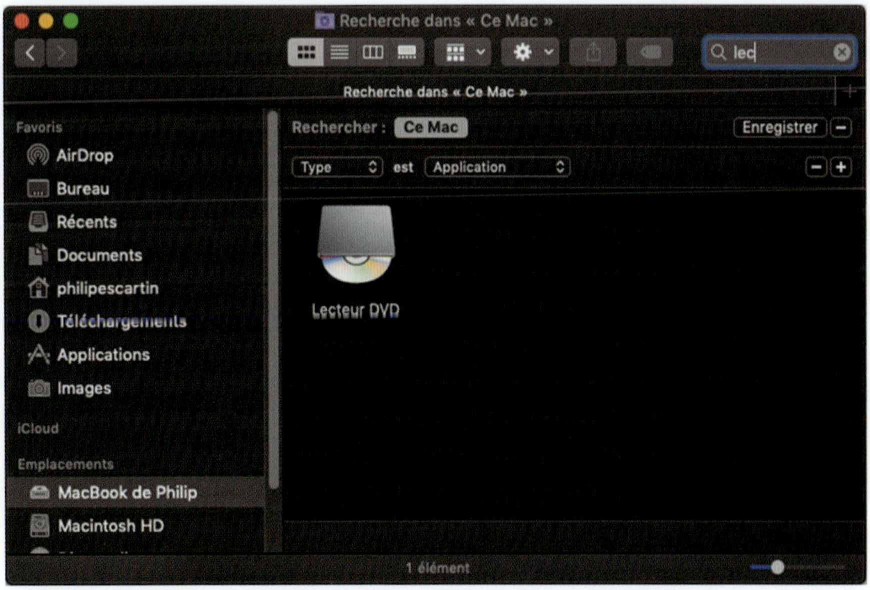

FIGURE 7.7 Une recherche basée sur les Applications peut aussi afficher tous les fichiers trouvés par Mojave.

3. **Si le dossier ou le volume que vous recherchez n'est pas sur Ce Mac ou dans votre dossier Départ, ouvrez le dossier dans lequel vous voulez effectuer votre recherche et tapez votre requête dans le champ Rechercher de la fenêtre de ce dossier.**

   Par défaut, la recherche se fait sur le contenu des fichiers. Pour rechercher un fichier en fonction de son nom, choisissez Le nom du fichier contient dans le menu local du champ Rechercher.

4. **Une fois que vous avez trouvé le fichier ou le dossier, ouvrez-le en double-cliquant dessus.**

Il est possible de lancer une recherche en choisissant Fichier/Rechercher (ou en appuyant sur ⌘ + F).

Gardez ces quelques points à l'esprit lorsque vous effectuez une recherche :

- Vous avez le choix de l'emplacement de la recherche. Par exemple, pour rechercher sur la totalité des unités de stockage de votre Mac, choisissez le nom de votre ordinateur dans la section Emplacements de la barre latérale.
- Vous pouvez définir des critères supplémentaires en spécifiant le type de fichier et la date de sa dernière ouverture. D'autres propriétés peuvent aussi être choisies comme critère de recherche, comme la date de dernière modification, la date de création, le contenu et autres (*via* la commande Autre).
- Pour ajouter un critère, cliquez sur le bouton + situé dans la partie supérieure droite de la fenêtre du Finder.
- Pour enregistrer une recherche et la réutiliser ultérieurement, cliquez sur le bouton Enregistrer situé à gauche du signe +.

Choisissez d'autres options dans le menu local Disposition – Application, Date de la dernière ouverture, *etc.* – pour présenter différemment les résultats de votre recherche.

Les recherches rapides sont facilitées par l'usage du Finder. Toutefois, il existe bien des méthodes pour mettre à profit la puissance de Spotlight et le champ Rechercher des fenêtres du Finder n'en est qu'une manifestation.

Utiliser la fenêtre Spotlight

Rechercher des applications, des fichiers, et des dossiers invoque le menu Spotlight qui est accessible depuis l'icône de la loupe située dans le coin supérieur droit de la barre des menus du Bureau. Cliquez dessus pour ouvrir une fenêtre de recherche. Ensuite, tapez un caractère ou un ou plusieurs mots (Figure 7.8).

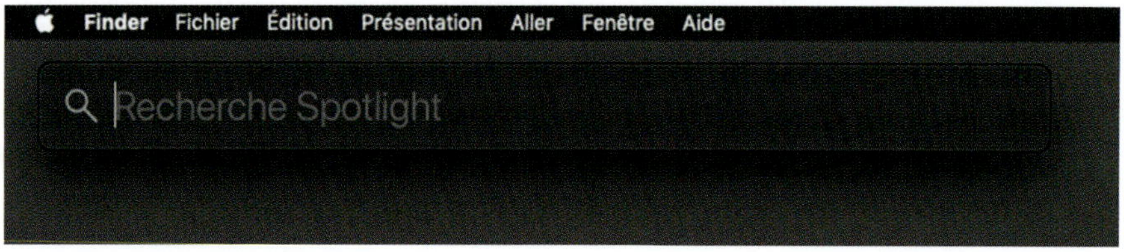

FIGURE 7.8 Cliquez sur la loupe pour révéler le champ Recherche Spotlight.

Mémorisez et utilisez le super raccourci clavier pour ouvrir le champ Rechercher de Spotlight : ⌘ + Barre d'espacement. Si ce raccourci ne vous convient pas, ouvrez la préférence Spotlight depuis les Préférences Système. Cliquez sur le bouton Raccourcis clavier en bas à gauche. Ensuite, cliquez sur le raccourci ⌘ + Espace de l'option Afficher la recherche Spotlight, et exécutez-en un autre directement au clavier.

Si vous sélectionnez un élément de la liste des résultats affichés par Spotlight, un aperçu du contenu de l'élément s'affiche dans la partie droite de la fenêtre.

Vous pouvez glisser-déplacer le champ de saisie Spotlight sur toute la surface du Bureau.

Spotlight est plus qu'une fenêtre de recherche. Il s'agit d'une technologie avancée omniprésente dans macOS et ses applications y compris Mail, Contacts et bien d'autres encore. Sa rapidité et sa précision tiennent au fait que tous vos fichiers sont « indexés » dès que votre Mac est en pause d'activité. Ainsi, Spotlight répertorie les fichiers et leurs emplacements de stockage dès qu'ils sont créés ou modifiés.

Plus fort encore, Spotlight effectue des recherches sur le Web. Il suffit de taper l'objet de votre recherche, comme *Wagner*, pour qu'il affiche, entre autres, des liens vers des actualités, iTunes, ou des sites Web. Vous y trouverez également une rubrique Connaissances Siri qui, lorsque vous cliquez dessus, affiche ce que Siri aurait trouvé si vous aviez effectué votre recherche par cette fonctionnalité (voir le Chapitre 17), comme le montre la Figure 7.9. Ainsi, Spotlight cherche directement des articles sur Wikipédia. Vous pouvez même trouver des horaires de cinéma, des articles de journaux, des documents et bien d'autres choses encore. Spotlight permet également de trouver des définitions de mots, d'effectuer des calculs, voire de convertir des unités de mesure.

Spotlight organise les résultats de la manière suivante :

- Si la recherche porte sur un élément de macOS, il affiche d'abord les résultats répondant le mieux à vos critères de recherche.
- Si la recherche porte sur une application, il affiche d'abord celle qui semble s'en rapprocher le plus, puis l'ensemble des applications contenant les caractères saisis.
- En fonction du type de recherche, Spotlight affiche des rubriques telles qu'iBooks Store, Wikipédia, Préférences Système, Définition, Sites Web

FIGURE 7.9
Spotlight effectue des recherches partout sur le Web.

suggérés par Siri, *etc.*, c'est-à-dire des rubriques qui correspondent à tous les types d'éléments gérés par Mojave.

Pour accéder aux différentes rubriques, faites glisser la barre de défilement vertical située entre les éléments trouvés et la zone d'aperçu.

Enfin, tout en bas de la liste des résultats, la commande Tout afficher dans le Finder permet d'afficher les résultats de la recherche dans une fenêtre du Finder.

Quelle que soit la méthode que vous employez pour effectuer votre recherche – champ Rechercher d'une fenêtre du Finder, du menu Spotlight ou d'une fenêtre Spotlight –, Spotlight fait gagner du temps et vous évite de vous fatiguer inutilement.

Vous pouvez agrandir la fenêtre de Spotlight pour afficher un plus grand nombre de résultats.

Spotlight ajoute une grande interactivité. La procédure suivante explique comment trouver un lieu précis avec l'ensemble de ses coordonnées :

1. **Cliquez sur l'icône de la loupe située dans la partie supérieure droite de votre Bureau.**
2. **Dans le champ de recherche, saisissez le lieu à localiser.**

   Par exemple, pour trouver le Hard Rock Café, tapez exactement cette requête.
3. **Pour savoir comment vous y rendre, cliquez sur Itinéraire.**

   Cette action ouvre l'application Plan qui trace l'itinéraire précis à suivre depuis chez vous pour aller au Hard Rock Café choisi.
4. **Placez le pointeur de la souris au niveau du numéro de téléphone. Une icône apparaît. Il suffit de cliquer dessus pour appeler le lieu.**

   Cela ne fonctionne pas sur un Mac qui n'est pas équipé d'une webcam !

   Faites de même avec l'adresse Internet pour afficher le site dans Safari.
5. **Faites défiler verticalement le contenu de la fenêtre ou bien agrandissez-la pour lire des avis.**

   Vous pourrez également rédiger vos avis personnels, voire signaler un problème.

Trouver des fichiers selon d'autres propriétés depuis le Finder

Après avoir ajouté un critère de recherche par un clic sur le bouton +, choisissez un attribut dans le premier menu local affiché à gauche de la zone de définition des critères : Type, Date de dernière ouverture, Date de dernière modification, Date de création, Nom ou Contenu. Sélectionnez une option de recherche. Choisissez Autre pour accéder à une liste d'autres critères possibles (Figure 7.10).

Vous y trouverez notamment une option Taille du fichier et une option Tags. Si vous souhaitez exploiter régulièrement un des critères listés ici, pensez à cocher sa case avant de cliquer sur OK ; ça lui permettra de s'implanter durablement dans la liste déroulante de base.

L'utilisation de Taille du fichier comme attribut nécessite quelques étapes supplémentaires. Toutefois, désormais, dès que vous souhaiterez effectuer une recherche sur la base de cette caractéristique, vous la trouverez répertoriée dans ce menu local.

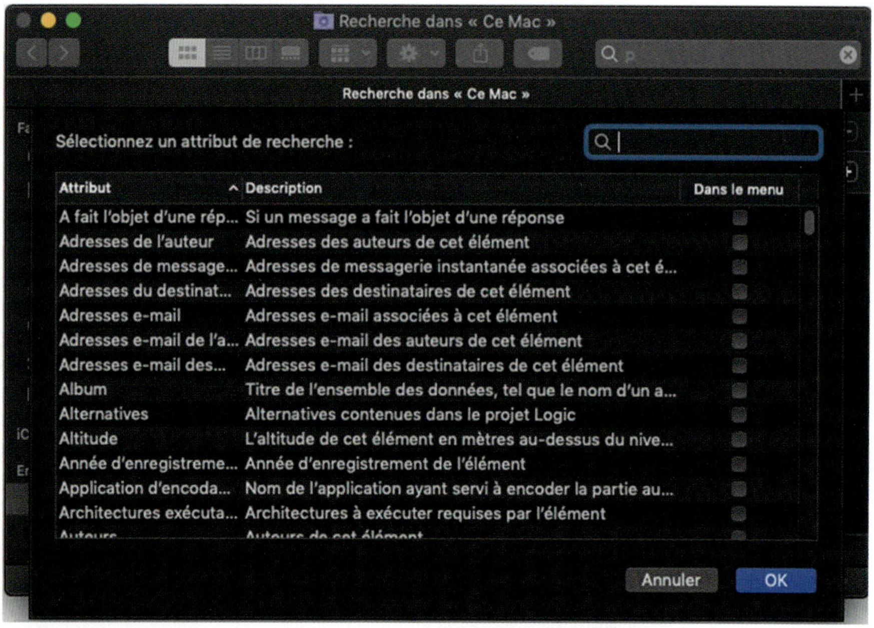

FIGURE 7.10 Des propriétés supplémentaires sont disponibles lorsque vous cliquez sur Autre.

Mission Control

La Figure 7.11 montre le volet Mission Control de la boîte de dialogue Préférences Système.

Les options de Mission Control

Examinons de près les options proposées dans cette fenêtre. La partie supérieure contient quatre cases à cocher :

- Réarranger automatiquement les Spaces en fonction de votre utilisation la plus récente.
- Lors du changement d'application, activer un Space avec les fenêtres de l'application.
- Grouper les fenêtres par application.
- Les écrans disposent de Spaces distincts.Au Chapitre 3, vous avez appris ce qu'était Dashboard. En revanche, vous ignorez tout de Spaces. Ces cases à

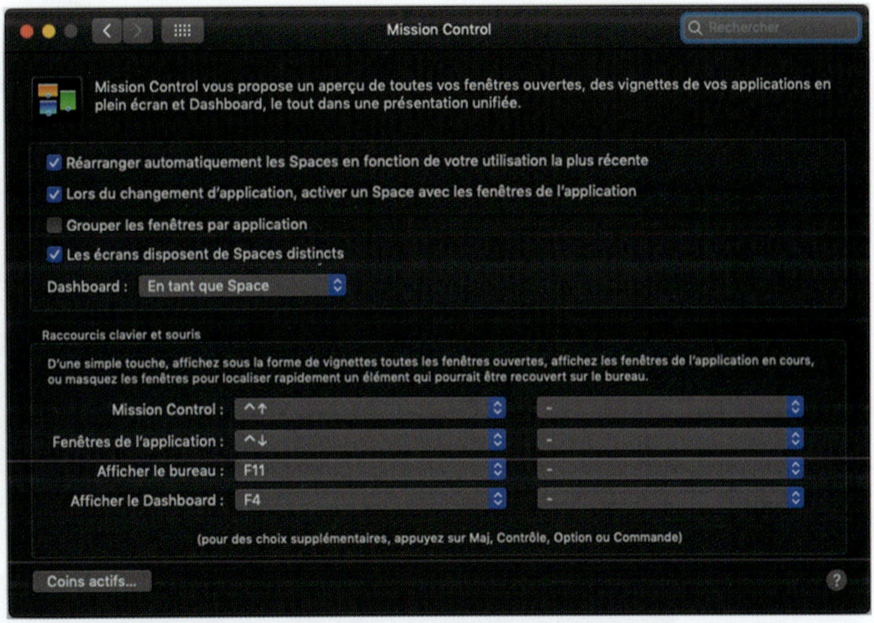

FIGURE 7.11 La préférence Système Mission Control.

> cocher n'auront de sens pour vous qu'après avoir lu les prochaines sections. Leur libellé est pourtant assez évocateur. Par conséquent, nous vous invitons à tester ces options pour apprécier le comportement de Mojave quand elles sont activées et quand elles ne le sont pas.

Vous constatez que ce volet contient un certain nombre de menus locaux permettant de définir les raccourcis clavier ainsi que le comportement de la souris pour déclencher les divers éléments gérés par Mission Control. Il suffit d'ouvrir ces menus locaux pour choisir un autre raccourci ou comportement de souris.

Pour actionner Mission Control, exécutez le raccourci clavier Ctrl + ↑. Une image vaut mille mots, consultez les Figures 7.12 et 7.13 :

- » La Figure 7.12 montre un Bureau relativement encombré, avec des applications ouvertes à gauche et à droite.
- » Pour utiliser Mission Control (qui affiche toutes les fenêtres des applications ouvertes), appuyez sur F11. Le résultat est saisissant (Figure 7.13).

Si vous placez le pointeur de la souris sur une des fenêtres affichées par Mission Control et que vous appuyez sur la barre d'espacement, la fenêtre en question s'affiche au premier plan, ce qui permet de mieux apprécier son contenu. Relâchez la barre d'espace et elle reprend sa place dans Mission Control.

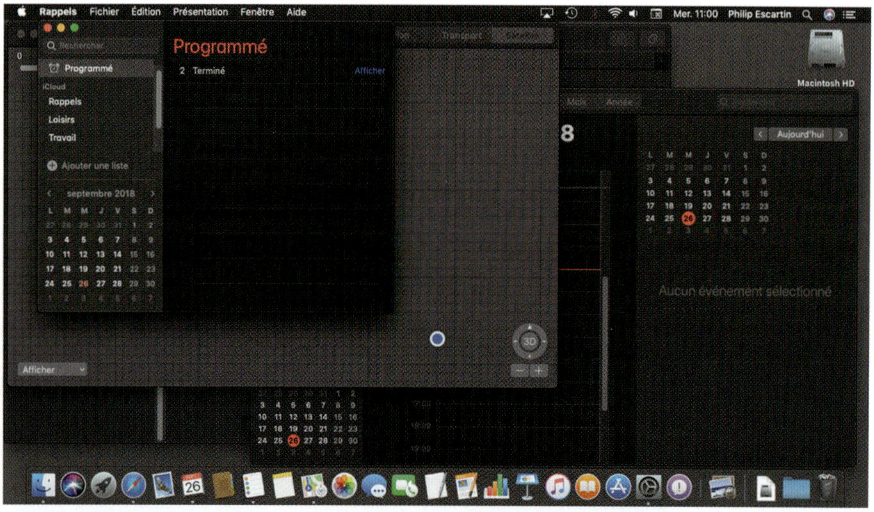

FIGURE 7.12 Un Bureau particulièrement surchargé.

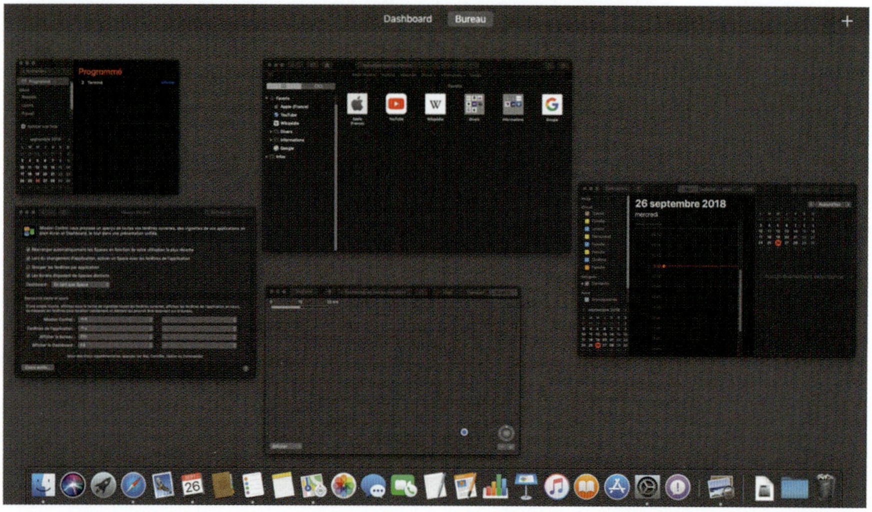

FIGURE 7.13 Mission Control fait régner l'ordre.

- Pour afficher toutes les fenêtres d'une même application, appuyez sur F10.
- Pour masquer toutes les fenêtres et afficher le Bureau, appuyez sur Ctrl + ↓.
- Pour afficher le Dashboard (dont les widgets sont décrits au Chapitre 3), appuyez sur F4.

Lorsque vous utilisez Mission Control, les fenêtres s'affichent dans une taille réduite. Une icône et un libellé apparaissent juste en dessous d'elles. Lorsque vous cliquez sur une de ces petites fenêtres, Mission Control se désactive et la fenêtre sollicitée devient l'application active.

Les coins actifs

Dans le coin inférieur gauche des préférences Mission Control, vous trouverez le bouton Coins actifs. Il permet de désigner le coin de votre écran qui déclenchera l'affichage de Mission Control, Dashboard, Launchpad, Économiseur d'écran ou Mise en veille lorsque vous y placerez le pointeur de la souris. Pour déterminer ce qu'affichera chacun des coins de votre écran, cliquez sur le bouton Coins actifs, puis ouvrez le menu local correspondant au coin à activer. Là, sélectionnez l'application qui sera déclenchée au passage de la souris dans l'angle choisi.

Les coins actifs font partie de macOS depuis des lustres. Personnellement, nous aimons définir le coin supérieur droit pour activer notre écran de veille, et le coin inférieur droit pour le désactiver.

Mission Control est actif par défaut. Toutefois, vous pouvez désactiver tout ou partie des fonctions qu'il déclenche. Pour cela, ouvrez le menu local de la fonction à désactiver et choisissez-y le signe – (moins).

Spaces (Mission Control)

Si Mission Control permet de gérer vos fenêtres en temps réel, Spaces en organise la présentation en les groupant dans des *espaces*. D'un simple geste ou raccourci clavier, vous passez d'un espace à un autre.

Lorsque vous utilisez des espaces, seules deux fenêtres sont affichées : d'une part, les fenêtres des applications associées à l'espace actif et, d'autre part, les fenêtres des applications lancées depuis ce même espace.

Si vous passez beaucoup de temps à déplacer et à redimensionner des fenêtres, configurez des espaces pour accomplir des tâches spécifiques. Ainsi, un premier espace sera dédié à un projet particulier, un deuxième à la navigation Internet et un troisième à vos tâches de messagerie électronique. Chacun présentera l'ensemble de ses fenêtres exactement comme vous en avez besoin.

Envisagez les espaces comme des écrans uniques qui agissent selon vos besoins grâce à des fenêtres organisées de manière cohérente pour mener à bien vos projets.Pour vous créer, par exemple, trois espaces (Safari, Mail et Finder) où vous retrouverez ces différentes fenêtres d'un seul clic :

1. **Commencez par ouvrir chaque application que vous souhaitez répartir dans différents bureaux.**
2. **Ensuite, mettez Mission Control en action via le dossier Applications, ou bien en invoquant Spotlight et en tapant Mission.**

   Le programme crée un espace par défaut, qu'il baptise Bureau et dans lequel il regroupe toutes les fenêtres ouvertes par l'application (Figure 7.14).

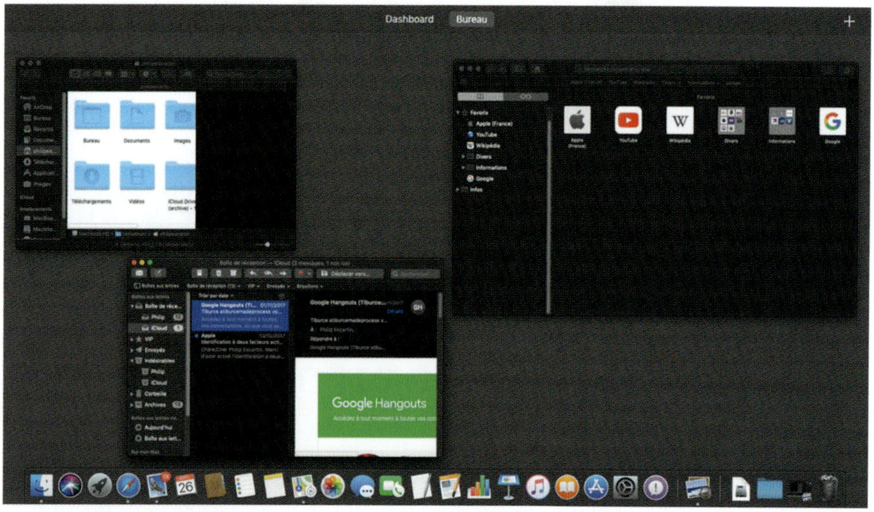

FIGURE 7.14 Par défaut, un seul espace est défini Bureau.

3. **Ajoutez des espaces supplémentaires (2 dans notre exemple) en cliquant deux fois sur le signe + en haut à droite. Bureau devient Bureau 1 ; Bureau 2 et Bureau 3 surgissent à leur tour.**

   Si vous avez déplacé le Dock vers le bord droit de l'écran, le signe + apparaîtra dans l'angle supérieur gauche.

4. **Aménagez ces espaces en faisant glisser les fenêtres de Mail sur Bureau 2 et celles du Finder sur Bureau 3.**

Désormais, tout est en place (Figure 7.15). Concrètement, cela signifie que, pour retrouver d'un seul coup toutes vos fenêtres Safari, il vous suffit de cliquer sur Bureau 1, toutes vos fenêtres Mail sur Bureau 2 et toutes vos fenêtres Finder sur Bureau 3. (Sur trackpad, glissez horizontalement à quatre doigts.)

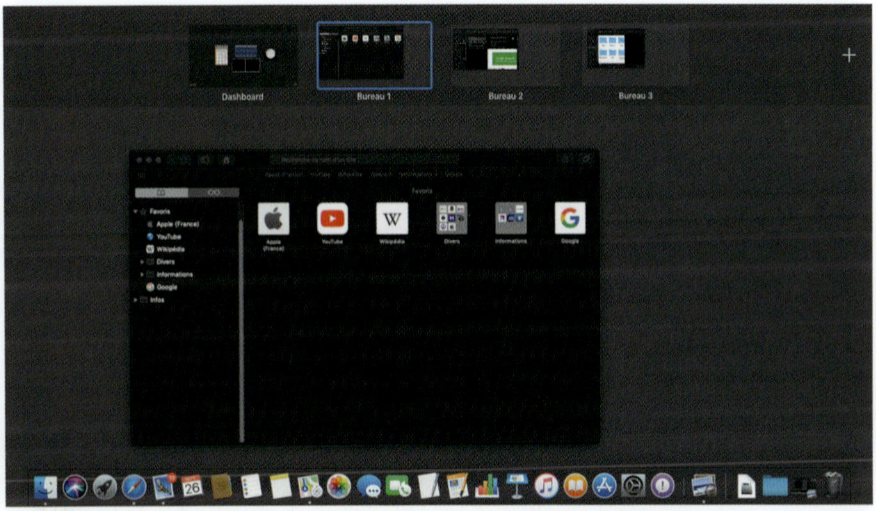

FIGURE 7.15 Trois espaces à portée de souris.

Il est très facile d'ajouter des fenêtres d'applications dans un espace défini avec Mission Control. Vous n'avez plus à invoquer cette application. Il suffit de glisser-déplacer la fenêtre vers le haut de votre écran. Au bout de quelques secondes, les différents bureaux définis dans Mission Control apparaissent. Déposez la fenêtre dans un des bureaux définis.

Mieux encore, vous pouvez créer des espaces en glissant-déposant une fenêtre directement dans la partie supérieure de Mission Control. Le nouveau Bureau prend alors le nom de l'application, comme Safari sur la Figure 7.16.

Notez que vous ne verrez pas le Dashboard dans Mission Control si vous avez sélectionné Désactivé dans le menu local Afficher le Dashboard dans le volet Mission Control des Préférences Système.

Petit détail : toutes les applications qui s'exécutent en mode Plein écran sont considérées comme des espaces à part entière ; ceux-ci portent le nom de l'application plutôt que l'intitulé générique Bureau.

Cette technique permet d'ajouter autant d'espaces que vous le souhaitez. Lorsque vous avez fini d'utiliser Mission Control, vous pouvez :

» Cliquer sur un des espaces proposés en haut de l'écran afin de rendre son contenu actif.

ou :

FIGURE 7.16 En déposant une application dans la barre des bureaux, vous créez un nouveau bureau portant le nom de l'application.

» Appuyer sur la touche Mission Control ou faire glisser trois doigts sur votre trackpad pour revenir à l'espace qui était en cours d'utilisation quand vous avez activé Mission Control.

Cette technique exige une souris de type Magic Mouse, un Magic Trackpad ou bien un portable dont le trackpad n'est pas équipé de boutons.

Dernière chose : Mojave développe une magnifique gestion des configurations multiécrans. Désormais, en effet, chaque écran connecté au Mac peut être utilisé à 100 %, avec son propre jeu d'espaces et d'applications en mode Plein écran.

Enfin, pour ce qui est de Mission Control, vous pouvez l'exploiter sur vos deux écrans. Quand vous débranchez l'écran secondaire, tous les espaces définis sont automatiquement regroupés sur l'écran principal. Mojave, en outre, a le bon goût de mémoriser l'emplacement de vos bureaux, ce qui lui permet de les remettre en position dès que vous reconnectez l'écran secondaire.

Vous pouvez même glisser-déposer des espaces d'un écran à l'autre. À tester, juste pour le fun.

Naviguer dans l'espace

Vous connaissez une seule méthode permettant de passer d'un espace à un autre – entrer dans Mission Control et cliquer sur l'espace à utiliser. Sachez que vous pouvez aussi naviguer parmi vos espaces en exploitant une des techniques suivantes :

- Appuyer sur la touche Ctrl et sur la flèche gauche ou droite du pavé directionnel pour revenir à l'espace précédent ou passer au suivant.
- Glisser quatre doigts vers la gauche (espace précédent) ou la droite (espace suivant).

Vous pouvez désactiver les commandes du clavier en choisissant le tiret (ou le signe moins – si vous préférez) dans l'onglet Raccourcis clavier des Préférences Système du Clavier.

Parfois, vous souhaiterez déplacer une fenêtre d'un espace à un autre. Voici comment procéder :

- En mode d'affichage standard du Bureau, glissez la fenêtre à déplacer vers le bord gauche ou droit de l'écran et attendez. Au bout de quelques secondes, les espaces défilent depuis la gauche ou vers la droite. Relâchez la fenêtre sur la vignette de l'espace de votre choix.
- Pour faire passer une fenêtre d'un espace à un autre, affichez l'espace contenant la fenêtre concernée, puis ouvrez Mission Control. Glissez-déplacez simplement la fenêtre sur la vignette d'un autre espace.

Différentes options relatives à Spaces sont disponibles. Pour y accéder, faites un clic-droit sur l'icône d'une application depuis le Dock et invoquez sa commande Options (Figure 7.17).

Détaillons-les :

- **Pour que l'application s'ouvre dans tous les espaces :** choisissez Tous les bureaux.

  Quand l'application sera exécutée, elle sera disponible dans tous les espaces.
- **Pour que l'application ne s'affiche que dans le Bureau actuel :** choisissez Ce Bureau.

  Une fois ouverte, l'application n'est disponible que dans cet espace.

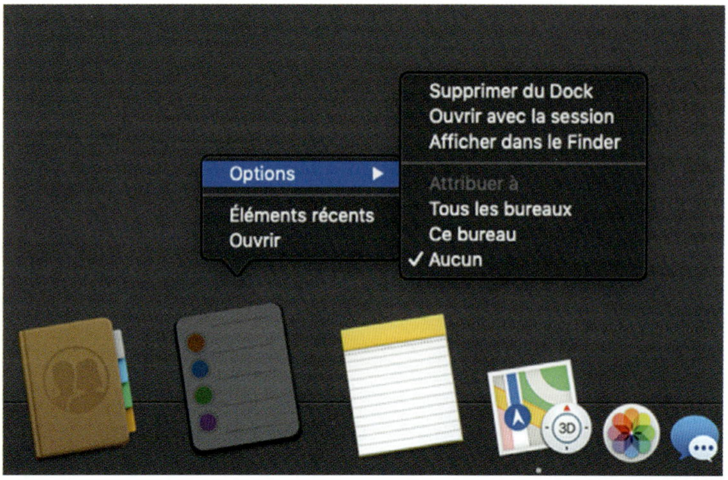

FIGURE 7.17 Les options disponibles.

> » **Pour que l'application ne s'ouvre dans aucun espace :** choisissez logiquement l'option Aucun.

Enfin, vous souhaiterez à un moment ou à un autre effacer des espaces. Pour cela, entrez dans Mission Control et placez le pointeur de la souris sur la vignette de l'espace à supprimer. Une case de fermeture apparaît dans l'angle supérieur gauche de sa vignette, et cliquez dessus.

La suppression d'un espace n'efface pas ou ne ferme pas les applications et les documents en cours. Les programmes et les fenêtres de l'espace supprimé sont transférés dans l'espace « universel » (le Bureau prédéfini).

Spaces peut être utile pour les utilisateurs qui disposent d'un petit écran. Nous vous engageons à tester la fonction pour savoir si elle peut ou non vous être utile.

Launchpad

Le Launchpad met à portée de souris tous les programmes de votre dossier Applications, à la manière de l'écran d'accueil de tous les iDevices (iPhone, iPad et iPod touch). Si vous utilisez ces matériels, vous n'apprendrez sans doute rien dans cette section tant le fonctionnement des deux apps est semblable.

Cliquez sur l'icône Launchpad du Dock. L'app prend aussitôt la main (Figure 7.18).

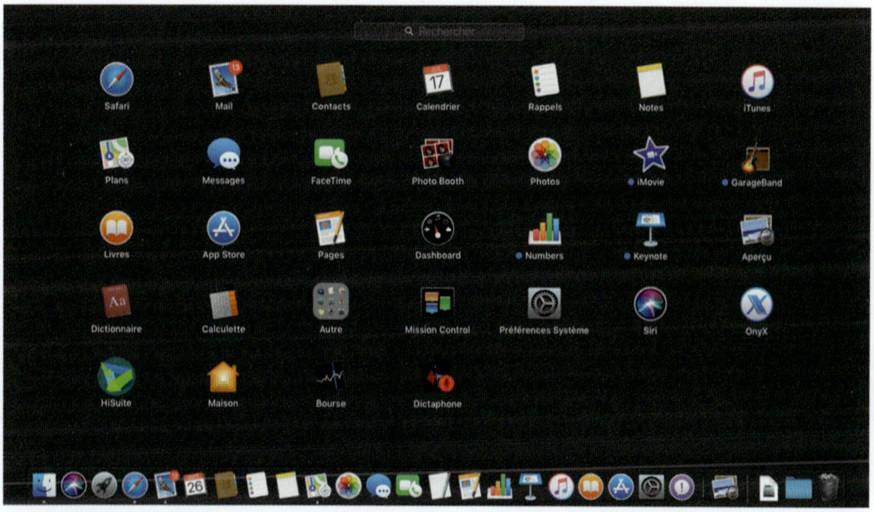

FIGURE 7.18 Le Launchpad dans toute sa splendeur.

Lorsque vous affichez une image en arrière-plan de votre Bureau, le fait d'invoquer le Launchpad crée un effet de profondeur de champ. En d'autres termes, il est flouté de manière à laisser mieux voir les icônes.

Si votre Launchpad contient plusieurs pages d'applications, des points blancs apparaissent, centrés, dans la partie inférieure de l'interface. Pour changer de page, appuyez simplement sur les flèches gauche ou droite du pavé directionnel ou cliquez sur un des points.

Pour lancer une application, cliquez sur son icône. Le Launchpad disparaît en fondu et le programme s'affiche à l'écran.

Personnaliser le Launchpad

Tout comme l'écran d'accueil de vos iDevices, le Launchpad est personnalisable. Vous pouvez, en effet, réorganiser les icônes des applications sur chaque page, les déplacer d'une page à l'autre et les supprimer.

Pour ceux d'entre vous qui n'ont pas l'habitude de manipuler cet utilitaire, voici comment procéder :

» **Pour réorganiser les icônes :** cliquez et faites glisser l'application vers sa nouvelle destination.

- **Pour déplacer des applications vers la page précédente ou suivante :** cliquez et faites glisser l'application vers le bord gauche ou droit de l'écran. Vous passez alors à la page précédente ou suivante. Dès que la page de destination est atteinte, relâchez le bouton de la souris.
- **Pour ajouter une application à votre Dock :** cliquez et faites glisser l'icône de l'application entre deux autres.
- **Pour créer un dossier pour les applications :** glissez-déposez l'icône d'une application sur celle d'une autre.
- **Pour ajouter une application à un dossier :** faites glisser l'icône de l'application sur celle du dossier.
- **Pour retirer une application d'un dossier :** cliquez sur le dossier pour afficher son contenu. Ensuite, glissez l'icône de l'application en dehors du dossier.
- **Pour changer le nom d'un dossier :** cliquez pour ouvrir le dossier, puis cliquez sur son nom. Tapez le nouveau nom.
- **Pour désinstaller des applications :** cliquez sur l'icône de l'application et ne relâchez le bouton de la souris que lorsque les icônes tremblent. Les applications pouvant être désinstallées arborent un symbole x ; cliquez sur x pour lancer la désinstallation.

  Appuyez sur la touche Esc pour interrompre le tremblement, ou cliquez dans un espace vide du Launchpad.

Une icône correspondant à un élément important de macOS ne propose pas de bouton de désinstallation.

Chapitre 8

Gérer les supports amovibles

DANS CE CHAPITRE :

» **Initialiser et effacer des disques.**

» **Utiliser des disques au format PC.**

Ce chapitre se propose de vous initier aux manipulations de base relatives aux disques : formater, lire un disque pour PC, copier et déplacer des fichiers d'un disque vers un autre, *etc.*

Il vous fournit donc des informations utiles, traitant notamment de la gestion des dossiers et du transfert des fichiers. Il aborde aussi les supports amovibles, comme les CD-R, CD-RW, DVD-R, DVD+R, DVD-RW, DVD+RW et DVD-R DL (Dual Layer), que les utilisateurs emploient de moins en moins, ces périphériques n'équipant plus les ordinateurs récents, et plus particulièrement les portables.

Pour acquérir un SuperDrive externe USB, il vous faudra débourser dans les 90 euros.

Comprendre le principe des disques

Considérez les icônes de disques comme des dossiers puisque c'est ainsi que le Mac traite les disques, comme d'énormes dossiers. Lorsque vous double-cliquez sur une icône de disque, son contenu s'ouvre dans une fenêtre Finder. Ajoutez-y ou retirez-en des éléments, comme vous le feriez dans le cas d'un dossier. La fenêtre, pour sa part, se gère aussi comme une fenêtre standard.

Si vous ne voyez pas l'icône de votre disque dur sur le Bureau ou dans la barre latérale, ouvrez les préférences du Finder *via* Finder/Préférences ou en appuyant sur ⌘ + , (virgule). Ensuite, dans les onglets Général et Barre latérale, cochez les lecteurs à afficher (Chapitre 5).

Même si les disques sont effectivement des dossiers, ils ont quelques comportements qui n'appartiennent qu'à eux. Les sections suivantes se proposent de vous les décrire.

Formater

Certains disques sont vendus formatés, c'est-à-dire prêts à recevoir des fichiers Mac ; d'autres sont vendus non formatés.

Le formatage est une procédure qui prend quelques minutes. (Attention : elle efface intégralement le contenu du disque.)

Lorsque vous introduisez dans un lecteur un disque non formaté, le Macintosh vous demande si vous souhaitez ou non le formater.

Si, par malchance, ce message ne vous est pas adressé, lancez manuellement le programme qui s'en charge. Il s'agit d'Utilitaire de disque dont l'interface a considérablement changé sous Mojave (Figure 8.1), que vous trouverez dans le dossier Utilitaires du dossier Applications. Agissez *via* son onglet Effacer.

Copier et déplacer les icônes de disque

Vous pouvez faire glisser l'icône d'un élément d'un disque vers un autre, exactement comme vous le feriez entre des dossiers. La seule différence, c'est que, en cas de cliquer-glisser vers un disque, l'élément est copié, tandis qu'entre dossiers il est déplacé. Pour le déplacer plutôt que de le copier, deux techniques : la première est d'associer au cliquer-glisser l'action de la touche Option (Alt) ; la seconde

FIGURE 8.1 L'Utilitaire de disque Mojave.

s'établit en deux temps puisqu'elle consiste à copier le fichier d'abord et à le supprimer ensuite de son emplacement original en faisant glisser son icône à la Corbeille.

Il est impossible de supprimer un fichier d'un disque en lecture seule (comme un CD-R ou DVD-R) ou d'un dossier pour lequel vous ne jouissez pas d'autorisations d'accès.

Les choses se passent différemment lorsque vous souhaitez copier le contenu d'un disque (CD, DVD, disque externe par exemple).

Pour y parvenir :

1. **Sélectionnez l'icône du disque source.**
2. **Enfoncez la touche Option (Alt) et maintenez-la dans cette position tout en faisant glisser cette icône vers sa cible (qu'il s'agisse d'une fenêtre Finder, de l'icône d'un dossier ou de celle d'un disque).**

   Cette action crée automatiquement un dossier portant le nom du disque source, et dans lequel est alors copié son contenu ; il est la reproduction exacte de l'élément que vous avez copié.

   Testez cette fonctionnalité sans risque en copiant l'icône de votre disque dur directement sur votre Bureau.

Cette technique est pratique lorsqu'il s'agit, par exemple, de copier tous les fichiers d'un CD ou d'un DVD sur votre disque dur.

Si vous n'associez pas la touche Option (Alt) au cliquer-glisser, vous créez non pas une copie, mais un *alias* de la source. Vous vous en doutez : cet alias ne vous sera d'aucune utilité une fois le disque amovible éjecté.

Le raccourci de la commande Dupliquer (⌘ + D) ne fonctionne pas pour les disques alors qu'il agit parfaitement pour les dossiers. Le Chapitre 6 vous en apprend davantage sur les commandes Couper, Copier et Coller.

Surprise : lisez vos disques PC !

macOS est capable de lire tout à la fois des CD et DVD, qu'ils soient Mac et PC.

Ce n'est pas parce que le Mac ouvre les disques PC qu'il est pour autant capable d'en lire le *contenu*. Si les éléments que le disque contient sont des documents (comme des fichiers .doc issus de Microsoft Word ou des feuilles de calcul .xls produites par Microsoft Excel), il est probable que vous trouviez un programme Macintosh capable de les ouvrir. Mais s'il s'agit de programmes Windows (généralement identifiés par le suffixe .exe qui signifie exécutable), le Mac ne pourra pas en faire grand-chose.

Lorsque vous connectez à votre Mac un disque dur ou une clé USB formaté sur PC en NTFS, vous pourrez en lire le contenu, mais pas y enregistrer des données. Seuls les disques PC formatés en FAT 16 ou 32 seront totalement exploitables sur votre Mac.

Pour pouvoir faire tourner Windows sur votre Mac, vous devrez recourir soit à l'utilitaire intégré de Mojave baptisé Boot Camp, soit à un programme développé par une société tierce, comme Parallels Desktop de Parallels (`www.parallels.com`), Fusion de VMWare (`www.vmware.com`) ou VirtualBox (`www.virtualbox.org`). Si vous optez pour Boot Camp, vous serez obligé de faire redémarrer votre ordinateur chaque fois que vous souhaiterez faire tourner Windows. Les trois autres (développés par des sociétés tierces) permettent d'utiliser Microsoft Windows directement depuis Mojave sans vous contraindre à faire redémarrer votre Mac.

Ces trois utilitaires permettent à votre Mac d'exécuter ces fameux fichiers .exe ainsi que la plupart des programmes PC. Boot Camp est évidemment gratuit, de même que VirtualBox ; les deux autres coûtent environ 100 euros. Attention : aucun n'inclut Windows ; vous devrez donc vous procurer par ailleurs une version de ce système d'exploitation.

Parallels Desktop et VMWare Fusion sont tellement efficaces que la différence de performance entre l'émulation sur Mac et l'exécution en environnement propre est à peine perceptible. Boot Camp est encore plus performant, mais présente un inconvénient de taille que nous avons déjà évoqué : il vous oblige à quitter l'environnement de Mojave et à faire redémarrer votre Mac avant de basculer en mode Windows.

Chapitre 9

Le quotidien à portée de main

DANS CE CHAPITRE :

- » **Présentation de Calendrier.**
- » **Gérer votre emploi du temps avec Calendrier.**
- » **Organiser vos évènements et vos tâches avec Calendrier.**
- » **Ne rien manquer avec Rappels et avec le Centre de notifications.**
- » **Prendre des notes avec Notes.**

Votre Mac vous est livré avec différents programmes censés vous faciliter la vie : Calendrier, Rappels et Notes. Voici comment trouver ces applications :

- » Sélectionnez le dossier Applications dans la barre latérale de n'importe quelle fenêtre Finder.
- » Choisissez Aller/Applications.
- » Enfoncez les touches ⌘ + Majuscule + A. Dans ce cas, le contenu du dossier Applications s'affiche dans l'onglet actif du Finder.
- » Mojave permet d'afficher toutes les applications installées sur votre Mac par un clic sur l'icône Launchpad du Dock.

D'autres applications fournies avec macOS valent le détour : c'est notamment le cas de Safari (Chapitre 10), Contacts et Mail (Chapitre 11), iTunes (Chapitre 12), Photos (Chapitre 13) et une foule de programmes multimédias qui permettent de regarder des vidéos et bien plus encore, sans compter l'ineffable TextEdit (Chapitre 14).

Gérer son emploi du temps avec Calendrier

Calendrier est un outil formidable, qui cumule les fonctions de calendrier et d'agenda. Il est capable, entre autres, de gérer plusieurs calendriers de manière simultanée, de dresser des listes de tâches à réaliser, de vous rappeler vos rendez-vous importants. Il vous permet aussi de publier vos calendriers sur le Web afin que d'autres puissent les visualiser. Il vous permet encore de vous abonner à des calendriers publiés par d'autres utilisateurs de cette application.

N'hésitez pas à l'exploiter : vous serez rapidement convaincu de son utilité.

Lorsque vous ouvrez Calendrier pour la première fois, un écran d'accueil vous en indique les nouveautés. Vous apprenez qu'il fonctionne de concert avec les applications Mail et Plans, et que ses fonctionnalités sont paramétrables dans les Préférences. Pour utiliser Calendrier, il suffit de cliquer sur le bouton Continuer de l'écran qui présente les nouveautés du programme.

Maîtriser les modes d'affichage

Calendrier vous permet de présenter sa fenêtre principale comme bon vous semble.

- **Affichez vos agendas par jour, par semaine, par mois, ou par année (Figure 9.1)**. Pour passer d'un mode à l'autre, utilisez les boutons ancrés dans le haut de la fenêtre.
- **Pour reculer ou avancer :** utilisez les boutons Précédent et Suivant placés de part et d'autre de la mention Aujourd'hui pour passer d'un mois à l'autre.
- **Pour revenir à la date du jour :** cliquez sur... Aujourd'hui !
- **Pour avoir une vue d'ensemble de l'année :** cliquez sur... Année !
- **Pour ajouter un calendrier :** cliquez sur Fichier/Nouveau calendrier, et choisissez son emplacement de stockage (iCloud).

  Toutes les options de présentation de Calendrier sont regroupées dans son menu Présentation ; déroulez-le pour en découvrir le contenu et en apprivoiser les équivalents clavier (Figure 9.2).

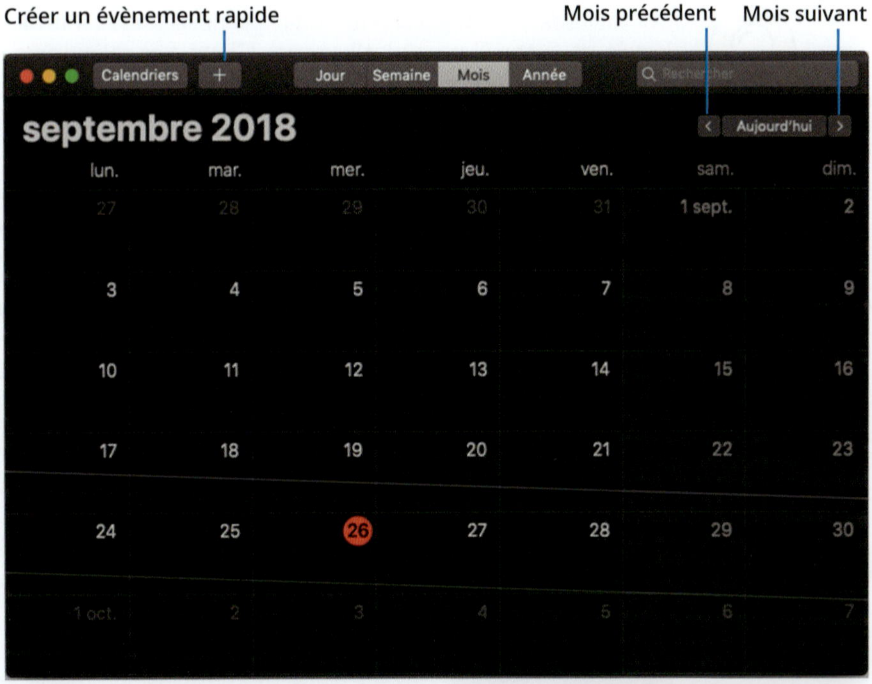

FIGURE 9.1 La fenêtre principale de Calendrier, affichée en mode Mois.

Si vous souhaitez exploiter le programme au quotidien, vous avez tout intérêt à vous familiariser le plus vite possible avec ses outils de présentation et de navigation.

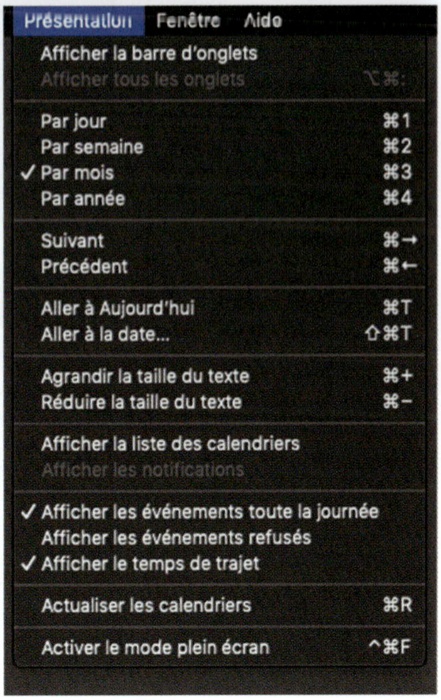

FIGURE 9.2 Le menu Présentation de Calendrier.

Créer des calendriers

Par défaut, Calendrier crée et affiche deux calendriers : Personnel et Travail. Pour les afficher, cliquez sur le bouton Calendriers situé dans la partie supérieure gauche de l'interface. Décochez la case en regard du nom, et les événements du calendrier correspondant sont masqués comme par enchantement.

Les calendriers se répartissent en plusieurs sections : Sur mon Mac, iCloud, Délégués, et Autre. Si vous n'utilisez pas iCloud, vos calendriers n'apparaissent que dans la section Sur mon Mac.

Pour créer un nouveau calendrier :

1. **Choisissez Fichier/Nouveau calendrier/iCloud ou Sur mon Mac.**

   Ces deux possibilités sont exclusives l'une de l'autre, c'est-à-dire que vous n'en avez pas le choix. Donc, si vous possédez un compte iCloud actif et déclaré comme tel dans les préférences de Calendrier, le nouveau calendrier sera créé sur iCloud. Inversement, quand ce compte est désactivé, vous ne pouvez créer un calendrier que Sur mon Mac.

   « Sur mon Mac » n'apparaît pas comme une option de la commande Nouveau calendrier. Il s'agit d'une section qui sera alors créée dans ma barre latérale de Calendrier. Dès l'instant où une section Sur mon Mac a été créée avec un calendrier, la commande Nouveau calendrier propose, dans un sous-menu, de créer un calendrier sur iCloud et Sur mon Mac comme le montre la Figure 9.3.

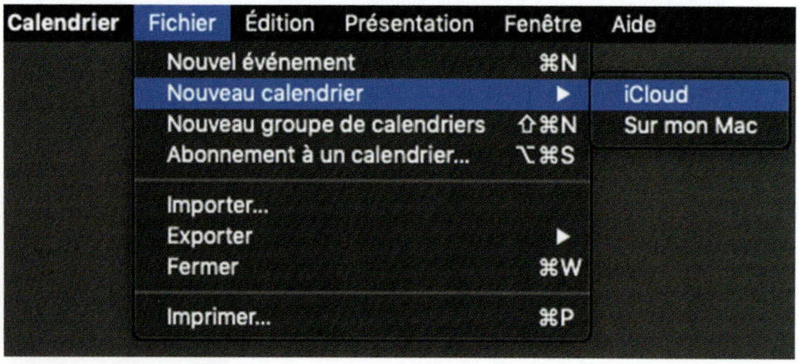

FIGURE 9.3 Nouveau calendrier sur iCloud ou Sur mon Mac.

   Pour activer ou désactiver le compte iCloud, cliquez sur Calendrier/Préférences. Dans l'onglet Comptes de la boîte de dialogue qui apparaît, choisissez votre compte iCloud dans le volet gauche, et cochez la case Activer ce compte de l'onglet Données du compte. Activez ensuite l'onglet Alertes. Dans le menu local Compte, choisissez Sur mon Mac.

   Un nouveau calendrier s'affiche dans la liste correspondante ; il s'appelle Sans titre tant que vous n'en décidez pas autrement.

2. **Pour lui donner un nom plus évocateur, sélectionnez ce nom générique (s'il ne l'est pas déjà) et tapez-en un autre.**

Si vous avez validé le nom Sans titre, appuyez de nouveau sur la touche Retour de votre clavier et tapez un nouveau nom.

Vous pouvez également cliquer-droit sur ce nom et choisir Lire les informations dans le menu contextuel qui apparaît. Dans le champ Nom, saisissez un nouveau nom, et validez par un clic sur OK.

3. **(Facultatif) Pour attribuer à ce calendrier un autre code couleur que celui assigné par défaut, faites un clic-droit sur son nom. Dans le menu local qui apparaît, cliquez sur un des cercles de la couleur à assigner.**

Ces teintes ne vous inspirent pas ? Cliquez sur Couleurs personnalisées pour échapper à ces 7 couleurs prédéfinies (Figure 9.4). En effet, cette commande vous donne accès à toute la roue chromatique au lieu de vous limiter aux 7 couleurs de base. Défoulez-vous !

FIGURE 9.4
Choisissez Couleurs personnalisées pour avoir accès au cercle chromatique.

Tous les événements d'un calendrier donné s'affichent dans la couleur du calendrier. Notez encore que la fenêtre d'infos vous permet d'introduire une description de votre nouveau calendrier.

Créer des groupes de calendriers

Calendrier vous permet d'organiser vos calendriers par groupes. Pour ce faire :

1. **Choisissez Fichier/Nouveau groupe de calendriers ou enfoncez les touches ⌘ + Majuscule + N.**

   Un nouveau groupe de calendriers est instantanément constitué et ajouté à la liste des calendriers.

2. **Pour renommer le groupe, double-cliquez sur son nom.**

   Le nom passe en surbrillance. Il ne vous reste plus qu'à taper sa nouvelle appellation.

3. **Pour y ajouter des calendriers, faites-les tout simplement glisser sur ou sous le nom du groupe (Figure 9.5).**

Lorsque vous relâchez le bouton de la souris, le groupe contient les calendriers que vous y avez déposés.

FIGURE 9.5
Le calendrier Cinéma s'apprête à intégrer le groupe de calendriers Privé.

Désormais, vous pouvez afficher ou, au contraire, masquer tous les calendriers du groupe en une seule opération tout en gardant la possibilité, au sein du groupe, d'afficher les calendriers qui vous intéressent et de masquer les autres.

Voyez-vous l'intérêt de tout ça ? Une piste : créez un calendrier individuel pour chaque membre de votre famille, et introduisez-les dans un groupe que vous baptiserez fort à propos « Famille ». Vous pourrez ensuite afficher ou masquer d'un seul clic tous les emplois du temps de tout votre petit monde.

Si vous disposez d'un compte iCloud Drive, vous pourrez partager vos calendriers. Les destinataires recevront un e-mail les invitant à s'abonner à votre calendrier. C'est ce que nous faisons dans notre famille. Chaque membre publie son calendrier et s'abonne à celui des autres. De la sorte, nous savons toujours, en un seul coup d'œil, quel est le programme des autres. Très pratique quand on a tous un agenda chargé.

Supprimer un calendrier ou un groupe de calendriers

C'est simple : sélectionnez le calendrier ou le groupe dans la liste de gauche, puis choisissez Édition/Supprimer, ou cliquez-droit sur son nom et, dans le menu contextuel qui apparaît, choisissez Supprimer. Si le calendrier concerné comporte des événements ou si le groupe concerné inclut des calendriers, un message d'alerte vous demandera de confirmer votre intention. Vous avez bien réfléchi ? Alors, cliquez sur Supprimer sans arrière-pensée. Si vous regrettez votre décision, cliquez immédiatement sur Édition/Annuler ou exécutez le raccourci clavier ⌘ + Z.

Créer et gérer des évènements

Les évènements, c'est la raison d'être de Calendrier. Pour en créer un, agissez comme décrit ci-après :

1. **Choisissez Fichier/Nouvel événement ou exécutez le raccourci clavier ⌘ + N, ou encore double-cliquez dans une case de calendrier.**

   Si vous cliquez ou double-cliquez exactement sur le jour de l'évènement, vous pouvez sauter l'Étape 2 et n'êtes donc pas obligé de spécifier la date à l'Étape 3.

   Pensez à exploiter le bouton +, c'est-à-dire Créer rapidement un événement. Cette fonction est assez intelligente pour proposer un évènement comme Cinéma, vendredi à 19 h 00, comme le montre la Figure 9.6.

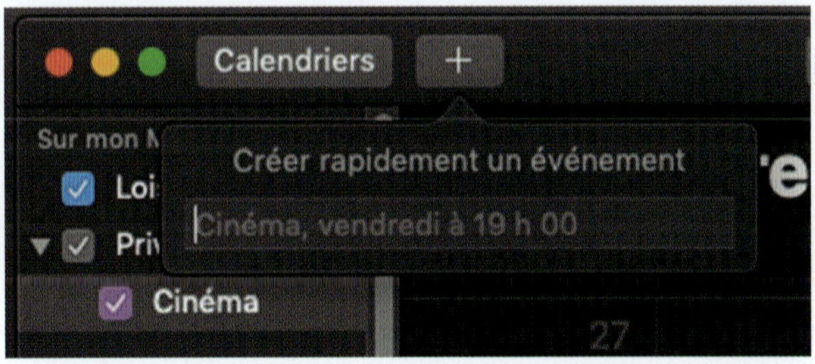

FIGURE 9.6 Une proposition d'évènement générée par le bouton Créer un évènement rapide.

2. **Pour insérer directement le rendez-vous à la bonne date, faites un clic-droit sur la date en question et, dans le menu contextuel qui apparaît, choisissez Nouvel événement.**

   Cette action crée une entrée nommée Nouvel évènement, comme le montre la Figure 9.7.

3. **Tapez les informations de cet évènement dans la fiche qui apparaît.**

   Vous indiquez le nom de l'évènement dans la section Nouvel événement. Choisissez ensuite, dans le menu local adjacent (carré de couleur), le calendrier dans lequel il doit être répertorié. Ajoutez le lieu, puis cliquez au niveau de la tranche horaire pour spécifier l'heure de début et de fin de votre activité.

4. **Pour modifier un évènement, sélectionnez-le, puis invoquez la commande Modifier l'évènement du menu Édition, ou enfoncez les touches ⌘ + E.**

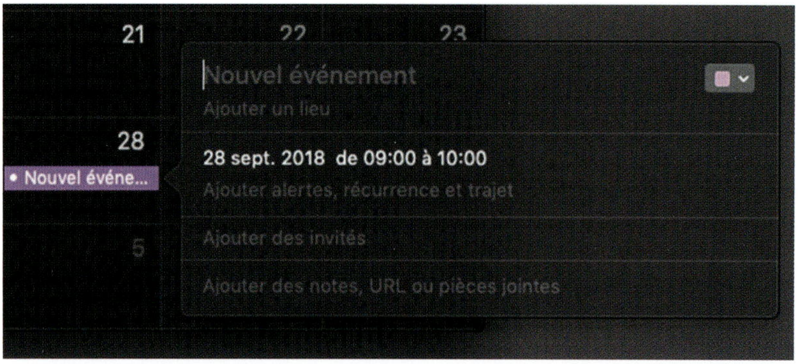

FIGURE 9.7 Un évènement dont vous devez définir les informations.

Si vous double-cliquez sur l'évènement, vous accéderez à l'incrustation de modification.

Vous pouvez également faire un clic-droit dessus et, dans le menu contextuel qui apparaît, choisir Lire les informations. Dans la boîte de dialogue qui s'affiche, modifiez l'évènement. Une fois les modifications effectuées, fermez cette boîte de dialogue par un clic sur le bouton X situé dans l'angle supérieur gauche.

Cette même boîte de dialogue apparaît lorsque vous choisissez Édition/Afficher l'inspecteur ou appuyez sur ⌘ + Option (Alt) + I.

5. **Refermez cette fenêtre (ou la bulle) en enfonçant la touche Entrée ou Retour ou en cliquant tout simplement en dehors de sa zone, dans la fenêtre en arrière-plan.**

Inviter d'autres personnes à participer à un évènement

Double-cliquez sur un évènement, puis cliquer dans la rubrique Ajouter des invités et taper directement l'adresse électronique du premier invité à convier à l'évènement (Figure 9.8). Il suffit de taper une lettre pour que Calendrier affiche les contacts dont le nom commence par la lettre en question. S'il s'agit d'une personne dont les informations de contact sont stockées dans votre Contacts, il vous suffit de taper les premiers caractères et Calendrier complète l'adresse tout seul comme un grand. S'il trouve plusieurs contacts dont le nom commence par la ou les même(s) lettre(s), il vous les propose tous : à vous de choisir ! (Contacts est traité au Chapitre 11.) Le cas échéant, répétez l'opération pour ajouter d'autres invités.

Validez le contact en appuyant sur Retour. Le cas échéant, ajoutez un ou plusieurs autres contacts. Quand la liste est complète, cliquez sur Envoyer pour lancer les

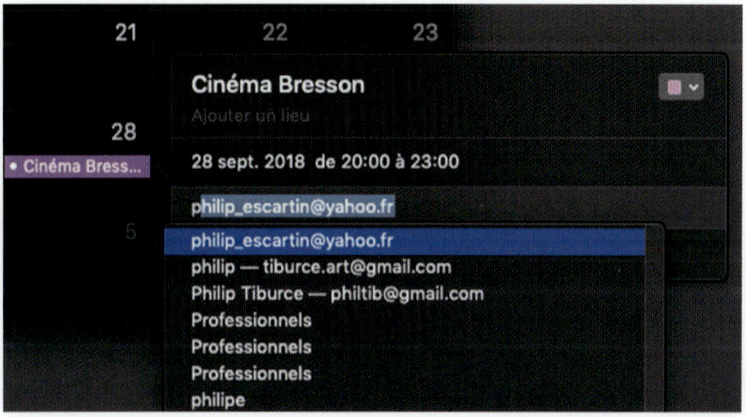

FIGURE 9.8 Pour communiquer l'évènement aux contacts (invités) sélectionnés.

invitations. Par défaut, les invités recevront votre invitation par courrier électronique et, s'ils possèdent Calendrier, ils pourront ouvrir la pièce jointe qui leur proposera d'ajouter l'évènement à leur calendrier. Un clic sur le bouton approprié et vous serez informé de leur décision et pourrez, en plus, joindre à l'évènement la réponse qu'ils vous auront transmise.

Si les destinataires ne possèdent pas Calendrier (ou n'ouvrent pas la pièce jointe qui accompagne l'invitation électronique), ils seront réduits à vous répondre de manière traditionnelle : par e-mail ou... par téléphone !

Paramétrer une alerte

À quoi ça sert de prévoir un rendez-vous si vous risquez de l'oublier ? Demandez donc à Calendrier de vous rafraîchir la mémoire au cas où elle flancherait. Pour régler une alarme, cliquez sur l'heure. Cette action ouvre d'autres options. Cliquez alors sur la mention Aucune en regard de Alerte. Vous accédez ainsi à un menu local illustré sur la Figure 9.9 ; désignez-y le type d'alarme souhaité, puis paramétrez-la grâce à l'option Personnaliser. Vous pourrez notamment lui demander de se manifester *via* un message avec son.

En fait, vous pouvez activer autant d'alertes que vous le souhaitez pour un même évènement. Pour cela, placez le pointeur de la souris sur ladite alerte, et cliquez sur le bouton + qui apparaît sur sa droite. Pour supprimer une alerte, choisissez Aucune dans son menu local.

En agissant au niveau des préférences de Calendrier, vous pourrez définir des alertes par défaut distinctes pour les événements, les évènements du jour entier et

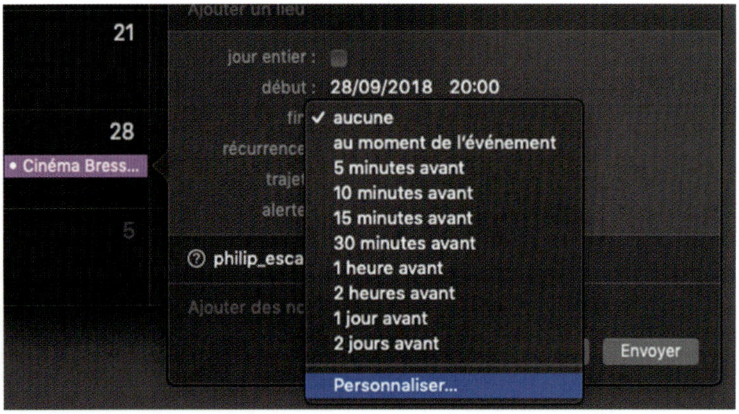

FIGURE 9.9
Créez une alerte !

les anniversaires. Agissez, à cette fin, dans l'onglet Alertes auquel vous accéderez *via* la commande Calendrier/Préférences.

Se rafraîchir les idées avec Rappels

Encore une application qui paraîtra familière à tous ceux qui utilisent un iDevice, car elle en reprend les grands principes.

Rappels vous permet de rester organisé. Contrairement aux évènements du Calendrier, les rappels que vous introduisez ici ne sont pas forcément liés à une date ni à une heure (même s'ils peuvent l'être). L'app, en revanche, est capable de prendre en compte vos données de localisation (une aptitude que vous apprécierez plus sur un iDevice que sur un Mac). Elle vous permet aussi d'attribuer aux entrées un niveau de priorité.

Si vous possédez un iDevice et un compte iCloud Drive, Rappels sera disponible sur tous vos appareils Apple (autres Mac, iPhone, iPad et iPod touch). Une façon bien pratique de ne rien oublier.

Découvrir l'app

Avant de créer ou de gérer vos rappels personnels, vous devez connaître un certain nombre de choses, à commencer par le concept de listes. Par défaut, Rappels propose une liste logiquement appelée *Rappels*. Vous pouvez la supprimer ou la renommer ; vous pouvez aussi créer d'autres listes *via* la commande Fichier/Nouvelle liste, le raccourci clavier ⌘ + L ou le bouton + situé dans la partie inférieure du volet des listes.

Personnellement, j'aime disposer de deux listes : une liste Loisirs et une liste Travail (Figure 9.10).

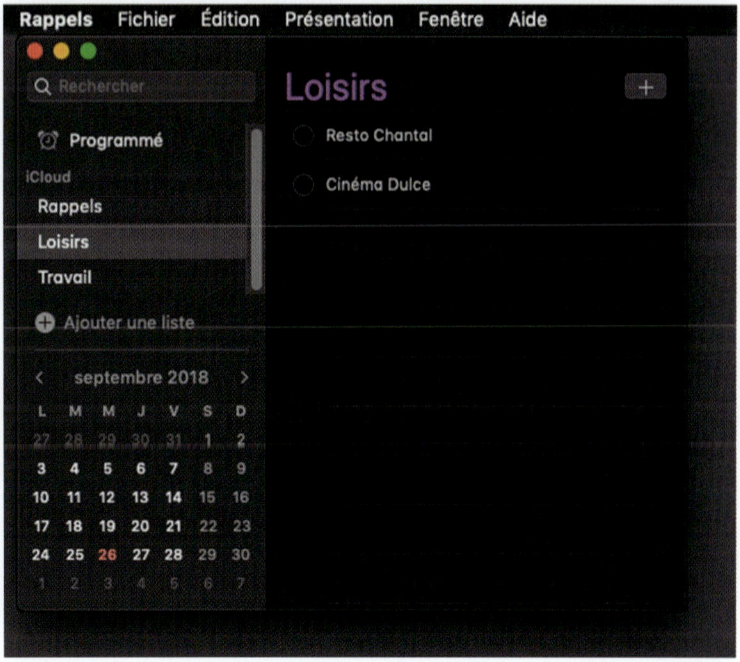

FIGURE 9.10 Les listes à gauche, les rappels par liste à droite.

Dès qu'une tâche est accomplie, « cochez-la ». Elle est alors immédiatement soustraite de la liste dont elle faisait partie pour être transférée vers une autre spécialement créée par Rappels et qui se nomme Terminé.

Bon à savoir si vous entendez manipuler efficacement les listes :

» **Pour renommer une liste :** opérez un clic-droit sur son nom courant et, dans le menu contextuel qui apparaît, choisissez Renommer. Le nom passe alors en surbrillance. Tapez le nouveau nom et validez en appuyant sur Retour ou Entrée. Autre solution : sélectionnez la liste, enfoncez Retour ou Entrée, tapez le nouveau nom, puis enfoncez de nouveau une de ces deux touches.

» **Pour afficher une liste dans une fenêtre séparée :** double-cliquez sur le nom de la liste ou opérez un clic-droit sur son nom et choisissez Ouvrir la liste dans une nouvelle fenêtre. Une dernière technique consiste à sélectionner la liste dans le volet de gauche, puis à cliquer sur Fenêtre/Ouvrir la liste dans une nouvelle fenêtre ou exécutez le raccourci clavier ⌘ + Retour ou Entrée.

» **Pour afficher ou masquer le minicalendrier :** choisissez Présentation/Afficher/Masquer Calendrier ou exécutez le raccourci clavier ⌘ + Option (Alt) + K.

» **Pour afficher ou masquer la barre latérale :** cliquez sur Présentation/Afficher/Masquer la barre latérale, exécutez le raccourci ⌘ + Option (Alt) + S ou cliquez sur l'icône du triangle située dans le coin inférieur gauche de l'interface.

Vous n'êtes obligé ni de créer plusieurs listes ni de supprimer ou de renommer la liste Rappels par défaut. Tout est question d'organisation personnelle.

Faire ou ne pas faire : configurer Rappels

Vous savez à présent comment créer une liste ; apprenez donc à ajouter un rappel. C'est simple : il suffit de cliquer sur Fichier/Nouveau rappel ou d'appuyer sur ⌘ + N. Autre technique : cliquer sur le signe + affiché dans la partie supérieure droite de l'interface. Vous pouvez encore créer un rappel en cliquant dans une ligne vierge du volet de droite.

Rappels vous permet également d'émettre un rappel :

» à une heure ou une date spécifique ;

» périodique ;

» à un emplacement particulier (génial pour les iPhone 3G/4G et les iPad).

Enfin, Rappels permet d'assigner des niveaux de priorité et des notes. Pour accéder à ces fonctionnalités, sélectionnez le rappel à traiter, puis choisissez Présentation/Afficher les infos, enfoncez les touches ⌘ + I ou cliquez sur l'icône *i* (Info) qui s'affiche à droite (Figure 9.11).

Pour sélectionner une note, ne cliquez pas sur son cercle. En effet, cela aura pour effet d'indiquer que la tâche est terminée. Cliquez à droite de son nom.

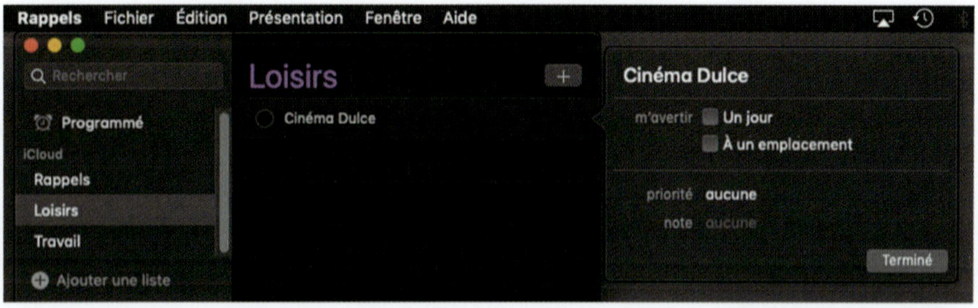

FIGURE 9.11 La fenêtre d'infos d'un rappel où vous pouvez attribuer une priorité et ajouter une note.

En ce qui concerne l'option À un emplacement, la première fois que vous l'utilisez, votre Mac ouvre une boîte de dialogue vous demandant si vous souhaitez activer les services de localisation. Si oui, cliquez sur le bouton OK ; si non, cliquez sur Ne pas autoriser.

Enfin, pour réorganiser les rappels d'une liste, cliquez sur la ligne d'un rappel et, sans relâcher le bouton de la souris, glissez-déposez-le à l'endroit qui vous convient (soit plus haut, soit plus bas).

Tout ce que vous devez savoir sur les notifications

Le centre de notifications vous communique des informations sur l'ensemble des programmes qu'il prend en charge. Il suffit de cliquer sur l'icône située dans l'angle supérieur droit de votre Bureau pour qu'il se manifeste, affichant notamment vos rappels et vos messages électroniques. (Sur trackpad, faites glisser deux doigts depuis le bord droit vers la gauche.)

C'est dans le volet Centre de notifications des Préférences Système que l'application se paramètre. (Accès rapide : l'icône placée tout en bas du volet dans lequel se déploie le centre.) Pour chaque programme géré par le centre, vous pouvez, en effet, définir la présentation des alertes :

» **Pour que les notifications d'une application ne s'affichent pas dans le centre des notifications :** sélectionnez l'app dans la partie de la liste de gauche, puis décochez, à droite, l'option Afficher dans le Centre de notifications.

- **Pour modifier l'ordre d'affichage :** ouvrez le menu local Ordre de tri des notifications et optez pour Récentes en premier, Récentes en premier (par app), et Manuel (par app). Cette dernière option permet de réorganiser l'ordre des alertes en les glissant-déposant directement dans le volet du Centre de notifications.

- **Pour définir le type de notifications :** sélectionnez l'app dans la partie de la liste de gauche, puis choisissez, à droite, Aucune, Bannières ou Alertes dans la rubrique Style d'alerte. Les alertes restent affichées à l'écran tant que vous n'en accusez pas réception ; les bannières s'affichent en haut à droite, sous l'icône du centre et s'éclipsent après quelques secondes.

- **Pour voir le nombre de nouvelles notifications :** validez l'option Pastille sur l'icône de l'app.

- **Pour qu'un signal sonore soit émis à la réception d'une notification :** cochez l'option Émettre un son pour les notifications.

Pour agir au niveau du centre proprement dit :

- **Pour répondre à une notification :** ouvrez le Centre de notifications par un clic sur son icône, et cliquez sur la notification afin d'ouvrir l'application correspondante.

- **Pour fermer toutes les notifications :** cliquez sur le symbole x situé à droite du nom de l'application sous laquelle apparaissent les notifications.

Voici quelques fonctions supplémentaires :

- Il suffit de cliquer sur l'icône du Centre de notifications située dans la partie supérieure droite de macOS pour accéder au Centre de notifications. Il affiche les widgets des applications Calendrier, Rappels, des cours de la Bourse, de la météo, de vos réseaux sociaux, j'en passe et des meilleurs.

- Vous pouvez personnaliser vos widgets afin de définir les informations qui seront affichées par le Centre de notifications.

- Le Centre de notifications donne un accès direct aux préférences des notifications. Il suffit de cliquer sur la petite icône située dans l'angle inférieur droit.

- Cliquez sur le bouton Modifier situé en bas du Centre de notifications pour ajouter ou supprimer des catégories de notifications. Cliquez sur un signe moins dans la partie gauche du Centre, et sur le signe plus dans la partie droite.

Prendre des notes avec Notes

Notes est la version électronique des Post-it. Utilisez-les pour noter un numéro de téléphone ou pour griffonner quelques mots.

Voici ce que vous pouvez faire avec Notes :

- Transformer une liste en check-list.
- Ajouter une vidéo, une photo, un lien Web, ou un plan.
- Utiliser iCloud pour actualiser vos notes sur tous vos appareils.
- Épingler les notes importantes en haut de la liste
- Présenter vos informations sous la forme de tableaux.

Bien entendu, vous invoquez ce programme *via* le dossier Applications, ou l'icône du Dock. L'application s'ouvre. Lors de sa première utilisation, un écran d'accueil présente les nouveautés de l'application. Cliquez sur le bouton Continuer.

Pour créer une note, choisissez Fichier/Nouvelle note, ou enfoncez les touches ⌘ + N, ou encore cliquez sur l'icône au centre de la barre d'outils et représentée ci-contre.

Ces notes sont très pratiques ; quelques manips que vous pouvez leur imposer :

- Double-cliquez sur une note pour l'ouvrir dans une fenêtre indépendante que vous placerez n'importe où sur votre Bureau.

  Une fois la note ainsi ouverte dans sa propre fenêtre, sollicitez la commande Fenêtre/Placer au premier plan si vous souhaitez qu'elle flotte au-dessus des autres fenêtres ouvertes.
- Choisissez la police, la taille, le style et la couleur des caractères *via* la commande Police du menu Format.
- Recherchez un mot ou une phrase en introduisant l'élément à localiser dans le champ Rechercher du volet gauche.
- Créez des listes à puces, à tirets ou à numéros *via* la commande Format, et choisissez un des types de listes proposés.

» Créer une liste de pointage, c'est-à-dire avec des boutons radio. Pour cela, sélectionnez les éléments de la liste. Ouvrez ensuite le menu Format, et choisissez Liste de pointage. Le résultat de cette action est illustré à la Figure 9.12.

» Vous pouvez joindre un fichier (photo, vidéo, *etc.*) et ajouter un lien *via* les deux options idoines du menu Édition. La Figure 9.13 montre l'ajout d'une photo dans une note.

» Vous pouvez également ajouter une photo *via* le bouton Ouvrir le navigateur de photos. Dans le menu local qui apparaît, choisissez Photos. Dans le

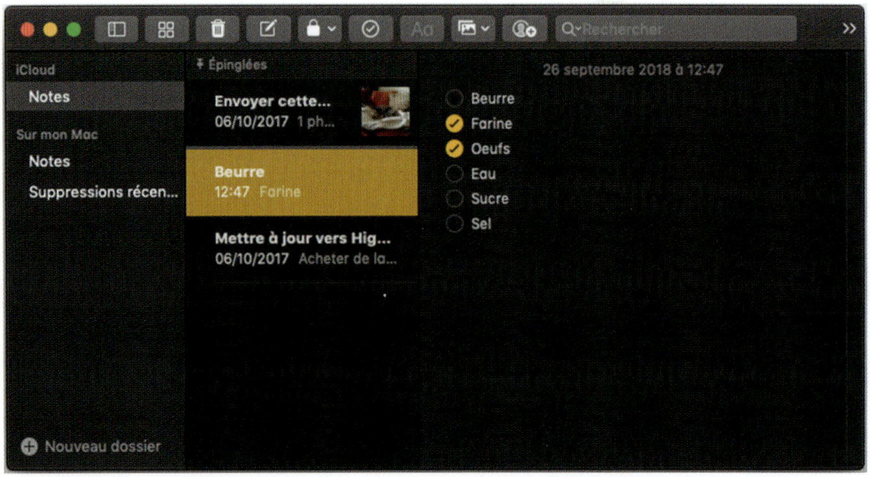

FIGURE 9.12
Une liste de pointage créée dans Notes.

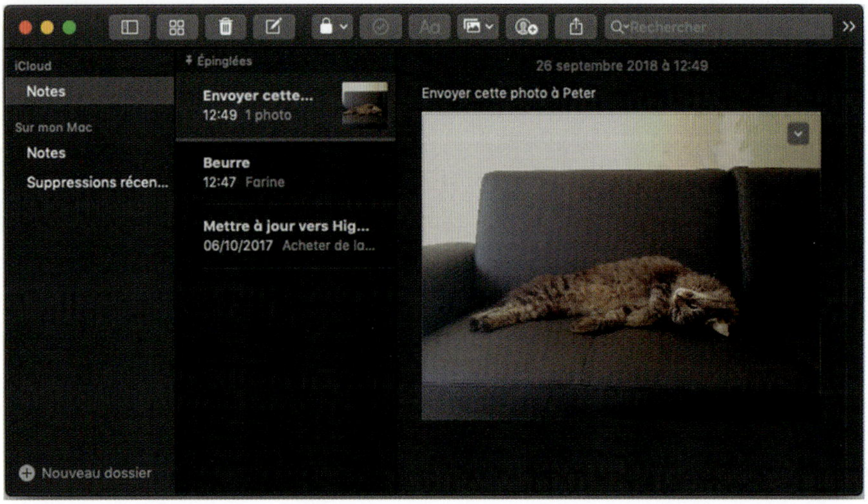

FIGURE 9.13
Ajoutez une photo via la commande Joindre un fichier.

navigateur de photos qui apparaît, parcourez les différents dossiers qui sont en réalité ceux de l'application Photos de Mojave. Glissez-déposez une photo depuis ce navigateur dans votre note. Rapide et efficace !

» Vous pouvez naviguer parmi toutes vos pièces jointes en cliquant sur l'icône représentant 4 carrés située dans la partie supérieure droite de l'interface. Dans la fenêtre illustrée à la Figure 9.14, cliquez sur l'onglet correspondant au type de fichier à consulter. Pour quitter ce mode d'affichage, appuyez sur la touche Esc de votre clavier.

FIGURE 9.14 Parcourir les fichiers joints à une note.

» Transformez une liste existante en tableau ou bien créer une note sous la forme d'un tableau en cliquant sur l'icône Ajouter un tableau en haut au centre de la fenêtre. Vous obtenez le résultat de la Figure 9.15.

» Pour organiser les notes prioritaires, cliquez-droit dessus et, dans le menu contextuel qui apparaît, exécutez la commande Épingler la note, comme sur la Figure 9.16. La note s'affichera systématiquement au-dessus des autres. Pour replacer la note à un niveau de priorité ordinaire, cliquez-droit dessus et exécutez cette fois la commande Détacher la note.

» Créez des dossiers pour y classer vos notes *via* la commande Fichier/Nouveau dossier ou son raccourci clavier ⌘ + Maj + N, ou bien encore en cliquant sur le bouton Nouveau dossier en bas à droite de la fenêtre de Notes.

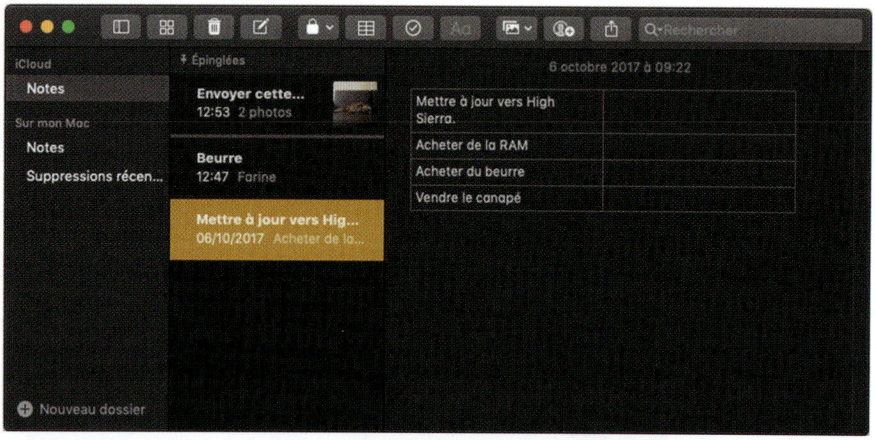

FIGURE 9.15
Une note sous la forme d'un tableau.

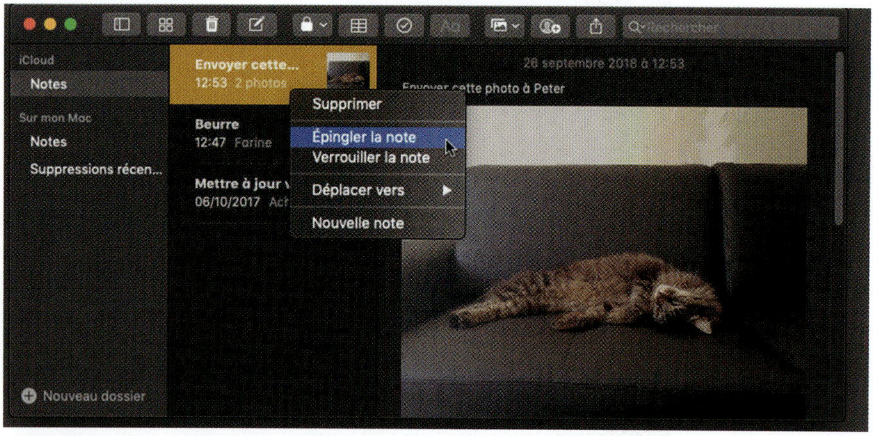

FIGURE 9.16
Épingler les notes.

Pour créer un nouveau dossier, la fenêtre du programme Notes doit être active. En effet, si c'est la fenêtre d'une note particulière qui est active, la commande Nouveau dossier n'est pas disponible.

Les dossiers de l'application Notes sont exclusifs à ce programme. En d'autres termes, les dossiers ne seront pas localisables dans le Finder. Pour rappel, la création de dossier est facultative, mais elle évite de devoir parcourir des centaines de notes pour en retrouver une en particulier.

» Affichez ou masquez la liste des dossiers *via* la commande Présentation/Afficher/Masquer les dossiers.

- Pour limiter l'affichage aux notes d'un dossier, cliquez sur le nom de ce dossier dans la liste qui les regroupe.
- Pour synchroniser automatiquement vos notes avec votre iDevice en utilisant iCloud comme compte par défaut, choisissez Notes/Comptes ; vous accédez ainsi à la fenêtre de la préférence Système Comptes Internet ; sélectionnez votre adresse iCloud dans le volet gauche ; ensuite, dans le volet iCloud qui s'affiche alors à droite, activez l'option qui assure la synchronisation de Notes.
- Exportez vos notes *via* Mail ou Messages grâce à la commande Fichier/Partager ou en cliquant sur l'icône de partage affichée dans la partie supérieure droite.
- Vous pouvez ajouter des personnes aux notes. Pour cela, cliquez sur l'icône représentant un avatar. La boîte de dialogue Ajouter des personnes s'affiche comme sur la Figure 9.17. Cliquez sur le mode de diffusion qui vous intéresse comme Mail, Messages, Copier le lien, Twitter, *etc.* En fonction du support de communication sélectionné vous devrez cliquer sur le bouton Partager.
- Imprimez vos notes avec Fichier/Imprimer ou son classique équivalent clavier, ⌘ + P.

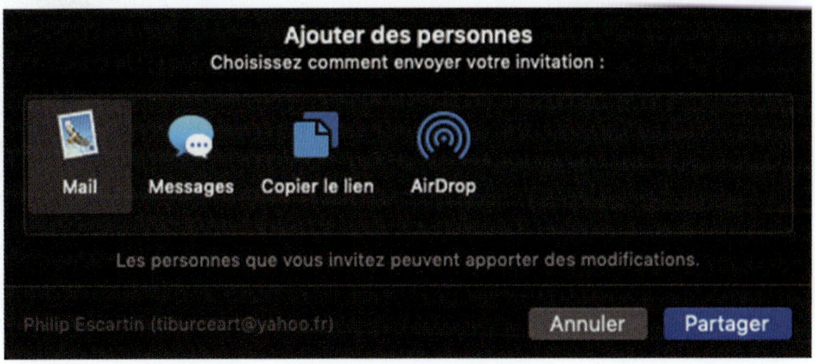

FIGURE 9.17 Ajouter des personnes à cette note.

Lorsque vous insérez un document dans votre note, comme une photo, vous pouvez l'annoter grâce à la fonction Coup d'œil. Pour cela, ouvrez le menu local accessible dans le coin supérieur droit de votre photo, et cliquez sur Annoter, comme le montre la Figure 9.18. Cela ouvre l'image dans Coup d'œil. Utilisez les nouveaux outils d'annotation de cette application comme expliqué au Chapitre 7.

Le texte de vos notes est automatiquement sauvegardé au fur et à mesure que vous le saisissez, ce qui explique que l'application soit dépourvue des classiques commandes Enregistrer, Enregistrer sous ou Dupliquer.

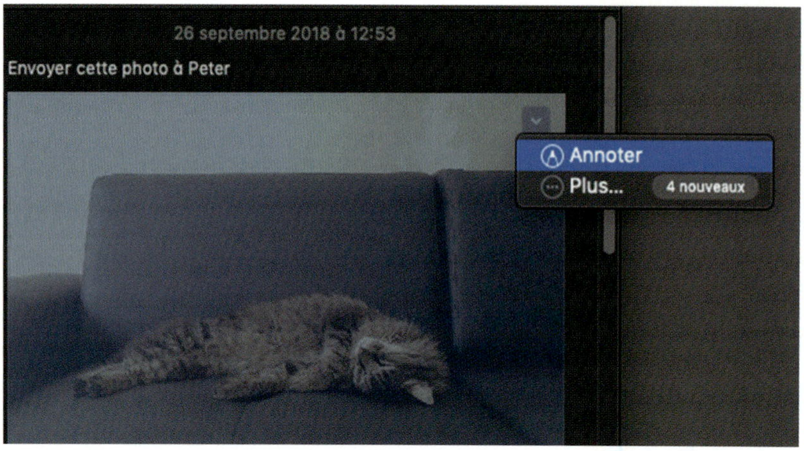

FIGURE 9.18 Annoter une image insérée dans une note.

Notes met en outre à votre disposition un vérificateur orthographique, un assistant capable de lire le texte de vos notes, différentes options de substitution (comme les guillemets courbes) ainsi que diverses transformations (capitales, minuscules) ; vous trouverez tous ces réglages dans le menu Édition.

III

Quand faut y aller, faut y aller !

DANS CETTE PARTIE...

Cette Troisième Partie vous met le pied à l'étrier. Vous y apprendrez comment exploiter le Macintosh et surfer sur Internet. Vous y découvrirez deux programmes dont le nom annonce clairement la couleur : Mail et Contacts. Viendront ensuite quelques chapitres consacrés à l'aspect multimédia du Macintosh, c'est-à-dire la gestion des musiques, vidéos, DVD et la très séduisante application Photos. Pour terminer, nous parlerons traitement de texte et polices de caractères.

Chapitre 10
Naviguer sur la toile

DANS CE CHAPITRE :

» **Comprendre Internet.**

» **Examiner la préférence Système Réseau.**

» **Surfer sur le Web avec Safari.**

» **Rechercher avec Google.**

» **Un face-à-face avec FaceTime.**

De nos jours, rien n'est plus facile que de rejoindre Internet, cet espace étrange qui se trouve à portée de quelques clics de souris. Cet accès est facilité par les dispositifs mis à votre disposition dans Mojave. Lisez les sections suivantes pour vous en convaincre.

Mojave propose, en effet, une série d'outils exploitables d'emblée :

» **Safari,** le navigateur Web d'Apple, vous permet de surfer sur le Web, de télécharger des fichiers distants *via* FTP, *etc.*

Dans Mojave, Safari reprend les fonctionnalités implémentées par son prédécesseur High Sierra. Toutefois, il s'enrichit d'une possibilité qui permet d'identifier les sites Web directement dans les différents onglets ouverts en y affichant des icônes. Il suffit, comme nous le verrons plus loin dans ce chapitre, d'activer cette option dans les préférences de Safari.

» **FaceTime,** qui permet de converser visuellement avec d'autres utilisateurs d'un Mac ou d'un périphérique de type iPad.

Sous Mojave, FaceTime permet d'inclure jusqu'à 32 personnes dans une conversation et offre la possibilité d'ajouter des participants en cours d'appel.

- **Messages,** la messagerie instantanée d'Apple qui vous met en relation avec d'autres utilisateurs de cette application, avec AOL Instant Messaging (AIM), Jabber, Google Talk et Bonjour (utilisateurs de votre réseau local). L'app autorise en outre le chat audio et vidéo, le partage d'écran et le transfert de fichiers.
- **Mail,** qu'on ne présente plus tant la messagerie électronique d'Apple a fait ses preuves.

  Dans Mail, vous pouvez désormais rédiger des courriels plus expressifs en utilisant le nouveau bouton Emoji !

Dans ce chapitre, nous nous concentrons sur les deux fonctions Internet les plus prisées : d'une part, le *World Wide Web* (le fameux *www* des adresses Internet) et, d'autre part, la messagerie instantanée Messages. L'application Mail sera traitée au Chapitre 11.

Mais il convient, avant tout, d'établir cette fameuse connexion sans laquelle rien n'est possible.

Établir la connexion

Pour surfer sur Internet, vous devez disposer :

- **D'une connexion Internet** comme un modem câble, un modem ADSL (*Asymetrical Digital Subscriber Line*) ou un service Internet par satellite.

  Si vous utilisez une connexion autre que le modem téléphonique ou l'ADSL, l'administrateur de votre réseau ou votre fournisseur d'accès Internet (FAI) devra vous aider à configurer votre ordinateur. Ces réglages sortent du cadre du présent ouvrage.
- **D'un compte auprès d'un FAI,** comme Free, Orange ou encore SFR pour ne citer qu'eux.
- **D'un Mac** (idéalement tournant sous Mojave).

  Il vous faudra peut-être opérer l'un ou l'autre réglage, comme vous le verrez dans la section « Définir les paramètres de la connexion », plus loin dans ce chapitre.

Une fois la connexion établie, à vous les grands espaces : vous pouvez lancer et exploiter Safari, Mail, Messages ainsi que toutes les autres applications Internet.

Préparer la box

Allez, ne nous voilons plus la face. L'idée du modem est désormais obsolète, même si le principe reste le même. Désormais, chacun d'entre nous se connecte à Internet avec une box. Vous brancherez votre Mac *via* un port Ethernet, ou bien en activant la connexion sans fil, c'est-à-dire le fameux Wi-Fi. Apple propose la borne AirPort qui permet d'établir un réseau Wi-Fi dont profiteront tous vos périphériques connectés.

Une fois la connexion établie avec le dispositif fourni par votre FAI (Fournisseur d'Accès à Internet), n'importe quel Mac (ou PC) équipé Wi-Fi se trouvant à portée de signal peut établir une connexion sans fil à Internet.

Parfois, ces branchements sont faits par un spécialiste ; mais, le plus souvent, c'est le CD de configuration livré par le fournisseur d'accès Internet (FAI) qui vous aide à prendre les choses en main, ou bien une appli récupérée sur le Web (probablement depuis un autre ordinateur connecté puisque vous, par hypothèse, ne l'êtes pas). Toutefois, désormais, il suffit bien souvent de brancher la box, et la configuration s'effectue automatiquement. Cependant, en fonction de votre fournisseur, il sera nécessaire d'activer les fonctionnalités Wi-Fi de votre box sur la page Web de configuration de votre matériel mise à votre disposition sur le site du FAI. Sur d'autres matériels, l'activation du Wi-Fi se fait par pression d'un simple bouton sur la box.

Choisir un fournisseur d'accès Internet (FAI)

Aujourd'hui, vous obtenez une box en souscrivant un abonnement auprès de votre FAI comme SFR, Free, Orange, Bouygues pour ne citer que les plus connus en France.

Lorsque vous installez macOS, le programme d'installation vous pose un tas de questions concernant votre connexion Internet et se charge de la configurer. Si vous n'avez pas pu, à l'époque, configurer cette connexion faute d'avoir choisi un FAI, il vous incombe à présent de paramétrer vous-même les préférences Réseau. Bien que ces options soient détaillées dans la section suivante, ce genre de paramétrage devrait plutôt s'opérer entre votre FAI et vous. N'hésitez donc pas, en cas de problème, à solliciter son intervention.

Définir les paramètres de la connexion

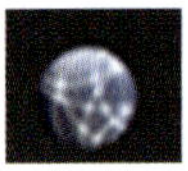

Si vous n'avez pas configuré votre connexion Internet lors de l'installation de Mojave, il est temps de prendre les choses en main. Accédez donc à la fenêtre des Préférences Système (depuis le dossier Applications, depuis le Dock ou encore depuis le menu Pomme) et ouvrez la préférence Réseau qui regroupe, comme son nom l'indique, différentes options relatives à la connexion de votre Mac à un réseau ou à Internet. Le moyen d'agir le plus simple consiste à invoquer l'Assistant et à le laisser travailler à votre place. Nous vous proposons malgré tout ci-après quelques trucs et astuces pour que tout se passe bien.

Si vous faites partie d'un vaste réseau d'entreprise, consultez votre administrateur réseau avant de modifier quoi que ce soit dans cette fenêtre, faute de quoi vous risquez de mettre à mal la connexion qui vous lie aux autres.

Expliquons brièvement ce qu'il faut savoir pour établir une connexion :

- **TCP/IP :** c'est le langage d'Internet. On vous demandera peut-être de spécifier votre adresse IP, des serveurs de noms de domaines, des domaines de recherche.
- **PPP ou PPPoE :** PPP (*Point-to-Point Protocol*) et PPPoE (*Point-to-Point over Ethernet*) sont des programmes chargés d'établir la connexion Internet par modem. Tous les modems analogiques utilisent PPP ; certains modems câbles et modems ADSL emploient PPPoE.
- **Proxys :** si vous faites partie d'un réseau de grande envergure ou si votre Mac est protégé par un pare-feu, vous serez sans doute amené à spécifier un ou plusieurs serveurs proxy. Votre administrateur réseau ou votre FAI vous expliquera comment faire. En revanche, si vous êtes un utilisateur isolé, il y a peu de chances que vous ayez à agir dans cet onglet. Enfin, sachez que certains FAI exigent que vous spécifiiez des serveurs de ce type ; dans ce cas, demandez-leur comment faire.

Si vous avez coutume de déplacer votre Mac et de l'utiliser à plusieurs endroits, vous pouvez définir une configuration pour chacun de ces endroits, que vous n'aurez plus, par la suite, qu'à sélectionner dans un menu. Par « configuration », entendez l'ensemble des réglages disponibles dans ce volet Réseau. Effectuez-les, puis :

1. **Ouvrez le menu local Configuration et cliquez sur Modifier les configurations.**

2. **Dans la boîte de dialogue qui apparaît, cliquez sur le signe + en bas à gauche.**

   Une nouvelle configuration sans titre apparaît dans la liste.

3. **Remplacez le nom générique « Sans titre » attribué par défaut à la nouvelle configuration ainsi créée par un nom plus évocateur (comme Aéroport Orly ou Bureau d'Antoine).**

4. **Cliquez sur Terminé puis sur le bouton Appliquer de la fenêtre Réseau.**

   Désormais, il vous suffira de sélectionner un emplacement dans ce menu Configuration pour que tous les réglages correspondants soient automatiquement activés.

Conservez l'option Automatique si vous ne disposez que d'un seul réseau et d'une seule connexion (comme c'est le cas de la plupart des utilisateurs).

Surfer sur le Web avec Safari

Une fois votre connexion opérationnelle, vous êtes prêt à surfer sur le Web. C'est avec le navigateur intégré d'Apple que vous y parviendrez. Il s'appelle Safari, un nom plein de promesses pour l'explorateur avide que vous êtes.

Certes, d'autres navigateurs sont disponibles comme OmniWeb, Google Chrome ou Firefox, qui proposent des fonctionnalités que Safari n'offre pas.

Pour mettre ce programme en service, vous avez – c'est devenu une coutume – le choix entre plusieurs techniques :

- » Cliquez sur l'icône Safari depuis le Dock ou depuis le Launchpad (la grande boussole bleue).
- » Double-cliquez sur l'icône Safari depuis le dossier Applications.
- » Cliquez une seule fois sur un lien Internet depuis un courrier électronique ou depuis un document quelconque.
- » Double-cliquez sur un lien depuis le Finder.

La Figure 10.1 montre les Favoris affichés par Safari lorsque vous n'avez pas modifié la page de démarrage par défaut.

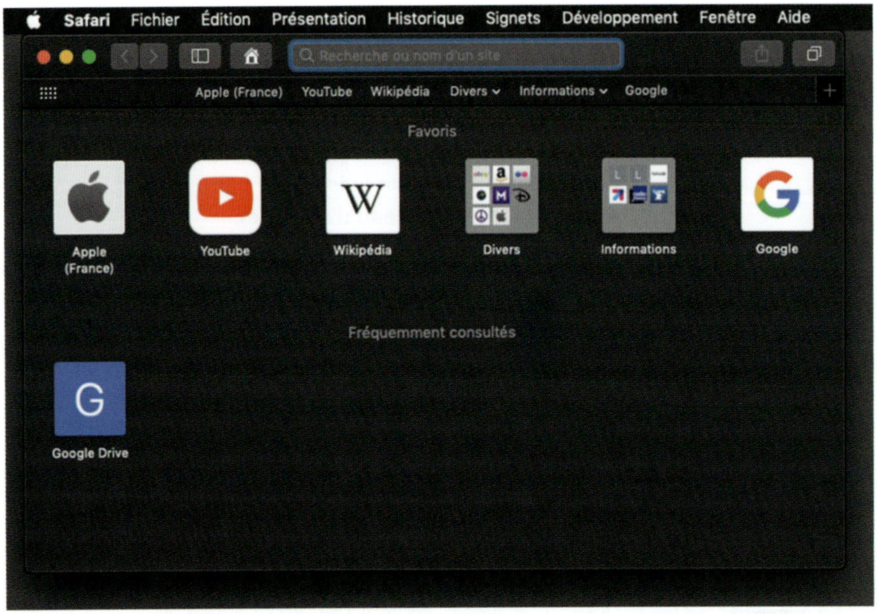

FIGURE 10.1 Bienvenue dans Safari.

Au fur et à mesure de votre utilisation de Safari, une rubrique supplémentaire apparaîtra sous les Favoris : Fréquemment consultés. Cette section listera les sites que vous visitez le plus régulièrement, comme un compte Facebook, Google Drive et bien d'autres encore.

Naviguer grâce à la barre d'outils

Les boutons alignés en haut de la fenêtre font ce que leur nom indique ; détaillons-les de gauche à droite :

La partie supérieure gauche de la fenêtre de Safari propose les mêmes boutons que n'importe quelle autre fenêtre d'un programme tournant sous macOS 10.14. Par conséquent, il suffit de cliquer sur le bouton vert pour naviguer sur Internet en plein écran.

» **Afficher la page précédente et Afficher la page suivante :** lorsque vous ouvrez une première page, puis une deuxième, Afficher la page précédente vous ramène à la première ; si vous activez alors Afficher la page suivante, vous revenez à la deuxième.

- **Afficher la barre latérale :** ouvre une barre latérale sur le côté gauche de la fenêtre. Elle contient trois onglets qui permettent d'afficher et de gérer vos favoris, vos listes de lecture, et vos liens partagés.
- **Accès à la page d'accueil :** l'icône d'une maison indique qu'en cliquant dessus vous atteindrez instantanément la page Web que vous avez définie comme page d'accueil de Safari.
- **Recherche ou nom du site :** dans ce champ, saisissez l'objet de votre recherche ou bien l'adresse d'un site Web. Validez en appuyant sur la touche Retour ou Entrée.

- **Partager :** lorsque vous tombez sur une page très intéressante, cliquez sur ce bouton pour afficher les options de partage de Safari. Vous pourrez ainsi l'ajouter dans une liste de lecture, la conserver sous la forme d'un signet, l'envoyer par courrier électronique ou *via* Messages, comme expliqué au Chapitre 11, la partager par AirDrop, l'ajouter à vos notes ou à vos rappels. En cliquant sur Plus, vous ouvrez la boîte de dialogue Extensions des Préférences Système où vous pouvez ajouter d'autres réseaux sociaux de la liste proposée.

- **Afficher l'aperçu des onglets :** affiche les fenêtres des onglets sous la forme de vignettes. Cet espace permet d'ajouter un nouvel onglet, mais aussi de fermer des onglets ouverts.

Mais ce n'est pas tout. Vous pouvez ajouter des boutons à cette barre d'outils de manière à adapter Safari à vos besoins de navigation Web. Pour cela, cliquez sur Présentation/Personnaliser la barre d'outils (Figure 10.2). Une autre technique consiste à effectuer un clic droit sur la barre de titre ou sur un bouton afin d'ouvrir un menu contextuel dans lequel vous choisirez l'option Personnaliser la barre d'outils. Pour ajouter des boutons, glissez-déposez leurs icônes depuis la fenêtre qui apparaît jusqu'à la barre d'outils de Safari.

Dès que vous cliquez dans la barre d'adresses lorsqu'une page Web est affichée, Safari ouvre une minifenêtre de suggestions et de sites fréquemment consultés, comme à la Figure 10.3. Cliquez directement sur la vignette de la page à consulter et Safari l'affiche en moins de temps qu'il ne faut pour le dire.

Les adresses Web commencent toujours par `http://www`. Mais Safari est sympa : il accepte que vous vous contentiez de taper la partie principale de l'adresse et ajoute le reste pour vous. Voyez par vous-même : tapez **apple** à cet endroit. Une liste de sites apparaît. Dans la section Meilleurs résultats, `www.apple.com` est sélectionné. Appuyez simplement sur la touche Retour ou Entrée de votre clavier.

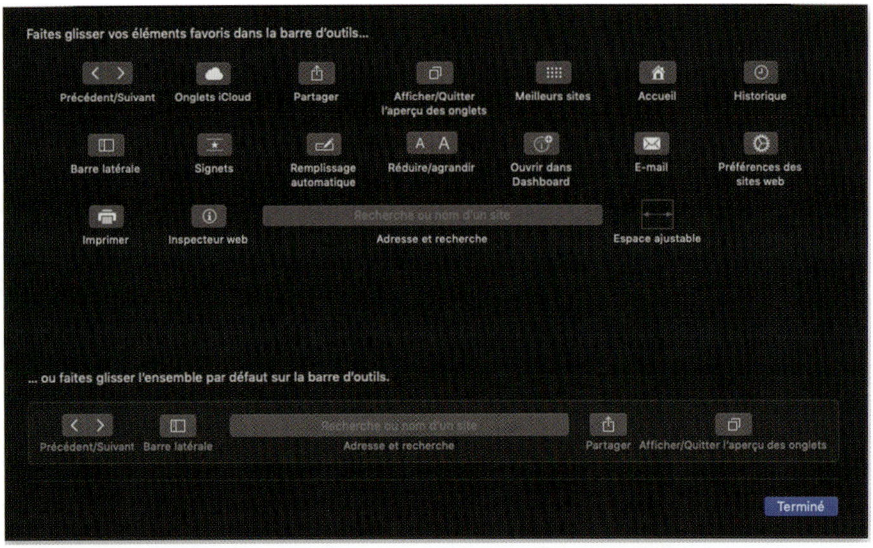

FIGURE 10.2 Les possibilités de personnalisation sont regroupées ici.

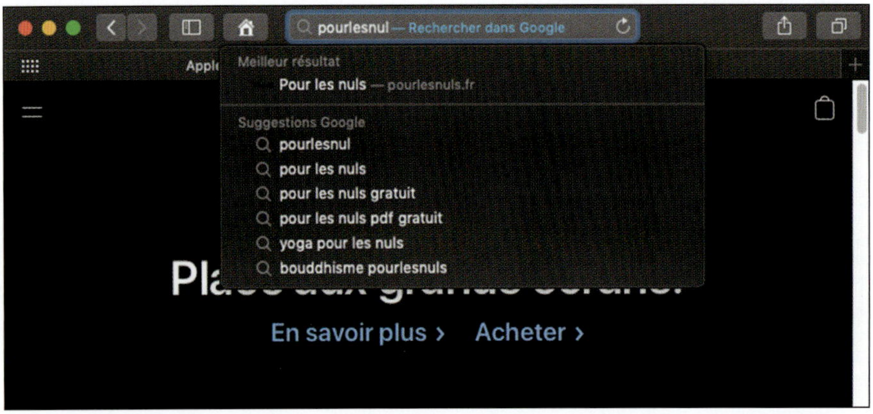

FIGURE 10.3 Le système de recherche intelligent de Safari propose des suggestions de sites Web.

Sous ce champ Adresse court éventuellement la barre d'onglets qui permet d'afficher plusieurs pages et/ou sites dans une seule fenêtre de Safari. Si les onglets ne sont pas visibles, cliquez sur Afficher la barre d'onglets.

Les onglets peuvent désormais afficher l'icône du site visité en cours. Pour cela, ouvrez le menu Safari et cliquez sur Préférences. Cliquez sur l'onglet Onglets de la boîte de dialogue qui apparaît. Là, cochez l'option Afficher les icônes des sites Web dans les onglets, comme sur la Figure 10.4. La Figure 10.5 montre que les icônes des onglets sont alors bien présentes.

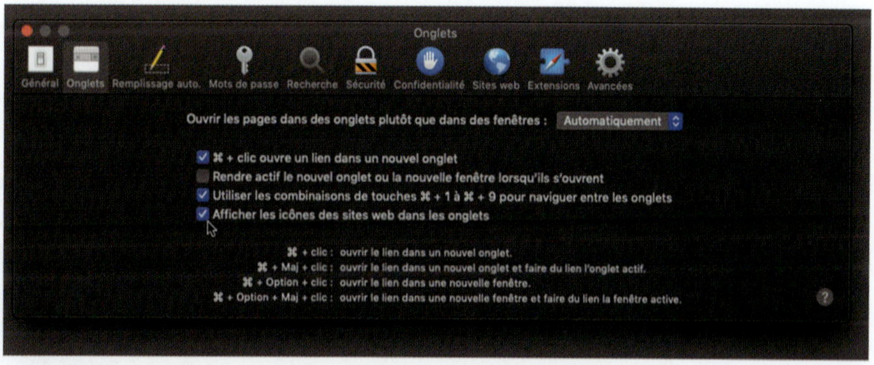

FIGURE 10.4 Pour afficher l'icône des sites dans les onglets.

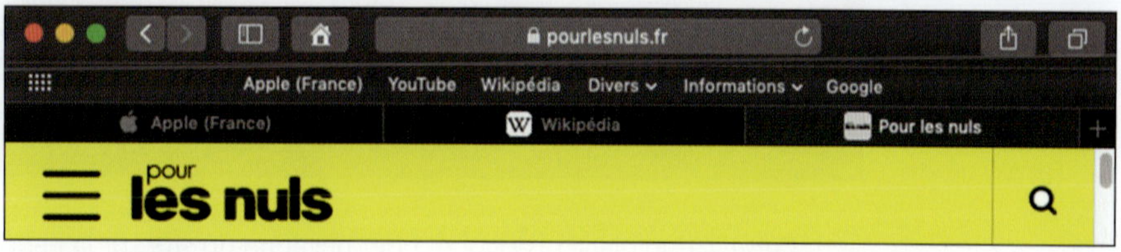

FIGURE 10.5 Les icônes des sites sont bien présentes dans les onglets.

Les signets sont des boutons qui permettent d'accéder directement à certaines pages, comme le site d'Apple, celui de Google Maps, ou encore Amazon France, eBay France et Yahoo!. Pour les utiliser et les gérer, vous devez soit cliquer sur le bouton situé à droite du bouton Suivant, soit choisir Signets/Afficher les signets.

Une autre technique consiste à cliquer sur Présentation/Afficher la barre latérale, ou bien à cliquer sur l'icône éponyme de la barre d'outils de Safari.

Dans cette barre des signets, Favoris, Informations et Divers sont en fait des menus locaux, comme en témoigne le petit triangle placé à droite de leur intitulé.

Vous pouvez supprimer ces signets prédéfinis, en ajouter d'autres, les déplacer, les supprimer... Voyez, à ce propos, la section suivante.

Épingler vos sites préférés

Safari permet d'épingler des sites permet de grouper des onglets sur la partie gauche de l'interface afin d'y accéder en un clic de souris. Par exemple, vous épinglerez les sites que vous fréquentez régulièrement comme Facebook, Twitter, *etc.*

Voici comment épingler des sites :

1. **Rendez-vous sur un des sites que vous fréquentez le plus.**
2. **Une fois la page affichée, ouvrez le menu Fenêtre.**
3. **Exécutez la commande Épingler l'onglet, comme à la Figure 10.6.**

FIGURE 10.6 Épingler un site.

Cette action place une icône d'identification du site sur la gauche de la barre d'onglets. Ainsi, la Figure 10.7 montre les icônes de trois sites épinglés : Apple, Wikipédia, et Pour les nuls.

Vous pouvez également faire un clic-droit sur un onglet et, dans le menu contextuel qui apparaît, exécutez la commande Épingler l'onglet.

FIGURE 10.7 Trois sites épinglés à la barre d'onglets de Safari.

4. **Pour accéder à un des sites épinglés, cliquez sur son icône.**
5. **Pour supprimer un site de cette barre, faites un clic-droit sur son icône. Dans le menu contextuel qui apparaît, exécutez la commande Ne plus épingler l'onglet.**

Quid de la commande Fermer l'onglet. Eh bien, apparemment, elle a les mêmes conséquences que Ne plus épingler l'onglet. Ça ne valait peut-être pas la peine de faire deux commandes Monsieur Apple (ou alors j'ai rien compris).

Lorsque vous écoutez un contenu sonore et que de la musique ou le son d'une publicité se fait entendre dans un autre onglet, vous avez la possibilité de couper le son qui vient ainsi vous perturber.

Marquer vos pages favorites

Ajoutez des signets aux pages Web que vous souhaitez retrouver facilement.

1. **Choisissez Signets/Ajouter un signet, appuyez sur ⌘ + D ou cliquez sur le bouton Partager et choisissez Ajouter un signet.**

   Cette action ouvre la boîte de dialogue Ajouter cette page à.

2. **Pour stocker ce signet dans un dossier existant, choisissez-le dans le menu local Ajouter cette page à, comme le montre la Figure 10.8.**

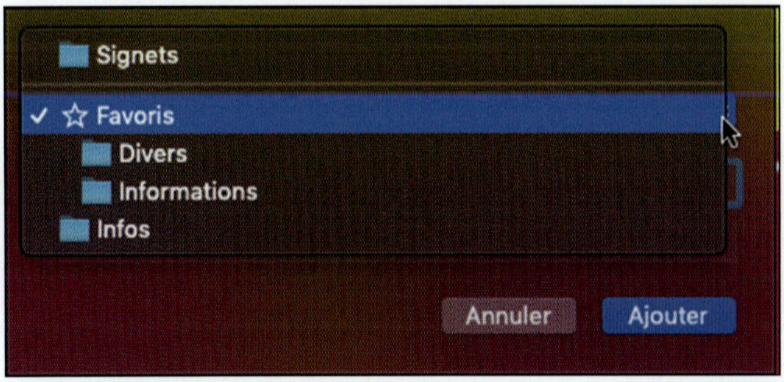

FIGURE 10.8 Le signet de cette page apparaîtra dans le dossier Favoris de la barre latérale des signets.

   Cette technique permet aussi d'ajouter tous les onglets ouverts sous la forme de signets. Pour cela, choisissez Ajouter des signets pour ces X onglets du menu Signets.

   Les Favoris sont également accessibles *via* le menu Signets de Safari.

3. **Renommez le signet ou bien utilisez le nom retenu par défaut par Safari.**

   Le nom par défaut des signets est parfois complexe. Il est souvent nécessaire de changer ce nom pour un nom plus simple et plus rapide à identifier.

4. **Cliquez sur le bouton Ajouter pour valider le nouveau signet.**

Pour gagner une page marquée par un signet, cliquez sur le signet depuis la barre des favoris, choisissez Signets/Afficher les signets si cette barre n'est pas visible dans la partie supérieure de Safari.

Pour ouvrir la page Web correspondant à un signet, cliquez dessus dans la barre latérale.

Pour modifier les signets, exécutez la commande éponyme du menu Signets, ou exécutez le raccourci clavier Alt + ⌘ + B. L'ensemble des signets apparaît comme à la Figure 10.9. Réorganisez vos signets et dossiers en les faisant glisser les uns dans les autres. Pour ajouter un dossier de signets, cliquez sur le bouton Nouveau dossier. Le nom « dossier sans titre » étant sélectionné par défaut, tapez le nom de votre dossier. Bien entendu, vous pouvez faire de ce dossier un sous-dossier d'un autre dossier en le glissant-déposant dessus.

Vous pouvez ajouter un dossier de signets directement depuis l'onglet Signets de la barre latérale. Commencez par afficher cette barre *via* le bouton idoine de la barre d'outils, ou Signets/Afficher les signets. Ensuite, cliquez-droit dans un espace vide du contenu de l'onglet Signets, et cliquez sur Nouveau dossier. Renommez votre dossier et validez avec la touche Retour ou Entrée.

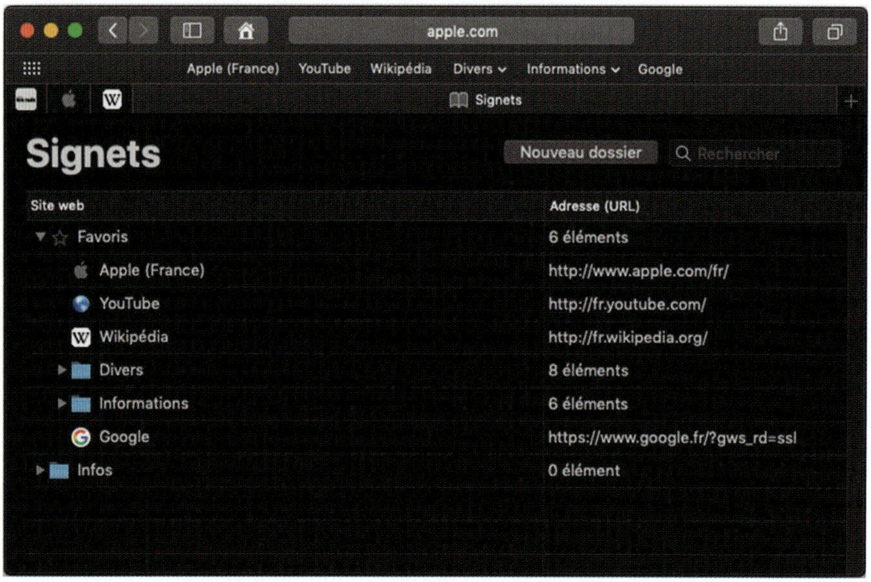

FIGURE 10.9 Gérez vos signets et vos dossiers de signets.

Pour supprimer un signet ou un dossier, faites un clic-droit dessus. Dans le menu contextuel qui apparaît, exécutez la commande Supprimer.

Procédez de même pour changer leur nom. Cette fois, exécutez la commande Renommer.

Enfin, vous pouvez ajouter des liens de pages Web sous la forme de signets. Pour cela, effectuez un clic-droit sur un lien. Dans le menu contextuel qui apparaît, choisissez Ajouter ce lien aux signets.

Que contient votre liste de lecture ?

La fonction Liste de lecture est une sorte de lieu de stockage de pages ou de liens que vous désirez consulter ultérieurement. Elle n'est pas sans rappeler le signet, mais elle se gère de manière plus souple et se destine par là même à la consultation de pages ou de liens que vous ne désirez pas conserver indéfiniment.

Dans la section précédente, vous avez appris qu'une commande du menu Partager vous permettait d'ajouter rapidement une page à cette liste.

Une autre technique pour ajouter la page courante à votre liste de lecture consiste à cliquer sur l'icône Liste de lecture de la barre latérale. Vous l'identifierez facilement car elle représente une paire de lunettes. Une fois l'icône cliquée, le contenu du volet Liste de lecture se substitute à celui des Favoris.

Pour que la page actuellement affichée dans Safari s'ajoute à votre liste de lecture, cliquez sur le bouton Partager, et choisissez Ajouter à la liste de lecture.

Nous vous avons dit qu'il était également possible d'ajouter un lien à une Liste de lecture, une pratique qui vous dispense de visiter la page correspondante. C'est un gain de temps appréciable. Pour ajouter un lien, appuyez sur la touche Maj de votre clavier et cliquez sur le lien en question. Une petite animation montre que la page correspondant à ce lien vient s'ajouter à votre Liste de lecture. Une dernière technique consiste à effectuer un clic-droit sur un lien et, dans le menu contextuel qui apparaît, à cliquer sur Partager/Ajouter le lien à la liste de lecture.

Enfin, pour supprimer un élément de votre liste de lecture, faites un clic-droit dessus et exécutez la commande Supprimer l'élément.

Dans le menu contextuel qui apparaît, choisissez Effacer tous les éléments, pour supprimer le contenu de l'onglet Liste de lecture. Confirmez dans la boîte de dialogue qui apparaît, en cliquant sur le bouton Effacer.

Rechercher avec Google

Vous cherchez quelque chose sur Internet ? Demandez à Google de vous aider. Ce puissant moteur de recherche est capable de prouesses infinies.

Dans cette section, vous allez découvrir les techniques qui vous permettent, grâce à lui, de retrouver quasiment tout et n'importe quoi.

Mettez ce moteur de recherche à l'ouvrage :

1. **Tapez un mot ou quelques mots dans le champ Adresse.**

   Dès que vous commencez à taper, Safari cherche à vous aider, proposant une série de suggestions et de recherches récentes.

   Google est remplacé par un autre moteur de recherche, ou bien vous ne voulez pas utiliser Google ? Rien de plus simple ! Ouvrez les préférences de Safari. Dans la boîte de dialogue qui apparaît, cliquez sur l'onglet Recherche. Dans le menu local Moteur de recherche, choisissez celui qui répond à vos besoins, comme sur la Figure 10.10.

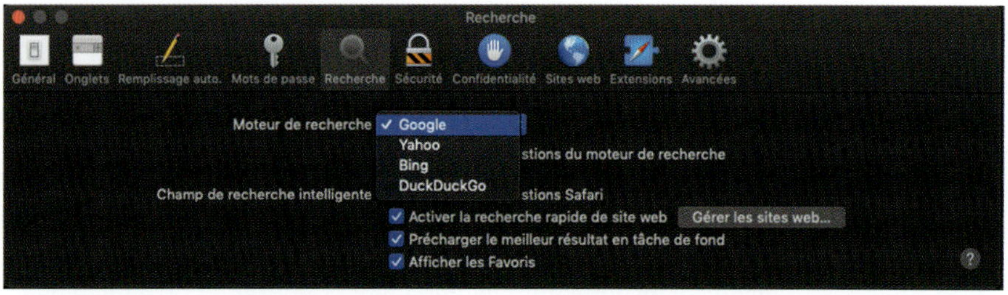

FIGURE 10.10 Choisissez le moteur de recherche à utiliser par défaut.

2. **Choisissez un élément de la liste avec votre souris ou utilisez aux mêmes fins les touches fléchées, ou encore, si vous n'y trouvez pas votre bonheur, terminez gentiment votre saisie. Après quoi, vous enfoncerez la touche Retour ou Entrée pour lancer la recherche.**

   Google vous dresse la liste des résultats de sa recherche, qui s'affichent en bleu (Figure 10.11).

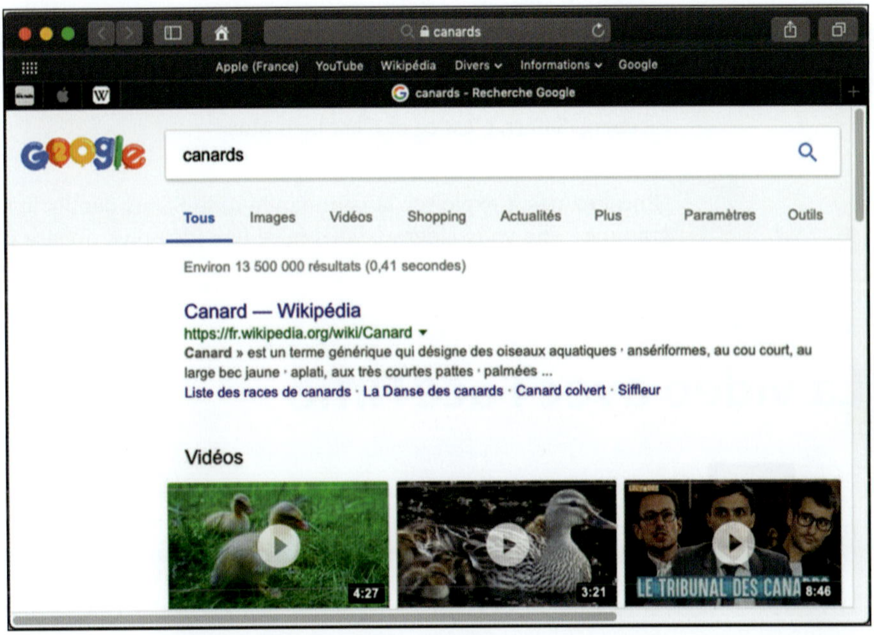

FIGURE 10.11 Les résultats de la recherche.

3. **Cliquez sur le résultat qui vous intéresse.**

   Aussitôt, Google vous transporte vers la page correspondante.

4. **Si ce n'est pas ce que vous cherchez, cliquez sur Précédent et retentez votre chance.**

5. **Si les occurrences isolées par Google ne correspondent manifestement pas à ce que vous cherchez, cliquez sur Paramètres et, dans le menu local qui apparaît, choisissez Recherche avancée et précisez vos critères.**

6. **Cliquez ensuite sur le bouton Recherche avancée situé en bas des critères.**

   Une nouvelle liste de résultats s'affiche. Comme dans le cas précédent, un simple clic vous transporte vers la page Web correspondante. Si elle ne vous donne pas satisfaction, cliquez sur Précédent et allez voir ailleurs.

Les chevrons qui se manifestent parfois à l'extrémité droite de la barre d'outils vous signalent que la fenêtre est trop étroite pour afficher tous les outils et tous les signets. Cliquez sur cette icône pour afficher ce qui n'est *a priori* pas visible.

À ce stade, vous savez le principal pour mener efficacement vos recherches depuis Google.

Consulter l'aide

Faute de place, nous n'avons montré, dans ce chapitre, que la partie émergée de l'iceberg. Safari, c'est ça et c'est bien plus.

N'hésitez pas à exploiter la commande Aide Safari depuis le menu Aide du programme : elle vous aidera à vous faire une idée plus précise des potentialités du logiciel.

La vidéo avec FaceTime

Au départ, FaceTime est une technologie développée pour communiquer en vidéo entre iPhone 4. Comme le système fonctionne à merveille, Apple l'a étendu à l'iPad, à l'iPod, au Mac (depuis OS X Snow Leopard) et aux versions ultérieures de l'iPhone 4.

Quelle différence avec Messages ? Eh bien, Messages fonctionne aussi bien pour les utilisateurs d'un PC que d'un Mac, alors que FaceTime est le privilège des détenteurs d'iPhone 4 et ultérieurs, d'iPad et d'iPod touch.

Sous Mojave, FaceTime fonctionne parfaitement bien pour les appels de Mac à Mac. Comme ce système est spécialisé dans la conversation vidéo, de nombreux utilisateurs le trouvent plus facile à utiliser et moins intimidant que Messages ou Skype.

FaceTime crée une véritable interaction entre votre Mac et votre iPhone. En effet, Mojave et iOS 12 permettent à tous vos appareils de travailler de concert. Ainsi, vous pouvez répondre à vos appels téléphoniques depuis votre Mac, et cela même si votre iPhone est dans une autre pièce. Cliquez sur l'icône du combiné téléphonique, et discutez sans restriction. Dès que vous recevez un appel alors que vous êtes devant votre Mac, une notification apparaît sur l'écran. Elle indique le nom et éventuellement affiche l'image de votre correspondant. Cliquez sur ladite notification pour répondre. Bien entendu, depuis votre Mac, vous conversez libre de vos mains. Vous pouvez également passer vos appels. Il suffit de cliquer sur le numéro d'un correspondant depuis Contact, Calendrier, Messages, Spotlight, ou Safari.

Qui peut le plus peut le moins. Utilisez également le couple Mojave/iPhone pour envoyer des SMS depuis votre Mac.

À noter que, pour l'instant, il n'existe pas de version Windows de ce produit. Cela signifie donc que, pour les conversations Mac-PC, vous devrez passer par Messages ou par un logiciel tiers comme Skype.

Pour utiliser FaceTime, il suffit de le lancer depuis votre dossier Applications ou depuis votre Dock. Pour activer FaceTime, vous devez saisir vos identifiants Apple. Ensuite, indiquez l'adresse e-mail par laquelle vous recevrez des appels. Aussitôt, vous accédez à une fenêtre illustrée à la Figure 10.12, la partie droite de la fenêtre FaceTime montrant ce qui est capté par votre Webcam.

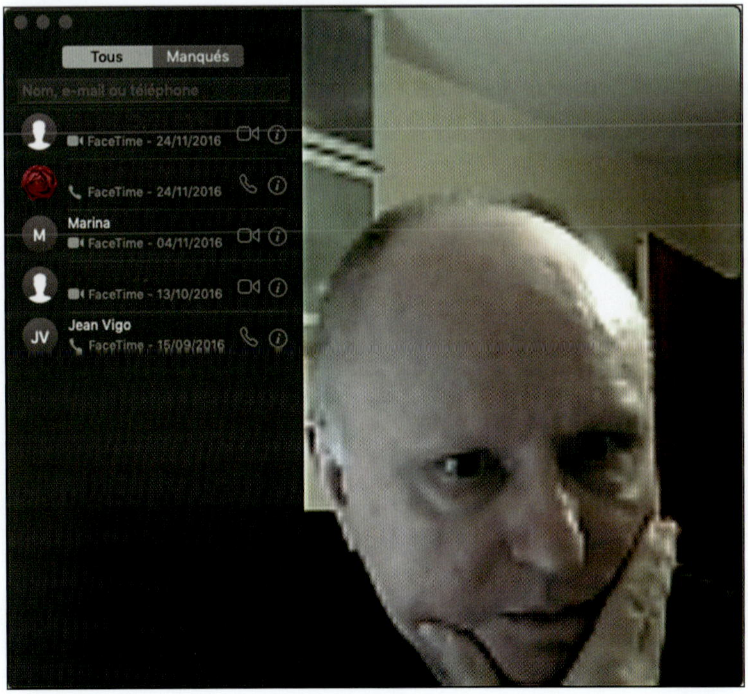

FIGURE 10.12 La fenêtre FaceTime et… moi !

Pour discuter avec une personne qui possède un iPhone, il suffit de cliquer sur l'entrée iPhone.

FaceTime utilise le Carnet d'adresses de Mojave (Chapitre 11). Donc, si des amis et/ou des membres de votre famille possèdent un iPhone 4 ou ultérieur, un iPad 2 ou ultérieur, un iPod touch (4e génération minimum) ou un Mac, cliquez simplement sur leur numéro de téléphone ou leur adresse électronique pour initier un appel vidéo.

Pour contacter une personne, cliquez sur le bouton + situé à gauche du champ Nom. Double-cliquez sur son nom. L'interface de FaceTime bascule alors en mode de communication.

Sous Mojave, le nombre de participants à un appel a été porté à 32. Vous pouvez alors inviter des contacts à rejoindre la conversation alors même que celle-ci est en cours. Cerise sur le gâteau, cette discussion à plusieurs mélangera sans problème les participants vidéo et ceux qui ne peuvent participer que par audio.

Chapitre 11

Simplifiez-vous la communication

DANS CE CHAPITRE :

- » **Gérer vos contacts avec Contacts.**
- » **Maîtriser les fonctions de courrier électronique avec Mail.**
- » **Conquérir les chats avec Messages.**
- » **Se repérer avec Plans.**

Découvrez ces quatre programmes dédiés à la communication numérique que sont Mail, Contacts, Messages et Plans.

Gérer les contacts avec Contacts

Contacts regroupe les coordonnées de vos correspondants et fonctionne en symbiose avec la messagerie électronique Mail.

Il travaille aussi en tandem avec d'autres applications, Mac et non Mac, notamment :

- » **FaceTime :** utilise Contacts pour que vous conversiez en vidéo avec des amis et des membres de votre famille. Ce programme est évoqué au Chapitre 10.
- » **Calendrier :** ce sont les commandes Fenêtre/Contacts et Fenêtre/Fenêtre d'adresses (⌘ + Option (Alt) + A) qui assurent la liaison entre Calendrier

(Chapitre 9) et Mail. Faites glisser un contact depuis une de ces fenêtres vers une case d'un calendrier et voilà un rendez-vous fixé automatiquement. Ou faites glisser un contact depuis une de ces fenêtres vers la mention Invités de la fenêtre d'infos d'un événement déjà créé pour y ajouter la personne correspondante. Un bouton Envoyer vous permet même d'activer Mail pour y lancer l'invitation.

- **Contacts :** fonctionne avec d'autres applications (à condition qu'elles aient été programmées pour) et avec d'autres matériels (à condition qu'ils soient compatibles).
- Également disponible dans la majorité des programmes qui disposent d'un bouton ou d'un menu Partager.
- Si vous utilisez iCloud, vous pouvez synchroniser des contacts avec des périphériques tels que d'autres ordinateurs Mac, des iPhone, des iPad et des iPod touch.

Les sections suivantes vous expliquent comment ajouter et gérer vos contacts depuis votre application Contacts.

Ajouter des contacts

Procédez comme suit pour ajouter une personne à Contacts :

1. **Lancez Contacts en double-cliquant sur son icône depuis le dossier Applications ou en cliquant sur son icône depuis le Dock.**

   Il s'affiche instantanément. La première fois, il est forcément vide, hormis vos coordonnées et celles d'Apple dans votre pays.

2. **Pour ajouter une entrée, cliquez sur le bouton + situé en bas à gauche de la fiche d'un contact dont le contenu apparaît sur la droite. Dans le menu local qui s'affiche, choisissez Nouveau contact.**

   Une fiche vierge vous est proposée. La case Prénom y est sélectionnée (Figure 11.1).

3. **Entrez le prénom.**

4. **Appuyez sur la touche Tab pour passer au champ suivant.**

C'est une constante dans presque tous les programmes Mac : la touche Tabulation vous fait toujours passer de champ en champ vers la droite et vers le bas ; la combinaison de touches Majuscule + Tabulation fait de même, mais dans le sens contraire (vers la gauche et vers le haut).

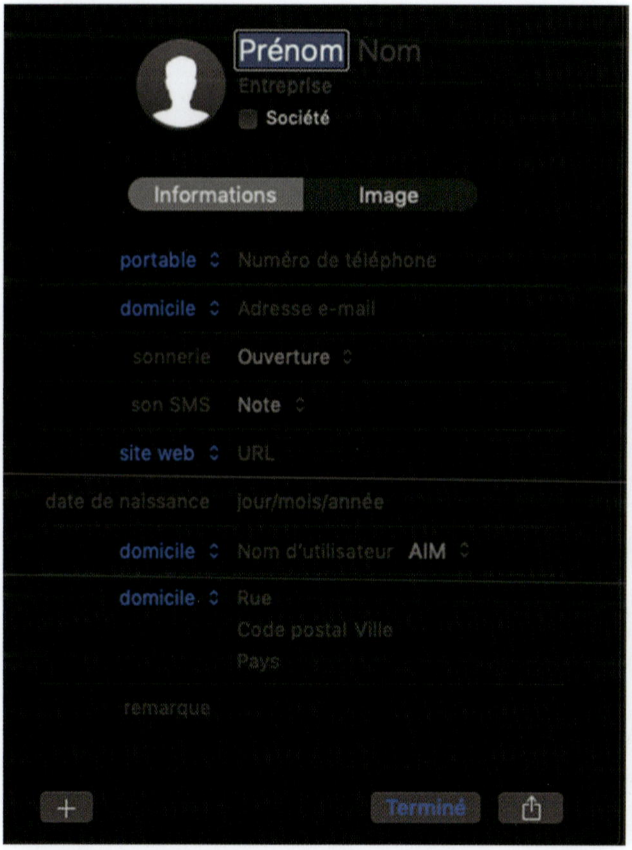

FIGURE 11.1 Une fiche vierge qui attend d'être remplie.

5. **Entrez le nom.**

   Tapez toutes les autres informations que vous désirez voir figurer dans la fiche (Figure 11.2). Vous n'êtes pas obligé de remplir tous les champs.

6. **Lorsque vous avez terminé, cliquez sur le bouton Terminé pour quitter le mode d'édition.**

Pour ajouter après coup des données à un contact, sélectionnez-le dans la liste de gauche, puis cliquez sur Modifier dans la partie inférieure droite de la fiche de ce contact. Opérez les modifications souhaitées, puis cliquez sur Terminé. Ajoutez autant de contacts que vous le souhaitez.

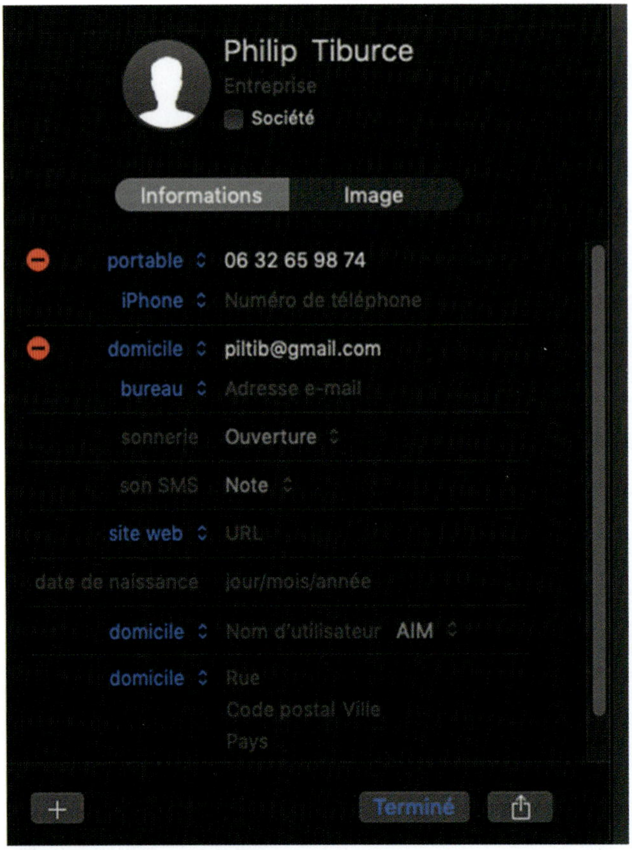

FIGURE 11.2 Une fiche complétée.

Importer des contacts depuis d'autres applications

Contacts vous permet d'importer des contacts que vous auriez constitués ailleurs, dans un autre programme. Il accepte les formats v-Card, LDIF et Texte.

Commencez donc par agir depuis cet autre logiciel pour en exporter les données dans l'un des formats de fichiers mentionnés ci-dessus. Ensuite, invoquez, depuis Contacts, la commande Fichier/Importer. Désignez le fichier source depuis la fenêtre d'ouverture qui vous est alors proposée et cliquez sur… Ouvrir !

Créer un groupe simple

La notion de groupe est intéressante, ne fût-ce que parce qu'elle vous permet, en un seul clic, d'adresser un courrier à tous les membres d'un groupe donné.

Pour créer un groupe simple et y ajouter des contacts :

1. **Lancez l'application Contacts depuis le dossier Applications ou depuis le Dock.**

2. **Pour créer un groupe, choisissez Fichier/Nouveau groupe ou utilisez son raccourci clavier ⌘ + Majuscule + N.**

   Si vous avez préalablement sélectionné plusieurs contacts à réunir dans un même groupe, choisissez Nouveau groupe à partir de la sélection. Ainsi, le groupe créé contiendra ces contacts.

   Choisissez bien sur quel disque vous souhaitez enregistrer ce nouveau groupe. En effet, vous constaterez sans doute que la partie gauche de Contacts propose deux sections : iCloud et Sur mon Mac. Seule Sur mon Mac sera présente si vous n'avez pas créé de compte iCloud. De même, si vous avez créé un compte iCloud lors de l'installation de Mojave, seule cette section sera disponible. Les deux sont présentes lorsque vous avez désactivé puis réactivé votre compte iCloud dans les Préférences Système. Cliquez sur la section iCloud ou Sur mon Mac afin d'y créer le groupe.

   Vous avez créé le groupe dans la mauvaise section ? Pas de panique, glissez-déplacez-le tout simplement sur le nom de la section de destination, soit iCloud soit Sur ce Mac.

   Un nouveau groupe est créé ; son intitulé provisoire s'affiche en surbrillance dans la liste correspondante.

3. **Tapez le nom, puis confirmez *via* la touche Retour ou Entrée.**

4. **Dans le volet gauche, cliquez sur Tout sur mon Mac ou Tout iCloud) pour visualiser, dans le volet de droite, tous vos contacts respectivement enregistrés sur votre ordinateur ou sur iCloud.**

5. **Sélectionnez, dans cette colonne, les contacts que vous souhaitez intégrer au nouveau groupe.**

   Opérez par Majuscule + clic pour sélectionner plusieurs contacts contigus ; agissez *via* ⌘ + clic pour sélectionner plusieurs contacts non contigus.

   Pensez à exploiter le champ Rechercher (ancré au-dessus de votre liste de contacts).

6. **Faites glisser votre sélection vers le nouveau groupe (Figure 11.3).**

Pendant l'opération, Contacts vous indique le nombre de fiches que vous êtes en train de traiter et vous signale, *via* un petit signe +, que vous vous préparez à les ajouter au groupe.

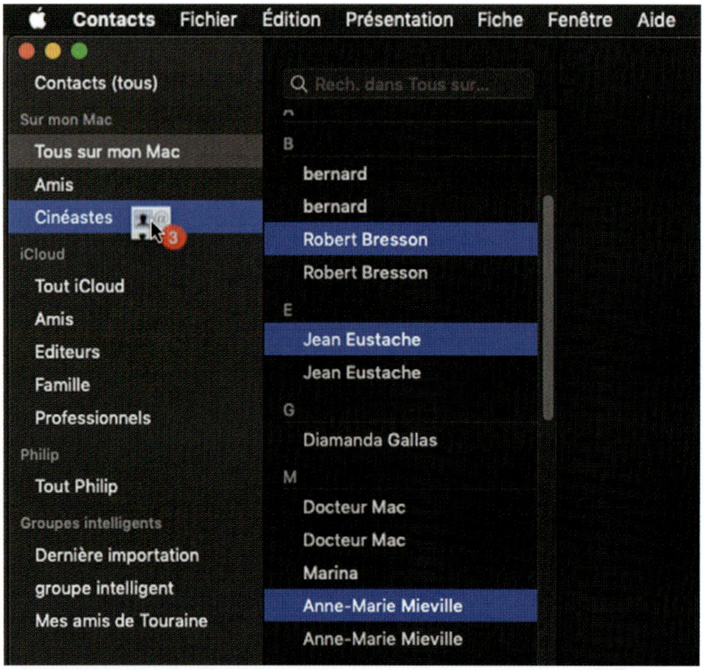

FIGURE 11.3 Ajoutons trois contacts au groupe « Cinéastes ».

Contacts indique le nombre de personnes ajoutées au groupe par ce glisser-déposer.

Créer un groupe intelligent

Les groupes simples, c'est bien. Les groupes intelligents, c'est mieux. Il s'agit là de groupes constitués sur la base de critères de sélection que vous définissez, comme, par exemple, un groupe « Personnel » qui réunirait tous les membres du personnel de votre entreprise.

Les groupes intelligents ont l'avantage d'être dynamiques puisque, lorsque vous ajoutez une fiche, celle-ci rejoint automatiquement le groupe intelligent auquel elle est destinée sans que vous ayez à intervenir. Mieux encore : si vous supprimez ou modifiez depuis votre liste globale une fiche qui fait également partie d'un groupe intelligent, mais qui, du coup, ne répond plus aux critères de ce groupe, la fiche est spontanément retirée du groupe.

Voici comment créer un groupe intelligent :

1. **Cliquez sur Fichier/Nouveau groupe intelligent (⌘ + Option (Alt) + N).**

   La fenêtre de constitution de groupe intelligent s'affiche (Figure 11.4).

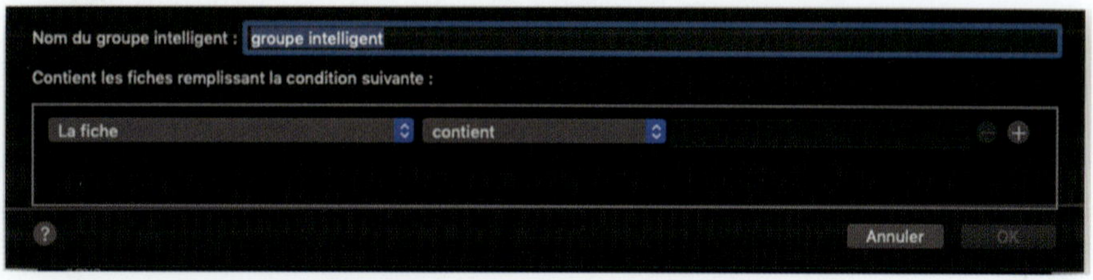

FIGURE 11.4 Création d'un groupe intelligent.

2. **Entrez un nom dans le champ Nom du groupe intelligent.**
3. **Définissez les critères grâce aux rubriques Contient les fiches remplissant la condition suivante.**

   La Figure 11.5 montre le critère que nous avons défini pour cet exemple : Département est 26. Ce qui veut dire que, chaque fois que vous entrerez cette info dans l'adresse d'un contact, celui-ci rejoindra *ipso facto* le groupe « Mes amis de Drôme ».

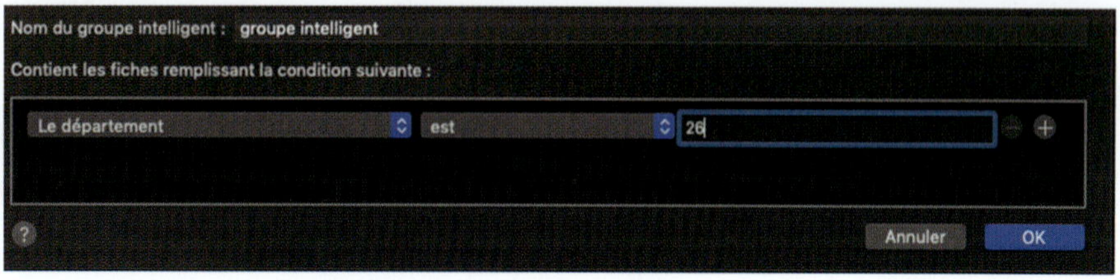

FIGURE 11.5 Un critère comme un autre.

4. **Quand vous avez terminé, cliquez sur OK.**

Dans la page des groupes, les groupes intelligents sont réunis dans une section logiquement dénommée *Groupes intelligents*.

Pour supprimer un contact, un groupe simple ou un groupe intelligent, sélectionnez-le et appuyez sur la touche Suppression ou Retour arrière ou choisissez Édition/Supprimer une fiche ou Supprimer le groupe, selon le cas.

Les options de présentation

Mojave met à votre disposition trois options de présentation :

- **Masquer/Afficher les groupes :** fait en sorte que les groupes que vous avez constitués soient ou non visibles dans la liste la plus à gauche.
- **Masquer/Afficher la dernière importation :** vous cache ou vous montre le groupe Dernière importation qu'Apple implante d'autorité dans la rubrique Groupes intelligents de la liste la plus à gauche toujours.
- **Activer le mode plein écran :** permet à la fenêtre de Contacts d'occuper tout l'écran.

Vos contacts partout grâce à iCloud

Si vous ne possédez pas de compte iCloud, vos contacts sont stockés en local, sur votre disque dur donc dans la seule et unique section Sur mon Mac. En revanche, si vous possédez un tel compte, vous pouvez choisir d'effectuer ce stockage localement ou sur iCloud. L'avantage d'iCloud est qu'il vous permet de synchroniser automatiquement vos données sur tous vos périphériques abonnés au même compte. Ainsi, lorsque vous ajoutez un contact depuis votre iPhone, ce contact apparaît dans l'application Contacts de votre Mac en quelques minutes. Inversement, si vous ajoutez une personne depuis l'application Contacts de votre Mac, vous la retrouvez quelques instants plus tard dans l'application correspondante de votre iDevice.

Pour activer iCloud pour Contacts :

1. **Choisissez Contacts/Préférences ou enfoncez les touches ⌘ + , (virgule).**

   La préférence Contacts s'ouvre.

2. **Activez l'onglet Comptes.**

   L'onglet s'active.

3. **Cliquez sur le signe + en bas du volet gauche.**

   La fenêtre Choisir un compte contacts à ajouter s'affiche.

4. **Cliquez sur iCloud, puis sur Continuer.**

   On vous engage à ouvrir une session avec votre identifiant Apple.

5. **Entrez votre identifiant Apple et votre mot de passe, puis cliquez sur Connexion.**

   La fenêtre iCloud – Utiliser avec : vous est proposée.

6. **Cliquez sur Ajouter le compte.**

Si vous aviez déjà activé la fonction, la réactiver est encore plus simple : choisissez Contacts/Préférences (⌘ + ,), cliquez sur Comptes, sélectionnez iCloud à gauche, puis validez l'option Activer ce compte du volet droit.

Vous n'avez pas de compte Apple ? Alors, dans la boîte de dialogue Connectez-vous à iCloud avec votre identifiant Apple, cliquez sur le bouton Créer un identifiant Apple. Conformez-vous aux instructions qui apparaissent.

Envoyer un mail à un contact ou à un groupe

Nous voilà enfin dans le vif du sujet !

Sachez qu'il n'est nul besoin d'ouvrir Contacts pour envoyer un mail. Vous découvrirez, dans la section suivante, comment Mail localise vos contacts et vos groupes sans que Contacts ne soit visible. Mais, s'il l'est, profitez-en pour agir.

Commencez par sélectionner le contact ou le groupe de contact. Ensuite, pour adresser un mail à un seul contact, il suffit de cliquer sur l'icône de l'enveloppe bleue comme sur la Figure 11.6. Cette action déclenche Mail et ouvre une fenêtre de création d'un message. En revanche, pour envoyer ce même mail à tous les contacts d'un groupe, faites un clic-droit sur le nom du groupe. Dans le menu contextuel qui s'affiche, exécutez la commande Envoyer un e-mail à « nom du groupe ».

Votre messagerie électronique avec Mail

Pratique et immédiat, Mail vous permet d'envoyer, de recevoir et d'organiser vos courriers électroniques. Mettez-le en service en cliquant une fois sur son icône depuis le Dock ou deux fois sur son icône depuis le dossier Applications. Il est facile à identifier : son icône ressemble à un timbre-poste estampillé.

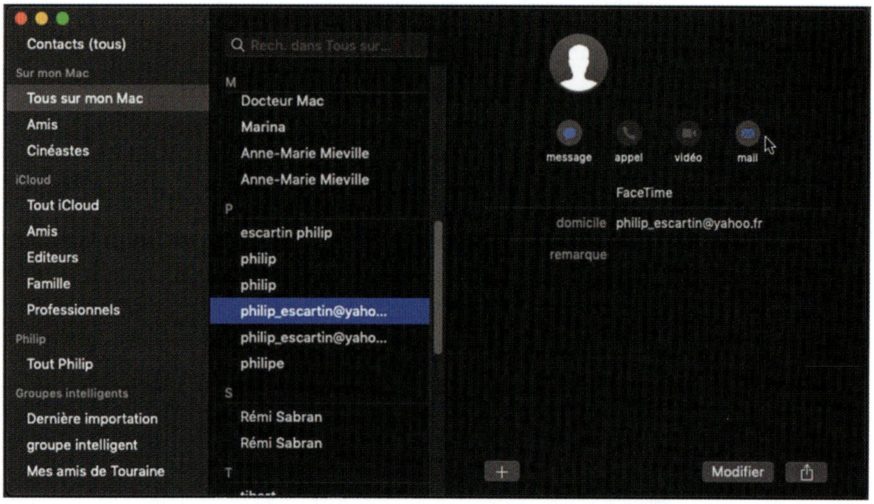

FIGURE 11.6 Voici comment envoyer des mails depuis Contacts.

Nous n'oserions pas dire que les sections suivantes enfoncent des portes ouvertes, mais presque. Le programme est tellement intuitif que vous n'aurez aucune difficulté à y évoluer à votre aise. Si vous ne trouvez pas, dans les sections ci-après, la réponse à toutes vos questions, pensez à consulter l'aide du programme *via* sa commande Aide/Aide Mail.

Configurer Mail

Lorsque vous lancez le programme pour la première fois, il vous faut impérativement commencer par configurer votre compte de messagerie. À cette fin, différentes fenêtres vous sont spontanément adressées. Fournissez les renseignements demandés, puis cliquez sur Continuer.

Si vous ne savez pas répondre à l'une ou l'autre question, faites-vous seconder par votre prestataire de services.

Une fois votre/vos compte(s) défini(s), Mail vous souhaite la bienvenue et vous demande si vous souhaitez être mis au courant des nouveautés. Si vous répondez affirmativement, la fenêtre Quoi de neuf dans Mail s'affiche avec, en arrière-plan, la fenêtre principale du programme que nous représentons à la Figure 11.7. Si vous déclinez la proposition, vous échouez directement au cœur du débat.

En réalité, la fenêtre de Mail est ce que le programme appelle une *fenêtre de visualisation*. Plusieurs fenêtres de ce type peuvent être ouvertes simultanément. Pour ce

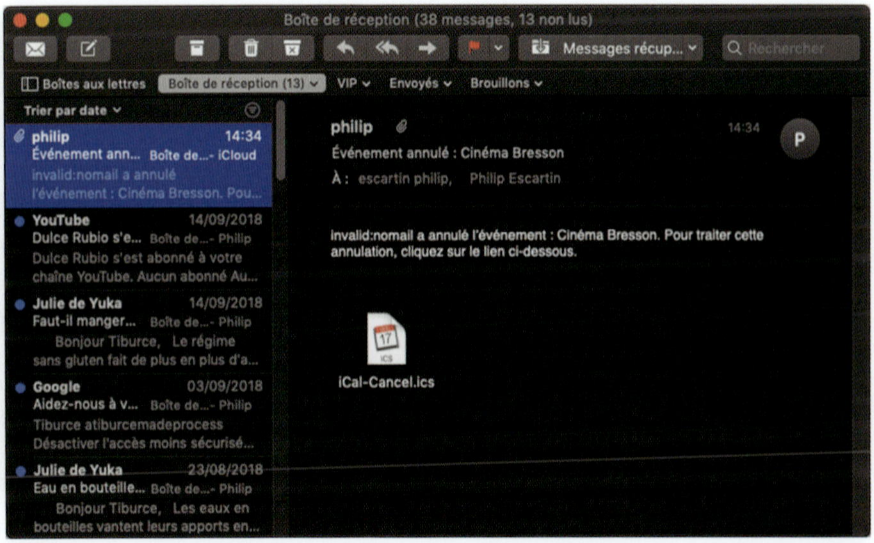

FIGURE 11.7 La fenêtre principale de Mail.

faire, n'hésitez pas à faire appel à la commande Nouvelle fenêtre du menu Fichier (⌘ + Option (Alt) + N).

Composer un message

Voici comment créer un nouveau message électronique :

1. **Choisissez Fichier/Nouveau message, ou cliquez sur l'icône Rédiger un nouveau message de la barre d'outils de Mail, ou encore enfoncez les touches ⌘ + N.**

   Une nouvelle fenêtre s'affiche ; c'est ici que vous allez composer votre message (Figure 11.8).

2. **Assurez-vous que votre pointeur clignote dans le champ À, puis tapez l'adresse du destinataire.**

Si celui-ci figure déjà dans Contacts, Mail complète l'adresse automatiquement dès que vous en avez introduit les premiers caractères. Pratique, non ? Si plusieurs noms commencent par les mêmes lettres, une liste s'affiche, dans laquelle vous n'avez plus qu'à faire un choix.

Pour ajouter des destinataires, vous pouvez également cliquer sur le signe plus (+) qui apparaît à droite du champ À. Une minifenêtre Contacts apparaît. Naviguez

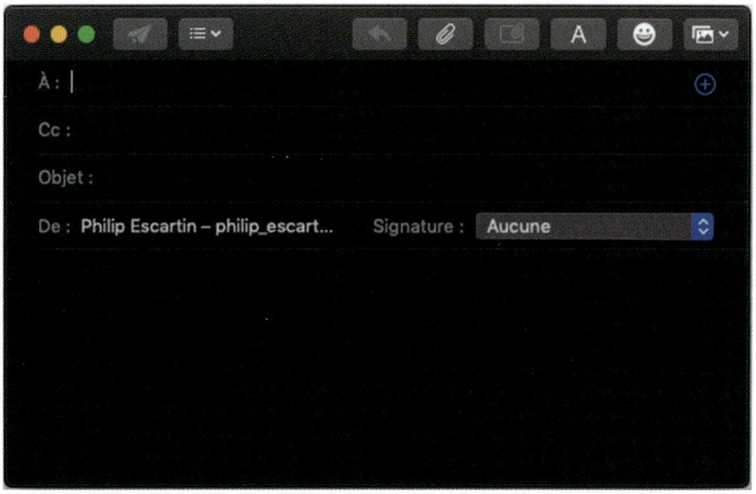

FIGURE 11.8 Rédigez votre courrier électronique dans cette fenêtre.

parmi vos groupes, et cliquez sur le nom du contact à ajouter. Faites de même pour les contacts à ajouter au champ Cc.

3. **Appuyez deux fois sur la touche Tab pour afficher le curseur dans le champ Objet ; saisissez-y l'objet de votre message.**
4. **Cliquez dans le volet principal qui est réservé au texte du message et saisissez-le.**
5. **Lorsque vous avez terminé la rédaction de votre message, cliquez sur le bouton Envoyer (icône d'un avion en papier) pour l'expédier directement ou choisissez Fichier/Enregistrer (⌘ + S) pour le stocker provisoirement dans le dossier Brouillons, où il séjournera tant que vous ne procéderez pas à son envoi.**

Pour ce faire, il vous suffira d'ouvrir le dossier Brouillons, de double-cliquer sur le message en question, puis de solliciter le bouton Envoyer.

Voici une rapide explication sur les boutons de la barre d'outils de la fenêtre d'un nouveau message :

- *Envoyer le message :* eh bien... ce bouton expédie votre message sans passer par la case Départ et sans gagner 20 000 euros.
- *Sélectionner les champs d'en-tête visible :* permet d'ajouter ou de masquer les champs Cc et Cci (pour adresser le même message à plusieurs destinataires

en masquant ou non leur identité aux autres), afficher/masquer les champs Répondre à et Priorité.

» *Répondre à l'expéditeur du message sélectionné :* actif lorsque vous souhaitez répondre à l'expéditeur du message que vous avez reçu. Ainsi, vous n'aurez pas à saisir son adresse mail.

» *Joindre un document à ce message :* ouvre une fenêtre qui permet de naviguer jusqu'au fichier que vous désirez joindre à votre message.

Pour joindre plusieurs fichiers, maintenez la touche ⌘ enfoncée et cliquez sur chacun d'eux dans la fenêtre de sélection.

» *Inclure les pièces jointes du message d'origine :* les pièces jointes envoyées par l'expéditeur seront ajoutées à votre réponse.

Si les destinataires de ce message utilisent un ordinateur tournant sous Windows, cochez l'option Envoyer des pièces jointes compatibles Windows située en bas de la boîte de dialogue.

» *Afficher la barre des formats :* affiche ou masque la barre d'outils de mise en forme du texte.

» *Emoji et symboles :* ouvre le Visualiseur de caractères qui permet d'insérer des émojis et des symboles dans vos courriels.

» *Navigateur de photos :* ouvre un navigateur qui permet d'afficher vos photos sous la forme de vignettes afin de mieux les identifier pour les joindre à vos courriels. Une fois l'image repérée, glissez-déposez-la directement depuis ce navigateur dans la fenêtre du message.

Les modifications que vous apportez *via* ces menus locaux deviennent les options par défaut. Ainsi, lorsque vous affichez le champ Cci, tous vos prochains messages le proposeront.

Vous pouvez ajouter des champs en ouvrant le menu local Champs d'en-tête situé à droite de l'icône Envoyer. Ainsi, vous ajouterez des champs Cc, Cci, Répondre à, et Priorité.

Découvrir la barre d'outils

Avant d'aller plus loin, prenez le temps d'examiner les neuf boutons de la barre d'outils de la fenêtre de visualisation :

» **Relever le courrier de tous les comptes :** voit si de nouveaux courriels sont arrivés.

» **Rédiger un nouveau message :** crée un nouveau courrier électronique.

» **Archiver les messages sélectionnés :** Mail archive les messages dans une boîte aux lettres spécialement conçue à cet effet.

» **Supprimer les messages sélectionnés :** supprime le(s) message(s) sélectionné(s).

Pour sélectionner plusieurs messages, Majuscule + cliquez s'ils sont contigus ; ⌘ + cliquez dans le cas contraire.

» **Déplacer les messages sélectionnés comme indésirables :** désigne le(s) message(s) sélectionné(s) comme indésirable(s). Mail est en effet équipé d'origine d'un filtre antispam, que vous activez ou désactivez dans la fenêtre des préférences du programme. (Choisissez Mail/Préférences, puis activez l'onglet Courrier indésirable.) Si vous recevez un spam, sélectionnez-le, puis activez cette icône : vous affûterez ainsi la perspicacité du filtre.

Quand un message a été signalé comme indésirable, le bouton change de nom et devient... Désirable dès que vous sélectionnez un message dans le dossier Indésirables.

» **Répondre à l'expéditeur du message sélectionné :** répond uniquement à l'expéditeur.

» **Répondre à tous les destinataires du message sélectionné :** répond à l'expéditeur ainsi qu'à toutes les personnes mentionnées dans la rubrique Cc.

» **Réexpédier les messages sélectionnés :** crée une copie du message que vous pouvez adresser à un destinataire autre que l'expéditeur et que les éventuelles autres personnes mentionnées.

» **Marquer les messages sélectionnés comme [couleur] :** menu local qui permet de marquer les messages avec des couleurs. Par exemple, assigner la couleur rouge aux messages à traiter de toute urgence, verte aux messages que vous avez déjà traités.

» **Messages récupérés :** contient des messages récupérés sur un compte de mail IMAP. Les messages sont accessibles depuis Mail *via* ce bouton et restent stockés sur le serveur de messagerie distant comme Yahoo! Mail, Gmail, *etc*. Lorsque vous cliquez sur ce bouton, vous accédez à un menu local qui permet de sélectionner le dossier dont vous souhaitez afficher, dans Mail, les messages récupérés. Dès lors, ce bouton devient Déplacer vers. Sélectionnez alors un ou plusieurs messages, cliquez sur Déplacer vers et indiquez où vous souhaitez stocker ces messages récupérés. S'ils ne vous intéressent plus, déplacez-les vers la Corbeille de Mail.

Enfin, l'extrémité droite de la barre d'outils est occupée par une fonction de recherche, capable de localiser un mot ou une expression dans n'importe quel élément stocké dans Mail. Dans la liste des éléments trouvés, cliquez sur celui correspondant à votre recherche.

Les chiffres mentionnés dans des sortes de boutons à droite des noms de compte indiquent le nombre de messages non lus dans la boîte correspondante. Un message est considéré comme lu dès lors que vous avez cliqué sur son intitulé.

La barre de titre de Mail indique le nombre de messages au total des comptes mail gérés par Mail, ainsi que le nombre de messages non lus parmi tous ces courriers électroniques reçus.

En toute logique, la procédure ne devrait pas vous poser de problème puisqu'elle s'implémente ici exactement comme au niveau du Finder. Ainsi, si vous souhaitez enregistrer une recherche en tant que boîte aux lettres intelligente (l'homologue Mail du dossier intelligent du Finder), il vous suffit de cliquer sur Enregistrer.

Relever le courrier

Pour savoir si vous avez du courrier et en prendre connaissance, cliquez sur le bouton Relever le courrier de tous les comptes (icône de l'enveloppe) depuis la fenêtre principale de Mail ou appuyez sur ⌘ + Maj + N.

- **Pour lire un message,** sélectionnez-le dans le volet du centre ; son contenu s'affiche dans le volet de droite.
- **Pour supprimer un message,** sélectionnez-le, puis cliquez sur Supprimer les messages sélectionnés (icône de la poubelle).
- **Pour récupérer un message que vous avez éliminé par erreur,** cliquez sur la Corbeille dans la liste de gauche, puis faites glisser le message depuis cette boîte vers celle de votre choix.
- **Pour configurer Mail afin qu'il réceptionne et expédie le courrier toutes les *x* minutes,** choisissez Mail/Préférences et activez si nécessaire l'onglet Général. Ensuite, déroulez le menu local Relever le courrier et sélectionnez-y une périodicité parmi les cinq choix proposés : chaque minute, toutes les 5 minutes, toutes les 15 minutes, toutes les 30 minutes ou chaque heure.

Préférez l'option Manuellement pour que Mail ne vérifie pas votre courrier de manière automatique. (Par défaut, le programme agit toutes les 5 minutes.)

» **Pour ajouter un destinataire à Contacts,** choisissez Message/Ajouter le destinataire aux contacts. Vous pouvez également cliquer sur le nom de l'expéditeur directement dans son message. Dans le menu local qui apparaît, exécutez la commande Ajouter aux contacts.

Notez encore que les mails qui émanent de contacts figurant dans Contacts ne sont jamais épinglés comme courriers indésirables. En d'autres termes, Contacts est un *laissez-passer* pour le filtre antispam.

Utiliser le filtre antispam

La messagerie électronique, c'est fabuleux. Mais certains en profitent. Ou plutôt en abusent. Si vous êtes envahi par du courrier que vous n'avez pas sollicité, pensez à exploiter le filtre antispam de Mail. De fait, la messagerie intègre un ingénieux système de filtre qui vous débarrasse, une bonne fois pour toutes, du courrier indésirable.

Il s'agit d'un filtre évolué, qui opère une analyse sémantique approfondie des courriers entrants afin d'identifier et de bloquer les messages non sollicités. Toutefois, dans un premier temps, il vous incombe de l'éduquer au cours d'une phase dite *d'apprentissage*. À vous, en effet, de faire comprendre à Mail ce que vous considérez ou non comme courrier indésirable. L'opération est simple :

» Cliquez sur le bouton Placer les messages sélectionnés dans la boîte de réception de la barre d'outils du programme si le filtre a désigné à tort un message comme spam.

» À l'inverse, si un courrier échappe à la vigilance du filtre, sélectionnez-le dans votre Boîte de réception et cliquez sur le bouton Indésirable de la même barre d'outils.

Quand vous estimez que la période d'apprentissage a suffisamment duré, basculez en mode automatique *via* l'onglet Courrier indésirable des Préférences de Mail. Par ailleurs, au même endroit, demandez à Mail de stocker dans un dossier nommé « Courrier indésirable » tous les messages que son filtre a identifiés plutôt que de les laisser marqués comme indésirables dans la Boîte de réception.

Vous préférez faire le tri vous-même ? Désactivez le filtre en décochant l'option Filtrer le courrier indésirable de la même fenêtre.

Modifier les préférences

Voilà un endroit stratégique ! Gagnez-le *via* Mail/Préférences ou ⌘ + , (virgule). C'est là, en effet, que tout se passe :

- Création et suppression des comptes de messagerie.
- Choix des polices et des couleurs utilisées dans le message.
- Décision de télécharger et d'enregistrer ou non les pièces jointes.
- Choix de l'envoi du courrier en texte mis en page ou brut.
- Activation ou non du correcteur orthographique.

  Par défaut, ce correcteur est branché, ce qui a le don d'en exaspérer plus d'un (dont nous faisons partie).
- Ajout automatique d'une signature aux messages envoyés.
- Établissement de règles pour les messages entrants.

Paramétrer les règles

Pour exploiter pleinement la puissance de Mail, établissez des règles. Elles permettent notamment de signaler des messages par une couleur particulière, d'en dérouter vers telle ou telle boîte de réception, de répondre, transférer ou rediriger automatiquement des mails, voire d'en *supprimer* sans même les voir passer (idéal quand ils émanent de sources dont vous n'avez que faire).

Il est impossible de résumer les règles en quelques lignes ; contentons-nous d'une simple marche à suivre. Apprenez donc à définir une règle qui provoquera le déclenchement d'un son à l'arrivée de tous les messages d'un expéditeur donné :

1. **Choisissez Mail/Préférences.**
2. **Activez l'onglet Règles.**
3. **Cliquez sur Ajouter une règle.**

   La première condition affiche normalement *Un destinataire* dans la première case et *contient* dans la deuxième. Examinez les options de ces deux menus locaux si le cœur vous en dit, mais rétablissez ces options de départ quand vous avez fini.
4. **Dans la case de saisie à droite du menu contient, tapez « Dutilleul ».**

Dans la rubrique Effectuer les opérations suivantes, la case de gauche indique *a priori* Déplacer le message, et la case Vers renseigne aucune sélection.

5. **Déroulez les menus locaux pour voir ce qu'ils vous proposent, puis choisissez Émettre un son à gauche et Blow à droite.**

   macOS diffuse le son pour que vous le choisissiez en toute connaissance de cause.

6. **Dans la case Description, décrivez brièvement le but de la règle.**

   À ce stade, votre écran devrait ressembler à celui de la Figure 11.9.

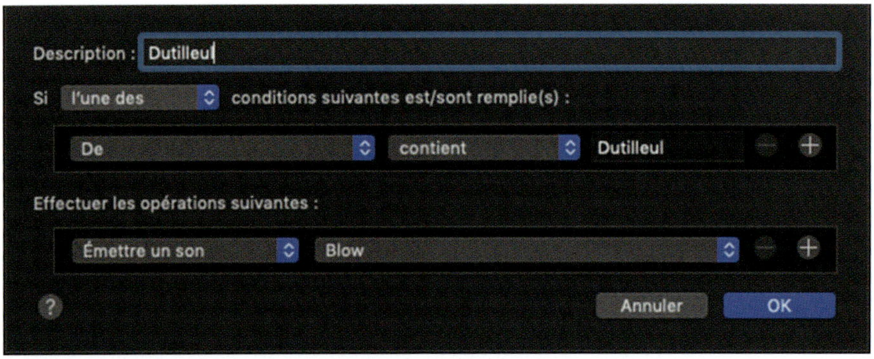

FIGURE 11.9 L'arrivée de tous les messages de Dutilleul sera saluée par un « Blow » bien sonore.

7. **Cliquez sur OK.**

   Mail vous demande si vous désirez appliquer cette règle aux boîtes aux lettres sélectionnées.

8. **Cliquez, selon le cas, sur Appliquer ou Ne pas appliquer.**

   Et voilà une règle de faite. Toute réception de mail provenant du dénommé Dutilleul sera accompagnée du son que vous avez choisi.

Vous avez peut-être noté la présence, dans la fenêtre de création de règles, de boutons + et – en regard des deux rubriques principales de la fenêtre ? C'est que Mail vous autorise à définir plusieurs critères et/ou réactions dans une seule et même règle. Si vous définissez plusieurs conditions, vous pourrez en outre les unir par OU ou par ET, selon que vous choisirez « l'une des » ou « toutes les » dans la case Si du haut de la rubrique.

En savoir plus sur les boîtes aux lettres

Cette section vous explique que Mail compte deux sortes de boîtes aux lettres : les simples et les intelligentes.

Les boîtes simples

Les boîtes simples sont comme les dossiers du Finder : vous les créez, les baptisez et les remplissez. Apple a poussé le souci du détail jusqu'à doter ces boîtes d'icônes semblables à celles qui identifient les dossiers. Exploitez-les pour organiser les courriers que vous désirez conserver.

Plusieurs techniques vous permettent de créer une boîte de ce type :

- Choisissez Boîtes aux lettres/Nouvelle boîte aux lettres.
- Faites un clic-droit sur Boîtes aux lettres et, dans le menu contextuel qui apparaît, validez la commande Nouvelle boîte aux lettres.

Dans tous les cas, une fenêtre s'affiche, qui propose un menu local Emplacement et une zone de saisie Nom. Choisissez Sur mon Mac dans ce menu et entrez un nom dans la case d'édition avant de confirmer par OK. La boîte ainsi créée apparaît dans le volet gauche de la fenêtre après que vous avez développé la rubrique Sur mon Mac.

Bien que Sur mon Mac contienne des sous-dossiers, vous n'êtes pas obligé d'en choisir un. Par conséquent, cliquez directement sur la mention Sur mon Mac.

Vous pouvez *imbriquer* des boîtes les unes dans les autres si l'organisation de vos messages l'exige. Pour ce faire, sélectionnez la boîte principale avant d'en créer une nouvelle (qui en sera donc une sous-boîte) en suivant l'une des techniques recensées ci-dessus.

Pour supprimer une boîte, sélectionnez-la, puis :

- Choisissez Supprimer la boîte aux lettres dans le menu Boîte aux lettres.
- Opérez un clic-droit sur la boîte en question, puis choisissez Supprimer la boîte aux lettres dans le menu contextuel.

Dans les deux cas, confirmez la suppression par un clic sur le bouton Supprimer.

Les boîtes intelligentes

Les boîtes intelligentes sont l'équivalent Mail des dossiers intelligents du Finder, c'est-à-dire des boîtes qui affichent les résultats d'une recherche. Les messages qui apparaissent dans ce type de boîte sont *virtuels*, ce qui signifie qu'ils ne sont pas physiquement stockés à cet endroit. N'y figure en effet qu'une liste de messages archivés dans d'autres boîtes et qui apparaissent ici tout simplement parce qu'ils répondent aux critères définis. À l'instar des dossiers intelligents, les boîtes aux lettres intelligentes mettent spontanément leur contenu à jour quand arrivent de nouveaux messages conformes aux critères de sélection définis.

Pour créer une boîte intelligente, choisissez Boîtes aux lettres/Nouvelle boîte aux lettres intelligente. Cette action ouvre une boîte de dialogue exigeant un intitulé et un emplacement. Quelques boutons et menus locaux viennent s'ajouter à ces deux réglages de base (Figure 11.10).

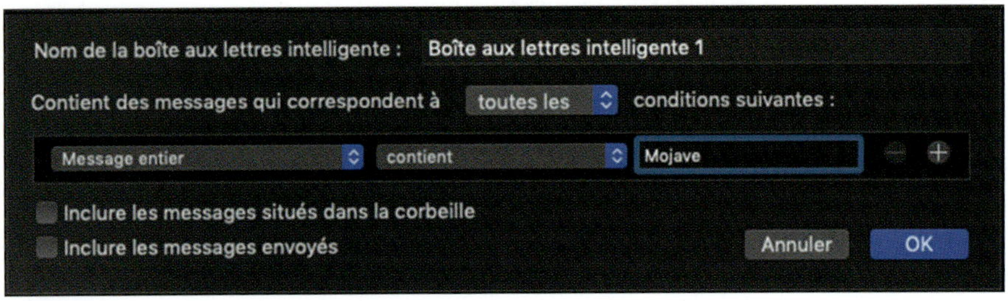

FIGURE 11.10 Cette boîte intelligente regroupe tous les messages dans lesquels apparaît le mot « Mojave ».

Quand vous avez terminé, cliquez sur OK. Mail crée la catégorie Boîtes aux lettres intelligentes, et y affiche une icône d'engrenage portant le nom que vous avez saisi lors de la création de cette boîte.

Signer

Mail permet d'automatiser la signature de vos messages. Procédez de la manière suivante :

1. **Choisissez Mail/Préférences ou enfoncez les touches ⌘ + , (virgule).**
2. **Activez l'onglet Signatures.**
3. **Sélectionnez, dans la liste de gauche, le compte concerné.**
4. **Cliquez sur + en bas de la colonne centrale pour créer une nouvelle signature vierge.**

Une signature par défaut apparaît comme à la Figure 11.11.

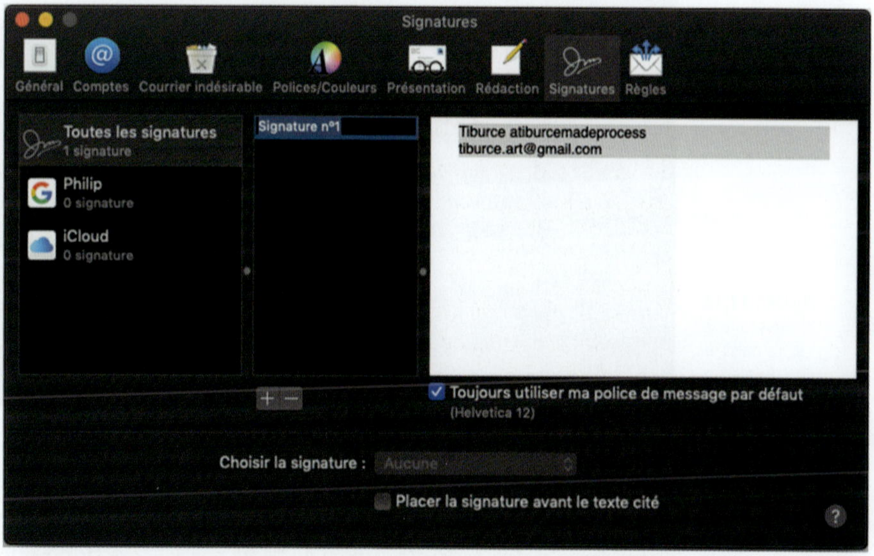

FIGURE 11.11 Une nouvelle signature pour un des comptes de messagerie.

5. Remplacez la mention générique Signature n° 1 (ou autre n° si vous avez antérieurement créé des signatures) par un nom plus explicite.
6. **Dans la colonne de droite, tapez la signature exactement comme vous voulez qu'elle apparaisse dans vos mails sortants.**
7. **Glissez-déposez la signature sur le ou les comptes affichés à gauche qui devront l'insérer par défaut.**

Nous venons ainsi de faire, à grandes enjambées, le tour de la question. Si vous créez plusieurs signatures, vous pourrez attribuer une signature prédéfinie par compte en sélectionnant chaque compte dans la liste de gauche et en choisissant la signature correspondante dans le menu local Choisir la signature, situé en bas de la boîte de dialogue.

Autre fait intéressant si plusieurs signatures ont été créées pour un même compte : un menu Signature s'affiche dans tous les nouveaux messages (Figure 11.12), qui vous permet, si vous le souhaitez, de choisir une autre signature que celle définie par défaut.

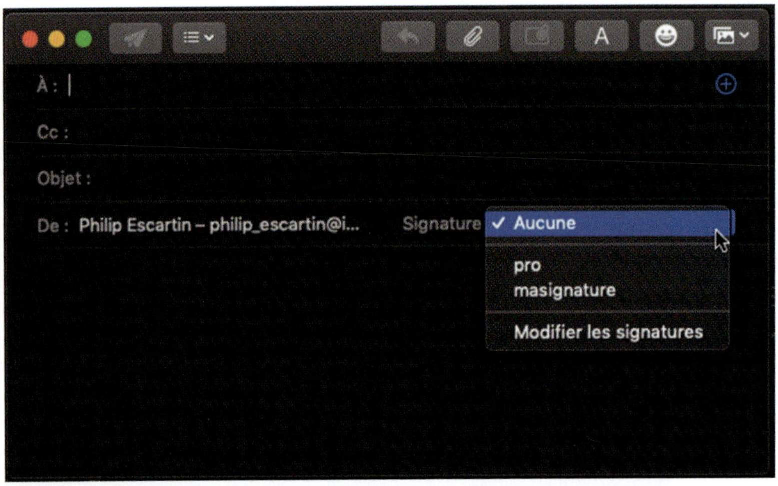

FIGURE 11.12 Choisissez une signature dans le menu du même nom.

Afficher des photos

Terminons notre tour d'horizon de Mail par sa fonction Coup d'œil, disponible depuis l'en-tête de tous les messages comportant au moins une image.

Commencez par double-cliquer sur le message afin de l'ouvrir dans une fenêtre autonome. Placez ensuite le pointeur de la souris sur le message. Une barre d'outils apparaît entre le message lui-même et la photo. Cliquez alors sur l'icône du trombone qui répertorie les pièces jointes et choisissez Coup d'œil dans le menu local, comme sur la Figure 11.13.

Si vous ne voyez pas ce bouton, approchez votre pointeur du trait qui sépare les infos du haut du message proprement dit.

Dès validation de la commande, l'image s'affiche en grand dans l'utilitaire Coup d'œil.

Détaillons les boutons mis à votre disposition :

- **Plein écran** (bouton vert) : force la fenêtre à occuper toute la surface de l'écran. Revenez à la fenêtre coup d'œil en cliquant sur le bouton Quitter le mode plein écran de la barre de transport de l'affichage en plein écran, ou appuyez sur la touche Esc de votre clavier.
- **Précédent :** affiche l'image précédente.

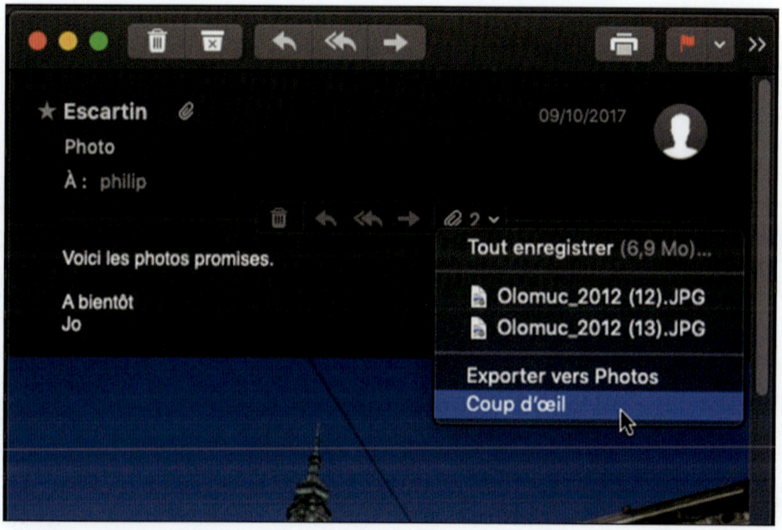

FIGURE 11.13 N'hésitez pas à jeter un Coup d'œil.

- **Suivant :** affiche l'image suivante.
- **Mosaïque :** affiche, en mosaïque, toutes les images jointes au mail. Laissez stationner votre pointeur sur une de ces représentations miniatures pour afficher le nom du fichier correspondant ; cliquez sur l'une d'elles pour rétablir l'affichage standard.
- **Ouvrir avec Aperçu :** ouvre les images dans l'application Aperçu de votre Mac.
- **Partage :** vous permet de partager l'image *via* Mail, Messages, AirDrop, Notes, Rappels, Ajouter à Photos.

Les fonctions d'annotation de Coup d'œil disponibles lorsque vous invoquez cette commande depuis le Finder ne sont pas proposées dans la version de cet utilitaire invoqué depuis Mail.

Pour fermer la fenêtre : en mode classique, cliquez, en haut à gauche, dans sa case de fermeture.

Communiquer avec Messages

Les messageries instantanées et les salles de discussion représentent les fonctionnalités de communications interactives du monde informatique. Elles permettent à tous les utilisateurs du monde entier de discuter ensemble. Pour communiquer de la sorte avec votre Mac, il suffit de lancer l'application Messages depuis le dossier Applications, le Launchpad ou le Dock.

Messagerie instantanée avec Messages

Les conversations peuvent se dérouler entre une ou plusieurs personnes. Messages fonctionne en tandem avec Contacts, ce qui signifie que vous n'aurez pas à encoder deux fois les mêmes infos. Messages entretient aussi des relations privilégiées avec Mail.

Voici tout ce que vous devez savoir pour bien commencer votre expérience avec Messages :

» **Pour lancer une conversation textuelle,** lancez Messages, puis choisissez Fichier/Nouveau message. Dans le champ A qui apparaît, tapez l'adresse de messagerie de la personne avec qui vous souhaitez converser. Dans le champ Message tout en bas de la fenêtre, tapez votre message et appuyez sur Retour pour l'envoyer dans la messagerie instantanée.

  Comme le montre la Figure 11.14, chaque participant est identifié par une icône, qui signale toutes ses interventions dans la conversation.

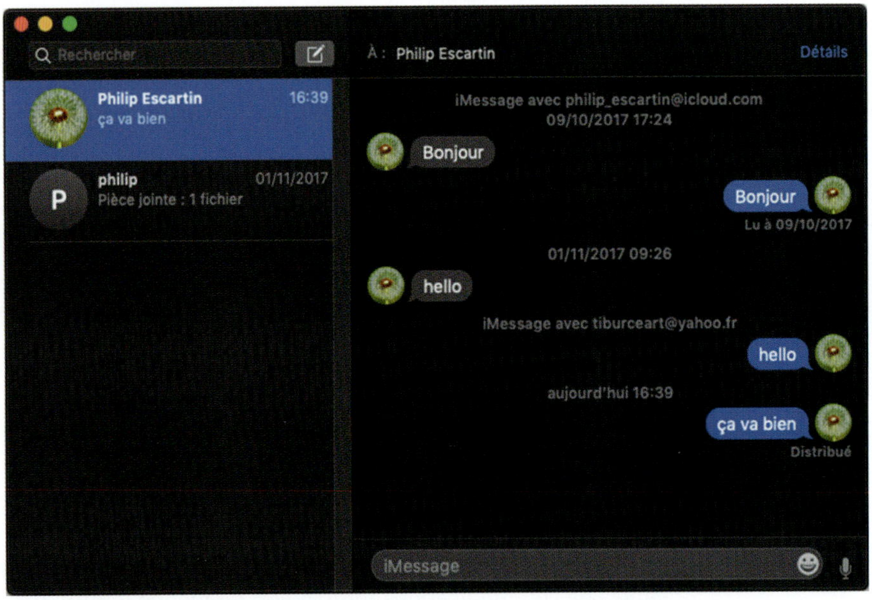

FIGURE 11.14
Une conversation en cours dans Messages.

» **Pour parler à plusieurs,** enfoncez la touche ⌘, cliquez sur toutes les personnes que vous voulez faire participer à la conversation, puis cliquez sur le bouton A du bas de la fenêtre Amis. Dans une conversation de ce type, tous les intervenants voient tous les messages.

» **Pour assigner une photo à un contact,** sélectionnez-le dans la fenêtre de Messages, puis choisissez Amis/Afficher la fiche du contact. Cette action ouvre l'application Contacts. Cliquez alors sur l'icône de son avatar puis sur le bouton +. Choisissez une des images par défaut, une de vos photos, les visages identifiés par Photos, ou bien encore prenez une photo avec votre webcam en cliquant sur Caméra.

Si vous avez déjà assigné une photo à ce contact dans l'application Contacts, cette photo s'affichera automatiquement dans Messages.

» **Pour transférer des fichiers,** glissez-déposez l'icône (ou les icônes) des fichiers en question dans la fenêtre de la conversation, puis procédez à l'envoi *via* la touche Retour ou Entrée. C'est là un moyen très pratique de partager des photos ou des documents sans devoir mettre en œuvre des techniques de partage plus complexes.

Si vous traitez de la sorte un fichier graphique, vous obtenez un aperçu agrandi semi-transparent ; ça vous permet d'être certain d'envoyer le bon fichier.

Vous disposez également, aux mêmes fins, de la commande Amis/Envoyer un fichier (⌘ + Option (Alt) + F) : validez-la, puis désignez le fichier à traiter dans la fenêtre d'ouverture qui vous est alors proposée. Le fichier apparaît dans le champ Message. Envoyez-le dans la conversation en appuyant sur Retour. Nous estimons, personnellement, que le glisser-déposer est plus commode.

» **Pour envoyer un courrier électronique depuis Messages,** sélectionnez un contact dans la liste, puis choisissez Amis/Envoyer un e-mail (⌘ + Option (Alt) + E). Le programme Mail démarre ; il ne vous reste plus qu'à taper le contenu de votre message.

Se repérer avec Plans

L'application Plans vous est familière si vous possédez un *device* iOS puisque ces appareils la proposent depuis belle lurette. Ce n'est pas votre cas ? Lisez la suite de cette section pour vous mettre au courant.

Savoir où vous êtes

Simple, mais très utile, la fonction de localisation vous permet de savoir précisément où vous vous trouvez. Lancez donc Plans depuis le Dock, le Launchpad ou le dossier Applications, puis cliquez, en haut à gauche sur le bouton gris Afficher votre position actuelle (icône d'une flèche de boussole).

Plans vous demande éventuellement l'autorisation de vous localiser. Cliquez alors sur le bouton Ouvrir les réglages de confidentialité si vous n'avez pas activé la fonction de localisation de Mojave. Vous accédez alors à l'onglet Confidentialité de la boîte de dialogue Sécurité et confidentialité. Cliquez sur l'icône du cadenas située dans l'angle inférieur gauche de la fenêtre, puis saisissez votre mot de passe. Ensuite, cliquez sur le bouton Déverrouiller. Vérifiez que Service de localisation est bien activé dans le volet de gauche, puis cochez éventuellement la case Activer le service de localisation, comme le montre la Figure 11.15. Ensuite, cochez Plans dans la section centrale de la boîte de dialogue. Fermez la boîte de dialogue Sécurité et confidentialité. Revenu dans Plans, cliquez de nouveau sur l'icône de localisation.

Votre position est aussitôt signalée sur la carte, marquée d'un point bleu.

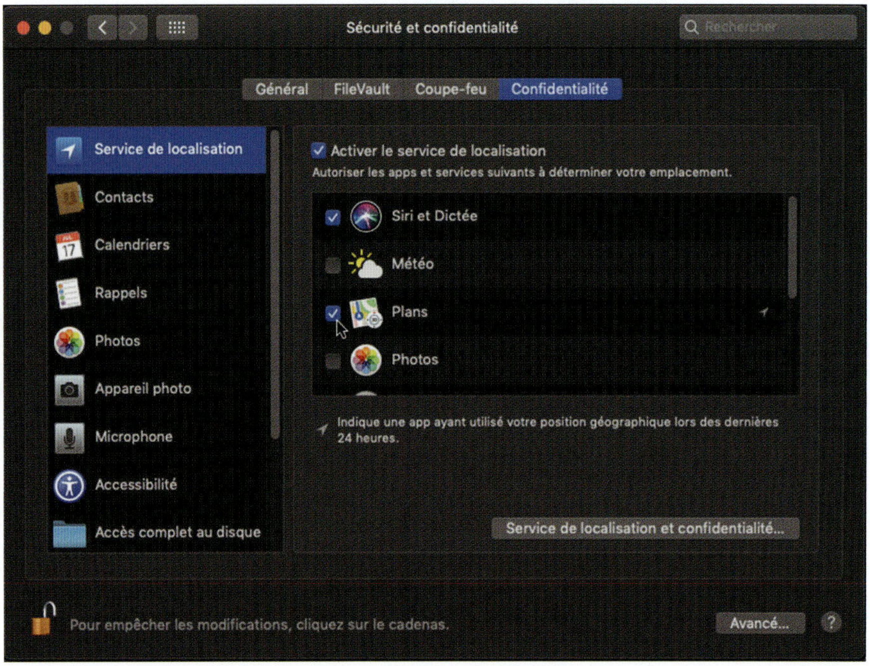

FIGURE 11.15 Activer la localisation pour l'application Plans.

Si votre position n'est pas affichée, cliquez sur l'icône de la flèche de boussole affichée à gauche du champ Rechercher un lieu.

Si vous faites glisser la carte, le Mac continue à vous suivre, mais ne recentre pas le marqueur bleu qui, du coup, risque de disparaître de l'écran. Si ça vous arrive, recliquez sur l'icône Afficher la position actuelle pour recentrer la carte sur votre position.

Trouver une personne, un endroit, une chose

C'est simple : choisissez Édition/Rechercher, ou enfoncez les touches ⌘ + F, ou encore cliquez dans le champ Rechercher un lieu en haut et au centre de la fenêtre. Il peut s'agir d'une adresse, d'un code postal, d'une ville, d'une entreprise ou d'une combinaison de différentes données (comme *Paris pizzeria* – Figure 11.16).

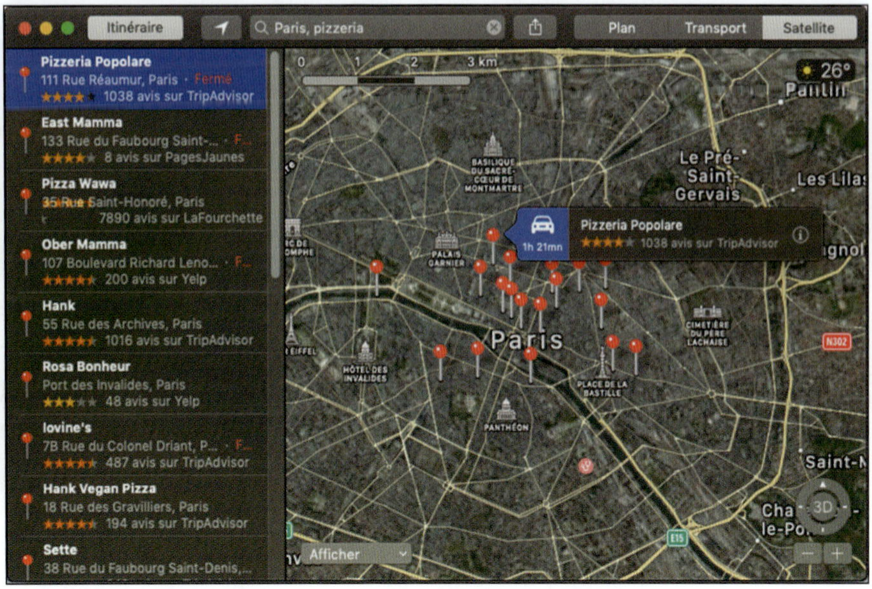

FIGURE 11.16 Ce ne sont pas les pizzerias qui manquent.

Si ce que vous tapez correspond à un ou plusieurs noms stockés dans votre application Contacts (sur votre Mac ou sur votre iDevice), ces correspondances apparaissent dans le bas de la liste du champ Rechercher. Cliquez sur un nom pour situer le domicile de la personne sur la carte. Plans est futé : il n'affiche que les noms des contacts pour lesquels vous avez entré une adresse postale.

Si aucune suggestion de la liste ne vous agrée, enfoncez la touche Retour ou Entrée ; avec un peu de chance, une carte ne va pas tarder à s'afficher. Si vous recherchez un endroit, Plans le matérialise par une épingle ; si vous recherchez une catégorie, il place plusieurs épingles, à raison d'une par endroit identifié.

Comme signalé plus haut, vous pouvez rechercher plusieurs choses à la fois, comme une catégorie et un code postal (comme *restaurants 75013*). Très pratique.

Pour obtenir plus de précisions, sélectionnez un élément de la liste de résultats ou cliquez sur une épingle. Un bandeau s'affiche à proximité de l'épingle. Cliquez, dans ce bandeau, sur le bouton Infos pour en apprendre davantage sur l'endroit en question (Figure 11.17).

FIGURE 11.17
À propos d'une des pizzérias localisées par Plans.

En fait, Mojave ouvre une fenêtre Spotlight, comme nous l'avons vu au Chapitre 7.

Présentations, zooms et défilements

Vous savez désormais comment trouver ce que vous cherchez. Concentrons-nous à présent sur les modalités d'affichage du programme.

En fait, trois présentations sont disponibles : Plan, Transport, et Satellite. Ce sont les onglets placés en haut à droite de la barre d'outils qui vous permettent de basculer d'une vue à une autre (ou les commandes équivalentes du menu Présentation). Plan affiche la carte classique ; Transport pour afficher la carte avec les moyens de transport (pas du tout à jour voire opérationnelle au moment où nous écrivons ces lignes), et Satellite vous propose une vue satellitaire (c'est-à-dire photographique comme Street View de Google). La 3D est obtenue par un clic sur l'icône 3D située dans la partie inférieure droite de la carte. Lorsque vous affichez certains monuments, Plans vous propose la fonction Tour Flyover en 3D, comme pour la l'Arc de triomphe sur la Figure 11.18.

FIGURE 11.18 La vue Satellite en 3D.

À propos de 3D justement :

- L'option 3D n'est pas disponible partout. Ce sont surtout les zones à haute densité de population qui sont privilégiées.
- Pour basculer de 2D en 3D, activez le bouton 3D dans la partie inférieure droite de la carte. Pour revenir en 2D, cliquez sur le bouton 2D (qui se substitue ainsi à 3D).
- Pour faire défiler, faites glisser sur le dos de votre souris vers la gauche, vers la droite, vers le bas ou vers le haut. Sur trackpad, glissez avec deux doigts.
- Pour régler l'angle de vue, cliquez-glissez sur la boussole en bas à droite (là où est écrit 3D).

Vous pouvez zoomer, faire pivoter, faire défiler la carte sous toutes les présentations, avec ou sans 3D.

- **Pour un zoom arrière :** choisissez Présentation/Zoom arrière ou enfoncez les touches ⌘ + – (moins). Sur trackpad, pincez deux doigts (comme sur l'iPhone). Vous pouvez aussi cliquer sur le bouton moins (-) de la boussole 3D située dans l'angle inférieur droit.

» **Pour un zoom avant :** choisissez Présentation/Zoom avant ou enfoncez les touches ⌘ + + (plus). Sur trackpad, écartez deux doigts (comme sur l'iPhone toujours).). Bien entendu vous pouvez cliquer sur le bouton plus (+) de la boussole 3D située dans l'angle inférieur droit.

A la souris, vous zoomerez avant ou arrière en plaçant le pointeur sur la carte. Maintenez ensuite le bouton gauche enfoncé, et faites glisser la souris vers l'avant pour un zoom arrière (eh oui !), et vers l'arrière pour un zoom avant (eh oui !).

» **Pour faire pivoter :** faites glisser la boussole.

» **Pour faire défiler :** faites glisser sur le dos de votre souris ; sur trackpad, faites glisser à deux doigts.

Plans et Contacts

Plans et Contacts s'entendent comme larrons en foire. Ainsi, pour visualiser, sur une carte, l'adresse postale d'un contact, il vous suffit de cliquer sur l'icône qui apparaît à gauche de son adresse lorsque vous placez le pointeur de la souris dessus.

Autre preuve de l'entente entre les deux programmes : une fois un endroit épinglé sur la carte, vous pouvez l'attribuer à un de vos contacts ou créer un nouveau contact à l'adresse ainsi localisée. Dans les deux cas, cliquez sur l'épingle affichée sur la carte, puis cliquez sur le « i » afin d'accéder à la fenêtre d'infos. Faites défiler vers le bas le contenu de la fenêtre Spotlight qui s'affiche afin de localiser le bouton Créer un nouveau contact (Figure 11.19).

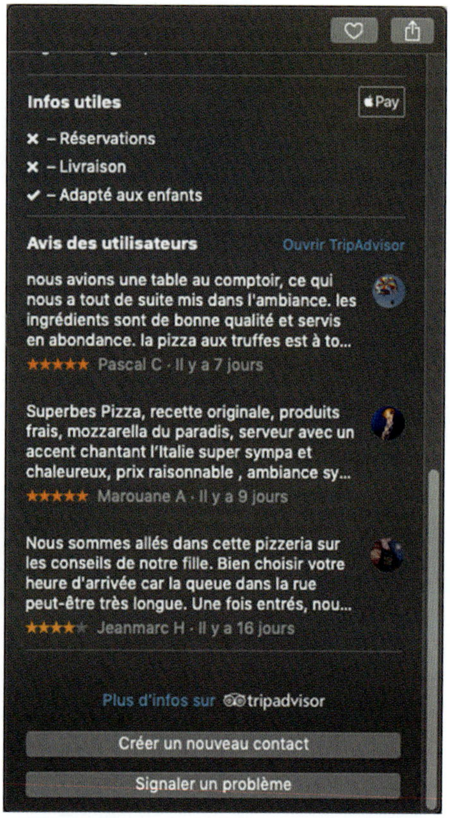

FIGURE 11.19
Créer un contact à partir d'un lieu épinglé par Plans.

Plans est également capable d'établir des itinéraires d'un endroit à un autre, voire d'une adresse de contact à une autre. Voyez à ce propos la prochaine section « Trucs et astuces ».

Trucs et astuces

L'application Plans a plus d'un tour dans son sac. Voici donc quelques fonctionnalités qui vous permettront d'être plus performant.

Établir des itinéraires voiture

Pour savoir comment aller d'un point à un autre :

- **Si la carte propose déjà une épingle :** cliquez sur cette épingle, puis sur le « i » qui vous permet de gagner la fenêtre d'infos ; arrivé là, cliquez sur Itinéraire.
- **Dans le cas contraire :** cliquez sur Itinéraire depuis la barre d'outils. Deux champs Départ et Arrivée se manifestent sous le bouton Itinéraire. Le premier propose votre emplacement actuel. Tapez le point de départ et le point d'arrivée ou sélectionnez-les parmi vos signets, récents ou contacts (il suffit de taper les premiers caractères). Notez que le bouton placé à gauche vous permet de permuter le contenu des deux champs.

  Le bouton X à droite du lieu de départ et d'arrivée vous permet de changer d'avis et d'entrer un nouveau point de départ ou d'arrivée. Il n'apparaît que si vous placez le pointeur de la souris sur le Départ ou l'Arrivée.

  Choisissez le calcul de l'itinéraire en voiture, à pied, ou en transport en commun. Cette dernière option est rarement disponible.

  Un itinéraire en voiture pour aller à Deauville (Figure 11.20).

  Il arrive souvent à Plans de proposer plusieurs itinéraires. C'est dans le haut du volet gauche qu'il vous en signale le nombre (deux dans notre exemple). Passez d'un itinéraire à l'autre en commençant par cliquer sur la mention Itinéraire dans le volet des étapes (la première). Ensuite, appuyez sur les flèches droite et gauche de votre pavé directionnel. Cliquez sur ces éléments pour afficher l'itinéraire correspondant étape par étape.

  La commande Fichier/Imprimer ou ⌘ + P vous permet d'imprimer votre feuille de route ; la commande Fichier/Exporter au format PDF exporte cette feuille sous ce format ; enfin, la commande Fichier/Partager l'envoie vers Mail, Messages, Notes, Rappel, *etc*.

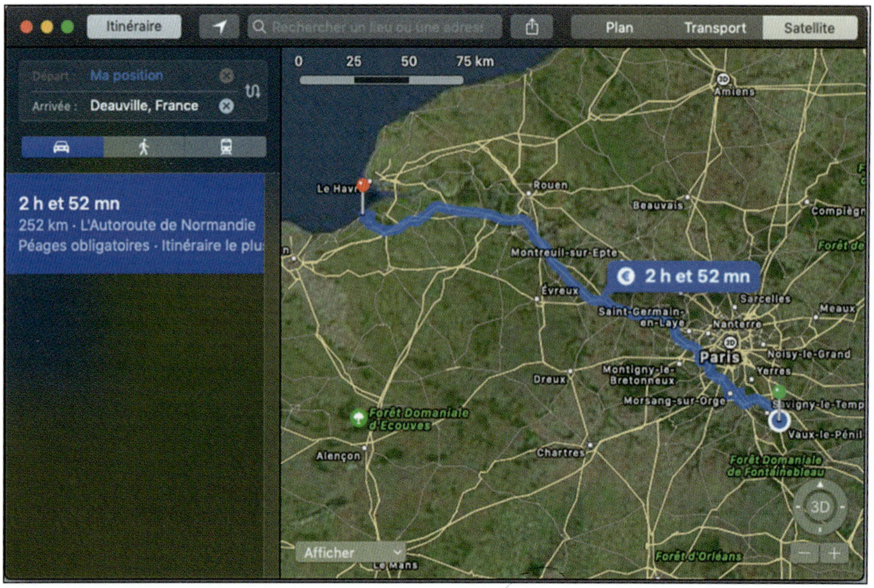

FIGURE 11.20 Pour aller de chez moi à Deauville.

> Pour effacer un itinéraire, placez le pointeur de la souris sur le Départ, et cliquez sur le bouton X qui apparaît sur sa droite. Faites de même avec Arrivée.

Voilà ! En toute logique, vous en savez désormais assez pour commencer à exploiter Plans. Ne vous en privez pas !

Chapitre 12

Quand la musique est bonne !

DANS CE CHAPITRE :

- » **iTunes, la musique à portée de clics.**
- » **Manipuler les médias.**
- » **Gérer les listes de lecture.**

iTunes est devenu au fil du temps un logiciel de gestion et de lecture de votre musique dématérialisée (oui, les fameux fichiers MP3 ou autres formats numériques), un support pour vos films et séries, mais aussi un contrôleur de périphériques comme l'iPod, l'iPhone, l'iPad, ou bien encore l'Apple TV.

Des ouvrages entiers sont consacrés à ce programme orchestre. Nous nous bornerons à en ébaucher humblement les principales caractéristiques.

Découvrir iTunes

iTunes apparaît comme une sorte de couteau suisse qui permet d'écouter des CD, de créer (graver) vos propres CD audio ou MP3, de lire des fichiers MP3, AIFF, AAC, WAV ainsi que des livres audio édités par Audible, d'afficher les pochettes des albums, de regarder des émissions de télévision, de piloter votre iPod (ou tout autre baladeur MP3), Apple TV ou iPhone, d'écouter la radio depuis Internet, de s'abonner à des podcasts, et bien d'autres choses encore. iTunes permet aussi de télécharger de la musique depuis l'iTunes Store d'Apple, un des rares endroits depuis lesquels vous pouvez en toute légalité importer des musiques et des films à condition, bien évidemment, d'en payer le prix.

Pour ouvrir iTunes, cliquez sur son icône du Dock ou double-cliquez sur celle du dossier Applications.

À la première utilisation d'iTunes, le programme vous demande d'accepter le contrat de licence. Vous devez y souscrire sinon iTunes ne s'exécutera pas. Donc, cliquez sur le bouton Accepter.

Une fois dans iTunes, et si vous n'avez aucun morceau de musique stocké dans le dossier Musique de votre Mac, le programme vous incite à visiter l'iTunes Store. Et pourquoi donc ? Eh bien, sans doute pour vous y acheter des albums et/ou des chansons. Ne vous précipitez pas ! Commencez par regarder l'interface de ce programme illustrée à la Figure 12.1, puis passez à la section expliquant comment répertorier votre musique dans iTunes sans en acheter obligatoirement sur iTunes Store.

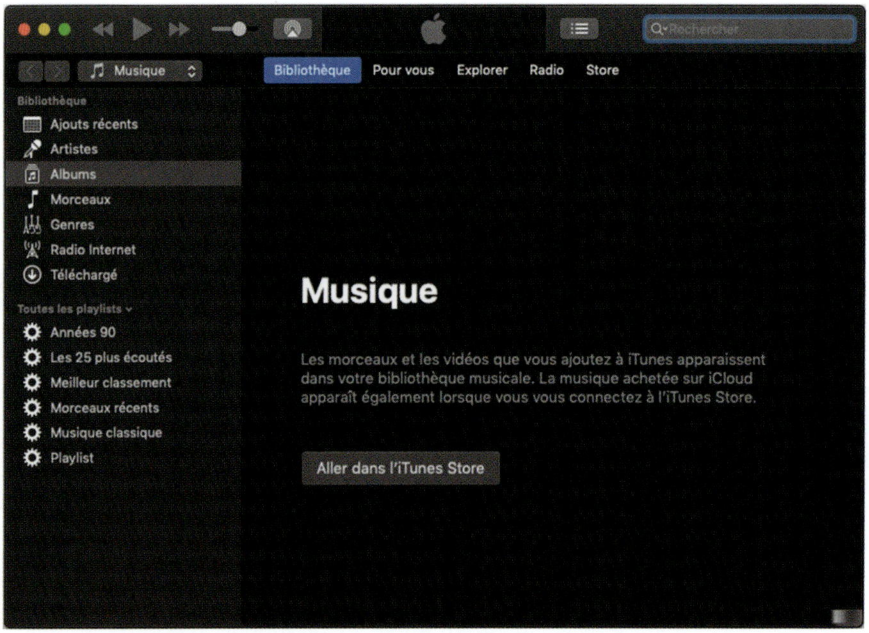

FIGURE 12.1
iTunes vierge de toute musique.

Manipuler les médias

Comme iTunes est avant tout destiné à gérer et exécuter des médias, nous commencerons par vous expliquer comment « importer » vos fichiers musicaux et vidéo dans ce logiciel. Les techniques varient bien entendu en fonction du type de média et de l'endroit où ils sont stockés à l'origine. Ainsi, il peut s'agir de fichiers multimédias que vous avez téléchargés depuis des sites Web, qui ont été joints à des courriers électroniques, que vous copiez d'un CD ou que vous achetez *via* l'iTunes Store. iTunes permet également de s'abonner à des podcasts. Enfin, grâce à ce logiciel, vous pourrez écouter de la musique depuis les stations radio incluses dans iTunes.

L'accès à l'iTunes Store et aux radios Internet d'iTunes ne peut se faire que si votre connexion Internet est active.

Les sections suivantes décrivent les différents médias – chansons, films, vidéos et podcasts – que vous êtes susceptible d'intégrer à votre bibliothèque iTunes, et vous expliquent comment écouter la radio depuis le programme.

Ajouter des chansons

L'origine de ces musiques va déterminer la technique d'importation utilisée. Voici les procédés les plus couramment utilisés :

» **Pour ajouter un fichier audio style MP3 ou AAC depuis votre disque dur :** faites glisser le document vers iTunes – vers une bibliothèque ou vers la fenêtre du contenu (Figure 12.2) – ou choisissez Fichier/Ajouter à la bibliothèque (⌘ + O) et désignez le document dans la fenêtre d'ouverture qui vous est alors proposée. Dans les deux cas, le document sélectionné échoue dans la bibliothèque du programme.

» Pour ajouter un Album, glissez-déposez le dossier contenant les titres de cet album dans la fenêtre de la bibliothèque.

» **Pour ajouter un fichier audio qui se trouve sur un CD que vous avez acheté dans le commerce ou que vous avez gravé vous-même :** lancez iTunes et introduisez le CD dans le lecteur. Dans la fenêtre qui s'affiche à la suite de cette action, confirmez votre intention d'importer le CD dans votre bibliothèque iTunes en cliquant sur le bouton Oui. Si aucune fenêtre n'appa-

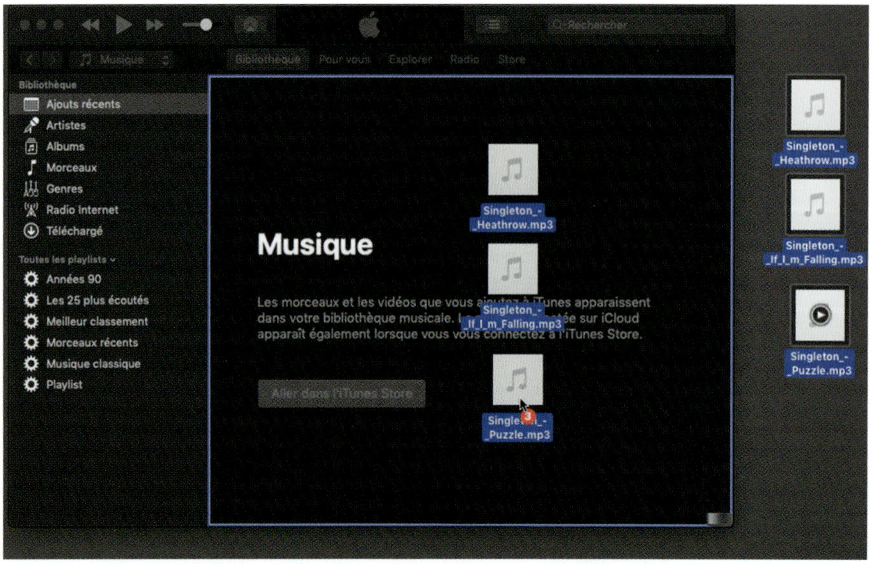

FIGURE 12.2 Depuis le Finder, glissez-déposez vos fichiers audio dans la fenêtre d'iTunes pour les ajouter à votre bibliothèque.

raît, sélectionnez le CD dans la liste Source à gauche, puis cliquez sur le bouton Importer le CD situé dans l'angle inférieur droit de la fenêtre d'iTunes. Comme iTunes ouvre le contenu du CD, vous pouvez cliquer sur Non afin de choisir les morceaux à importer.

Si vous êtes branché à Internet, iTunes se charge d'aller chercher le titre de la chanson, le nom de l'interprète, le titre de l'album, la durée du morceau et son genre pour chaque fichier audio du CD. Une restriction de taille : ça ne marche que pour les CD que vous avez achetés et pour les morceaux les plus connus. En général, le programme est totalement incompétent dans le cas des CD que vous avez gravés vous-même.

» **Pour acheter des morceaux sur l'iTunes Store :** cliquez sur le bouton Store en haut à droite. Cliquez sur le prix de la chanson que vous souhaitez acheter. Si iTunes vous le demande, saisissez votre identifiant Apple, puis votre mot de passe, et cliquez sur le bouton Acheter. Suivez la procédure d'achat indiquée par Apple.

Ajouter des films et des vidéos

Pour ajouter un fichier vidéo (style MOV, MP4, ou MPEG) depuis votre disque dur, commencez par afficher la bibliothèque Films en ouvrant le menu local situé en haut à gauche et qui doit normalement indiquer Musique. Par défaut, iTunes affiche un bouton Aller dans l'iTunes Store pour, une fois encore, vous inciter à acheter des films et des séries. Pour répertorier et lire vos propres films, cliquez sur l'onglet Bibliothèque. Ensuite, faites-le glisser vers la fenêtre d'iTunes depuis le Finder, ou invoquez la commande Fichier/Ajouter à la bibliothèque (⌘ + O) et agissez dans la fenêtre d'ouverture classique que cette action vous adresse. Une fois la vidéo ainsi « importée », il ne se passe absolument rien. En d'autres termes, vous ne voyez pas votre film. Pour y remédier, cliquez sur Vidéos personnelles dans la colonne de gauche.

Si vous envisagez d'acheter des films, procédez comme pour les fichiers audio :

1. **Depuis iTunes Store, ouvrez le menu local situé dans la partie supérieure gauche, et choisissez Films ou Séries TV, comme sur la Figure 12.3.**

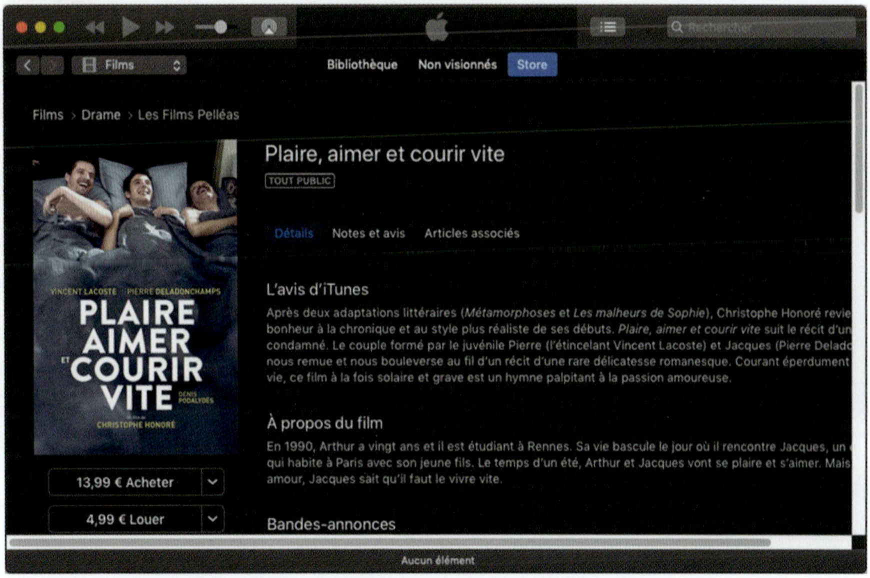

FIGURE 12.3 Pour acheter des films ou des séries sur iTunes Store.

Vous basculez ainsi dans le rayon vidéo d'iTunes Store.

2. **Activez un lien ou tapez le titre d'un film ou d'une séquence vidéo, le nom d'un acteur ou d'un réalisateur, ou encore un mot ou une expression clé dans le champ Rechercher. Confirmez *via* Retour ou Entrée.**
3. **Quand vous avez trouvé ce que vous cherchez, vous pouvez en visionner la bande-annonce.**
4. **Louez ou achetez le film qui vous intéresse en cliquant sur le bouton correspondant.**

Ajouter des podcasts

Les podcasts sont, en quelque sorte, des émissions de radio ou de télévision auxquelles vous vous abonnez et que vous écoutez et regardez *via* iTunes ou votre iPod quand ça vous fait plaisir. Il en existe des milliers ; la plupart sont gratuits. Pour les localiser :

1. **Ouvrez le menu local situé dans la partie supérieure gauche d'iTunes, et choisissez Podcasts.**

   Si vous utilisez iTunes pour la première fois, vous êtes invité à créer une nouvelle station afin d'écouter vos podcasts préférés.

2. **Cliquez sur le bouton Nouvelle station.**

   iTunes crée une station sans titre et vous indique qu'elle ne contient aucun podcast.

3. **Pour ajouter des podcasts, cliquez sur l'icône de l'engrenage en haut à droite.**

   Si des podcasts sont proposés, vous pouvez les inclure.

4. **Pour ajouter de nouveaux podcasts, cliquez alors sur Store.**

   Comme vous avez choisi Podcasts à l'Étape 1, le Store vous donne accès aux podcasts disponibles sur iTunes.

5. **Dans la fenêtre des podcasts, vous pouvez accéder à tous les podcasts, ou choisir entre Audio et Vidéo en cliquant sur les boutons situés en haut de la fenêtre.**

   Vous pouvez également taper l'objet de votre recherche dans le champ situé en haut à droite d'iTunes, et qui affiche la mention Store.

6. **Cliquez sur le podcast qui attire votre attention.**

7. **Quand vous avez trouvé votre bonheur (Figure 12.4), vous pouvez écouter (voir) un aperçu par un clic sur le petit triangle situé à gauche de l'épisode qui vous intéresse. Vous pouvez télécharger une émission ou vous abonner afin de recevoir la série complète de manière automatique.**

8. **Pour télécharger le podcast, cliquez sur Obtenir.**

9. **Retournez dans votre station *via* Bibliothèque de Podcasts ou de Stations.**

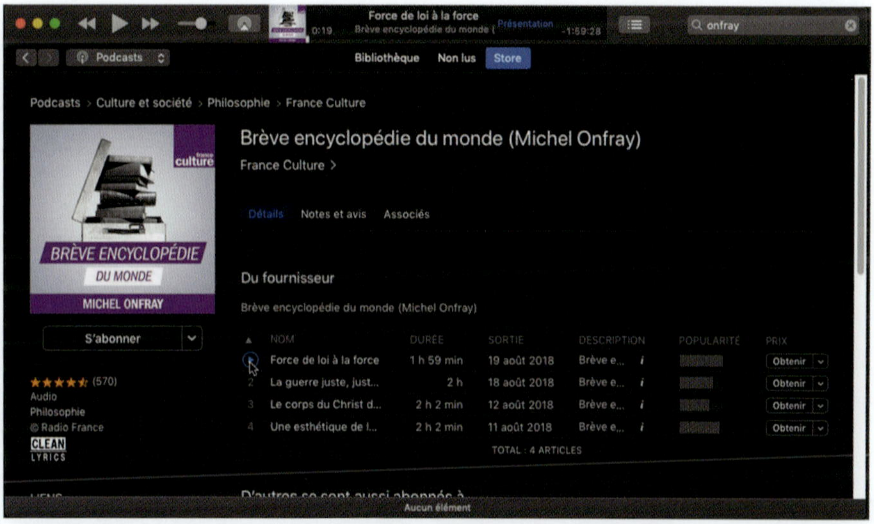

FIGURE 12.4 Cliquez sur le bouton de lecture d'un épisode.

Le podcast apparaît dans la bibliothèque Podcasts. Pour mieux gérer vos podcasts *via* des stations, cliquez alors sur Stations sous Bibliothèque.

10. **Cliquez sur l'engrenage de la station, cochez le podcast récemment téléchargé, et cliquez sur Terminé.**

    Les podcasts sont alors accessibles dans iTunes depuis votre Bibliothèque, rubrique Podcasts ou rubrique Stations si vous souhaitez créer des groupes de podcasts thématiques par exemple, comme le montre la Figure 12.5.

11. **Pour s'abonner à un Podcast afin d'être informé de ses dernières publications, faites un clic-droit sur le nom du podcast, et exécutez la commande S'abonner au podcast.**

12. **Pour configurer la manière dont iTunes va gérer un podcast, faites un clic-droit sur la vignette du podcast, et choisissez Réglages de podcasts (vous pouvez également cliquer sur l'icône de l'engrenage située à droite du nom du podcast dans la fenêtre principale). Effectuez vos réglages via les différents menus locaux illustrés à la Figure 12.6.**

Écouter de la musique avec iTunes

La procédure indiquée ici vaut pour tout type de fichier musical y compris les podcasts :

1. **Dans le menu local situé dans la partie supérieure gauche, choisissez la bibliothèque dans laquelle est stockée la musique à écouter.**

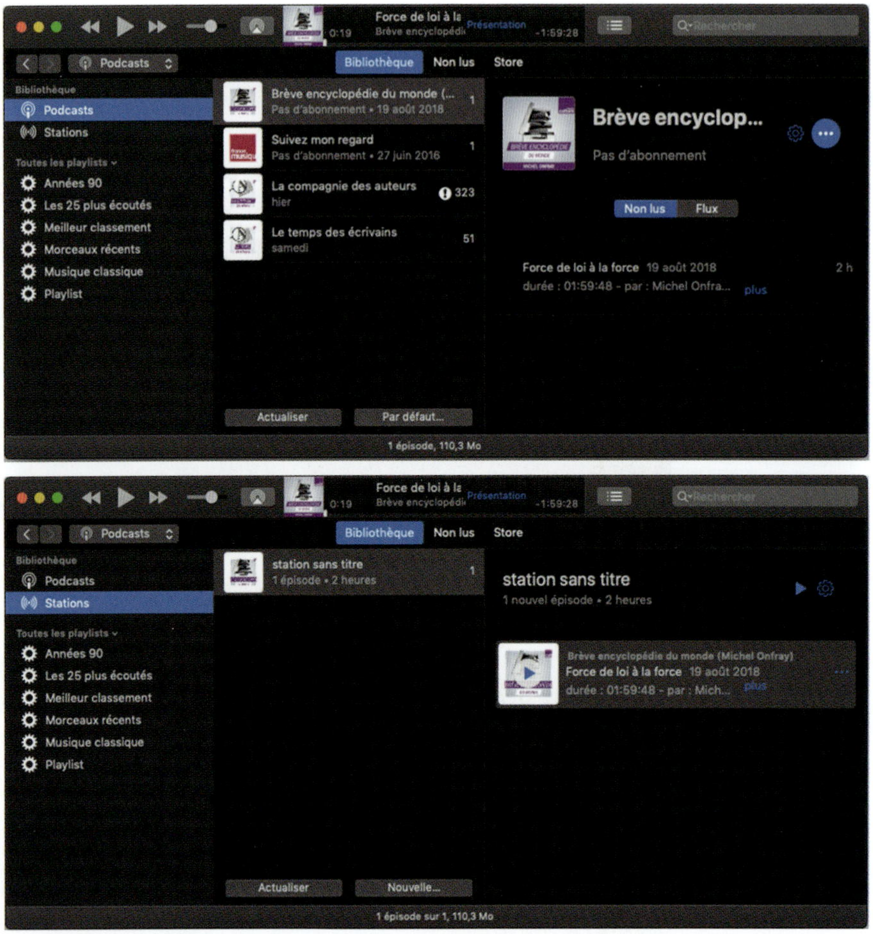

FIGURE 12.5
Les podcasts sont stockés dans Podcasts (en haut), ou Stations (en bas).

Par exemple, pour vos albums, choisissez Musique.

2. **Dans la partie droite du programme, placez le pointeur de la souris sur la vignette de l'album à écouter, et cliquez sur le bouton Lecture qui apparaît, comme sur la Figure 12.7.**

3. **Pour lire uniquement un titre, cliquez sur Albums dans le volet Bibliothèque, puis sur la vignette de l'album, faites défiler son contenu et cliquez sur le bouton Lecture du morceau à écouter.**

4. **Gérer la lecture avec l'ensemble des boutons situés dans la partie supérieure gauche d'iTunes.**

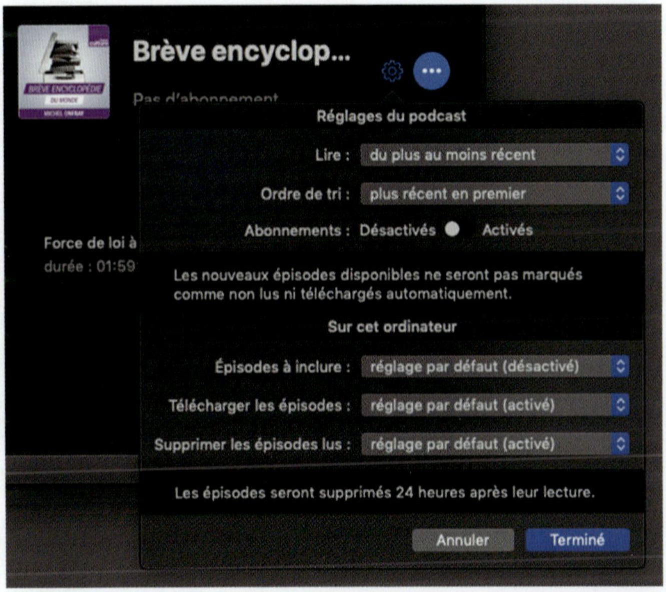

FIGURE 12.6 Réglez la gestion des podcasts.

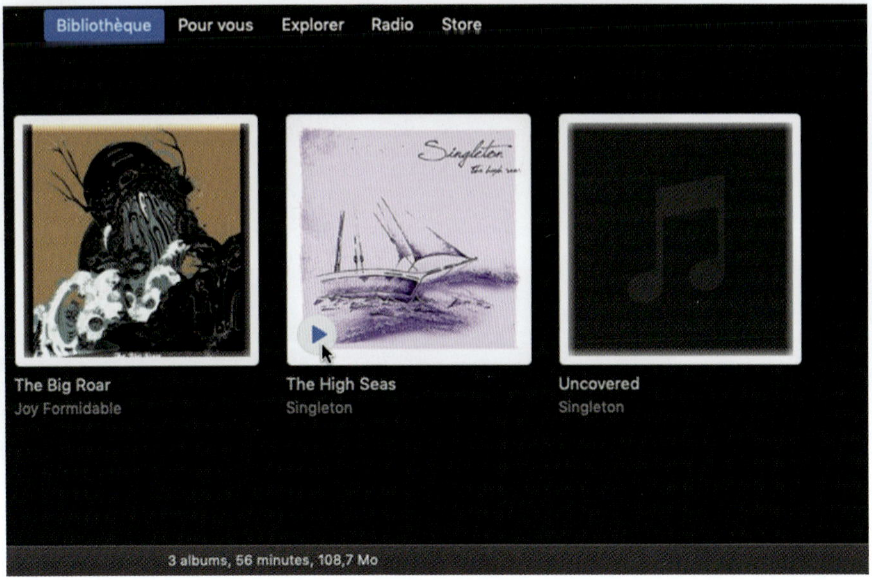

FIGURE 12.7 Lire un album complet.

Écouter des stations radio Internet

Grâce à Internet, vous pouvez faire du streaming audio, c'est-à-dire de la lecture en continu. En fait, c'est exactement comme lorsque vous écoutez la radio traditionnelle, à cette différence près que le contenu vous parvient ici *via* Internet plutôt que par les ondes hertziennes.

Ouvrez le menu local situé dans la partie supérieure gauche d'iTunes, et choisissez Musique. Ensuite, dans la colonne Bibliothèque (sur la gauche), cliquez sur Radio Internet.

Vous avez ainsi accès aux milliers de stations radio intégrées. Elles ont en outre le bon goût d'être organisées par catégories, comme Blues, Jazz, Reggae ou Classical Rock.

Pour écouter une de ces stations, cliquez sur le triangle à gauche de la catégorie qui vous intéresse pour en développer le contenu (Figure 12.8), sélectionnez la station, puis appuyez sur Lecture.

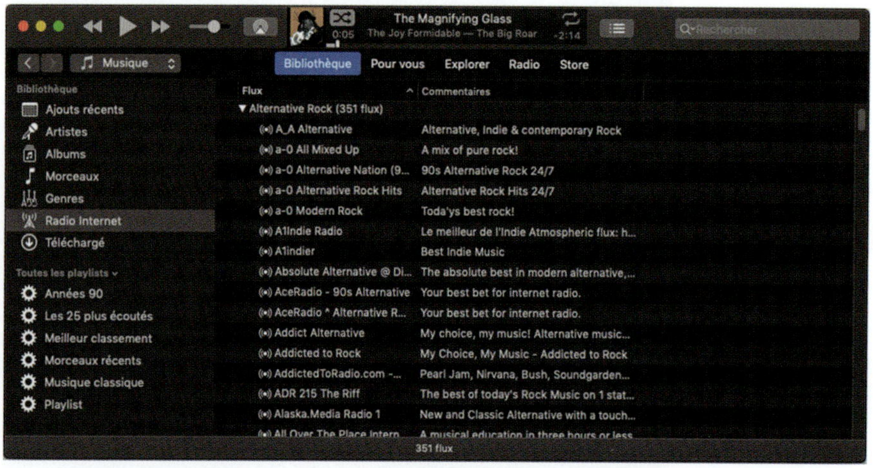

FIGURE 12.8 Du Rock alternatif à profusion.

Certaines stations de radio émettant sur Internet et sur les ondes proposent une icône Podcast offrant un bouton iTunes. Cliquez simplement sur ce bouton pour ajouter cette radio à la liste de vos podcasts et non pas à vos radios.

Gérer les listes de lecture

Les *listes de lecture* ou playlists dans le langage iTunes sont un des aspects incontournables d'iTunes. Elles permettent de créer des compilations d'artistes et/ou de genres musicaux, mais aussi de vos titres préférés quel qu'en soit l'artiste ou le genre.

Il existe deux sortes de listes :

> » **Les listes simples :** elles regroupent les chansons, vidéos, podcasts ou stations de radio que vous y faites glisser.
>
> » **Les listes intelligentes :** elles réunissent des éléments en fonction de critères que vous définissez au préalable. Elles sont en outre mises à jour automatiquement lorsque vous ajoutez à la bibliothèque de nouveaux éléments qui répondent aux critères spécifiés.

Toutes les listes de lecture s'affichent dans le volet gauche de la fenêtre d'iTunes.

Créer une liste simple

Allons-y :

1. **Commencez par afficher la bibliothèque Musique en choisissant cette catégorie dans le menu local situé dans l'angle supérieur gauche d'iTunes.**
2. **Ensuite, pour créer une playlist, vous pouvez :**
   - Cliquer sur Fichier/Nouvelle playlist ou exécuter le raccourci clavier Cmd + N.
   - Faire un clic-droit dans une zone vide de la section Toutes les playlists (colonne de gauche) et, dans le menu contextuel qui apparaît, choisir Nouvelle playlist.

   Une nouvelle liste, baptisée « Playlist », s'affiche dans le volet gauche sous la section Playlists de musique.
3. **Profitez du fait que le nom générique *Playlist* est sélectionné pour en taper directement un autre, plus évocateur, que vous validerez avec la touche Retour de votre clavier.**

4. **Pour lui ajouter un morceau, affichez le contenu d'un album en cliquant sur Albums dans la section Bibliothèque, puis sur la vignette d'un album afin d'accéder à l'ensemble de ses chansons.**

   La liste de ses titres s'affiche dans la partie inférieure de la fenêtre.

5. **Faites un clic-droit sur une chanson. Dans le menu contextuel qui apparaît, choisissez Ajouter à la playlist/<nom de votre liste de lecture>, comme à la Figure 12.9.**

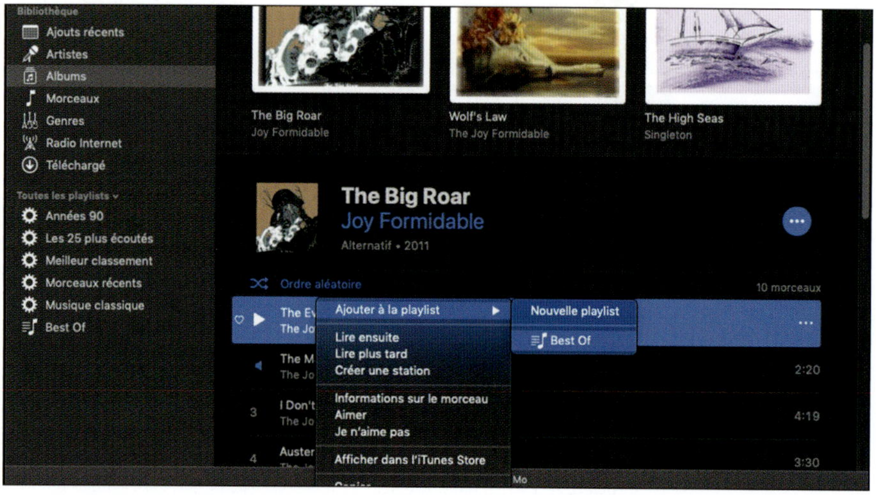

FIGURE 12.9 Ajouter un morceau à une liste de lecture.

Pour ajouter plusieurs titres en une seule opération, sélectionnez-les dans la liste des chansons d'un album ou de tous les morceaux affichés dans iTunes. Pour cela, maintenez la touche Cmd enfoncée et cliquez sur les titres que vous souhaitez placer dans la liste de lecture. Une fois cette sélection terminée, faites un clic-droit sur l'un des titres et, dans le menu contextuel qui apparaît, choisissez Ajouter à la playlist/<nom de votre liste>.

Vous pouvez également glisser-déposer des chansons depuis leur album jusqu'au nom de la liste de lecture comme sur la Figure 12.10.

Les fichiers que vous faites ainsi glisser vers une liste de lecture restent malgré tout dans la bibliothèque du programme. Car l'opération ne déplace pas les fichiers ; elle se borne à en créer des alias. Cela signifie aussi que vous pouvez supprimer une chanson d'une liste de lecture sans affecter l'original.

6. **Pour voir le contenu de la playlist, cliquez sur son nom dans la section Playlists de musique du volet gauche.**

FIGURE 12.10 Il est possible de glisser-déposer des titres dans une liste de lecture.

7. **Pour lancer la lecture de la liste, sélectionnez son nom, puis cliquez sur le bouton Lecture de la barre des commandes d'iTunes (en haut à gauche)**

Accéder à d'autres modes de lecture en cliquant-droit sur le nom de la liste de lecture. Dans le menu contextuel qui s'affiche, vous avez le choix entre : Lecture et Lecture aléatoire. Ce second choix lance une lecture dans le désordre et imprévisible du contenu de cette liste.

Vous pouvez lancer la lecture de la playlist depuis un titre particulier en double-cliquant dessus lorsque le contenu de cette liste de lecture est affiché dans la partie droite d'iTunes.

Si votre Mac est équipé d'un graveur de CD/DVD (de plus en plus rare), vous pouvez graver votre liste de lecture sur un disque en exécutant la commande Graver la playlist sur un disque du menu contextuel évoqué précédemment.

Il est également possible de sélectionner des titres puis de cliquer sur Fichier/Nouvelle playlist à partir de la sélection pour créer une liste de lecture avec un contenu préalable.

Créer une liste intelligente

L'idée : définir des critères grâce auxquels la liste sera mise à jour sans que vous ayez à intervenir.

Dans la pratique :

1. **Affichez la bibliothèque Musique via le menu local situé dans la partie supérieure gauche d'iTunes.**
2. **Cliquez sur Fichier/Nouvelle playlist intelligente (⌘ + Option (Alt) + N).**

   Vous pouvez également faire un clic-droit dans une zone vide de la section Playlists de musique. Dans le menu contextuel qui s'affiche, choisissez Nouvelle playlist intelligente.

   Une fenêtre intitulée fort à propos Playlist intelligente s'affiche (Figure 12.11).

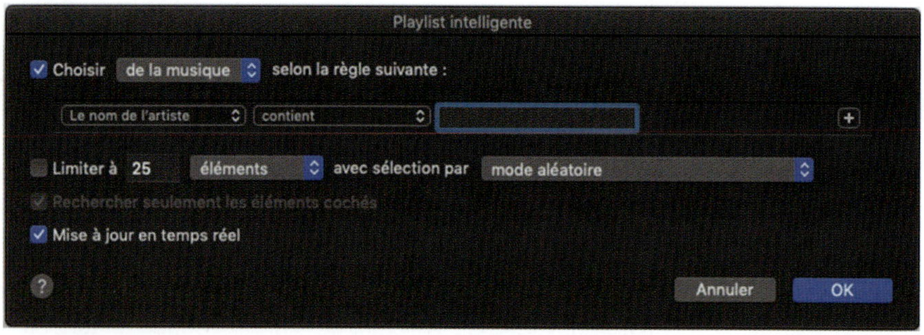

FIGURE 12.11 Définissez ici les critères de sélection.

3. **Définissez votre premier critère avec les menus locaux et différents champs de saisie. Le cas échéant, cliquez sur + pour ajouter d'autres critères.**
4. **Quand vous avez terminé, cliquez sur OK.**

   La liste ainsi créée s'affiche avec les autres dans le volet de gauche. Pour modifier un critère, opérez un clic-droit sur le nom de la liste dans le volet gauche, puis choisissez Modifier les règles dans le menu contextuel ou sur ce même lien affiché sous le nom de cette liste de lecture.

Créer des dossiers de playlists

Les dossiers de playlists vont permettre de regrouper des listes de lecture par thèmes (par exemple). Ainsi, vous pouvez créer un groupe de playlists « Années 80 » qui regroupera diverses compilations de musique des années 80.

Pour créer des dossiers de listes de lecture :

1. **Cliquez sur Fichier/Nouveau dossier de playlist.**

   Comme le montre la Figure 12.12, cette action crée un dossier « dossier sans titre ». Comme ce nom est sélectionné, tapez un nom significatif des listes de lecture qu'il contiendra et validez en appuyant sur la touche Retour du clavier.

2. **Ouvrez ce dossier et créez de nouvelles listes de lecture en suivant les procédures des précédentes sections.**

   Bien entendu, vous pouvez glisser-déposer des listes de lecture existantes (ou créées par erreur dans la section Playlists de musique) dans n'importe quel dossier de playlist.

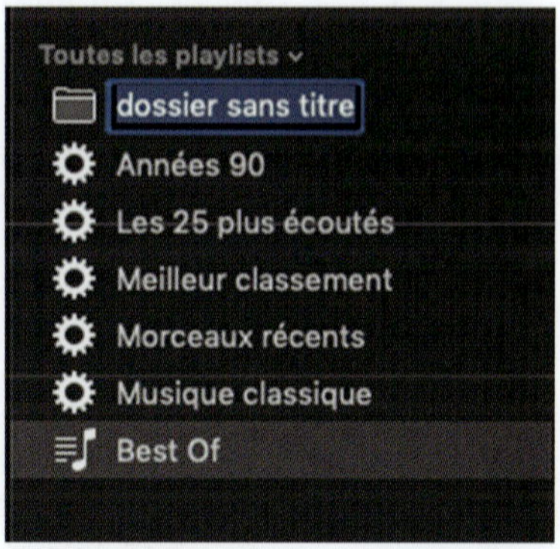

FIGURE 12.12
Un dossier de playlists contiendra des listes de lecture thématiques.

3. **À l'intérieur des dossiers de playlists, gérez vos listes de lecture comme n'importe quelle autre liste de lecture simple ou intelligente.**

Supprimer des playlists

Qu'il s'agisse d'une liste simple, d'une liste intelligente, ou d'un dossier de playlists, la procédure de suppression d'une liste de lecture est hyper simple :

1. **Faites un clic-droit sur l'élément affiché dans la section Toutes les playlists.**
2. **Dans le menu contextuel qui s'affiche, choisissez Supprimer de la bibliothèque.**
3. **Dans le message demandant confirmation de la suppression, cliquez sur le bouton Supprimer.**

Vous ne courez aucun risque à supprimer une liste de lecture même accidentellement. En effet, seules les références aux chansons de la liste sont supprimées. Les fichiers de vos musiques restent sur votre disque dur et sont toujours répertoriés dans votre bibliothèque Musique.

Si vous supprimez un dossier de playlists, vous supprimez toutes les listes de lecture qu'il contient !

Si vous vous apercevez immédiatement que vous avez supprimé la mauvaise liste, cliquez sur Édition/Annuler Supprimer <nom de la liste de lecture>, ou bien exécutez le raccourci clavier Cmd + Z.

Genius, une liste à part

En fin de chapitre, nous aimerions attirer votre attention sur une liste particulière appelée Genius.

Genius est génial : c'est un outil capable de trouver – dans votre bibliothèque iTunes ou sur l'iTunes Store – des morceaux qui vont particulièrement bien avec un titre que vous sélectionnez, comme vous l'explique la fenêtre qui vous est proposée quand vous invoquez Genius *via* Fichier/Bibliothèque/Activer Genius de la playlist Genius. Ensuite, dans la section Toutes les playlists, cliquez sur Genius pour afficher les explications de la Figure 12.13, puis sur le bouton Activer Genius en bas à droite.

FIGURE 12.13
Pour activer Genius.

Cette activation a pour effet de communiquer à Apple des informations relatives à votre bibliothèque iTunes, comme le montre la fenêtre Activer Genius. Apple vous donne la possibilité d'arrêter cette intrusion à tout moment par un clic sur le bouton Arrêter.

Bien qu'on comprenne mal pourquoi, vous ne pourrez exploiter Genius que si vous disposez d'un compte iTunes Store. Pourtant, les informations concernant votre bibliothèque iTunes sont stockées de façon anonyme. Il n'existe aucune obligation d'achat. Allez donc savoir pourquoi ce compte est indispensable !

Pour créer une liste de lecture Genius, sélectionnez préalablement un album ou des chansons. Ensuite, cliquez sur Fichier/Nouvelle playlist Genius.

Laissons-nous vous assurer que la fonction est performante. N'hésitez pas à l'exploiter si vous ne craignez pas qu'Apple soit mis au courant du contenu de votre bibliothèque.

N'hésitez pas à consulter l'aide en ligne si vous rencontrez des difficultés.

Chapitre 13

La photo sous Mojave

DANS CE CHAPITRE :

- **Importer et répertorier des Photos.**
- **Créer des albums.**
- **Évoquer vos souvenirs.**
- **Retoucher vos photos.**
- **Exécuter un diaporama**
- **Partagez vos photos.**
- **Créer des projets.**

Introduite par El Capitan, Photos est l'application de gestion, d'affichage, et de retouche des photos de macOS Mojave. Mais depuis cette version initiale, Photos a connu des améliorations considérables.

Pour exécuter Photos, il suffit de cliquer sur son icône du Dock. Lors de votre première utilisation de cette application, un écran de bienvenue peut s'afficher. Pour entrer dans Photos, cliquez alors sur le bouton Démarrer.

Photos va répertorier les images stockées dans le dossier Image, mais aussi sur iCloud Drive.

L'interface de Photos illustrée sur la Figure 13.1, permet d'afficher vos images de quatre manières différentes :

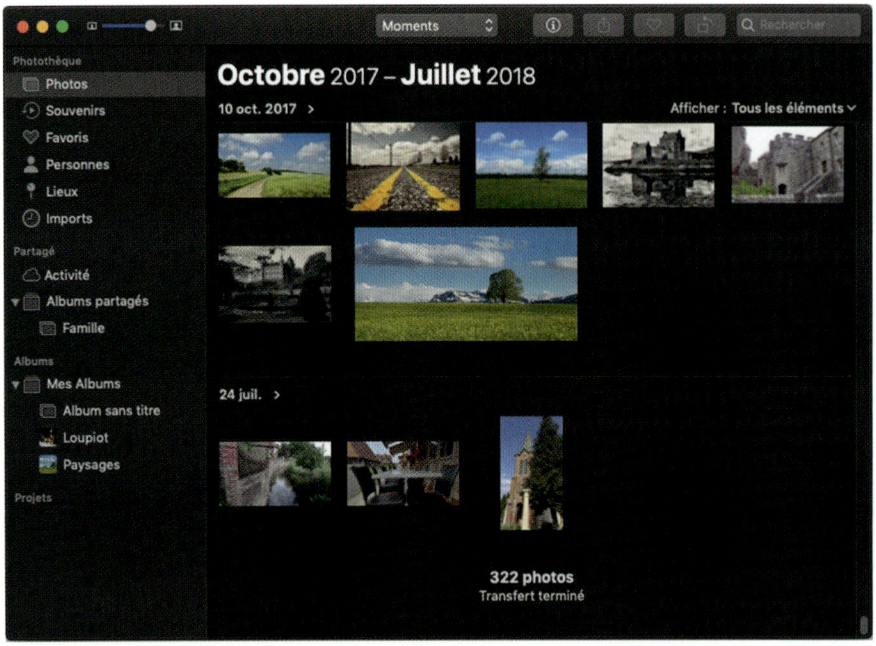

FIGURE 13.1 Photos dans toute sa splendeur.

- **Photos :** affiche la totalité des photos et des vidéos répertoriées par le logiciel. Pour affiner l'affichage, ouvrez le menu local Afficher (en haut à droite) et choisissez une des options de la section Afficher uniquement.
- **Moments :** affiche les photos par date de prise de vue (Figure 13.1).
- **Collections :** regroupe des photos prises sur une certaine période de temps.
- **Années :** regroupe les photos en fonction de l'année de prise de vue.

Le choix de l'affichage se fait dans le menu local situé au centre supérieur de l'interface

Importer des photos

L'importation de photos se fait de deux manières :

- En connectant un appareil photo numérique ou un smartphone à votre Mac. Cette action affiche automatiquement le contenu de sa carte mémoire.

» En cliquant sur Fichier/Importer. Localisez le périphérique contenant les images à importer (comme votre disque dur), sélectionnez-les, et cliquez sur le bouton Consulter avant d'importer.

La consultation avant importation peut prendre du temps avant de vous proposer les photos à importer. Par conséquent, patientez jusqu'à ce que Photos affiche les vignettes des images qui peuvent être répertoriées dans le logiciel. Dans le menu local Importer vers, choisissez d'importer dans la Photothèque ou dans un nouvel album. (Les albums sont traités plus loin dans ce chapitre.) Pour tout importer, cliquez sur Importer tous les nouveaux éléments comme le montre la Figure 13.2. Vous pouvez aussi préférer sélectionner les images à importer en cliquant sur chacune des vignettes concernées. Cette action affiche une coche blanche sur un cercle bleu. Vous cliquerez ensuite sur Importer les *x* éléments sélectionnés.

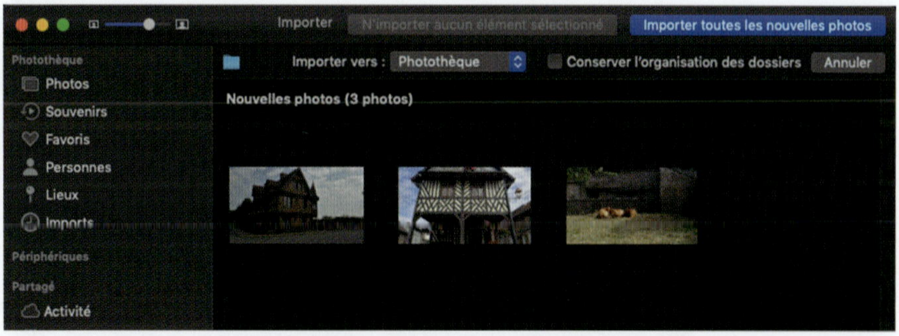

FIGURE 13.2 Consultation avant importation.

Si vous avez connecté un appareil photo numérique ou un smartphone, Photos affiche le contenu de son dossier DCIM. La procédure d'importation est alors identique à celle décrite ci-dessus.

Les photos importées s'affichent alors dans le sous-dossier Imports de la Photothèque affiché dans la barre latérale gauche de l'interface.

Ne cochez pas la case Supprimer les éléments. En effet, elle aura pour conséquence d'effacer les images sur le support d'origine. Or, si pour une raison ou pour une autre l'importation se déroulait mal, vous risqueriez de perdre définitivement des photos sans aucune possibilité de les récupérer. Vous effacerez les photos de la carte mémoire de votre matériel qu'après avoir vérifié que les images ont bien été importées.

Avec certains smartphones, notamment Huawei, vous serez obligé d'exécuter un programme spécifique (HiSuite en l'occurrence) fourni par le fabricant afin de récupérer, sur votre Mac, ses photographies. Une fois que vous les aurez copiées sur votre disque dur, vous n'aurez plus qu'à les importer dans Photos.

Travailler avec des albums

Vous pouvez répertorier des photos dans un album et ainsi sérialiser vos clichés pour mieux les organiser. Pour cela, vous sélectionnerez ou non les photos au préalable.

Classer les photos dans des albums

Dans tous les cas de figure, voici la procédure de création d'un album :

1. **Cliquez sur Fichier/Nouvel album avec la sélection ou Fichier/Nouvel album.**

   Si des photos ont été préalablement sélectionnées et que vous choisissez Nouvel album, Photos indique le nombre d'images qui vont être ajoutées à l'album (Figure 13.3).

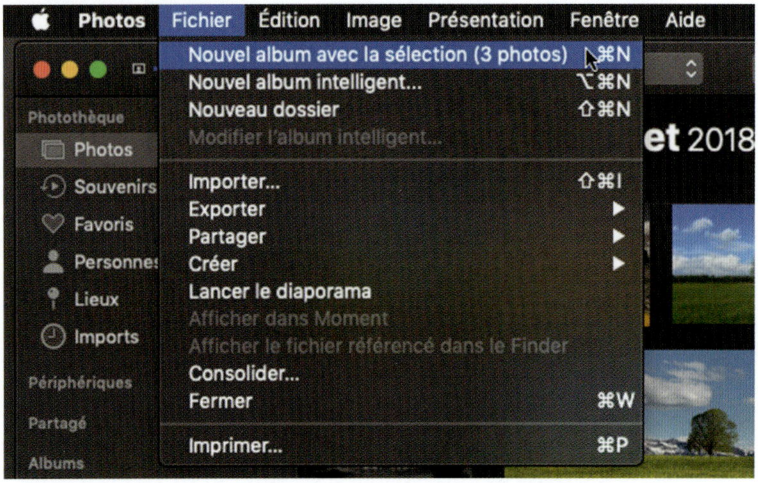

FIGURE 13.3 Pour créer un album contenant des photos sélectionnées.

Vous pouvez également créer un album en cliquant sur le bouton + de la section Albums de la barre latérale. Dans le menu local qui apparaît, choisissez Album.

2. **Dans la section Mes albums de la barre latérale, renommez Album sans titre.**

   Si le nom par défaut n'est pas sélectionné, cliquez dessus.

   Si le nom n'est pas visible, cliquez sur la petite flèche localisée à gauche de Mes Albums.

   Vous pouvez aussi renommer l'album en cliquant sur son nom dans la partie droite de Photos, comme sur la Figure 13.4. Tapez le nouveau nom, et validez-le en appuyant sur la touche Retour de votre clavier.

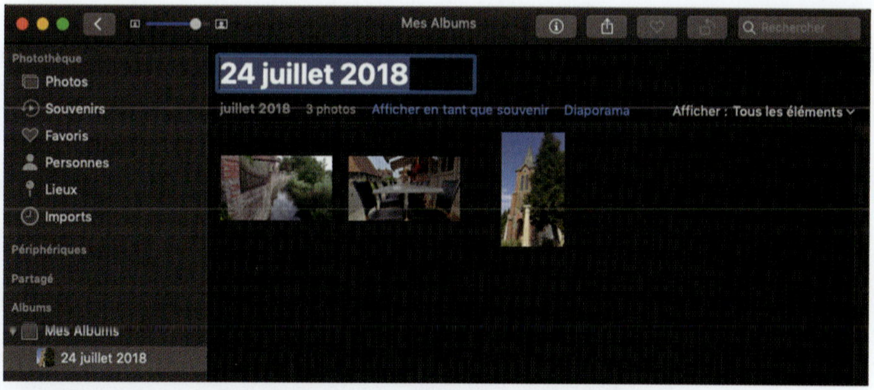

FIGURE 13.4 Une autre méthode pour renommer un album.

3. **Cliquez sur le nom de l'album dans la barre latérale pour en afficher le contenu.**

Ajouter et supprimer des photos à un album

Le contenu d'un album n'est pas figé. Vous pourrez l'enrichir de nouvelles photographies, mais aussi le débarrasser d'images qui ne vous satisfont plus. Voici comment procéder :

1. **Pour ajouter des photos à un album, affichez vos photos, un album, ou vos collections.**

   Pour cela, le plus simple consiste à cliquer Photos dans la section Photothèque, puis sur le menu local en haut et au centre de l'interface. Là, choisissez entre Photos, Moments, Collections, et Années.

2. **Sélectionnez une ou plusieurs photographies en maintenant la touche Cmd enfoncée et en cliquant sur la vignette des images à ajouter à l'album.**

Pour sélectionner plusieurs photos qui se suivent, cliquez sur la première vignette pour la sélectionner, maintenez la touche Maj enfoncée, et cliquez sur la dernière vignette de la série d'images à ajouter à un album.

3. **Pour les intégrer à un album, utilisez l'une des deux techniques suivantes :**

   - Glissez-déposez les vignettes directement sur le nom de l'album dans la section Mes albums de la barre latérale.
   - Faites un clic-droit sur l'une des vignettes sélectionnées. Dans le menu contextuel qui apparaît, choisissez Ajouter à/Nom de l'album, comme sur la Figure 13.5.

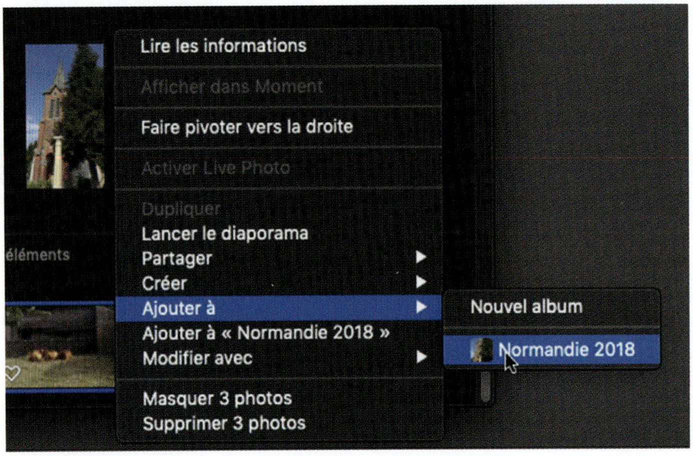

FIGURE 13.5 Ajouter les photos sélectionnées à un album.

Si vous ne disposez que d'un seul album, vous pouvez directement choisir Ajouter à « nom de l'album ».

4. **Pour supprimer des photos, sélectionnez-les.**
5. **Faites un clic-droit sur l'une des vignettes sélectionnées et, dans le menu contextuel qui apparaît, choisissez Supprimer de l'album.**

La commande Supprimer *x* photos fera disparaître l'image de la photothèque iCloud comme l'explique le message d'avertissement qui apparaît. L'image existera toujours, mais elle ne sera plus disponible sur le cloud, donc sur tous vos appareils connectés. Si vous êtes sûr de vous, cliquez sur le bouton Supprimer.

Si vous supprimez des photos par erreur, exécutez immédiatement le raccourci clavier ⌘ + Z.

Les photos supprimées de l'album sont toujours présentes dans la photothèque. Il sera donc possible de les replacer dans cet album ou dans un autre.

Vos souvenirs

Dans la partie supérieure de la barre latérale du programme, cliquez sur Souvenirs. Une explication précise de cette fonctionnalité est alors donnée comme sur la Figure 13.6.

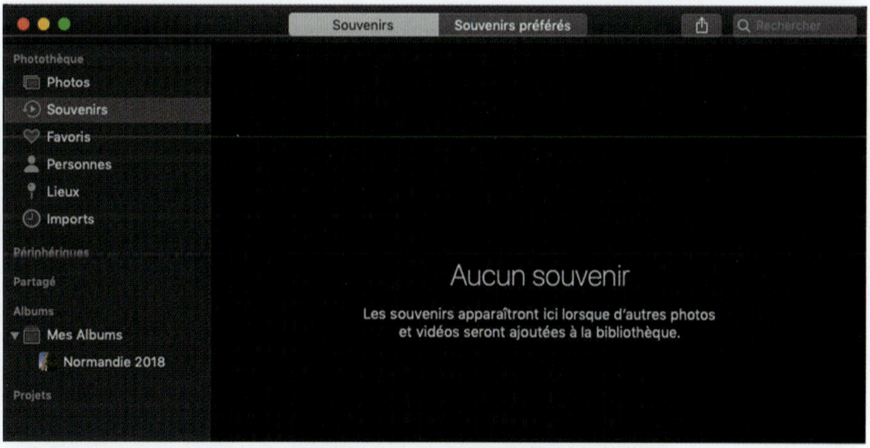

FIGURE 13.6 La fonction Souvenirs de Photos.

La fonction Souvenirs propose un onglet Souvenirs préférés. Envisagez-les comme des souvenirs favoris. Nous verrons comment transformer un souvenir standard en souvenir préféré.

Pour créer un souvenir à partir des photos d'un album :

1. **Dans la barre latérale, cliquez sur la petite flèche située à gauche de Mes albums afin d'afficher la liste de vos albums photo.**
2. **Cliquez sur le nom de l'album à convertir en souvenir.**
3. **Dans la partie droite de Photos, cliquez sur le lien Afficher en tant que souvenir, comme le montre la Figure 13.7.**

FIGURE 13.7 Pour créer un souvenir à partir d'un album.

L'album est affiché en tant que souvenir mais n'est pas encore intégré à la photothèque Souvenirs. Pour cela, passez à l'étape suivante.

4. **Si nécessaire, faites défiler le contenu de la fenêtre, et cliquez sur le lien Ajouter aux souvenirs.**
5. **Maintenant, cliquez sur Souvenirs en haut de la barre latérale.**

   Comme le montre la Figure 13.8, le souvenir est créé.

FIGURE 13.8 Le souvenir est bien créé.

6. **Pour afficher le contenu du souvenir, double-cliquez dessus !**

   La couverture du souvenir est alors animée avec un effet Ken Burns. Il s'agit d'un diaporama de son contenu avec un effet de panoramique et zoom.
7. **Pour convertir un souvenir en souvenir préféré, revenez en mode d'affichage des souvenirs par un clic sur Souvenirs dans la barre latérale.**
8. **Faites un clic-droit sur la couverture du souvenir concerné.**

9. **Dans le menu contextuel qui s'affiche, exécutez la commande Ajouter aux souvenirs préférés, comme sur la Figure 13.9.**

FIGURE 13.9 Ajouter un souvenir préféré.

Le souvenir est ajouté aux souvenirs préférés. Il suffit de cliquer sur l'onglet éponyme pour en afficher la liste. L'onglet Souvenirs contient toujours le souvenir en question.

10. **Pour supprimer un souvenir préféré, cliquez sur sa vignette dans l'onglet Souvenirs préférés et, dans le menu contextuel qui apparaît, exécutez la commande Supprimer des souvenirs préférés.**

11. **Pour supprimer un souvenir, cliquez-droit sur sa vignette aussi bien dans les souvenirs que dans les souvenirs préférés, et exécutez la commande Supprimer souvenir.**

12. **Dans le message qui s'affiche, cliquez sur OK.**

Le souvenir disparaît, mais l'album et les photos qu'il contenait sont toujours présents dans Photos.

Retoucher des photos

La version Mojave de Photos s'enrichit de nombreuses fonctionnalités de retouche permettant, à beaucoup de photographes, de se passer de programmes plus sophistiqués comme Adobe Lightroom ou Adobe Photoshop.

Modifier vos images

Il est possible d'apporter des corrections automatiques sans passer par le module de retouche de photo. Pour cela, double-cliquez sur une vignette pour afficher l'image seule. Ensuite, cliquez sur le bouton illustré ci-dessus et localisé à gauche du bouton Modifier. Il s'agit d'une amélioration sur laquelle vous n'avez aucune emprise. Pour retoucher la photo afin qu'elle rejoigne votre sens esthétique, suivez cette procédure :

1. **Double-cliquez dessus dans la liste des photos ou dans celles d'un album.**

   L'image occupe l'espace des vignettes.

2. **Cliquez sur le bouton Modifier situé dans l'angle supérieur droit de l'interface.**

3. **Pour équilibrer une image, c'est-à-dire agir sur son contraste, sa luminosité, ses couleurs et bien d'autres propriétés, veillez à activer l'onglet Ajuster en haut de l'interface.**

4. **Apportez des modifications en choisissant parmi les réglages proposés sur la droite de l'interface, comme le montre la Figure 13.10.**

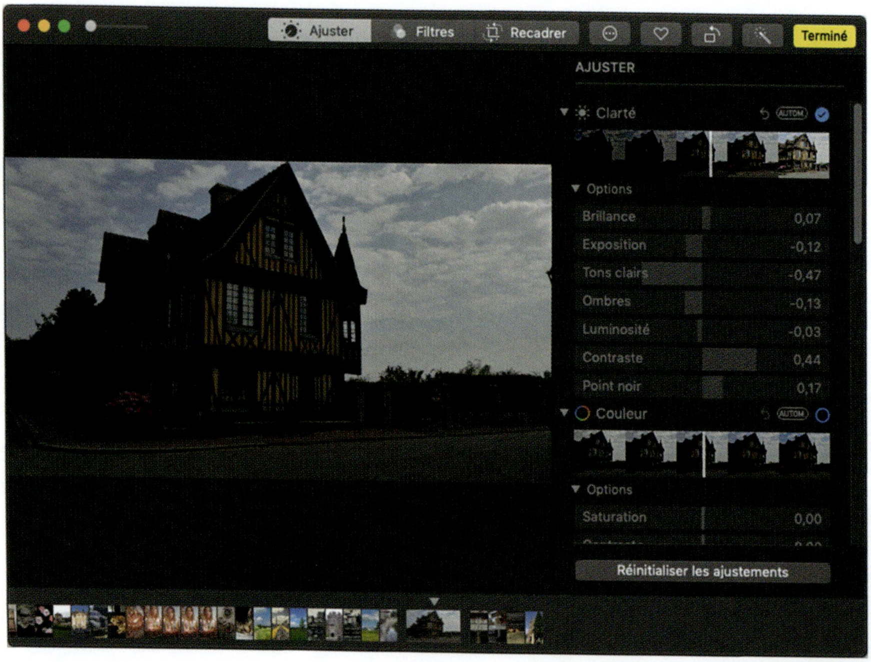

FIGURE 13.10 Les réglages qui ajustent une photo.

5. **Par exemple, cliquez sur la petite flèche située à gauche de Niveaux afin d'équilibrer les tonalités de l'image en agissant sur les trois curseurs situés sous l'histogramme. Ensuite, modifiez la répartition tonale en faisant glisser les curseurs situés au-dessus de l'histogramme.**

   Pour réinitialiser les valeurs, c'est-à-dire annuler le réglage, cliquez sur la petite flèche incurvée située à droite du nom du réglage.

   Les réglages sont cumulatifs, c'est-à-dire que vous pouvez les ajouter les uns aux autres. Par exemple après avoir fait les niveaux, vous pouvez améliorer la netteté de l'image en agissant sur le réglage Définition. Faites glisser son curseur vers la droite pour renforcer la netteté de la photo. Ensuite, pourquoi ne pas régler l'intensité de la couleur en agissant sur la barre verticale située au centre d'un aperçu de la photo sous la section Couleur. Pour plus de latitude dans la correction, cliquez sur la flèche Options et agissez sur la saturation et le Contraste. Dominante permet d'équilibrer une image trop chaude ou trop froide, c'est-à-dire qui présente une couleur dominante jaune ou bleue. Faites glisser le curseur Dominante vers la droite pour réintroduire de la chaleur (jaune), et vers la droite pour en supprimer (bleue).

   Pour régler la température des couleurs, c'est-à-dire agir efficacement sur une couleur dominante, il est préférable d'utiliser le réglage Balance des blancs. Ouvrez alors son menu local et choisissez une des options proposées. Vous pouvez également cliquer sur la Pipette puis sur une couleur neutre de l'image (un gris par exemple) pour demander à Photos d'appliquer la bonne balance des blancs.

   Vous pouvez désactiver un réglage en cliquant sur sa coche noire dans un cercle bleu. Cela permet d'apprécier son impact sur l'image. Cochez de nouveau le réglage pour l'appliquer.

6. **Une fois vos modifications apportées, cliquez sur le bouton Terminé dans l'angle supérieur droit de l'interface, comme sur la Figure 13.11.**

   Vous pourrez à tout moment restaurer l'image initiale en l'affichant et en cliquant sur le bouton Modifier. Ensuite, cliquez sur le bouton Réinitialiser les ajustements.

Appliquer des filtres

Pour donner à votre image un caractère spécifique, cliquez sur l'onglet Filtres en haut de l'interface Modifier. Vous accédez à la liste des filtres illustrée à la Figure 13.12.

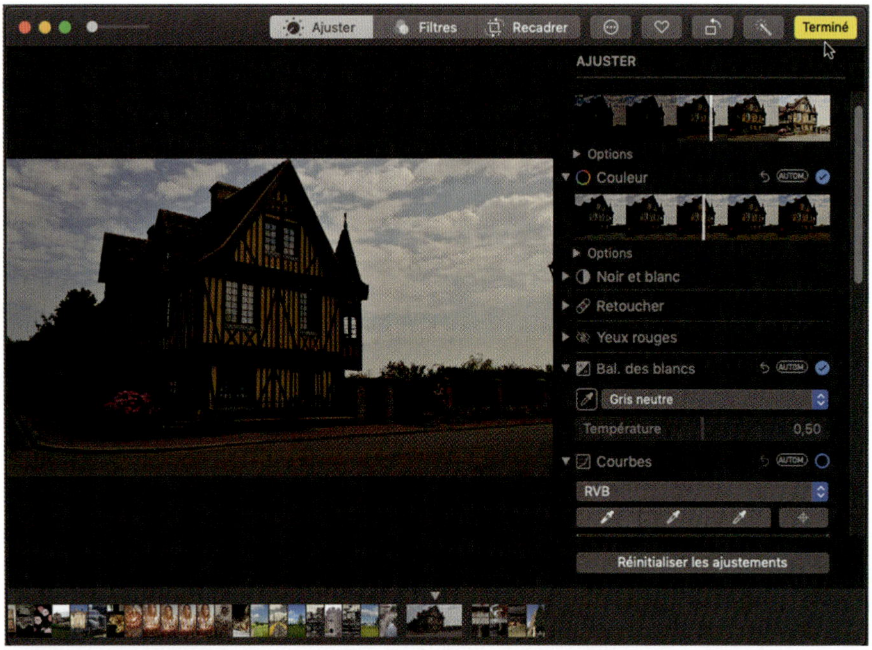

FIGURE 13.11
Appliquer les modifications.

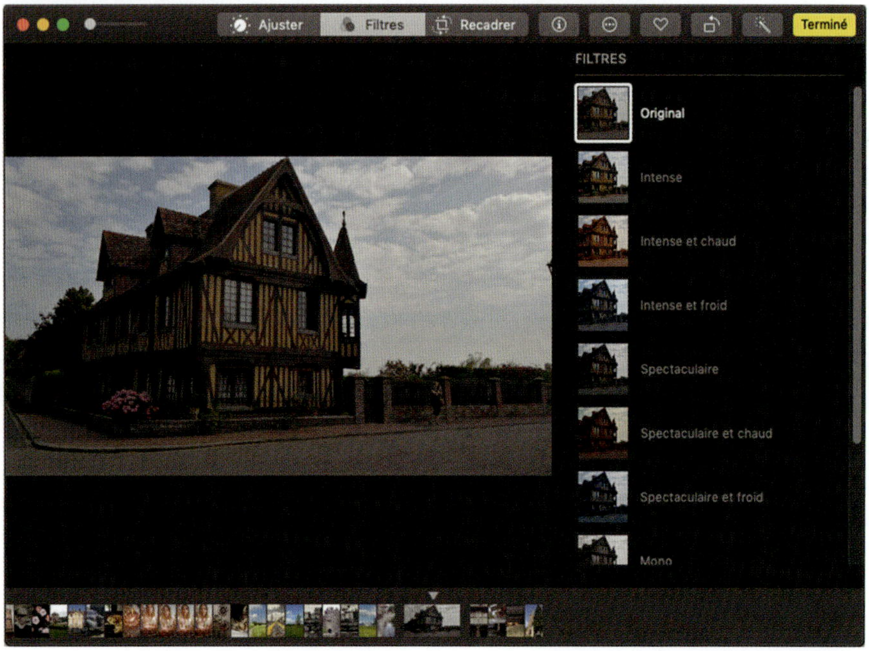

FIGURE 13.12
Les filtres de Photos.

Pour appliquer un filtre, contentez-vous de cliquer sur sa vignette dans la section Filtres du programme. Si l'effet vous convient, mais que vous souhaitez l'améliorer, cliquez sur l'onglet Ajuster. Vous allez ainsi pouvoir travailler comme expliqué dans la précédente section afin d'obtenir l'image qui correspond à vos souhaits. Ainsi, la Figure 13.13 montre une photo à laquelle un filtre a été appliqué, puis une correction de type Courbes.

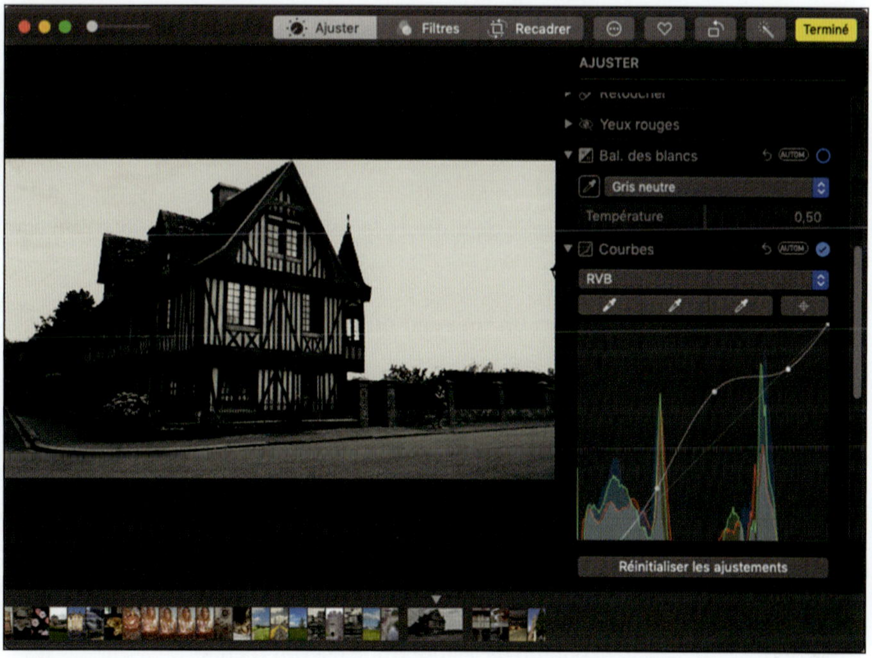

FIGURE 13.13 Créez des photos originales et poétiques.

Cliquez sur Terminé dès que l'image vous convient. Vous aurez toujours la possibilité de l'éditer de nouveau pour lui apporter les modifications que vous jugez nécessaires.

Vous pouvez éditer d'autres images avant de cliquer sur Terminé. Pour cela, il suffit de les sélectionner dans le film fixe situé en bas de la fenêtre de Photos. Une fois toutes vos modifications apportées à toutes les images concernées, cliquez sur Terminé.

Vous pouvez utiliser facilement un éditeur externe, c'est-à-dire un autre programme pour modifier vos images. Pour cela, faites un clic-droit sur la vignette d'une image et, dans le menu contextuel qui apparaît, choisissez Modifier avec puis le nom de l'éditeur externe. S'il ne figure pas dans la liste, cliquez sur Autre.

Une boîte de dialogue affiche alors le contenu du dossier Applications. Cliquez sur le nom du programme à utiliser, puis sur Ouvrir.

Dans l'interface de modification, vous disposez d'un bouton dont l'icône représente trois petits points. Cliquez dessus pour ouvrir un menu local où vous pourrez exécuter la commande Annoter. Cette action ouvre en réalité Coup d'œil et ses nouveaux outils d'annotations de certains documents dont les images. Coup d'œil est étudié au Chapitre 7.

Lancer un diaporama

Il est très facile de diffuser le contenu d'un album ou d'un souvenir sous la forme d'un diaporama :

1. **Affichez un souvenir ou un album.**

   Il suffit pour cela de cliquer sur Souvenir (puis éventuellement sur Souvenirs préférés), ou sur Mes albums.

2. **Double-cliquez sur le souvenir ou cliquez sur l'album à diffuser sous la forme d'un diaporama.**

3. **Ensuite, effectuez l'une de ces actions :**

   - Pour un souvenir, cliquez sur le bouton Lancer le diaporama, premier des boutons situés en haut à droite de Photos. Son icône ressemble à celle du bouton de lecture d'une télécommande.
   - Pour un album, cliquez sur le lien Diaporama situé sous le nom de l'album dans la partie droite de Photos.

4. **Dans le menu local qui s'affiche, choisissez un thème et éventuellement une musique, comme le montre la Figure 13.14.**

   Si vous cliquez sur Musique puis choisissez la source musicale dans le menu local qui s'affiche. Vous avez le choix entre iTunes et Génériques. iTunes donne accès aux musiques stockées sur votre ordinateur.

5. **Cliquez sur le bouton Lancer le diaporama.**

   Le diaporama s'affiche en plein écran. Contrôlez-le avec la barre de transport qui s'incruste sur l'image.

6. **Pour quitter le diaporama, appuyez sur la touche Esc de votre clavier.**

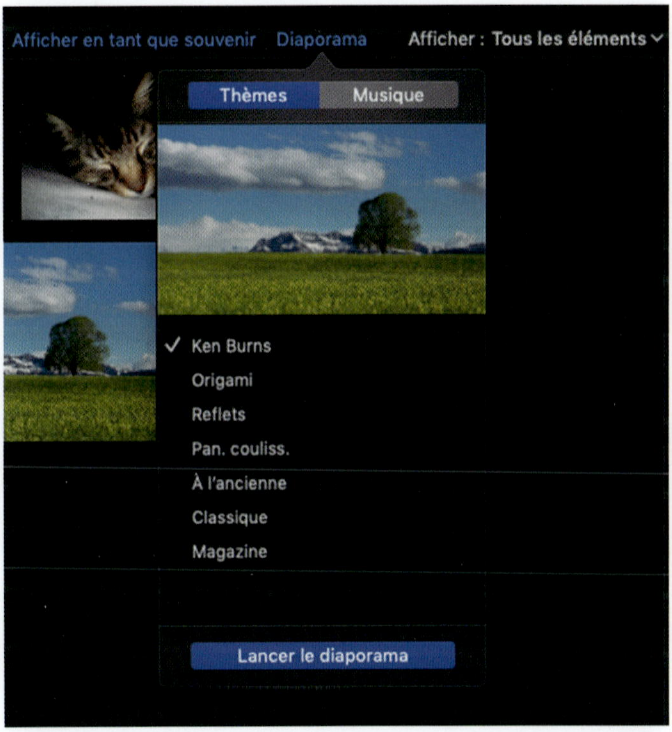

FIGURE 13.14 Personnaliser le diaporama avec un thème et/ou une musique.

Partager vos photos

Les photos que vous répertoriez dans cette application peuvent être partagées avec d'autres personnes. Voici comment procéder :

1. **Affichez un album, un souvenir, ou une photo.**
2. **Cliquez sur le bouton Partager les photos sélectionnées en haut à droite de la fenêtre de Photos.**
3. **Dans le menu local qui s'affiche, choisissez une des méthodes de partage.**

   Ainsi, vous pouvez partager un album, l'envoyer par mail, l'utiliser comme fond d'écran, *etc.*, comme le montre la Figure 13.15.

4. **Suivez la procédure inhérente au choix que vous avez fait.**

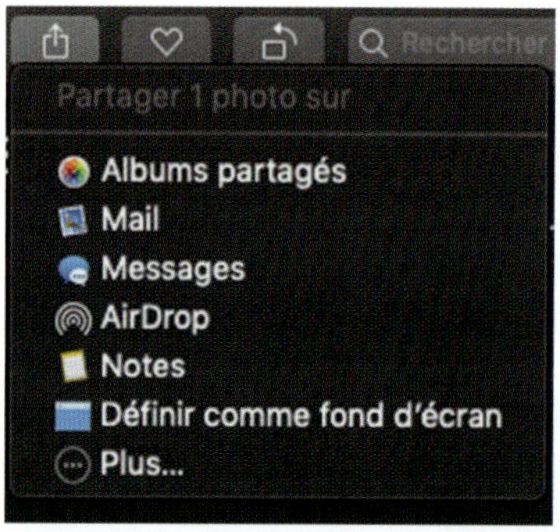

FIGURE 13.15 Le menu local de partage.

Créer des projets

Photos met à votre disposition un certain nombre de projets : Livre, Calendrier, Carte, Diaporama, Tirages, Autre...

Pour créer un projet :

1. **Cliquez sur le signe + de la section Mes projets.**
2. **Dans le menu local qui s'affiche, comme sur la Figure 13.16, choisissez l'activité dont vous voulez faire un projet.**

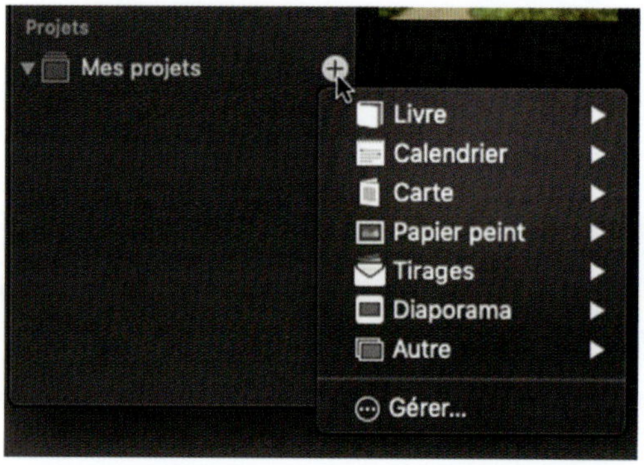

FIGURE 13.16 Créez le projet que vous souhaitez.

Vous pouvez aussi passer par Fichier/Créer/<type de projets>.

3. **Suivez la procédure inhérente au projet choisi.**

Chapitre 14
Dites-le avec du texte

DANS CE CHAPITRE :

- **Faire du traitement de texte avec TextEdit.**
- **En savoir plus sur les polices de caractères.**
- **Les gérer par l'entremise du Livre des polices.**

Pour avoir lu les chapitres précédents, vous êtes convaincu que le Mac a des dons certains en matière de gestion des musiques, photos, films et autres loisirs numériques. Mais il peut aussi s'acquitter de tâches plus ancillaires, comme taper un mémo ou rédiger une lettre.

Par ailleurs, votre ordinateur vous est livré avec une foule de polices (des *fontes*), qui vous permettent de varier les plaisirs.

Nous nous proposons de vous présenter, dans ce Chapitre 14, l'outil de traitement de texte de Mojave connu sous le nom de TextEdit. Nous envisageons également de vous initier à la gestion des polices de caractères.

Élémentaire comme TextEdit

TextEdit est un traitement de texte/éditeur de texte qui permet de rédiger des lettres, des notes ou des mémos et d'ouvrir les fichiers de type Lisez-moi (*Read Me*). Bien qu'il ne soit pas aussi sophistiqué que Microsoft Word (ou Apple Pages ou Adobe InDesign), il s'acquitte honorablement de sa mission, autorisant des mises en page simples ainsi qu'une vérification orthographique et syntaxique de vos écrits.

Il accepte aussi les illustrations : copiez l'image dans un autre programme, puis collez-la dans le document TextEdit ou recourez, plus simplement, à la technique du glisser-déposer.

TextEdit est même capable d'ouvrir des documents Microsoft Word (extension .doc). Génial si vous ne disposez pas de ce traitement de texte et devez ouvrir un document enregistré dans ce format.

À l'instar de toutes les applications intégrées de macOS, TextEdit est logé dans le dossier Applications de votre disque dur.

Le Dock n'affiche pas son icône. Mais rien ne vous empêche de l'y ajouter si vous exploitez régulièrement ce programme. Pour ce faire, faites tout simplement glisser cette icône du dossier Applications vers l'emplacement souhaité du Dock. Autre technique : lancez le programme, puis opérez un clic droit sur son icône, qui figure alors provisoirement dans le Dock (comme c'est le cas de tous les programmes en action) et choisissez Options/Garder dans le Dock dans le menu contextuel.

Vous pouvez également localiser et ouvrir rapidement TextEdit en saisissant le mot Text dans Spotlight. Double-cliquez ensuite sur l'icône TextEdit qui apparaît dans la section Meilleur Résultat.

Enfin, demandez à Siri d'ouvrir TextEdit !

Créer et composer un document

Si vous préférez créer un document plutôt qu'ouvrir un document existant, utilisez, dans cette fenêtre de lancement, le bouton Nouveau document, en bas à gauche. Dans d'autres circonstances, invoquez la commande Fichier/Nouveau ou son équivalent clavier ⌘ + N. Un document intitulé Sans titre vous est alors proposé.

Prenez de bonnes habitudes : commencez par sauvegarder le document sur votre disque dur *via* sa commande d'enregistrement (⌘ + S) du menu Fichier. N'oubliez pas qu'il est bon ensuite d'enregistrer à intervalles réguliers. Si vous avez, dès le départ, procédé à l'enregistrement de votre document (comme nous venons de vous engager à le faire), il vous suffira de réinvoquer la commande Fichier/Enregistrer ou d'utiliser son équivalent clavier, le fameux ⌘ + S, dont vous avez à maintes reprises entendu parler (Chapitre 6).

Par défaut, TextEdit enregistre vos documents sur iCloud Drive pour vous permettre de les récupérer où que vous soyez dès lors que vous disposez d'une connexion à Internet. Pour enregistrer le fichier sur votre Mac, ouvrez le menu local Emplacement et choisissez un dossier de votre disque dur.

TextEdit exploite Versions, qui stocke différentes versions du document courant et vous permet de revenir à une version antérieure. Elle exploite aussi la fonction de sauvegarde automatique dite *Auto Save*, qui enregistre votre travail automatiquement sans que vous ayez à vous préoccuper de quoi que ce soit. Génial ! Pourtant, méfiez-vous de cette automatisation, car elle n'atteste pas de l'enregistrement systématique de vos modifications. Certes, la majorité des applications Apple exécutent Auto Save et Versions, mais beaucoup d'autres ne le font pas. (Consultez le Chapitre 6 pour obtenir davantage d'informations.)

Commencez à taper votre texte. Bon à savoir :

- **N'utilisez la touche Retour (ou Entrée) que pour créer un nouveau paragraphe.** Inutile, en effet, d'appuyer dessus en fin de ligne (les fameux anciens « retours chariot »). Le programme se charge tout seul de faire glisser le texte vers la ligne suivante si celle en cours est complète.
- **Après le point qui termine une phrase, n'introduisez pas deux blancs (comme les profs de dactylo vous demandaient de le faire aux temps héroïques des machines à écrire).** Les traitements de texte ne sont pas des machines à écrire. Ces machines, en effet, utilisaient des polices *à espacement fixe*. Les polices à espacement proportionnel des traitements de texte ne justifient plus cette pratique, qui introduit un vide tout à fait disgracieux entre la fin d'une phrase et le début de la suivante.
- **N'employez pas plus de deux polices différentes dans un même document.** Ce n'est pas parce que macOS vous propose une foule de polices qu'il faut en abuser.

Pour introduire, dans un document TextEdit, des caractères spéciaux, recourez à la commande Édition/Emoji et symboles (⌘ + Ctrl + Barre d'espacement). Ce faisant, vous ouvrez la boîte de dialogue Visualiseur de caractères, où vous sont proposées des tonnes de caractères spéciaux et émojis, présentés, à gauche, par catégories : mathématiques, symboles de devise, ponctuation décorative... Pour introduire un de ces caractères au niveau de votre point d'insertion, sélectionnez le caractère en question, puis double-cliquez dessus. Fermez la boîte de dialogue quand vous n'en avez plus l'usage.

La majorité des applications Apple, dont TextEdit, permettent d'ouvrir et de créer plusieurs documents simultanément dans une seule fenêtre du programme, grâce à des onglets. En d'autres termes, autrefois, lorsque vous vouliez travailler dans plusieurs documents il fallait ouvrir une fenêtre par document. Avec Mojave, les documents sont accessibles du bout de votre souris sous la forme d'onglets.

Manipuler le texte

À l'instar de la majorité des programmes Macintosh, TextEdit fonctionne sur le principe du « sélectionner, puis traiter ». En d'autres termes, vous devez, avant d'entreprendre une action (changer une police, ajouter un style, régler les marges), sélectionner le texte cible.

Les méthodes de sélection sont multiples :

- **Pour sélectionner un mot,** cliquez deux fois dessus.
- **Pour sélectionner un paragraphe,** cliquez trois fois dedans.
- **Pour sélectionner un extrait,** cliquez à gauche du premier caractère, maintenez la touche Majuscule enfoncée et cliquez sur le dernier. Le fameux Maj + clic, vous vous souvenez ?
- **Pour étendre une sélection,** réalisez une première sélection, puis enfoncez la touche Majuscule et maintenez-la dans cette position tandis que vous utilisez une des touches fléchées pour étendre la sélection dans le sens de la flèche. La Figure 14.1 montre une sélection.

Exercez-vous à réaliser toutes sortes de sélections. Mémorisez les techniques : elles vous seront très utiles.

Pour connaître rapidement la fonction d'un des nombreux boutons de la barre d'outils, placez simplement le pointeur de la souris sur leur icône. Une info-bulle apparaît. Son intitulé vous renseigne sur ce qui se produira en cliquant dessus. Par exemple, placez le pointeur de la souris sur le bouton orné de la lettre B. L'info-bulle mentionne alors Texte gras. Cela signifie que si vous cliquez dessus, le texte sélectionné se verra appliquer le style gras. Si aucun texte n'est sélectionné, c'est le texte que vous taperez qui sera affiché en gras. Pour ne plus faire apparaître de texte en gras, cliquez de nouveau sur ce bouton.

Une fois la sélection réalisée, vous pouvez agir ! Recourez notamment au sous-menu Police du menu Format (Figure 14.2) pour agir sur les attributs de caractères (gras, italique, souligné, contour…).

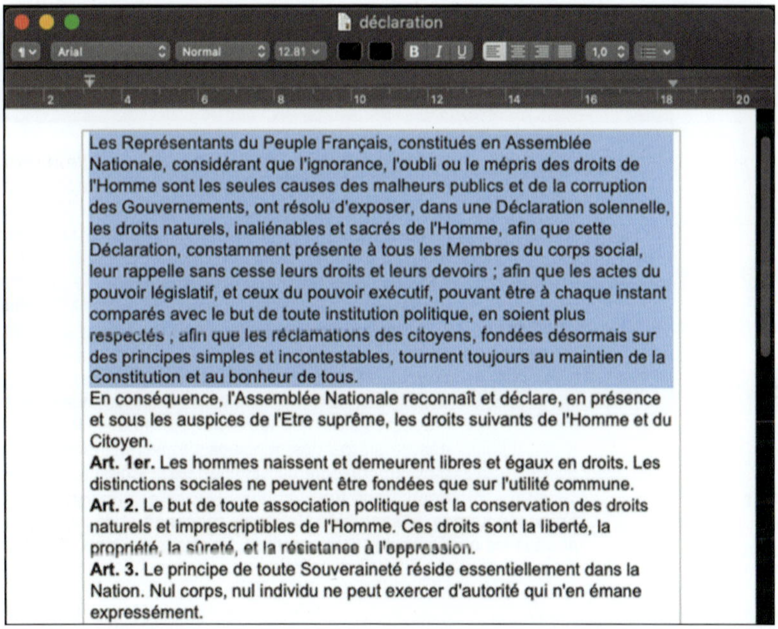

FIGURE 14.1 Dans cet exemple, nous avons sélectionné le premier paragraphe.

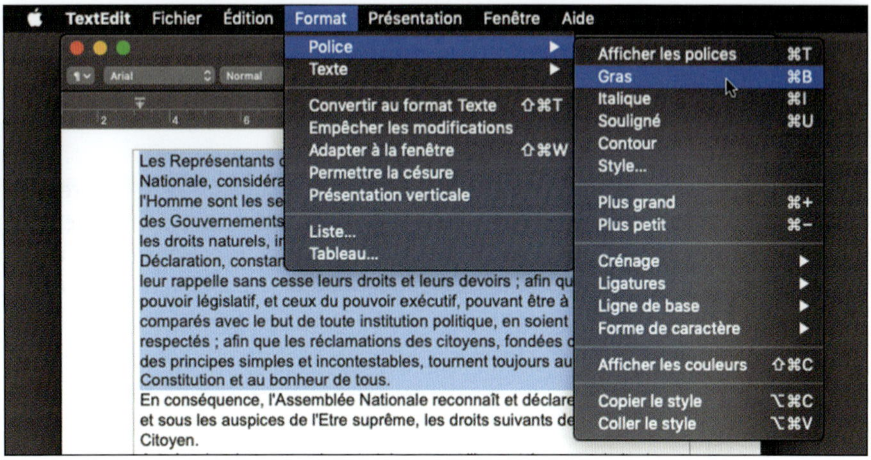

FIGURE 14.2 Seul le paragraphe sélectionné à l'appel de la commande sera affecté par les choix que vous établirez ici.

Le même principe vaut pour les tabulations et les marges. Sur la Figure 14.3, nous avons fait glisser le marqueur de marge gauche jusqu'à 6. Le texte sélectionné à l'appel de la commande est décalé d'autant vers la droite.

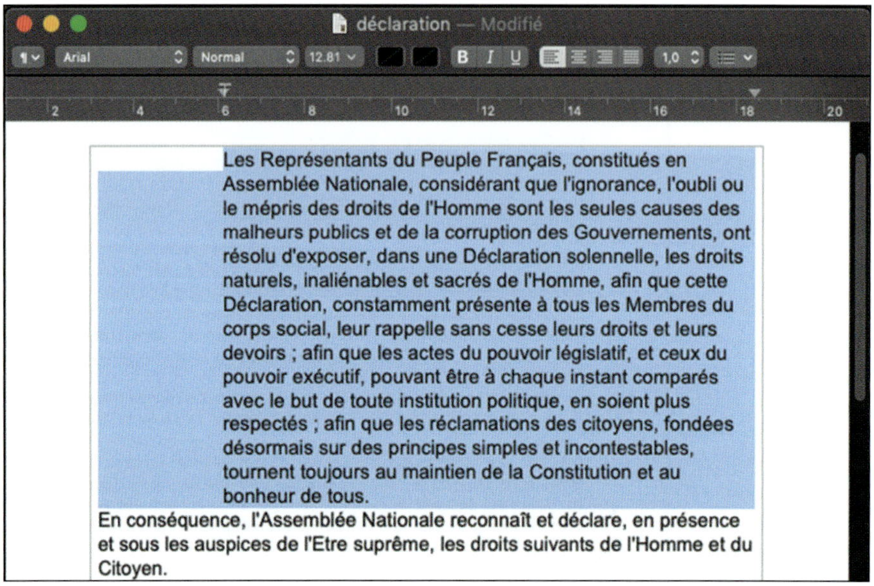

FIGURE 14.3 Le paragraphe sélectionné est mis en retrait à droite.

N'hésitez pas à tester toutes les commandes des sous-menus Police et Texte du menu Format. Vous y découvrirez une foule de réglages intéressants. Et comme TextEdit – de même que la plupart des programmes Mac – est tout à fait WYSIWYG (*What You See Is What You Get* – Tel écran, tel écrit ou plutôt tel imprimé), la version imprimée est 100 % conforme à la version affichée. (Pour en savoir plus sur l'impression, voyez le chapitre suivant.)

Toutefois, avant d'immortaliser votre chef-d'œuvre, pensez à en vérifier l'orthographe et la grammaire. C'est très facile à faire : il suffit de valider la commande Vérifier la grammaire et l'orthographe du menu Édition, puis la sous-commande Vérifier le document maintenant (⌘ + ;). TextEdit sélectionne et souligne ce qu'il considère comme des fautes ; faites un clic-droit sur les mots ainsi épinglés pour les corriger (Figure 14.4).

La correction orthographique de Mojave est loin d'être parfaite. Vous serez parfois surpris de voir qu'il décèle des fautes là où il n'y en a pas. Heureusement, vous pouvez enrichir son dictionnaire grâce à la commande Mémoriser l'orthographe du menu contextuel de la vérification orthographique.

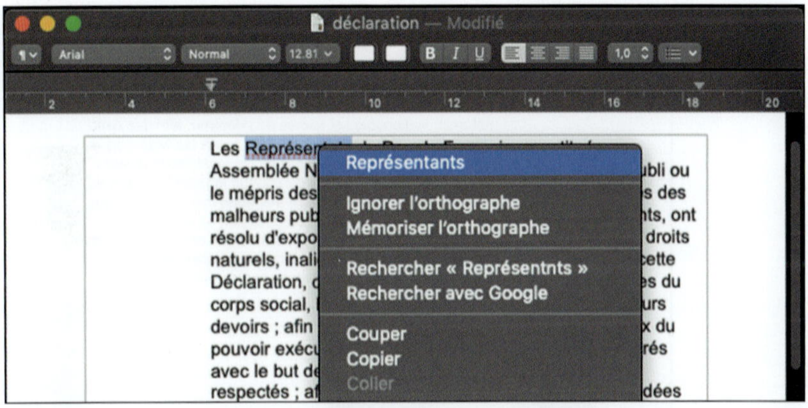

FIGURE 14.4 Un clic-droit permet de corriger une faute d'orthographe ou de syntaxe.

Ajouter des images

Plusieurs procédés vous permettent d'ajouter des fichiers graphiques à vos documents texte. Le premier s'implémente comme suit :

1. **Copiez l'image depuis son programme source (Aperçu, Safari…).**
2. **Cliquez à l'endroit du document TextEdit où vous voulez qu'elle apparaisse.**
3. **Choisissez Édition/Coller.**

   Et voilà l'image qui s'installe au beau milieu du texte, comme sur la Figure 14.5.

Vous pouvez aussi travailler par glisser-déposer depuis le Finder ou depuis certaines applications (comme Safari ou Mail).

Si votre document est au format RTF, l'insertion d'une image ouvrira la boîte de dialogue Convertir ce document au format RTFD afin d'y conserver l'image. Donc, cliquez sur Convertir si vous souhaitez définitivement faire du document .rtf un document .rtdf, ou sur Dupliquer si vous souhaitez conserver les deux versions du document.

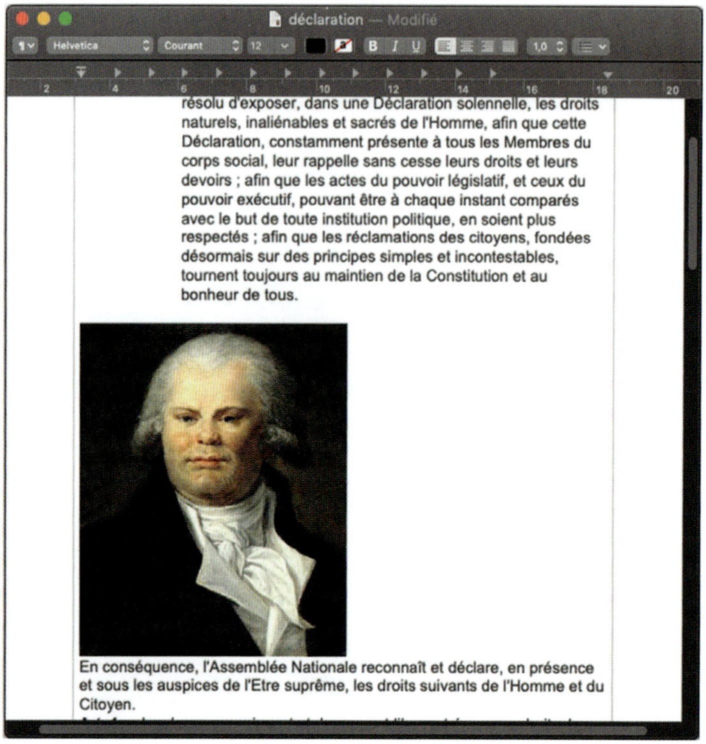

FIGURE 14.5 Insertion d'une image par copier-coller.

Gérer les polices

Il existe, sur le marché, des dizaines de milliers de polices pour Macintosh. macOS en propose d'emblée toute une série dont certaines sont classiques, comme le Times New Roman et d'autres plus originales, comme le Brush Script. Sans compter que des éditeurs spécialisés commercialisent des milliers de polices et qu'il en existe aussi des flopées en *shareware* et *freeware*.

Les polices livrées avec macOS Mojave sont regroupées dans deux dossiers appelés Fonts. L'un d'eux se trouve dans le dossier Bibliothèque de la racine du disque dur, l'autre dans le sous-dossier Bibliothèque du dossier Système.

Connaître les types de polices

Il existe plusieurs formats de polices : OpenType, Mac TrueType, Windows TrueType, PostScript Type 1, bitmap et dfont. Pas d'angoisse : macOS les gère tous.

En fait, le seul format que ce système d'exploitation ne gère pas est le format PostScript Type 3.

Les types de polices les plus courants sont :

- **TrueType :** ce sont les polices standard Apple livrées avec macOS. Que vous les utilisiez sur Mac ou sur PC, elles présentent l'avantage de pouvoir *être mises à l'échelle* : une version de base est de ce fait suffisante, le Mac recalculant leur taille lors de tout redimensionnement.
- **PostScript Type 1 :** ces polices sont en général réservées au monde de la PAO (publication assistée par ordinateur). Il en existe des dizaines de milliers.

  Les polices Type 1 sont constituées de deux éléments :

  - d'une part, une *valise* regroupant les versions écran de la police en question – celles requises pour que le Mac puisse les afficher ;
  - et, d'autre part, les versions *imprimante* sans lesquelles votre périphérique de sortie serait incapable de procéder à l'impression. Stockez tous ces éléments dans le dossier Fonts de votre choix.

  Certaines polices Type 1 sont livrées avec 2, 3, voire 4 versions écran, qui portent des noms apparentés. Laissez-les ensemble et tout devrait bien se passer.
- **OpenType :** il s'agit, en fait, de polices PostScript Type 1 où les versions imprimante sont combinées avec une police TrueType dans un fichier unique. Solution économique pour les photocomposeuses haut de gamme auxquelles elles assurent un contrôle typographique poussé, tout en offrant la souplesse du fichier unique.

Avec tout ça, vous avez de quoi faire bonne impression !

Utiliser le Livre des polices

Le programme Livre des polices vous permet de visualiser les polices installées sur votre poste de travail, d'en ajouter de nouvelles, de les regrouper en collections, de les activer ou de les désactiver. Comme d'habitude, vous trouverez ce programme… dans votre dossier Applications !

Pour installer une police, la technique la plus simple consiste à cliquer deux fois sur son icône depuis le Finder, ce qui déclenche le lancement du Livre des polices et l'affichage de la police sollicitée. Cliquez sur le bouton Activer les polices sélectionnées (le petit carré à droite du signe + en haut de la colonne des polices).

Autre moyen d'action : lancez le programme, puis utilisez sa commande Fichier/Ajouter des polices (⌘ + O) et, dans la fenêtre d'ouverture correspondante, désignez la (ou les) police(s) à installer. Cliquez ensuite sur Ouvrir.

Par défaut, ces nouvelles polices sont stockées dans le dossier Bibliothèque de votre dossier Départ. Vous pouvez en décider autrement en agissant dans la fenêtre des préférences du programme.

Pour visualiser une police, il suffit de la sélectionner dans la liste des polices (Figure 14.6). Pour modifier la taille de l'échantillon affiché à droite, opérez une sélection dans le menu local Taille arrimé dans l'angle supérieur droit du volet ou faites glisser le curseur bleu vertical.

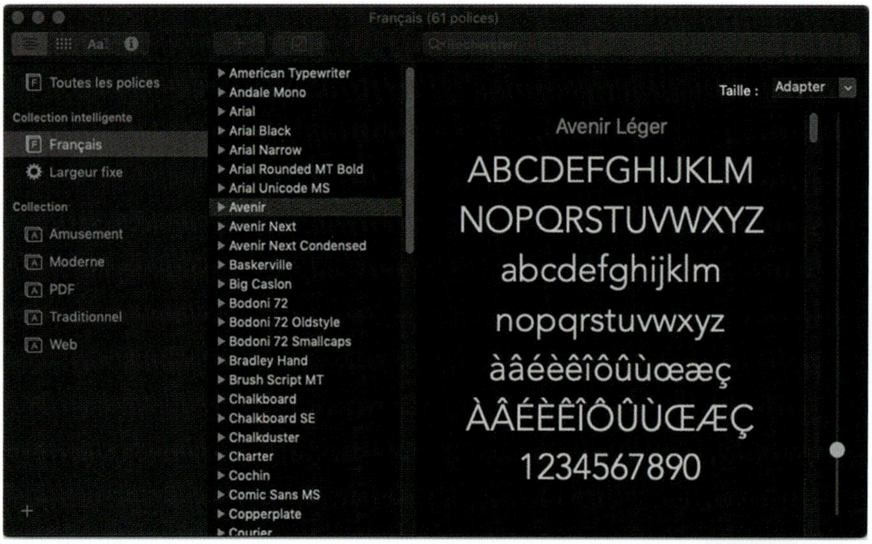

FIGURE 14.6 Choisissez une police dans le volet central et vous verrez à quoi elle ressemble dans le volet de droite.

Pour *désactiver* une police afin qu'elle n'apparaisse plus dans les menus Police de vos applications, sélectionnez-la, puis choisissez Édition/Désactiver la famille <nom de la police> ou Désactiver <nom de la police> si vous avez choisi une des variantes de la police. Vous pouvez également cliquer sur le bouton Désactiver situé sous la barre de titre de la fenêtre et dont l'icône représente une case cochée. macOS demande confirmation. Si vous êtes sûr de vous, cliquez sur le bouton Désactiver.

Pour réactiver une police désactivée, choisissez Édition/Activer ou cliquez sur le bouton Activer situé sous la barre de titre de la fenêtre. Ce bouton représente une case vide que vous cochez lorsque vous cliquez dedans.

Le Livre des polices de Mojave veille au grain. Il ne vous permet pas, en effet, de vous défaire des polices dont il a besoin. C'est notamment le cas de Avenir, Lucida Grande, Helvetica et Helvetica Neue.

IV

Imprimer, partager, simplifier

DANS CETTE PARTIE…

Ce qu'il faut savoir avant d'imprimer.

Ajouter une imprimante en toute facilité.

S'y retrouver parmi toutes les options.

Pratiquer le partage.

Quelques fonctionnalités qui vous simplifieront la vie au quotidien.

Chapitre 15

J'imprime, tu imprimes, il imprime...

DANS CE CHAPITRE :

» **Connecter une imprimante.**

» **Préparer le document pour l'impression** ***via*** **la commande Format d'impression.**

» **Imprimer.**

» **Maîtriser la procédure.**

L'impression sous macOS ne pose en général aucun problème : il suffit de la lancer *via* la combinaison de touches ⌘ + P, puis de confirmer votre intention au moyen de la touche Retour ou Entrée. Quelquefois, malgré tout, des difficultés surviennent. Apprenez à les résoudre.

Préparer le terrain

Quelques remarques préliminaires :

» **Lisez la documentation de votre imprimante.** Il existe des centaines de modèles d'imprimantes susceptibles de fonctionner en tandem avec le Mac. Privilégiez toujours les manipulations que propose le manuel. Si vous n'obtenez pas les résultats escomptés, essayez la procédure que nous recommandons.

» Les boîtes de dialogue Imprimer et Format d'impression diffèrent légèrement d'un programme à l'autre et d'une imprimante à l'autre. Bien que les exemples que nous utilisons dans ce chapitre soient représentatifs des options que vous rencontrerez dans ces fenêtres, il se peut que l'une ou l'autre boîte de dialogue diffère quelque peu. Ainsi, Word propose des options de mise en page que nous ne commentons pas ici (Pages paires, Pages impaires, Imprimer la sélection, Imprimer le texte masqué...). Si vous tombez sur des options qui ne sont pas décrites dans ce chapitre, c'est qu'elles sont propres au logiciel que vous exploitez. Consultez son aide pour savoir comment les utiliser au mieux.

» N'oubliez pas non plus l'aide de macOS ! Elle peut vous rendre de précieux services.

Connecter et configurer l'imprimante

La première opération consiste à raccorder l'imprimante au Mac, puis à la configurer.

Si vous disposez d'une imprimante et êtes déjà en mesure d'imprimer des documents, passez directement à la section « Définir les options d'impression », plus loin dans ce chapitre. Les sections suivantes, en effet, sont exclusivement consacrées à l'installation d'une nouvelle imprimante.

Connecter

Les modèles d'imprimantes qui existent sur le marché diffèrent tous légèrement les uns des autres.

D'une manière générale, la procédure s'établit comme suit :

1. **Connectez l'imprimante au Mac à l'aide du câble approprié.**

   Pour que l'imprimante fonctionne, il convient de la brancher à la source de données, l'ordinateur en l'occurrence.

   Cette connexion directe par câble n'est pas forcément nécessaire lorsque vous utilisez une imprimante Wi-Fi, c'est-à-dire sans fil.

2. **Raccordez l'imprimante à l'alimentation électrique (voir l'encadré « Question de ports »).**

   Sur certains modèles, vous devez brancher ce câble à l'imprimante ; sur d'autres, il est inamovible.

3. **Allumez l'imprimante.**

   Consultez le manuel si vous ne parvenez pas à localiser l'interrupteur, qui est parfois bien caché.

4. **Si votre unité de sortie exige la mise en œuvre d'un logiciel, procédez à son installation.**

5. **(Facultatif) Faites redémarrer le Macintosh.**

   Et le tour est joué !

À PROPOS DE L'IMPRESSION SANS FIL

Ceux qui désirent imprimer *via* une imprimante Wi-Fi risquent d'être confrontés à des difficultés d'installation.

Cette procédure diffère d'un fabricant d'imprimantes à un autre. Force est de constater que certains s'en tirent beaucoup mieux que d'autres. Il en va ainsi d'Epson, Canon, HP et Kodak. En règle générale, l'utilitaire d'installation scanne le réseau et dresse la liste des réseaux sans fil disponibles. Choisissez le vôtre et indiquez la clé de sécurité. Le tour est joué. L'imprimante est disponible pour tous les utilisateurs du réseau.

Parfois, vous devez connecter l'imprimante en USB pour qu'elle effectue automatiquement la configuration réseau. Une fois cette configuration terminée, vous pouvez utiliser l'imprimante en Wi-Fi.

Si vous ne trouvez pas les instructions d'installation de votre imprimante, visitez le site Web de son fabricant. Vous y téléchargerez le manuel au format PDF du modèle de votre matériel.

QUESTION DE PORTS

La technologie informatique liée à l'impression a considérablement évolué depuis les précédentes éditions de ce livre. Aujourd'hui, la majorité des imprimantes se connectent à un port USB, Ethernet et parfois FireWire. Il existe aussi des imprimantes qui utilisent le réseau local sans fil.

Typiquement, votre imprimante se connectera à un port USB. Si elle n'est pas livrée avec un câble permettant cette connexion, achetez-en un dans le magasin informatique de votre quartier.

Configurer

Une fois que vous avez mis en connexion le Mac et son imprimante, raccordé l'unité de sortie à une prise électrique et installé le logiciel requis, vous pouvez configurer le Mac afin qu'il puisse dialoguer avec son périphérique.

La plupart des réglages, regroupés dans la fenêtre de la préférence Système Imprimantes et scanners, ne sont accessibles que si l'imprimante est branchée et allumée. À bon entendeur...

Lors du premier branchement, il n'est pas exclu que votre imprimante vous demande si vous souhaitez télécharger et installer le logiciel requis. Cliquez donc sur Installer. Si une fenêtre de licence vous est soumise, cliquez sur Accepter. (Cliquez sur Refuser pour stopper net l'installation.) Si une fenêtre de mise à jour vous est alors proposée, patientez gentiment quelques instants : elle finira par partir comme elle est venue.

Si vous branchez votre imprimante et qu'aucun message d'alerte ne vous est adressé, ne paniquez pas. C'est tout simplement que Mojave sait déjà tout ce qu'il doit savoir et a déjà tout ce qu'il doit avoir pour installer correctement ce périphérique.

Dans tous les cas, voici comment faire pour configurer une imprimante :

1. **Ouvrez les Préférences Système et cliquez sur Imprimantes et scanners, puis sélectionnez votre imprimante dans la liste de gauche, comme sur la Figure 15.1.**

   Rappelez-vous : ces préférences sont accessibles depuis le menu Pomme, depuis le Dock, le Launchpad ou le dossier Applications.

2. **Si aucune imprimante n'apparaît, comme c'est régulièrement le cas avec un modèle sans fil malgré l'installation préalable du pilote, cliquez sur le bouton + en bas à gauche.**

3. **Dans la boîte de dialogue Ajouter, sélectionnez votre imprimante, comme sur la Figure 15.2. Vous lui assignez un nom dans le champ éponyme. Enfin, cliquez sur le bouton Ajouter.**

   Mojave a un œil de lynx : il est capable de reconnaître spontanément toutes les nouvelles imprimantes que vous branchez au Macintosh. C'est la raison pour laquelle la vôtre figure à cet endroit, sans que vous ayez eu à intervenir.

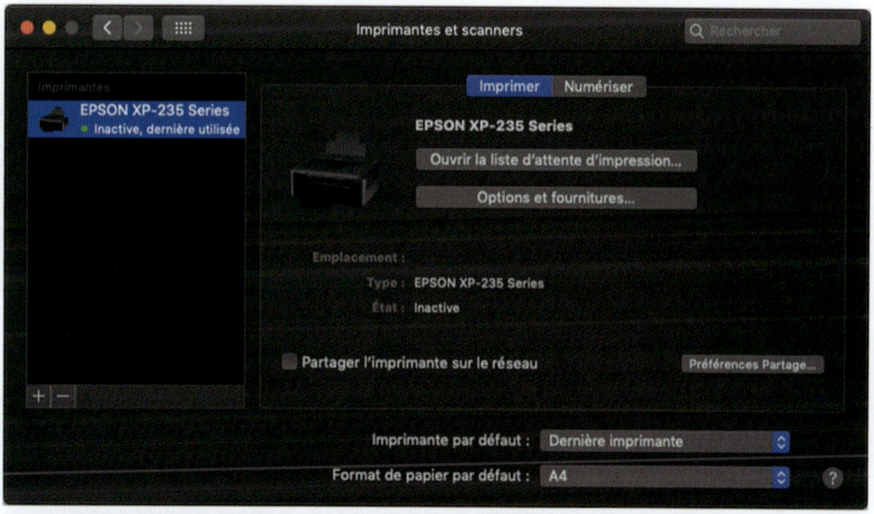

FIGURE 15.1
Les préférences Imprimantes et scanners.

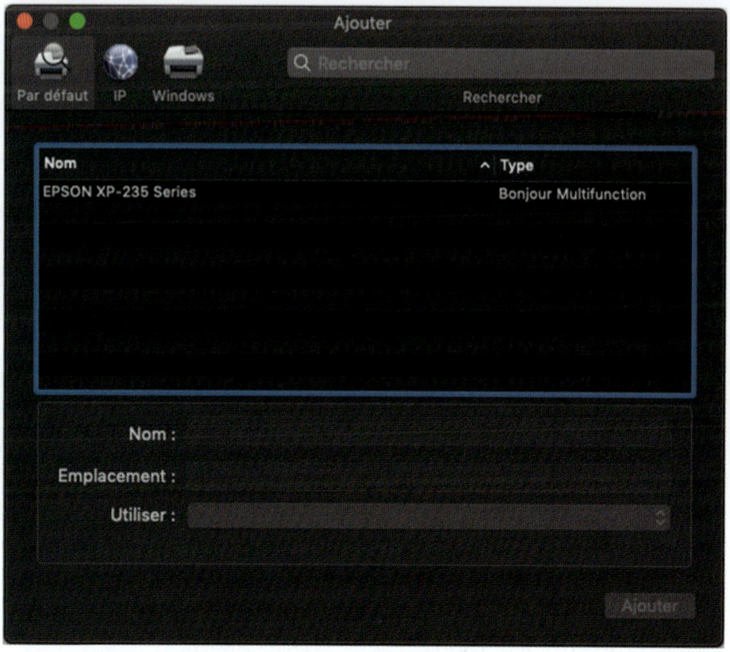

FIGURE 15.2
Ajouter une imprimante.

4. **Désignez, grâce au menu local Imprimante par défaut (Figure 15.3), celle que vous entendez utiliser systématiquement pour vos tâches d'impression.**

FIGURE 15.3 Choisissez l'imprimante qui sera utilisée par défaut.

A priori, ce menu vous propose la dernière imprimante utilisée.

5. **Déroulez le menu Format de papier par défaut et sélectionnez le format de papier standard (en général, A4).**

   Et c'est tout ! Fermez les Préférences Système ; vous êtes prêt à imprimer ! Vérifiez malgré tout que votre document est prêt à être immortalisé sur papier ; les sections suivantes vous expliquent comment faire.

Partager

Pour partager une imprimante, il suffit de la sélectionner dans le volet gauche de la préférence Système Imprimantes et fax, puis de cocher la case Partager l'imprimante sur le réseau.

Y A-T-IL UN PILOTE DANS L'AVION ?

À intervalles réguliers, les fabricants d'imprimantes lancent sur le marché de nouveaux pilotes d'impression toujours plus performants. Ce qui signifie que le driver qui se trouve sur le CD d'installation de votre périphérique est peut-être déjà vieux de six mois. Vu les progrès constants de la technologie, nous ne pouvons que vous engager à toujours utiliser la dernière version en date des drivers. Ce n'est pas compliqué : il suffit de gagner le site Web du fabricant, de voir à quelle version du driver il en est, puis, si nécessaire, de télécharger la version la plus récente.

Apple a équipé macOS Mojave d'une série impressionnante de pilotes d'impression, correspondant à la plupart des grandes marques et des modèles classiques. Ces pilotes sont installés par défaut : vous n'avez donc rien à faire. Vous pouvez, lors de l'installation, choisir de ne pas installer ceux qui ne vous sont d'aucune utilité, mais tant que le bon ne sera pas installé… vous ne pourrez pas imprimer !

Si, par la suite, vous avez besoin d'un pilote que vous n'aurez pas installé à ce stade, il vous faudra agir manuellement de manière à permettre à votre imprimante d'apparaître dans la fenêtre de la préférence Imprimantes et scanners.

Si le partage d'imprimantes est désactivé, vous en êtes directement avisé par un message qui s'affiche directement sous l'option. Cliquez alors sur Préférences puis sur Partage (aussitôt, la préférence Imprimante et scanner disparaît au profit de la préférence Partage). À ce stade, contentez-vous d'y valider, à gauche, l'option Partage d'imprimantes.

Définir les options d'impression

Dernière étape, mais non des moindres, la commande Format d'impression sert à opérer toutes sortes de réglages importants.

Familiarisez-vous avec cette fenêtre : elle vous rendra bien des services.

Vous y accéderez dans chaque programme *via* la commande Format d'impression du menu Fichier. (Elle s'intitule parfois Mise en page.) Toutes les options de base y sont regroupées : Taille du papier, orientation, échelle... (Figure 15.4).

Dans le cas des imprimantes réseau ou PostScript, il se peut que la fenêtre diffère légèrement de celle représentée ici. Ces différences, toutefois, devraient rester mineures.

Cliquez sur le point d'interrogation en bas à gauche pour appeler la fonction d'aide si vous êtes à la dérive.

Les options de mise en page sont les suivantes :

- **Format pour :** ce menu affiche le nom de l'imprimante active. Si vous avez configuré plusieurs unités de sortie, vous en choisirez une dans ce sous-menu.

  A priori, il indique Toute imprimante. C'est l'option la plus généraliste. Tant que l'imprimante que vous comptez utiliser n'apparaîtra pas ici, vous ne pourrez pas en exploiter toutes les possibilités.

- **Taille du papier :** sélectionnez dans ce menu local le format du papier du bac d'alimentation ou des feuilles que vous introduirez manuellement. Les dimensions du format choisi s'affichent sous le menu.

  Les réglages effectués dans cette fenêtre restent actifs tant que vous ne les modifiez pas. Dans ces conditions, s'il vous arrive d'imprimer une enveloppe,

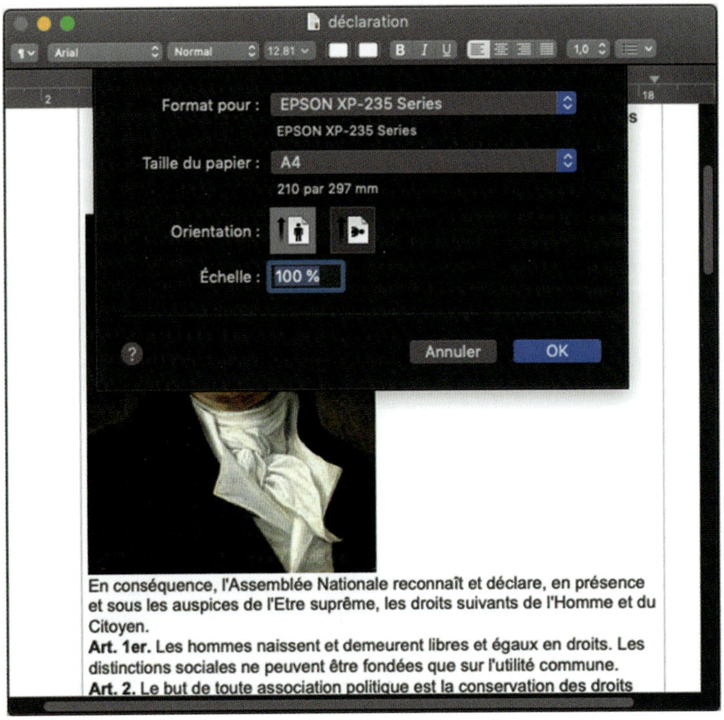

FIGURE 15.4 La fenêtre Format d'impression de l'application TextEdit.

n'oubliez pas, par la suite, de réactiver le réglage A4 pour vos futures impressions.

- **Orientation :** optez pour une orientation portrait ou à la française (impression dans le sens de la largeur du papier) ou bien paysage ou à l'italienne – avec deux variantes – (impression dans le sens de la hauteur du papier).

  Certains programmes comme Photoshop et Microsoft Word proposent des réglages supplémentaires répondant à des exigences de mise en page spécifique ou de gestion des couleurs d'une image. TextEdit est la simplicité même. Par conséquent, ses réglages sont minimalistes.

- **Échelle :** demandez un taux de réduction ou d'agrandissement en entrant la valeur correspondante dans la case d'édition.

Lancer l'impression

Il ne vous reste plus qu'une chose à faire : appeler la commande Imprimer et la charger de procéder à l'impression.

Bien que la plupart des fenêtres Imprimer ressemblent à celles que vous verrez dans ce chapitre, certaines s'en éloignent sensiblement. C'est normal : les fonctionnalités proposées dans ces boîtes de dialogue dépendent éminemment des applications auxquelles elles appartiennent. Donc, s'il vous arrive de tomber sur des options qui ne sont pas expliquées ici, veuillez nous en excuser, mais, de toute évidence, il nous est impossible d'envisager tous les cas de figure.

Imprimer un document

L'impression est une opération très facile à réaliser. Il suffit de suivre quelques étapes et, en moins de temps qu'il ne faut pour le dire, vous imprimez vos pages comme par magie.

1. **Ouvrez le document à imprimer.**
2. **Choisissez Fichier/Imprimer ou enfoncez les touches ⌘ + P.**

   La fenêtre d'impression s'affiche (Figure 15.5).

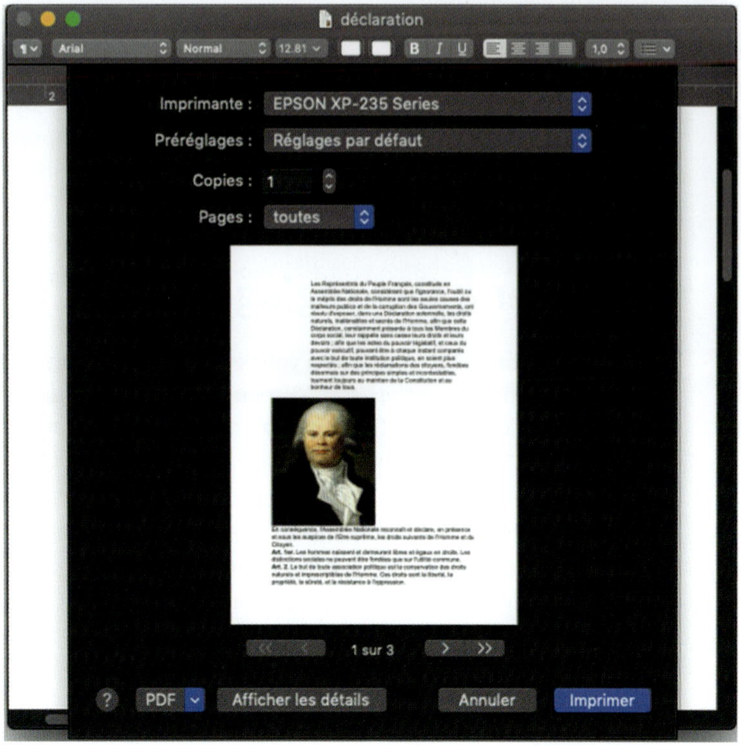

FIGURE 15.5 Une fenêtre d'impression standard.

3. **Cliquez sur Imprimer.**

   Patientez quelques instants, le temps que l'imprimante reçoive ses instructions, puis allez chercher votre document.

La commande Fichier/Imprimer (⌘ + P) ne produira aucun effet si :

- » La commande Imprimer est logée dans un autre menu.
- » La commande Imprimer n'existe pas (eh oui, ça arrive !).
- » L'équivalent clavier, exceptionnellement, n'est pas ⌘ + P.

À vous de voir, dans ces conditions, comment parvenir malgré tout à vos fins.

Choisir l'imprimante à utiliser

Il est possible, dans la fenêtre d'impression comme dans la fenêtre de mise en page, de désigner l'imprimante appelée à traiter le document si plusieurs unités de sortie sont disponibles.

Vous ne pourrez choisir que parmi les imprimantes valablement installées, c'est-à-dire celles recensées dans le volet gauche de la préférence Système Imprimantes et scanners. Sont également accessibles les éventuelles imprimantes connectées à des routeurs et à des bases sans fil. Une fois configurées, elles permettent aux Mac (et aux PC) situés dans le rayon admis d'imprimer sans fil.

Procéder à des réglages

Par défaut, la fenêtre d'impression vous est proposée dans sa version minimaliste. Seuls trois menus, en effet, sont disponibles : Imprimante, Pages et PDF. Pour accéder à d'autres options (Figure 15.6), cliquez sur le bouton Afficher les détails, situé en bas. Waouh ! Voilà qui est mieux !

Cliquez dans n'importe quel champ et enfoncez la touche Tabulation : votre pointeur gagne immédiatement le champ suivant. Pour voyager en sens inverse, utilisez la combinaison de touches Majuscule + Tabulation. Ça marche dans tous les programmes, fenêtres, boîtes de dialogue ou champs de pages Web.

- » **Copies :** entrez ici le nombre d'exemplaires à imprimer.

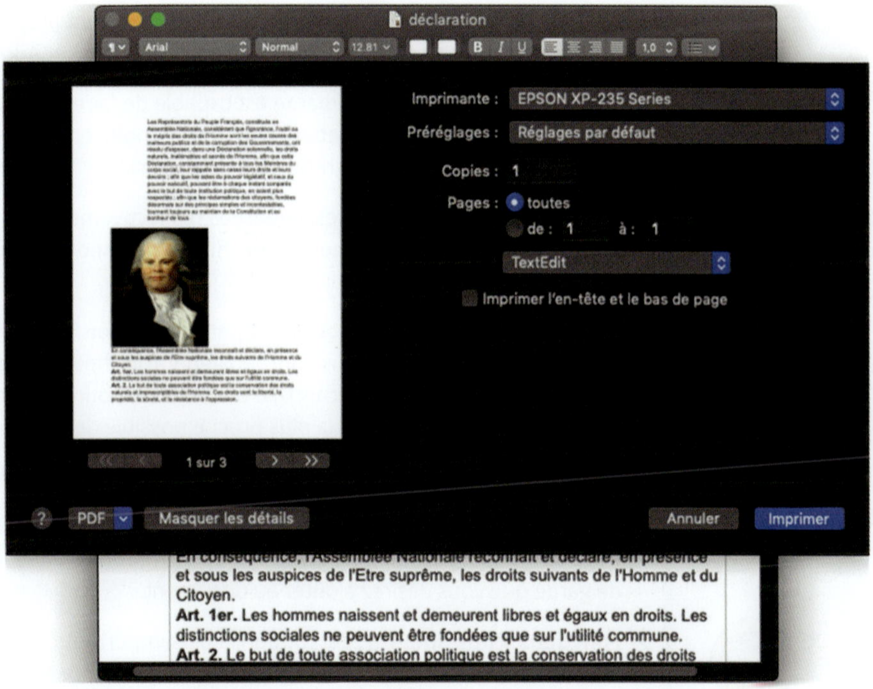

FIGURE 15.6
La fenêtre d'impression prend ses aises.

- **Pages :** pour imprimer toutes les pages du document, validez l'option Toutes. Pour n'en imprimer que certaines, entrez le numéro de la première page à traiter dans la case « de » et le numéro de la dernière dans la case « à ». Pour n'imprimer qu'une seule page, entrez la même valeur dans les deux cases.

Passons à présent en revue d'autres options, cachées dans le menu local baptisé, dans la Figure 15.6, TextEdit. Certains de ces articles sont fonction de l'imprimante et de son pilote ; nous nous bornerons, pour notre part, à décrire les commandes standard.

- **TextEdit :** la seule option propre à TextEdit est celle qui vous permet d'imprimer un en-tête et un pied de page.
- **Mise en page :** choisissez Mise en page si vous souhaitez définir le nombre de pages du document à imprimer par feuille de papier.
  - *Pages par feuille* : faites un choix parmi les valeurs prédéfinies de la liste. Plus la valeur est élevée, plus les pages sont petites.
  - *Orientation* : choisissez le sens dans lequel seront imprimées les pages miniatures.

- *Bordure :* optez ici pour une bordure. Cinq choix sont proposés : simple extra fine, simple fine, double extra fine, double fine et Aucune.
- *Recto verso* : si votre imprimante est capable de faire du recto verso, trois boutons radio vous permettent d'activer ce mode et de choisir le côté de la reliure (du petit ou du grand côté du papier).

Deux options supplémentaires, baptisées respectivement Inverser l'orientation de la page et Retournement horizontal, sont disponibles dans le bas de la fenêtre.

» **Concordance des couleurs :** ce volet permet de choisir une méthode de conversion des couleurs (vous aurez en général le choix entre le ColorSync d'Apple et le réglage du fabricant). Le but de cette option est de faire en sorte que la version imprimée soit la plus proche possible de la version affichée.

» **Gestion du papier :** dans ce volet sont regroupés tous les réglages relatifs au papier, comme inversion de l'ordre d'impression et pages à imprimer.

» **Page de garde :** paramétrez, grâce aux options réunies ici, l'éventuelle page de garde que vous désirez ajouter au document.

» **Fonctions d'imprimante :** est l'option la plus importante. En effet, elle donne accès au pilote d'impression de votre imprimante. Ce pilote est en réalité un petit programme qui permet à vos applications de communiquer correctement avec l'imprimante. Dans ce pilote d'impression, vous indiquerez le type de papier que vous utilisez. Ce choix est essentiel. En effet, si vous souhaitez imprimer des photos sur un papier spécial, par exemple sur un papier glacé Epson avec votre imprimante Epson, vous devez l'indiquer dans le pilote d'impression. Dans le cas contraire, la qualité d'impression sera médiocre. Par exemple, si dans le menu local Support, vous laissez Papier ordinaire au lieu de sélectionner Epson Premium Glacé, c'est-à-dire le profil de ce papier actuellement chargé dans votre imprimante, la photo sera imprimée avec de mauvais réglages. C'est également dans le pilote d'impression que vous définissez la qualité de l'impression eu égard au support (papier) choisi. Par exemple, vous aurez le choix entre Fin, Photo, ou bien encore Photo supérieure. Plus la qualité est élevée, plus l'imprimante consomme d'encre.

» **Niveau des fournitures :** si le pilote d'impression dispose d'un utilitaire de mesure de la quantité d'encre restant dans les cartouches, choisissez cette option pour afficher la quantité d'encre encore disponible, comme sur la Figure 15.7.

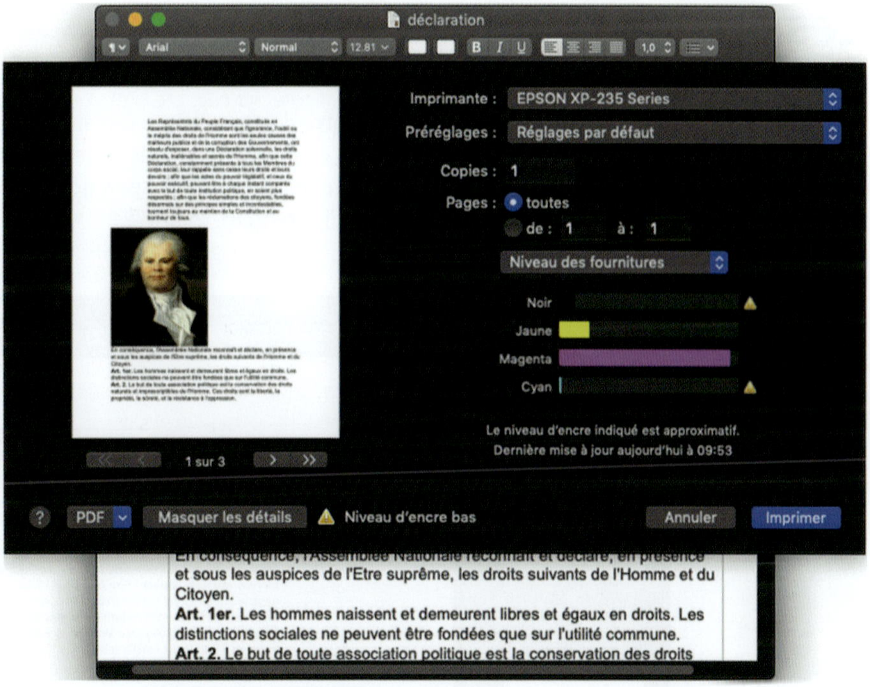

FIGURE 15.7 Il va bientôt être nécessaire de changer de cartouches.

Enregistrer les réglages

Tous les réglages effectués dans cette fenêtre peuvent être mémorisés grâce à la commande Enregistrer les réglages actuels comme préréglage du menu local Préréglages. Dans ces conditions, il vous suffira, à l'avenir, de sélectionner cet ensemble dans ce même menu pour retrouver, d'un coup, tous vos paramètres.

Pour gérer vos paramètres personnalisés, Mojave propose une fonction accessible depuis ce menu local Préréglages. Elle se nomme Afficher les préréglages. Elle ouvre une fenêtre contenant l'ensemble des préréglages disponibles dans vos applications. Ainsi, vous pouvez les supprimer, les dupliquer, ou encore les renommer.

Les options Aperçu et PDF

Pour voir à quoi ressemblera votre document une fois imprimé, choisissez Ouvrir dans Aperçu dans le menu PDF en bas à gauche de la fenêtre d'impression. Cette validation a pour effet de lancer le programme Aperçu et d'y afficher la (ou les) page(s) du document courant (Figure 15.8).

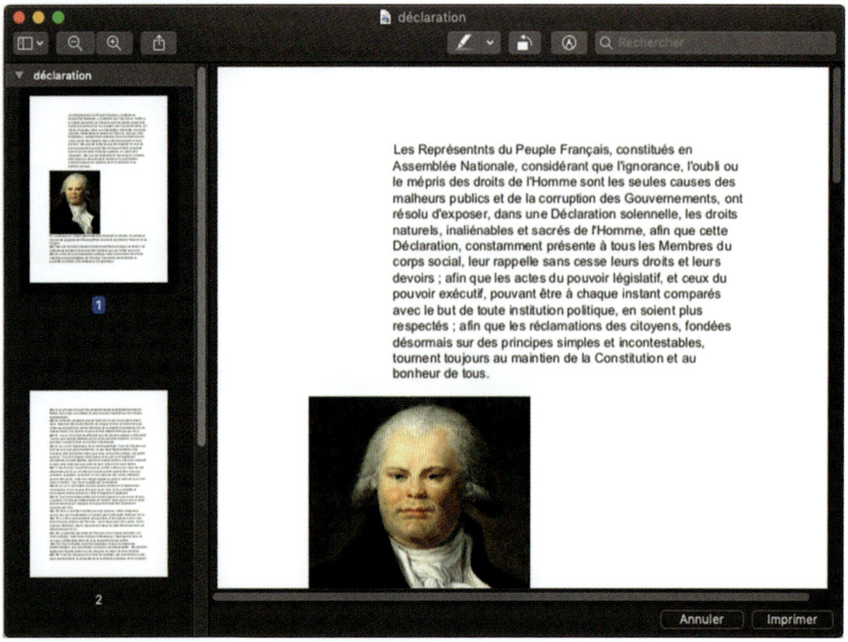

FIGURE 15.8 L'aperçu PDF d'un document TextEdit.

N'hésitez pas à prévisualiser avant d'imprimer : vous économiserez du temps et de l'argent. D'autant que ce programme de prévisualisation – accessible depuis toutes les applications macOS – autorise diverses actions :

- » Afficher toutes les pages du document, une par une.
- » Zoomer en avant ou en arrière afin d'examiner les pages sous différents rapports.
- » Faire pivoter l'image de 90° vers la gauche ou vers la droite.
- » Repérer des erreurs de mise en page que vous pourrez corriger avant d'imprimer.

Le menu Présentation de Aperçu (et son menu local situé dans la partie supérieure gauche de la fenêtre) regroupe, parmi plusieurs articles intéressants, des commandes de présentation très utiles : Contenu seul, Vignettes, Table des matières, Planche contact, zoom...

Ouvrez le menu Présentation et cliquez sur Afficher la barre d'outils d'annotation pour accéder à quelques outils supplémentaires fort utiles (Figure 15.9).

FIGURE 15.9 La barre d'outils n'attend que vous.

Pensez aussi à exploiter le menu Outils du programme ; il regroupe des commandes intéressantes comme Rotation à gauche ou à droite, Retournement horizontal et vertical et, surtout, la loupe, incontournable.

L'outil Loupe permet de grossir certaines parties du document. Vous pouvez l'ajouter à la barre d'outils *via* Présentation/Personnaliser la barre d'outils.

L'outil Loupe est facile à utiliser, car il s'active en appuyant sur une seule touche du clavier, l'accent grave (`). Un clic active l'outil, un second clic le désactive. Pourquoi vous en priver ?

Chapitre 16
Le plaisir de partager

DANS CE CHAPITRE :

- **Comprendre le principe de partage sur un réseau.**
- **Configurer le partage de fichiers.**
- **Créer des utilisateurs.**
- **Comprendre la notion d'accès et de privilèges.**
- **Partager des fichiers, des dossiers et des disques.**
- **Partager le Mac à distance.**
- **Partage familial.**

Sous macOS, partager des fichiers, des dossiers, des disques et des imprimantes avec d'autres utilisateurs Mac ne pose aucun problème. La machine possède, d'origine, tout ce qu'il faut pour cela, hormis les câbles, les périphériques de sortie ainsi qu'un éventuel concentrateur (hub). Et grâce à macOS, Mac et PC n'ont jamais été aussi compatibles. De fait, grâce à la compatibilité intégrée de Mojave, il est enfantin de partager des fichiers avec des PC et de se connecter à des serveurs Windows.

Les premières sections de ce chapitre donnent un aperçu du partage de fichiers et vous apprennent à configurer des comptes à l'intention de nouveaux utilisateurs ainsi qu'à partager des fichiers avec eux, sans aucune difficulté. Vous apprendrez ensuite à partager effectivement des données.

Si vous êtes le seul à utiliser votre Mac et n'avez pas l'intention de partager des fichiers avec quelqu'un, sautez ce chapitre sans aucun remords.

À la fin de ce chapitre, nous aborderons le partage familial qui permet à six membres d'une même famille de partager certains éléments sans créer de compte d'utilisateur.

Introduction au réseau et au partage de fichiers

Le partage de fichiers a pour but de mettre à votre disposition des fichiers, des dossiers et des disques qui se trouvent soit sur d'autres Mac du réseau, soit sur Internet, et de vous permettre de les exploiter aussi facilement que s'ils se trouvaient sur votre propre disque dur.

Commençons par un peu de terminologie :

- **Réseau :** ensemble de deux ou de plusieurs Mac branchés les uns aux autres *via* câbles Ethernet, connexion sans fil (qu'on appelle AirPort ou Wi-Fi) ou câbles FireWire (de moins en moins courant).
- **Ethernet :** protocole de réseau et de câblage permettant de connecter plusieurs ordinateurs afin qu'ils puissent partager des fichiers, des disques, des imprimantes…
- **Port Ethernet :** prise servant à brancher le câble Ethernet à l'ordinateur.

  Soyez prudent : sur le Mac et sur l'imprimante, le port Ethernet ressemble fort à une prise de téléphone et les connecteurs placés aux deux extrémités de ce câble ressemblent eux aussi à des connecteurs téléphoniques. Mais ne les confondez pas ! Les câbles Ethernet ont généralement une section supérieure et les connecteurs de réseau de type RJ-45 sont plus grands que les connecteurs RJ-11 du téléphone. De toute façon, il est physiquement impossible d'insérer une prise Ethernet dans un port modem. Ne tentez pas non plus de brancher votre câble téléphone standard sur le port Ethernet, même s'il y entre facilement. Ces erreurs de connexion ne portent normalement pas à conséquence ; elles vous feront tout simplement perdre du temps.
- **Périphériques locaux :** matériel branché directement à l'ordinateur, comme les disques durs et les disques optiques. Ainsi, votre disque dur interne est un périphérique local.

» **Unités distantes :** unités du réseau auxquelles vous avez accès lors du partage, comme le disque dur de l'ordinateur de votre collègue du bureau d'à côté.

» **Protocoles :** les initiés qui parlent réseau utilisent fréquemment des termes comme Ethernet ou TCP/IP. Il s'agit là de protocoles, c'est-à-dire de langages grâce auxquels les réseaux communiquent. Le Mac est capable d'interpréter plusieurs protocoles, mais il faut savoir que tous les membres d'un réseau (Mac ou imprimantes) doivent obligatoirement utiliser le même protocole, faute de quoi ils ne pourront dialoguer.

La gestion du protocole TCP/IP est intégrée au Macintosh. Celui-ci dispose donc, d'origine, de tous les logiciels requis pour configurer un réseau TCP/IP. Il vous suffit donc d'acquérir des câbles Ethernet, un *hub* ou *concentrateur* (à moins que vous n'utilisiez des connexions directes) ou une borne d'accès AirPort. Sachez par ailleurs que les bases sans fil Apple AirPort et AirPort Extreme (ainsi que le dispositif Time Capsule) ne se contentent pas de faire du réseau sans fil : elles font également office de routeurs.

Time Capsule est intéressant puisqu'il est tout à la fois une borne d'accès sans fil AirPort Extreme, un routeur Ethernet triple port et un périphérique de sauvegarde susceptible d'être partagé par plusieurs ordinateurs sur le réseau, capable en outre de faire office de disque de backup Time Machine.

Le réseau local type

En général, ce type de réseau est constitué de deux Mac, d'une borne d'accès sans fil AirPort Extreme (ou d'un type quelconque de routeur ou de hub Ethernet) et d'une imprimante partagée, comme l'illustre la Figure 16.1.

Dans le réseau illustré à la Figure 16.1, chacun des deux Mac peut utiliser les fichiers de l'autre et les deux machines peuvent exploiter la même imprimante. Si vous disposez d'une connexion Internet à haut débit, vous pouvez également connecter le modem câble ou ADSL au hub afin que tous les Mac faisant partie du réseau puissent exploiter cette connexion.

Les réseaux constitués de dizaines, voire de centaines d'utilisateurs sont monnaie courante. Toutefois, que ce nombre soit petit (2) ou grand (2 000), les principes et les techniques sont rigoureusement les mêmes.

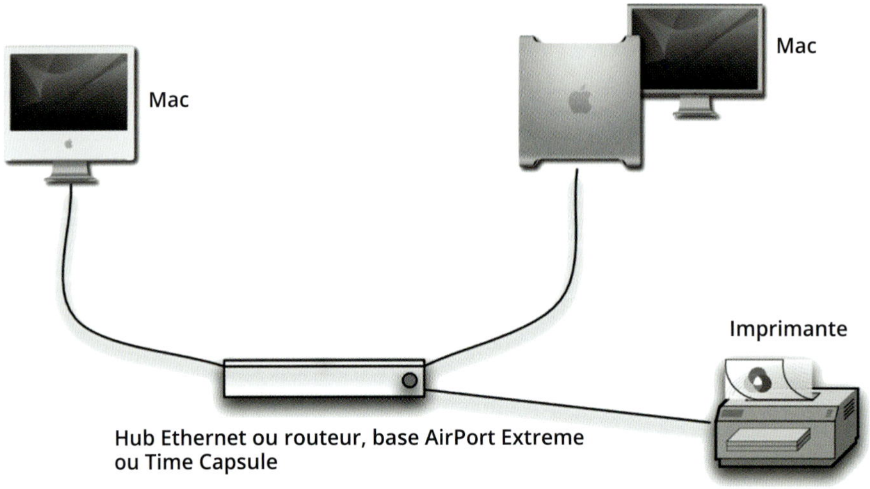

FIGURE 16.1 Un réseau Mac élémentaire avec deux postes et une imprimante.

AIRDROP : LE PARTAGE EN TOUTE FACILITÉ

Si vous envisagez de partager occasionnellement des fichiers, c'est-à-dire que vous ne pensez pas partager des périphériques ou des dossiers contenant de la musique ou des images, utilisez la fonction *AirDrop* de Mojave.

Elle est disponible depuis la barre latérale des fenêtres Finder ou depuis son menu Aller, comme le montre l'illustration ci-après. Tous les utilisateurs de macOS Mojave peuvent exploiter ce nouveau type de partage.

Avec lui, inutile de configurer le partage de fichiers comme vous aviez l'habitude de le faire auparavant. Il suffit de cliquer sur AirDrop pour partager des fichiers avec tous les utilisateurs apparaissant alors dans la fenêtre AirDrop. Conditions : les deux Mac impliqués doivent se trouver sur le même réseau Wi-Fi et une fenêtre Finder doit être ouverte avec AirDrop sélectionné dans sa barre latérale.

Pour envoyer des fichiers et des dossiers vers l'autre Mac, glissez-déposez-les directement sur l'icône de son utilisateur. AirDrop affiche alors une boîte de dialogue sur l'ordinateur du destinataire, lui demandant d'accepter ou non l'élément transféré. S'il répond par l'affirmative, les fichiers et les dossiers apparaissent dans son dossier Téléchargements.

Lorsque vous fermez la fenêtre AirDrop, les autres utilisateurs de cette fonction ne peuvent plus la voir. Par conséquent, si vous désirez transférer des fichiers vers d'autres Mac *via* Bonjour, passez par l'application Messages décrite au Chapitre 11. Sélectionnez l'autre Mac Bonjour, établissez une discussion et faites glisser les éléments dans la boîte à messages.

Bien que l'utilisation d'AirDrop soit enfantine, elle est réservée aux utilisateurs d'un même réseau Wi-Fi. Messages, de son côté, est utilisable avec tous vos contacts et avec les utilisateurs de PC. En revanche, il impose quelques étapes supplémentaires.

Trois techniques de mise en réseau

Dans ce chapitre, il sera question d'un petit réseau, type familial ou petite entreprise. Si votre Mac fait partie d'un réseau de plus grande ampleur (grande entreprise), nous vous conseillons de vous adresser à la personne qui en est responsable, c'est-à-dire son *administrateur*.

Nous détaillons ci-après les trois techniques permettant d'installer un réseau :

- **AirPort :** si tous les Mac sont équipés de cartes AirPort et si vous disposez d'une borne du même type (base AirPort ou AirPort Extreme), vous pouvez constituer un réseau sans fil. Il suffit de raccorder à cette borne tous les Mac équipés de la carte AirPort de manière à leur permettre de communiquer les uns avec les autres. Si vous utilisez une imprimante Ethernet (branchée à votre Mac *via* un câble Ethernet), vous devez la connecter à la borne pour pouvoir imprimer *via* le réseau sans fil. La borne et l'imprimante étant équipées de ports Ethernet, il suffit de les raccorder directement par un câble croisé.

  Apple a équipé ses derniers modèles de borne AirPort Extreme, du dispositif Time Capsule, d'un port USB ; vous pouvez y brancher n'importe quelle imprimante et la partager sans fil (plutôt que d'être contraint d'utiliser un modèle plus coûteux d'imprimante « réseau » équipée Ethernet).

  Bien que cette solution soit plus coûteuse que celle qui consiste à utiliser des câbles Ethernet et un hub, elle est plus pratique à mettre en œuvre, puisque vous pouvez disposer vos unités où bon vous semble. Enfin presque : dans un rayon de 50 à 60 mètres par rapport à la borne AirPort et à condition qu'aucun obstacle ne vienne dégrafer la liaison radio.

  Cela fait des années que nous utilisons des imprimantes sans fil. Si vous disposez d'un réseau AirPort (ou d'un quelconque Wi-Fi), pensez à faire comme nous. Cela vous permet, notamment, de planquer votre imprimante dans une armoire, voire de la laisser dans une autre pièce.

- **Petit Ethernet :** si vous n'avez que deux machines à mettre en réseau (deux Mac ou un Mac et une imprimante Ethernet, comme c'est souvent le cas), vous pouvez les relier par un câble Ethernet (que vous trouverez dans n'importe quel magasin de matériel) pour les connecter directement l'une à l'autre *via* leur port Ethernet. Attention : certains anciens Mac exigent un câble Ethernet particulier, qu'on appelle *câble croisé*.

  Branchez une des extrémités du câble Ethernet à un dispositif et l'autre extrémité à un autre. Si ça ne marche pas, c'est que les Mac impliqués sont trop anciens ; pensez alors à essayer un câble croisé plutôt qu'un câble droit.

Les câbles Ethernet croisés *ne fonctionnent pas* avec les hubs. Dans ces conditions, prenez soin d'étiqueter vos câbles de manière à les identifier facilement et à éviter toute confusion.

» **Ethernet classique :** tous les Mac récents sont équipés d'un port Ethernet. Pour mettre des Mac en réseau, vous devez disposer d'un petit boîtier spécial, un concentrateur ou *hub*. Un hub Ethernet compte de 2 à 8 ports Ethernet. Connectez-le à une prise électrique, puis branchez-y les câbles Ethernet de chacun des Mac et de chacune des imprimantes, et le tour est joué ! Il est difficile de faire plus simple.

Dans les trois cas énoncés ci-dessus, si votre connexion Internet s'effectue *via* un modem câble ou ADSL, vous devrez sans doute vous équiper d'un routeur plutôt que d'un hub. Version améliorée du hub, le routeur fonctionne de la même manière, mais coûte un peu plus cher.

Avec AirPort Extreme ou Time Capsule, il est peu probable que vous ayez besoin d'un hub. Pourquoi ? Tout simplement parce que tous ces appareils possèdent de petits routeurs intégrés (dotés chacun de trois ports Ethernet). Vous avez donc tout ce qu'il vous faut si vous utilisez de 1 à 3 dispositifs Ethernet. Si vous en possédez davantage, vous devrez ajouter un hub ou un routeur de manière à disposer de ports Ethernet supplémentaires.

Configurer le partage

Pour partager des fichiers, vous devez mener une série d'actions qui consistent, notamment, à activer le bon type de partage. Prenez votre courage à deux mains :

1. **Choisissez Apple (pomme)/Préférences Système, puis cliquez sur Partage.**

   La fenêtre correspondante s'affiche. Le nom d'utilisateur complet du premier compte Admin créé sur ce poste de travail s'affiche dans la case Nom de l'ordinateur (Figure 16.2).

2. **Modifiez ce nom si le cœur vous en dit.**

   Vous pouvez introduire n'importe quel nom ; tout est permis !

3. **Dans la colonne de gauche, cochez l'option Partage de fichiers.**

   Désormais, les utilisateurs qui évoluent sur le même réseau que vous peuvent accéder aux fichiers et aux dossiers de votre ordinateur.

FIGURE 16.2 C'est ici que vous allez activer le partage de fichiers.

Par défaut, il n'y a qu'un seul dossier de votre dossier Départ qui soit partagé : il s'agit du dossier Public.

Vous pouvez accéder aux fichiers et aux dossiers qui se trouvent sur ce poste de travail depuis n'importe quel poste du réseau à condition de fournir votre nom d'utilisateur et votre mot de passe. Tous les autres utilisateurs du réseau sont, eux, limités au dossier Public.

Ces réglages garantissent une sécurité maximale. Ne les modifiez que si vous avez d'excellentes raisons de le faire. Si tel est votre cas, sachez que vous trouverez, dans la section suivante, des indications précises sur la manière de procéder.

4. **(Facultatif) Si vous souhaitez que des utilisateurs distants puissent déposer et retirer des fichiers sur ou de cet ordinateur, cliquez sur Options, puis validez les options souhaitées de partage de fichiers et de dossiers.**

   - En agissant de la sorte, vous mettez plusieurs options à la disposition des utilisateurs venant d'Internet (pas à ceux de votre réseau local) : FTP (*File Transfer Protocol*), AFP (*Apple File Protocol*) ou encore Samba ou SMB (*Server Message Block*).

- Pour que les utilisateurs Windows ou Linux (ainsi que ceux évoluant sous d'autres systèmes d'exploitation) puissent partager des fichiers avec vous, il faut impérativement que vous activiez l'option FTP ou SMB.

5. **Cochez la case Activé de la colonne de gauche pour tous les comptes que vous désirez autoriser à exploiter ces protocoles dans le but d'accéder à votre Mac.**

6. **Quand vous avez terminé, fermez la fenêtre.**

   Voilà une bonne chose de faite ! Quittez à présent les Préférences Système et penchez-vous sur les accès et privilèges, comme vous y invite la section suivante.

Définir les accès et les privilèges

Vous venez d'activer le partage. Mais avant de pouvoir partager votre Mac avec d'autres utilisateurs ou de partager des fichiers sur un réseau, il vous faut encore signaler à la machine quelles sont les personnes autorisées à mener ces tâches à bien.

Utilisateurs, groupes et invités

Tant macOS que le partage de fichiers sur Mac sont basés sur le principe des utilisateurs. Les éléments partagés – disques ou dossiers – peuvent être accessibles à une seule personne, à deux, à trois, à trente-six : à vous de décider.

» **Utilisateurs :** par utilisateur, entendez toute personne qui partage des dossiers et des disques. Il vous incombe de définir la marge de manœuvre de chacune d'elles : vous réserverez-vous le droit d'accéder à tous les fichiers ou dossiers du Mac ou accorderez-vous ce droit à tous les utilisateurs ?

Lorsque vous configurez votre Mac pour la première fois, vous en êtes le premier utilisateur. À ce titre, vous disposez des pleins pouvoirs : vous pouvez ajouter d'autres utilisateurs, modifier les préférences, accéder à tous les dossiers du disque dur...

Dans ce chapitre, nous partons du principe que les personnes avec lesquelles vous partagez des données ne sont pas des utilisateurs de votre Mac, mais des utilisateurs distants, qui se connectent pour obtenir ou fournir des fichiers.

Il existe peu de différences entre un utilisateur local et un utilisateur distant. En d'autres termes, lorsque vous créez un compte pour un utilisateur, celui-ci peut ouvrir une session directement sur le Mac en s'installant devant ou s'y connecter depuis n'importe quel lieu de la planète *via* Ethernet ou Internet.

» **Administrateurs :** certes, nous n'avons pas l'ambition, ici, de décrire en détail les actions qu'autorise l'octroi, à un utilisateur, de privilèges particuliers. Toutefois, deux remarques s'imposent :

- Le premier utilisateur créé, souvent lors de la première installation de macOS, reçoit généralement les pleins pouvoirs. Il est l'administrateur du Mac.
- Seul un administrateur est autorisé à créer de nouveaux utilisateurs, à supprimer des fichiers (mais pas tous) archivés dans d'autres dossiers que leur dossier personnel, à verrouiller et à déverrouiller les Préférences Système, *etc.* Si vous ne parvenez pas à exécuter une action, assurez-vous que vous disposez des privilèges requis.

Si vous êtes habilité à le faire, vous pouvez octroyer des privilèges d'administrateur à un utilisateur. Pour ce faire, ouvrez la préférence Système Utilisateurs et groupes. Ensuite, cliquez sur l'icône du cadenas située dans l'angle inférieur gauche de la fenêtre. Saisissez votre mot de passe. Dès lors, vous aurez accès à la liste des utilisateurs affichée dans la colonne de gauche. Dans l'onglet Mot de passe, sélectionnez la personne dans la liste des utilisateurs à gauche, puis cochez la case Autoriser l'administration de cet ordinateur à droite. Vous y avez accès lorsque vous créez ou modifiez un utilisateur.

» **Groupes :** les groupes sont une appellation UNIX relative aux privilèges. Il y en a plusieurs, notamment admin, staff ou wheel. Un même utilisateur peut faire partie de plusieurs groupes. Ainsi, votre compte principal peut fort bien se retrouver à la fois dans le groupe wheel et dans le groupe admin. Pas d'inquiétude : nous vous initierons bientôt à la notion de groupe.

» **Invités :** il existe deux sortes d'invités. La première, ce sont vos amis qui s'installent à votre place et gagnent votre Bureau sans compte utilisateur ni mot de passe. Lorsqu'ils se déconnectent, toutes les données et tous les fichiers du dossier Guest (compte d'invité) du dossier Départ sont automatiquement supprimés.

Pour créer des comptes de ce type, il vous faut valider l'option Autoriser les invités à se connecter à cet ordinateur de la préférence Système Utilisateurs et groupes. Vous y accéderez en sélectionnant, à gauche, l'option Utilisateur invité, puis en cochant l'option Autoriser les invités à se connecter à cet ordinateur, comme le montre la Figure 16.3.

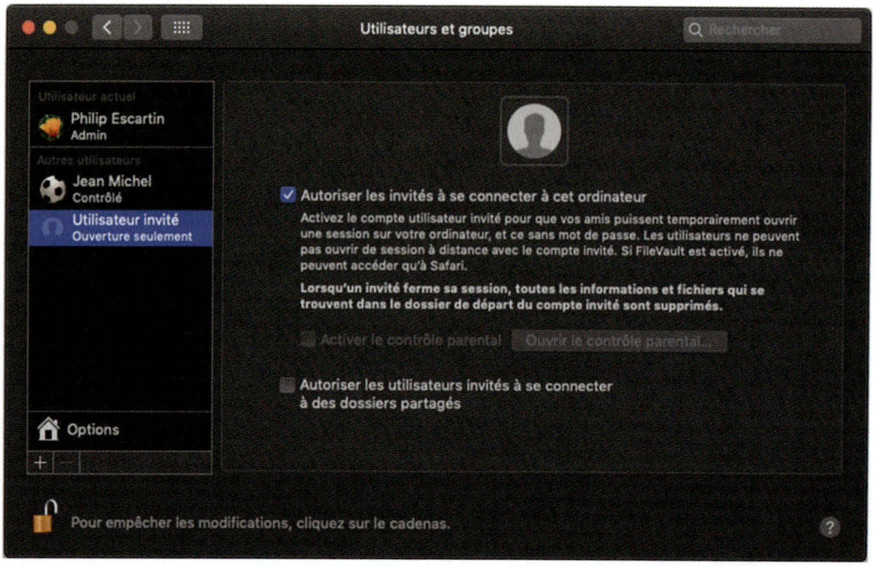

FIGURE 16.3 Pour que les comptes d'invité se connectent à votre ordinateur.

La seconde sorte d'invités correspond aux personnes qui accèdent aux dossiers Public de votre Mac *via* le système de partage de fichiers (sur réseau local ou sur Internet). Ces invités n'ont à fournir ni nom d'utilisateur ni mot de passe. Ils peuvent visualiser et exploiter le contenu de votre ou de vos dossiers Public s'ils évoluent sur votre réseau ou s'ils naviguent sur Internet et connaissent votre adresse IP.

Aucune action n'est requise pour activer ce type de compte utilisateur.

Créer des utilisateurs

Avant que d'autres utilisateurs ne puissent partager vos dossiers et vos disques (ou bénéficier d'un compte à leur nom sur votre poste de travail), ils doivent disposer d'un compte sur votre Mac.

Nous verrons, à la fin de ce chapitre, que la fonction de partage familial de Mojave peut vous permettre de partager des informations de votre Mac sans être obligé de créer et/ou de partager un compte.

Vous pouvez créer trois types de comptes : des comptes Utilisateur, des comptes gérés avec le contrôle parental, et des comptes Partage.

» **Quand vous créez un compte Utilisateur** pour une personne (appelons-la Utilisateur 1), ce compte dispose de son propre dossier Départ (appelé – c'est logique – Utilisateur 1), dans lequel elle retrouve ses fichiers. Seul Utilisateur 1 peut accéder à ce dossier à moins, bien entendu, qu'il n'ait communiqué à quelqu'un d'autre le nom de son compte et son mot de passe.

» **Quand vous créez un compte avec Contrôles parentaux,** vous allez définir des règles d'utilisation en choisissant l'âge de l'utilisateur : 4+, 9+, 12+ et 17+. Vous définirez dans la foulée vos règles de contrôle.

» **Quand vous créez un compte Partage** pour une personne (appelons-la Partage 1), celle-ci ne dispose pas d'un dossier Départ et n'a pas accès aux dossiers Départ des autres utilisateurs. Elle ne peut exploiter que les dossiers Public de tous les dossiers Départ du Mac en question.

Pour créer un nouveau compte Utilisateur, vous devez impérativement transiter par la fenêtre Utilisateurs et groupes des Préférences Système. Les comptes Partage, eux, s'activent soit dans cette fenêtre, soit dans la fenêtre Partage des mêmes préférences.

Lorsque vous cliquez sur le signe + en bas de la liste des utilisateurs de la préférence Partage (volet gauche) et sélectionnez un contact de votre carnet d'adresses (plutôt que de choisir un compte Utilisateur existant), vous créez, pour cette personne, un compte Partage.

Tous les invités distants (LAN ou Internet) peuvent accéder à votre/vos dossiers Public. Mais seuls ceux disposant d'un compte Utilisateur ou Partage accéderont à vos autres dossiers.

Quand vous ajoutez (créez) un utilisateur, vous devez impérativement expliquer au Mac de qui il s'agit. Vous devez également, dans la foulée, attribuer à cette personne des mots de passe et des pouvoirs de gestion. Supprimez les frontières !

1. **Choisissez Apple/Préférences Système ou cliquez sur l'icône correspondante du Dock, puis cliquez sur Utilisateurs et groupes et assurez-vous que l'onglet Mot de passe est activé.**

   Dans la fenêtre correspondante (Figure 16.4), le nom du premier utilisateur est affiché ainsi que les droits dont il dispose. (Notez que l'option Autoriser l'administration de cet ordinateur est cochée et grisée. Cela indique qu'on ne peut lui retirer le titre d'administrateur de cet ordinateur.)

   Vous serez probablement obligé de cliquer préalablement sur l'icône du cadenas. Mojave vous demandera alors votre mot de passe d'utilisateur pour s'assurer que c'est bien vous, administrateur du Mac, qui effectuez cette opération d'ajout de compte.

FIGURE 16.4 Cette fenêtre dresse la liste des personnes habilitées à utiliser ce Mac.

Comme nous l'avons signalé précédemment, le premier utilisateur créé – généralement lors de l'installation de macOS – dispose toujours des privilèges d'administrateur.

2. **Cliquez sur le signe + (plus) en bas de la liste des comptes.**

   Une fenêtre s'affiche (Figure 16.5), dans laquelle vous devez entrer les données relatives au nouvel utilisateur que vous êtes en train de créer.

   L'accès à ce bouton nécessite souvent de cliquer sur l'icône du cadenas. Mojave vous demandera alors de saisir votre mot de passe.

3. **Conservez l'option Standard du menu local Nouveau compte.**

4. **Dans le champ Nom complet, tapez le nom complet du nouvel utilisateur.**

5. **Enfoncez la touche Tab pour gagner le champ suivant.**

   Le Mac introduit alors, spontanément, un nom dans le champ approprié, juste en dessous (Figure 16.6). Vous pouvez le modifier.

   C'est ce nom qui est attribué au dossier Départ de chaque utilisateur.

   Acceptez ce nom proposé par macOS ou tapez-en un autre.

   Réfléchissez bien, car, une fois le compte créé, il ne sera plus possible de modifier ce nom.

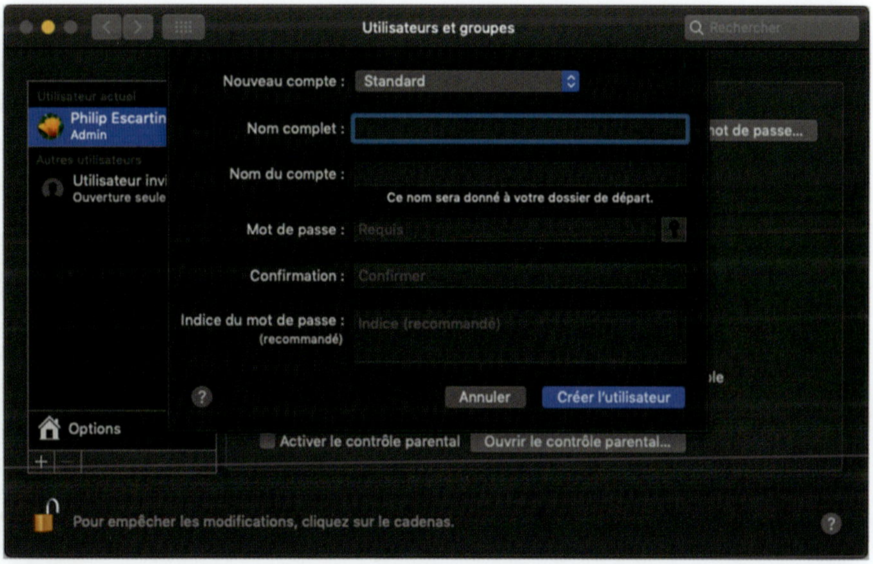

FIGURE 16.5 Création d'un nouveau compte d'utilisateur.

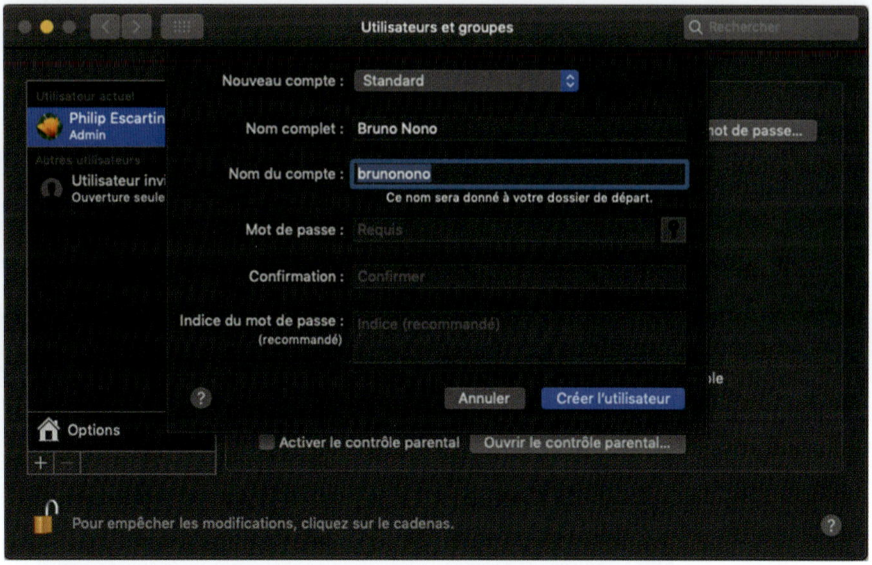

FIGURE 16.6 Entrez le nom du nouvel utilisateur ; laissez le Mac proposer un nom de compte.

6. **Cliquez dans le champ Mot de passe (où figure la mention Requis), et saisissez le mot de passe.**

   Cliquez sur l'icône de la clé pour laisser Mojave suggérer un mot de passe ! Le mot de passe proposé est complexe, donc très sécurisé. Notez-le quelque part sinon vous ne vous en souviendrez jamais.

7. **Appuyez sur la touche Tab pour gagner le champ Confirmation (mention Confirmer).**

8. **Répétez-y votre mot de passe.**

9. **(Facultatif) Introduisez un commentaire dans le champ Indice du mot de passe.**

Si un utilisateur oublie son mot de passe, l'indice qu'il aura indiqué pourra lui rafraîchir la mémoire. Évitez d'être trop explicite, car vous risquez que le mot de passe soit deviné par d'autres personnes que celle concernée.

10. **Cliquez sur Créer l'utilisateur.**

La fenêtre se ferme, vous renvoyant au volet Mot de passe. Et le nouvel utilisateur apparaît dans la liste des comptes. Une image lui est spontanément associée à droite.

11. **(Facultatif) Placez le pointeur de la souris sur l'avatar et cliquez sur la flèche qui apparaît. Dans le menu local qui s'affiche, choisissez une autre image parmi les collections proposées sur la gauche, comme le montre la Figure 16.7.**

Pour utiliser une de vos images, choisissez-la parmi les photothèques de l'application Photos.

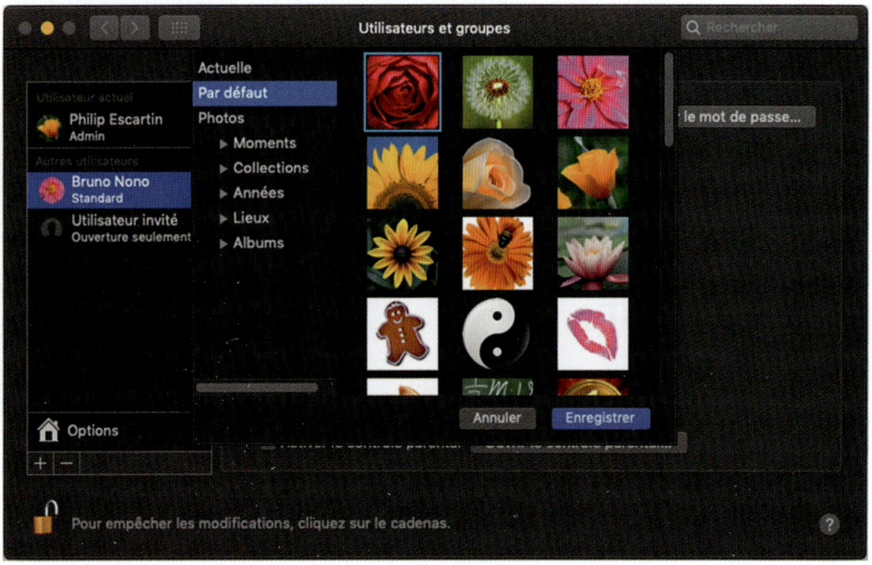

FIGURE 16.7 Attribuez une autre image à l'utilisateur sélectionné.

Modifier un utilisateur

Pour modifier tout ou partie des réglages concernant un utilisateur particulier :

1. **Dans le menu Apple, choisissez Préférences Système, ou bien cliquez sur son icône dans le Dock.**

   La fenêtre Préférences Système apparaît.

2. **Ouvrez la préférence Utilisateurs et groupes.**

   La préférence s'ouvre.

   Si le cadenas en bas à gauche est fermé, cliquez dessus pour le déverrouiller et introduisez un mot de passe administrateur avant de pouvoir poursuivre.

3. **Sélectionnez l'utilisateur concerné dans la liste des comptes.**

   Les informations relatives à cet utilisateur s'affichent dans la partie droite de la fenêtre.

4. **Effectuez-y les modifications souhaitées.**

   - *Pour changer le mot de passe*, cliquez sur Réinitialiser le mot de passe, puis agissez dans la fenêtre que cette action vous propose.
   - *Pour modifier les autres paramètres*, agissez directement dans le volet de droite (Nom complet, Autoriser l'administration de cet ordinateur, Activer le contrôle parental...).

   Vous ne pourrez mener ces tâches à bien que si vous êtes administrateur.

5. **Quittez les Préférences Système.**

   Vos modifications sont entérinées dès que vous licenciez la fenêtre Utilisateurs et groupes.

Supprimer un utilisateur

Supprimer un utilisateur, c'est empêcher désormais cette personne d'avoir accès à la machine. Pour ce faire, sélectionnez-la dans la liste des comptes, puis cliquez sur le bouton – (moins). Trois options vous sont lors proposées, comme le montre la Figure 16.8 :

» **Enregistrer le dossier de départ dans une image disque :** archive le contenu de son dossier Départ dans un dossier intitulé Utilisateurs supprimés, sous la forme d'un fichier image disque.

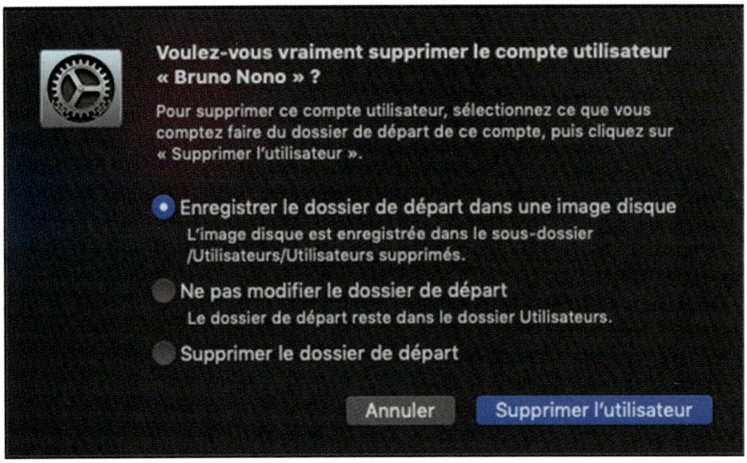

FIGURE 16.8 Les options de suppression d'un compte d'utilisateur.

» **Ne pas modifier le dossier de départ :** élimine l'utilisateur de la fenêtre Comptes et de l'écran de connexion, mais laisse son dossier Départ intact au sein du dossier Utilisateurs. La mention *(Supprimé)* est ajoutée au nom de ce dossier.

» **Supprimer le dossier de départ :** vous débarrasse une bonne fois pour toutes de l'utilisateur et de son dossier Départ.

Faites votre choix, puis cliquez sur Supprimer l'utilisateur.

Vous ne pourrez agir que si vous ouvrez une session en tant qu'administrateur. Dernier point : vous ne pourrez jamais supprimer le premier utilisateur qui a été créé sur ce Mac.

Limiter la mobilité d'un utilisateur

Il peut s'avérer intéressant de limiter les prérogatives de l'un ou l'autre utilisateur (par exemple, interdire l'accès de certains programmes à un enfant ou à un utilisateur maladroit). C'est une fois encore au niveau de la préférence Système Utilisateurs et groupes que vous agirez :

1. **Choisissez Apple/Préférences Système ou cliquez sur l'icône Préférences Système du Dock.**

   La fenêtre Préférences Système apparaît.

2. **Ouvrez la préférence Utilisateurs et groupes.**

La préférence s'ouvre.

3. **Sélectionnez l'utilisateur concerné dans la liste des comptes.**

4. **Cochez, à droite, l'option Activer le contrôle parental, puis cliquez, à droite, sur Ouvrir les contrôles parentaux.**

   Si vous omettez de cocher l'option d'activation, pas de souci : la fenêtre suivante vous donnera l'occasion de vous rattraper en cliquant tout simplement sur le bouton Activer le contrôle parental.

   Vous ne pourrez restreindre des accès que si vous êtes administrateur. Par ailleurs, notez qu'il est impossible d'appliquer ces contrôles parentaux à un compte d'administrateur.

   La fenêtre Contrôle parental vous est alors révélée (Figure 16.9).

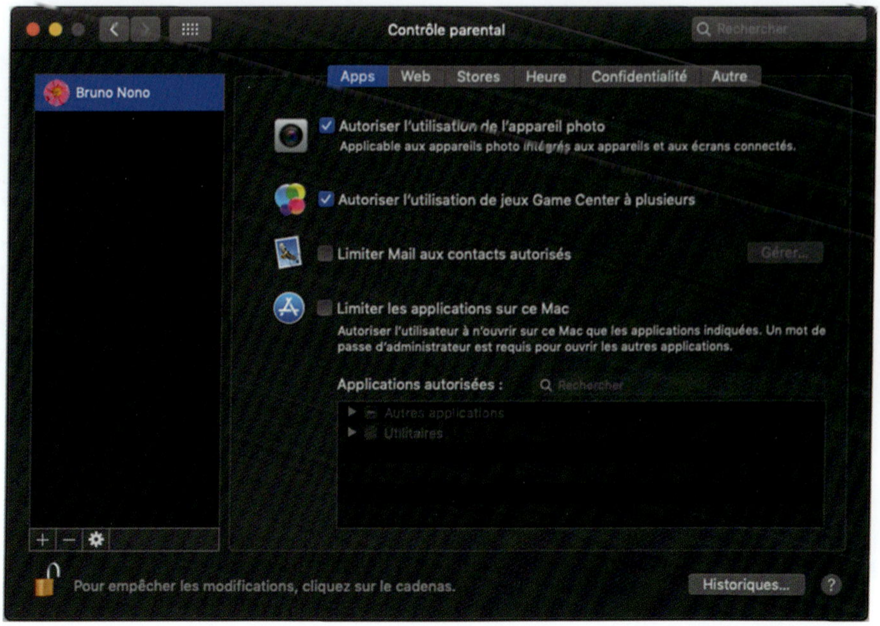

FIGURE 16.9 La fenêtre Contrôle parental et ses six onglets.

Si les options sont inaccessibles, cliquez sur l'icône du cadenas située dans l'angle inférieur gauche de la fenêtre Contrôle parental. Ensuite, saisissez votre mot de passe et cliquez sur le bouton Déverrouiller.

5. **Agissez dans les différents onglets de cette fenêtre pour limiter la mobilité du titulaire du compte :**

- *Apps :* détermine à quelles applications l'utilisateur a accès. Décide s'il peut imprimer, graver des CD ou des DVD, utiliser des applications achetées sur l'App Store, utiliser les autres programmes de votre Mac et/ou ses widgets, modifier le Dock (cochez cette option située sous la liste des applications autorisées) ou accéder aux Préférences Système. Permet en outre d'imposer à cet utilisateur un Finder hyper minimaliste.

  Cochez la case Limiter les applications sur ce Mac. Ensuite, dans le menu local Autres applications de la section Applications autorisées, cochez/décochez les applications autorisées ou non.

- *Web :* restreint l'accès aux sites Web.
- *Stores :* permet d'activer ou non l'utilisation d'iTunes Store et d'iBooks Store. Vous pourrez aussi définir les accès aux musiques à contenu explicite, l'âge d'autorisation de visionnement des films, séries TV, Applications, et des livres à contenu sexuel explicite.
- *Heure :* fixe des plages horaires pour l'utilisation de *l'ordinateur*, en semaine et pendant le week-end et en interdit l'accès pendant des heures que vous spécifiez.
- *Confidentialité :* permet de définir les applications de l'administrateur, c'est-à-dire vous en tant qu'adulte que votre enfant pourra modifier. Définissez les règles de confidentialité par un clic sur le bouton Gérer la confidentialité. Vous accéderez ainsi aux Préférences Système Sécurité et confidentialité.
- *Autre* : limite ou non l'utilisation de fonctions comme la caméra intégrée, la dictée vocale, les grossièretés dans le dictionnaire, *etc.*

6. **Quittez les Préférences Système.**

   Les modifications sont prises en compte immédiatement.

Si le compte que vous souhaitez paramétrer existe déjà, vous parviendrez plus rapidement à ces réglages *via* la préférence Système Contrôle parental ; cette façon de faire vous dispense, de fait, de transiter par la fenêtre Utilisateurs et groupes.

Dernière chose : il est également possible d'appliquer un contrôle parental aux invités. Les comptes administrateur, en revanche, ne supportent pas ces limitations.

Pour désactiver le contrôle parental, affichez le volet Utilisateurs et groupes, sélectionnez l'utilisateur pour lequel vous désirez lever ce contrôle et décochez l'option Activer le contrôle parental.

Pour appliquer le même contrôle parental à plusieurs utilisateurs, commencez par configurer ce contrôle comme expliqué dans les précédentes sections et procédures. Ensuite, sélectionnez le compte dont vous venez de définir le contrôle, puis cliquez sur le bouton Action situé en bas de la liste des comptes d'utilisateurs. Dans le menu local qui apparaît, optez pour la commande Copier les réglages pour « *nom du compte* ». Enfin, sélectionnez le compte auquel vous souhaitez appliquer les mêmes réglages, ouvrez le menu local Action et choisissez-y Coller les réglages pour « *nom du compte* ».

Les dossiers partagés par défaut

Chaque fois que vous ajoutez des utilisateurs, macOS effectue deux actions : d'une part, il crée les dossiers correspondants et, d'autre part, il en prédispose certains au partage.

Certes, les utilisateurs ainsi créés peuvent créer d'autres dossiers si nécessaire, ainsi qu'y ajouter des fichiers, en déplacer et en supprimer. Même si vous ouvrez un compte utilisateur dans le seul but d'autoriser la personne en question à échanger des fichiers avec vous, le Mac, automatiquement, lui attribue un dossier rien qu'à elle. À moins que vous ne l'y autorisiez, cet utilisateur n'a accès à aucun autre dossier, exception faite du dossier Public (qui se trouve dans le dossier personnel de chaque utilisateur défini).

Ce dossier propre à chaque utilisateur comporte un dossier Public accessible à toute personne habilitée à utiliser le Mac. Même les invités, qui ne disposent donc pas d'un compte utilisateur, peuvent ajouter ou soustraire des éléments à ce dossier, pourvu qu'ils connaissent l'adresse IP du Mac en question.

Dans le dossier Public de chaque utilisateur se trouve un dossier Boîte de dépôt. Comme son nom l'indique, il s'agit d'un dossier dans lequel les autres utilisateurs déposent des fichiers à l'intention du possesseur du dossier Public en question. Celui-ci est le seul autorisé à ouvrir ce dossier et à en manipuler le contenu.

Partager un dossier ou un disque en définissant des privilèges

Comme vous le savez déjà, ces privilèges conditionnent l'accès à un dossier ou à un disque (ou à une partition) autre que le disque de démarrage actif (celui depuis lequel le Mac démarre).

Pourquoi est-il impossible de partager le disque dur de démarrage ? Tout simplement parce que macOS s'y refuse. Ce disque, en effet, regroupe le système d'exploitation – qui est en action si vous avez fait démarrer le Mac depuis ce volume – ainsi que d'autres éléments auxquels le système se réserve l'accès exclusif.

À partir d'ici et jusqu'à la fin du présent chapitre, par « partager un dossier », nous entendrons « partager un dossier, un disque ou une partition autre que le disque de démarrage ».

Vous pouvez définir des privilèges pour :

- le possesseur du dossier ;
- toutes les personnes qui possèdent des comptes sur le Mac (un groupe) ;
- tout individu qui connaît l'adresse de ce Mac, qu'il possède un compte ou non (invité).

Pour vous faciliter la tâche, nous commencerons par développer les notions de possesseur et de groupe.

Identifier les privilèges

Il existe sur le réseau trois types distincts d'utilisateurs ; nous les décrivons dans cette section. Nous vous apprenons ensuite à partager des dossiers avec chacun de ces types.

- **Possesseur :** le *possesseur* d'un dossier a le droit de modifier à tout moment les privilèges d'accès à ce dossier. Le nom que vous tapez lorsque vous ouvrez une session sur le Mac – ou le nom de votre dossier Départ – est celui du propriétaire par défaut des dossiers et des disques partagés de votre machine. Ce privilège peut être supprimé. Même si le Mac vous appartient, vous ne pouvez modifier les privilèges d'accès à un dossier qui ne vous appartient pas. De plus, toute modification à ce niveau ne peut intervenir que si le possesseur du dossier en question est connecté.

  Certains dossiers appartiennent à macOS. Si vous en sélectionnez un et consultez ses autorisations, vous verrez qu'il appartient au système (Fichier/Lire les informations ou ⌘ + O).

  En fait, les dossiers qui ne se trouvent pas dans les répertoires Utilisateurs appartiennent au système ; vous ne pouvez pas modifier leurs autorisations.

Si vous devez modifier les permissions d'un fichier ou d'un dossier, activez son onglet, puis invoquez la commande Fichier/Lire les informations (⌘ + I), puis agissez dans le volet Partage et permissions du bas de la fenêtre. Un bon conseil : n'agissez ici que si vous savez parfaitement ce que vous faites.

» **Groupe (Staff) :** dans les systèmes UNIX, tous les utilisateurs appartiennent à un ou plusieurs groupes. Le groupe qui est constitué de toutes les personnes qui disposent d'un compte assorti de privilèges d'administrateur est appelé admin. Tous les membres de ce groupe ont accès aux dossiers publics et partagés du réseau ainsi qu'à tous les dossiers dont les possesseurs leur ont laissé la jouissance.

Dans le but d'accorder des autorisations, vous pouvez créer vos propres groupes, selon une procédure qui s'apparente à la création d'utilisateurs : ouvrez la préférence Système Utilisateurs et groupes ; cliquez sur le signe + du bas du volet gauche ; dans le menu local Nouveau compte de la fenêtre qui vous est alors proposée, choisissez Groupe (Figure 16.10) ; tapez le nom du groupe, puis cliquez sur Créer un groupe.

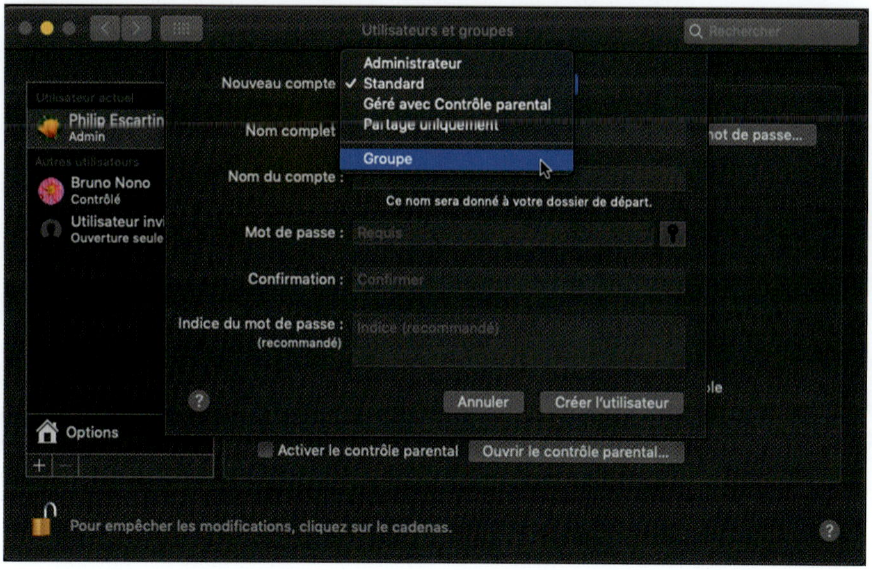

FIGURE 16.10 Accès à la commande de création de groupe.

Ce groupe s'affiche désormais dans la liste du volet gauche de la fenêtre Utilisateurs et groupes. Les utilisateurs susceptibles d'en faire partie sont répertoriés à droite ; cochez ceux que vous souhaitez y intégrer.

» **Tous :** regroupez dans cette catégorie toutes les personnes qui disposent d'un compte sur votre Mac ; vous pourrez ainsi définir en une seule opération leurs autorisations d'accès.

Si vous souhaitez que des personnes ne disposant pas d'un compte puissent malgré tout accéder à tel fichier ou à tel dossier, stockez ces éléments dans votre dossier Public, qu'ils pourront consulter en tant qu'invités.

Partager un dossier

Imaginons que vous désiriez partager un dossier tout en définissant des règles légèrement différentes de celles définies pour le dossier Public, le dossier Boîte de dépôt ou vos dossiers personnels. Ces règles sont appelées privilèges ou autorisations ; elles conditionnent l'accès à vos dossiers.

En réalité, les règles qui gèrent l'accès au dossier Public sont aussi des autorisations, mais qui sont définies automatiquement lorsque vous installez macOS.

Nous vous suggérons de ne partager que les dossiers qui se trouvent dans votre dossier Départ ou dans un de ses sous-dossiers. En raison de la façon dont UNIX fonctionne, le fait d'ajouter des autorisations aux sous-dossiers pourrait bien vous empêcher d'accéder à un dossier pour lequel vous possédez les autorisations nécessaires. Croyez-en notre expérience : ne partagez que des dossiers de votre dossier Départ. Sinon, vous risquez que les autres utilisateurs se voient refuser l'accès à des dossiers auxquels ils sont pourtant censés accéder.

Sachez encore qu'il est possible de définir, pour les dossiers de votre dossier Public – comme le dossier Boîte de dépôt –, des autorisations différentes de celles des autres sous-dossiers du même dossier.

Pour partager un dossier :

1. **Ouvrez les Préférences Système.**

   La fenêtre des préférences s'ouvre.

2. **Cliquez sur l'icône Partage.**

   La fenêtre correspondante s'affiche.

3. **Activez l'option Partage de fichiers dans la liste des services proposés à gauche.**

   La liste des dossiers partagés et de leurs utilisateurs s'affiche à droite (Figure 16.11).

4. **Cliquez sur le + dans le bas de la colonne Dossiers partagés pour ajouter un dossier à partager.**

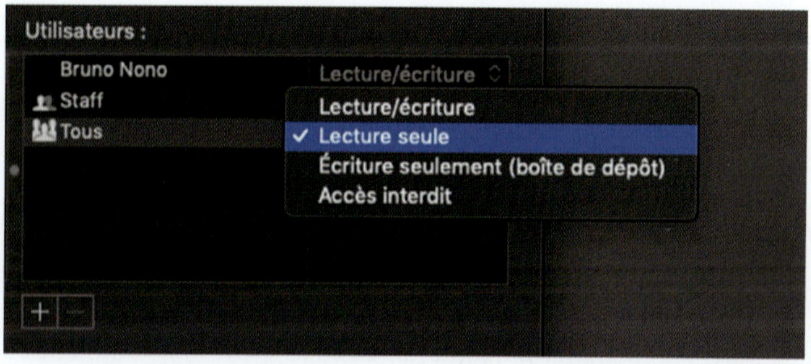

FIGURE 16.11 Modification des privilèges de Tous.

Si vous validez l'option Dossier partagé dans la fenêtre d'infos du dossier, celui-ci s'affiche automatiquement dans la liste des dossiers partagés, ce qui vous permet de sauter allègrement l'Étape 4.

Cela ne vous dispensera toutefois pas de transiter par les étapes suivantes pour définir les utilisateurs et les privilèges du dossier en question.

5. **Cliquez sur le + dans le bas de la colonne Utilisateurs pour ajouter un utilisateur ou un groupe qui n'y figure pas encore.**

6. **Utilisez les doubles flèches en regard des noms des utilisateurs et des groupes pour modifier leurs autorisations.**

   Dans chaque cas, trois choix s'offrent à vous, comme le montre le Tableau 16.1.

   Si vous êtes le possesseur du dossier ou si vous disposez de droits d'accès, vous pouvez cliquer sur l'icône du cadenas et modifier le possesseur et/ou le groupe du fichier ou du dossier sélectionné.

TABLEAU 16.1 **Les autorisations d'accès.**

Autorisation	Effet
Lecture/écriture	L'utilisateur peut voir, ajouter, supprimer, déplacer ou modifier les fichiers, exactement comme s'ils étaient stockés sur son propre disque dur.
Lecture seule	L'utilisateur peut voir et utiliser les fichiers stockés dans un dossier partagé, mais ne peut ni les déplacer ni les modifier. Il ne peut pas non plus en ajouter ni en supprimer.
Écriture seulement (boîte de dépôt)	L'utilisateur peut déposer des fichiers dans ce dossier, mais ne peut en visualiser le contenu.
Accès interdit	L'utilisateur ne peut ni voir ni exploiter les dossiers partagés.

Appliquer quelques réglages intéressants

Les sections suivantes vous en apprennent davantage sur les autorisations d'accès.

Les droits d'accès du possesseur doivent être au moins égaux à ceux du groupe. Et ceux du groupe doivent être au moins égaux à ceux de Tous. Ainsi, si Tous jouit d'un droit de lecture/écriture, le possesseur et le groupe doivent en faire autant.

Dans les exemples suivants, nous vous montrons comment agir depuis la préférence Système Partage. Vous pouvez tout aussi bien agir depuis le volet Partage et permissions du bas de la fenêtre d'infos (Fichier/Lire les informations ou ⌘ + I). Une méthode vaut l'autre ; empruntez donc celle qui vous convient le mieux.

- **Autoriser l'accès à tout le monde :** tous les membres du réseau peuvent accéder au dossier concerné. Tous peuvent donc ouvrir, consulter et modifier le contenu de ce dossier partagé. Il suffit, pour parvenir à ce résultat, de choisir Lecture et écriture dans les trois menus déroulants qui gèrent les privilèges.
- **N'autoriser l'accès à personne sauf à vous-même :** Les membres du groupe staff peuvent déposer des fichiers et des dossiers dans ce dossier (voir plus loin la section consacrée à la boîte de dépôt). Choisissez Écriture seulement (boîte de dépôt) pour le groupe staff ; choisissez Accès interdit pour Tous.
- **Autoriser l'accès à tous les utilisateurs du Mac :** Dans ces conditions, aucun invité ne peut accéder à ce dossier. Pour ce faire, choisissez Lecture et écriture dans les deux premiers menus et Accès interdit dans le dernier.
- **Autoriser d'autres utilisateurs à déposer des fichiers et des dossiers sans pour autant leur permettre d'y accéder (boîte de dépôt) :** pour permettre aux autres utilisateurs de déposer leurs propres fichiers et dossiers dans un dossier partagé sans pour autant pouvoir en visualiser ni en exploiter le contenu, réglez les autorisations comme illustré à la Figure 16.12. Une fois qu'un utilisateur a effectué un dépôt, il ne peut plus retirer l'élément qu'il a mis dans le dossier puisqu'il n'y a pas accès.
- **N'autoriser que la lecture :** si vous souhaitez que n'importe qui puisse ouvrir et lire les fichiers et les dossiers de ce dossier partagé, choisissez Lecture seule dans les menus Groupe et Autre. Dans ces conditions, seul le possesseur du dossier pourra en modifier le contenu.
- **Une autorisation supplémentaire :** l'option Appliquer aux éléments inclus de la rubrique Partage et permissions de la fenêtre d'infos vous permet

d'attribuer, en un seul clic, les mêmes autorisations aux sous-dossiers du dossier concerné sans devoir les définir individuellement, comme le montre la Figure 16.13.

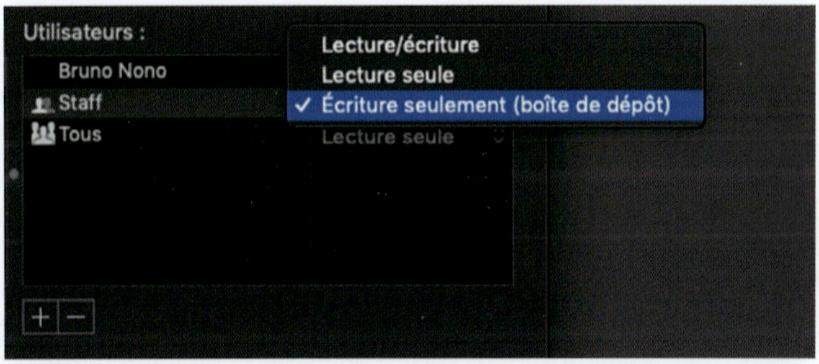

FIGURE 16.12 N'importe qui peut déposer des fichiers dans ce dossier.

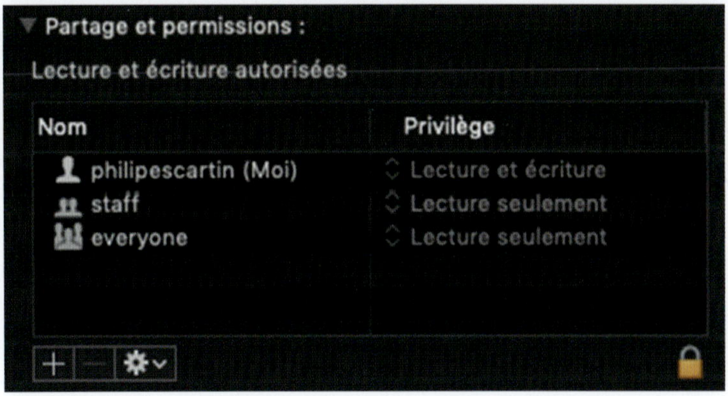

FIGURE 16.13 Des permissions définies dans la fenêtre Infos.

Ce qui est vrai pour la fenêtre d'infos l'est aussi pour la fenêtre de l'inspecteur. Pour rappel, la commande Afficher l'inspecteur se substitue à Lire les informations si vous activez la touche Option (Alt) avant de dérouler le menu Fichier.

Soyez vigilant : cette action ne peut être annulée.

Annuler le partage d'un dossier

Pour annuler le partage d'un dossier qui vous appartient, choisissez Accès interdit dans tous les menus sauf dans celui qui vous représente. Si vous êtes hésitant, relisez les sections précédentes « Partager un dossier » et « Appliquer quelques réglages intéressants ».

Se connecter à un dossier ou à un disque partagé

Une fois que vous avez configuré le partage et défini les autorisations d'accès, vous pouvez enfin accéder aux dossiers d'un ordinateur distant. Assurez-vous simplement au préalable que vous jouissez des privilèges requis.

Le partage des fichiers doit être activé sur le Mac où se trouvent les dossiers et les fichiers concernés ; en revanche, il n'est pas nécessaire qu'il le soit sur le Mac qui accède à l'ordinateur distant. En effet, même si cette fonction n'est pas branchée, rien n'empêche d'accéder à un autre Mac, du moment que son propriétaire vous a octroyé les autorisations correspondantes et qu'il a activé le partage.

Cependant, si le partage est désactivé sur votre Mac, personne ne pourra accéder à vos dossiers, même les personnes auxquelles vous avez accordé des privilèges.

Si vous envisagez de partager des fichiers, n'abandonnez pas votre Mac allumé pendant trop longtemps. Commencez d'abord par vous déconnecter de manière à éviter toute intervention d'un utilisateur qui passerait par là et déciderait de jeter un coup d'œil – ou pire – à vos fichiers, votre messagerie, vos applications...

Apprenez maintenant à accéder à votre dossier Départ depuis un Mac distant.

Nous partons ici du principe que vous disposez, sur ce Mac distant, d'un compte utilisateur et, partant, d'un dossier Départ.

Pour vous connecter à un dossier partagé depuis un Mac qui n'est pas le vôtre :

1. **Assurez-vous pour commencer que vous êtes bien défini comme utilisateur sur le Mac auquel vous souhaitez vous connecter (dans notre exemple, MacBook de Philip).**

   Pour savoir comment créer un nouvel utilisateur, retournez à la section intitulée « Créer des utilisateurs », plus haut dans ce chapitre.

2. **Sur l'ordinateur depuis lequel vous établissez la connexion, affichez si nécessaire la barre latérale, puis placez le pointeur de la souris sur la mention Partagé(s).**

3. **Cliquez sur Afficher qui apparaît sur la droite (sauf si la rubrique Partagés est déjà développée).**

Tous les serveurs disponibles s'affichent, à moins qu'une seule option, baptisée Tous, ne regroupe ces entrées.

4. **Sélectionnez l'ordinateur distant auquel vous voulez accéder.**

5. **Cliquez ensuite sur Se connecter comme (Figure 16.14).**

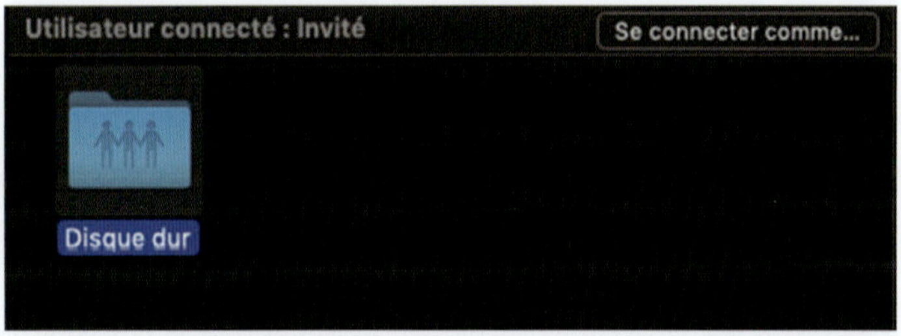

FIGURE 16.14 Une connexion ne va pas tarder à s'établir.

Une fenêtre de connexion s'affiche ; votre nom d'utilisateur est renseigné dans son champ Nom.

Si ce nom n'est pas votre nom d'utilisateur sur le Mac auquel vous envisagez de vous connecter, sélectionnez-le et tapez le bon.

6. **Introduisez votre mot de passe dans la case prévue à cet effet, puis cliquez sur Se connecter, comme le montre la Figure 16.15.**

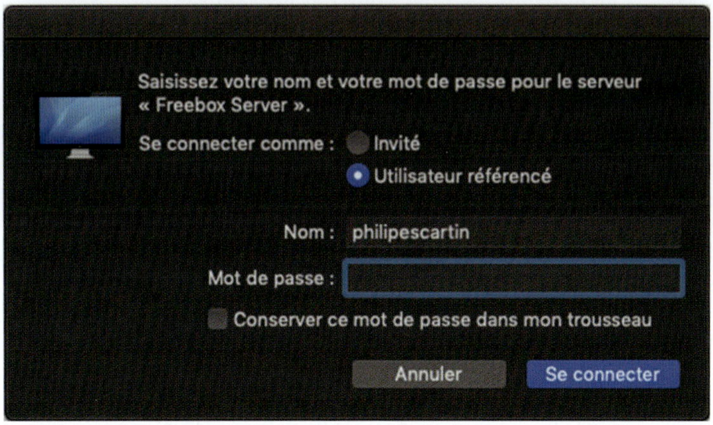

FIGURE 16.15 Établir la connexion avec un ordinateur distant.

Si vous ne disposiez pas d'un compte sur le poste Mac mini de Philip, vous pourriez, à ce stade, valider l'option Invité. Vous n'auriez accès, dans ce cas, qu'aux dossiers Public de tous les utilisateurs possédant un compte sur ce poste. Notez encore qu'Invité correspond à ⌘ + G et Utilisateur référencé à ⌘ + R.

Un utilisateur référencé peut visualiser non seulement les dossiers Départ, mais également le dossier Public de chacun d'entre eux.

L'option Conserver ce mot de passe dans mon trousseau vous permet de faire en sorte que le Mac se rappelle de cette clé d'accès la prochaine fois que vous vous connecterez au serveur. Pratique, non ?

Tous les volumes disponibles s'affichent dans la deuxième colonne.

Le partage de fichiers doit être actif sur le Mac vers lequel vous établissez la connexion. Dans le cas contraire, son nom n'apparaîtrait pas dans la fenêtre et vous seriez dans l'impossibilité d'établir la liaison. En revanche, ce partage ne doit pas nécessairement être branché sur le Mac depuis lequel vous agissez.

Si le Mac cible comporte plusieurs disques durs et que vous disposez, sur ce poste, des privilèges d'administrateur, vous avez accès à tous ces disques.

Dernière chose : lorsque vous accédez au dossier Départ d'un Mac distant, son icône (avec nom abrégé) s'affiche sur le Bureau du Mac depuis lequel vous lancez l'opération.

Vous pouvez parfaitement utiliser cette procédure pour vous connecter à un PC distant !

7. **Lorsque vous souhaitez mettre un terme au partage, déconnectez-vous en mettant en œuvre une des procédures suivantes :**

- Faites glisser l'icône du volume partagé vers le bouton Éjecter du Dock.

  Rappelez-vous : quand un volume ou un disque est sélectionné, la Corbeille troque sa place contre une icône qui permet *d'éjecter* l'élément en question.

- Opérez un clic-droit sur le volume, puis choisissez Éjecter dans son menu contextuel.
- Sélectionnez l'icône du volume partagé, puis choisissez Fichier/Éjecter.
- Sélectionnez l'icône du volume partagé, puis enfoncez les touches ⌘ + E.
- Cliquez sur l'icône d'éjection qui apparaît lorsque vous placez le pointeur de la souris sur le nom de l'ordinateur distant dans la barre latérale.

- Si vous avez terminé votre travail, choisissez Éteindre ou Fermer la session dans le menu Apple. L'extinction ou la fermeture de session provoque la désactivation de tous les disques et dossiers partagés.

Changer le mot de passe

Vous pouvez à tout moment remplacer votre mot de passe par un autre, qu'il s'agisse du mot de passe de votre Mac ou de celui que vous utilisez pour vous connecter à un Mac distant, ou encore modifier le mot de passe d'un autre utilisateur de votre Mac.

Changer votre mot de passe sur votre Mac

Suivez les étapes décrites ci-après :

1. **Choisissez Préférences Système dans le menu Pomme de la barre des menus du Finder ou cliquez sur l'icône correspondante du Dock, puis activez l'icône Utilisateurs et groupes.**

   La fenêtre correspondante s'affiche.

2. **Sélectionnez votre compte dans la liste de gauche.**

   Les données correspondantes s'affichent à droite.

3. **Cliquez sur Modifier le mot de passe (Figure 16.16).**

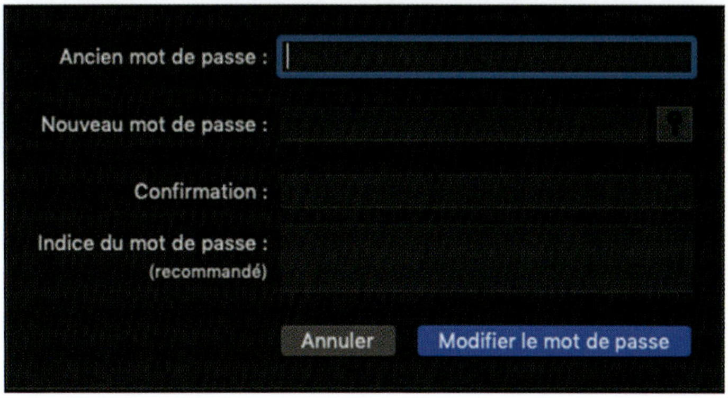

FIGURE 16.16 Pour modifier le mot de passe d'un utilisateur.

Mojave peut vous proposer d'utiliser votre mot de passe iCloud (si vous en avez défini un). Pour changer le mot de passe, cliquez sur le bouton Modifier le mot de passe.

4. **Tapez votre mot de passe actuel dans le champ Ancien mot de passe.**

   Si le mot de passe est correct, cela prouve que vous êtes un utilisateur légitime du Mac.

5. **Tapez votre nouveau mot de passe dans le champ Nouveau mot de passe.**
6. **Retapez-le dans le champ Confirmation.**
7. **(Facultatif mais recommandé) Tapez un indice qui aidera à se souvenir de cette clé d'accès en cas d'oubli.**
8. **Cliquez sur le bouton Modifier le mot de passe.**

   Si les deux entrées du mot de passe concordent, la boîte de dialogue disparaît.

9. **Fermez la fenêtre des Préférences Système.**

Changer le mot de passe d'un autre utilisateur de votre Mac

Voici comment modifier le mot de passe d'un autre utilisateur de votre Mac :

1. **Choisissez Préférences Système dans le menu Pomme de la barre des menus du Finder ou cliquez sur l'icône correspondante du Dock, puis activez l'icône Utilisateurs et groupes.**

   La fenêtre correspondante s'affiche.

   Si le cadenas en bas à gauche est verrouillé, déverrouillez-le et fournissez, dans la fenêtre correspondante, votre nom d'administrateur et votre mot de passe avant de cliquer sur OK pour pouvoir poursuivre.

2. **Sélectionnez le compte à traiter dans la liste de gauche.**

   Ses données s'affichent à droite.

3. **Cliquez sur Réinitialiser le mot de passe, comme à la Figure 16.17.**
4. **Tapez le nouveau mot de passe dans la case Nouveau mot de passe.**
5. **Retapez-le dans la case Confirmation.**

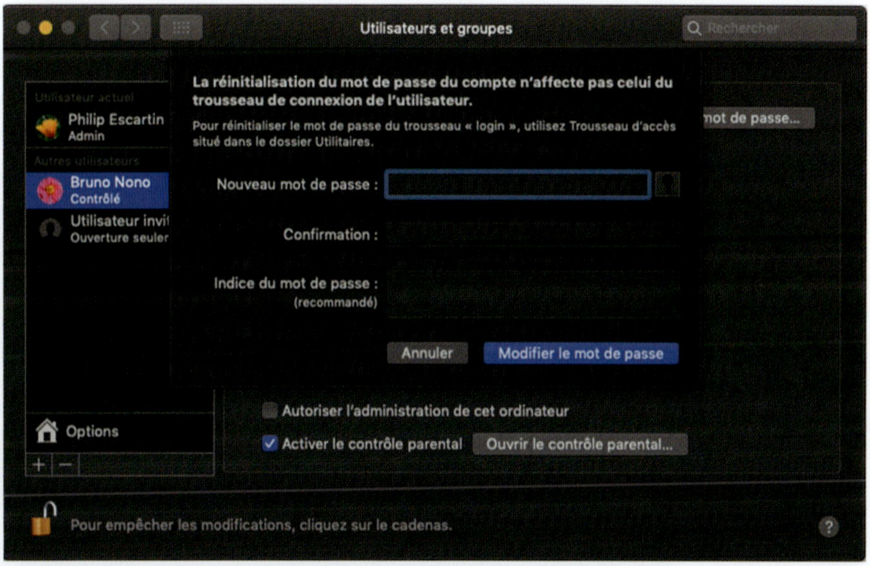

FIGURE 16.17 Modifier le mot de passe d'un utilisateur en le réinitialisant.

6. **(Facultatif mais recommandé) Tapez un indice qui aidera à se souvenir de cette clé d'accès en cas d'oubli.**
7. **Cliquez sur le bouton Modifier le mot de passe.**
8. **Fermez la fenêtre des Préférences Système.**

Autres types de partage

D'autres types de partages existent, que nous aimerions à tout le moins signaler au passage. Tous sont regroupés dans le volet Partage des Préférences Système.

Le partage d'écran

Le partage d'écran vous permet de prendre le contrôle d'un autre Mac du réseau. Résultat : *son* écran s'affiche sur *votre* écran ; vous le contrôlez avec *votre clavier* et *votre souris*.

Intéressé ? Allez donc voir de plus près comment les choses se passent.

1. **Ouvrez la préférence Système Partage.**

En clair, ouvrez les Préférences Système, puis cliquez sur la catégorie Partage.

2. **Cochez la case Partage d'écran dans la liste de gauche (Figure 16.18).**

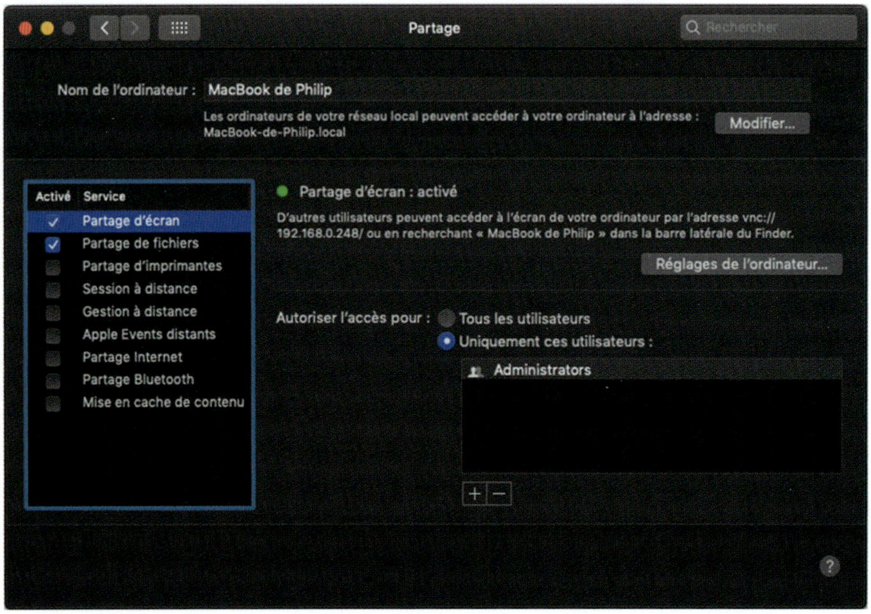

FIGURE 16.18 Décidément, on n'arrête pas le progrès !

3. **Dans la rubrique de droite intitulée Autoriser l'accès pour, optez pour Tous les utilisateurs ou Uniquement ces utilisateurs.**

   Dans cette seconde éventualité, cliquez sur le signe + et ajoutez le nom du/des utilisateur(s) que vous désirez autoriser à contrôler ce Mac à distance.

4. **Fermez la fenêtre des Préférences Système.**

Pour, depuis votre Mac, prendre le contrôle d'un autre Mac, agissez comme suit :

1. **Développez la section Partagés de la barre latérale d'une fenêtre Finder (à moins qu'elle ne le soit déjà).**
2. **Cliquez sur le nom du Mac distant dont vous souhaitez prendre le contrôle.**
3. **Cliquez sur Partager l'écran.**

   Selon l'option validée à l'Étape 3 de la procédure précédente, vous serez peut-être amené à entrer votre nom et votre mot de passe avant de demander la connexion.

4. **Une fenêtre s'affiche dont la barre de titre reprend le nom du Mac distant dont vous venez de prendre le contrôle.**

   Pas convaincu ? Déplacez donc votre souris, déroulez un menu, ouvrez un dossier… en un mot, faites comme chez vous !

   Pour vous retirer sur la pointe des pieds, validez la commande Quitter Partage d'écran dans le menu Partage d'écran.

   Après tout, chacun chez soi et les moutons seront bien gardés !

Le partage Internet

Si votre Mac bénéficie d'une connexion Internet et qu'un autre Mac proche du vôtre n'est pas aussi chanceux, activez le partage Internet pour permettre au second d'exploiter la connexion du premier.

Dans la pratique :

1. **Ouvrez la préférence Système Partage.**
2. **Dans la liste Partager votre connexion depuis, sélectionnez le type de connexion Internet que vous souhaitez partager.**

   Par exemple, si vous êtes connecté en Wi-Fi, optez pour Wi-Fi.

3. **Dans la liste Aux ordinateurs via, cochez également le mode de connexion utilisé, comme Ethernet.**
4. **Cochez la case Partage Internet dans la liste de gauche.**

   Dès que cette option est cochée, Mojave vous invite à démarrer le partage de connexion Internet.

5. **Cliquez sur le bouton Démarrer, comme sur la Figure 16.19.**

   Le partage Internet est alors activé.

6. **Fermez la fenêtre des Préférences Système.**

D'autres partages si le cœur vous en dit

Le Mac vous propose encore d'autres options de partage :

» **Le partage DVD ou CD :** cochez cette option pour permettre aux utilisateurs distants d'accéder à votre lecteur/graveur de CD et DVD. Pour surveiller cette

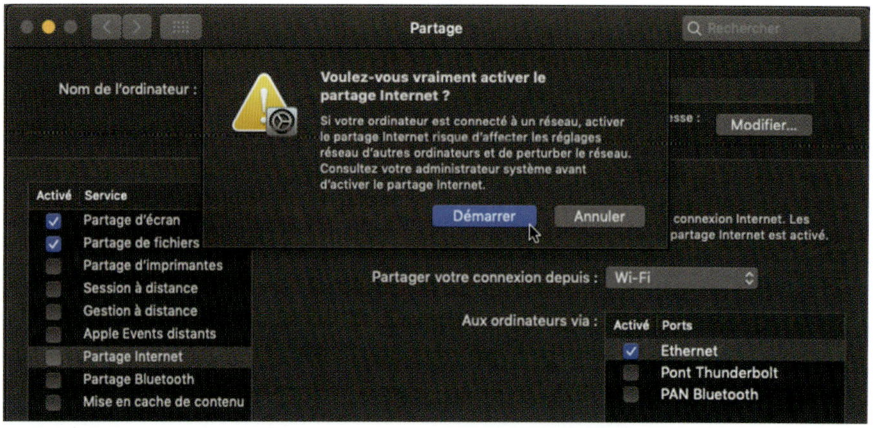

FIGURE 16.19 Pour démarrer le partage Internet.

utilisation, cochez l'option Me demander avant d'autoriser l'emploi de mon lecteur DVD.

La présence d'un lecteur/graveur de CD/DVD étant de plus en plus rare sur les ordinateurs Mac, cette option est généralement absente de la fenêtre Partage.

» **Le partage d'imprimantes :** vous pouvez faire en sorte que l'imprimante qui est connectée à votre ordinateur puisse être utilisée par les autres utilisateurs du réseau.

» **Le partage Bluetooth :** si vous disposez d'un téléphone portable ou d'un PDA Bluetooth et que votre Mac est Bluetooth lui aussi, il est possible de configurer d'avance la plupart des paramètres qui orchestrent les transferts de fichiers vers et depuis votre Mac. Un petit dessin valant mieux qu'une longue explication, voici les réglages disponibles lorsque vous validez Partage Bluetooth (Figure 16.20).

Le partage familial

Le partage familial porte bien son nom. Il vous permet de partager vos achats sur l'iTunes Store, l'App Store et l'iBooks Store, de partager des évènements d'un calendrier et des photos, sans être obligé de créer des comptes d'utilisateur.

Le seul impératif est une limitation à six membres qui doivent posséder chacun un compte iCloud. C'est grâce à cet identifiant iCloud que ce partage particulier sera possible.

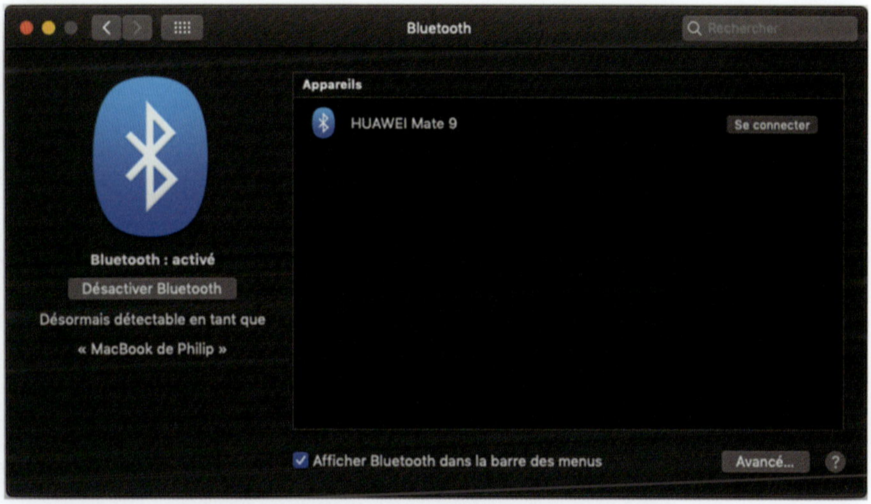

FIGURE 16.20 Pour configurer le transfert de fichiers par Bluetooth entre votre téléphone et votre Mac.

Créer un groupe familial

Pour que ce partage existe, un groupe familial doit préalablement être créé. Voici comment procéder :

1. **Ouvrez le menu Apple, et cliquez sur Préférences Système.**
2. **Dans la fenêtre des préférences, cliquez sur l'icône iCloud.**

   Vous accédez alors au contenu illustré à la Figure 16.21.
3. **Dans le volet gauche, cliquez sur le bouton Configurer une famille.**
4. **Prenez connaissance des explications, puis cliquez sur le bouton Continuer.**
5. **Confirmez ensuite votre intention de devenir l'organisateur de cette famille par un clic sur le bouton Continuer.**
6. **Dans le message précisant que les achats effectués avec votre identifiant Apple seront partagés par tous les membres de votre famille, cliquez sur Continuer.**

   Si vous souhaitez utiliser un autre compte Apple, cliquez sur le bouton Utiliser un autre compte. Saisissez alors votre autre identifiant Apple puis son mot de passe, et cliquez sur Continuer.
7. **Si Apple vous demande d'indiquer un mode de paiement, cliquez impérativement sur le bouton Ajouter.**

FIGURE 16.21 Pour créer une famille de partage… ou plutôt un partage familial si vous préférez.

Vous échapperez à cette demande si ce mode de paiement est déjà configuré et opérationnel.

L'ajout ouvre iTunes qui se connecte à l'iTunes Store.

8. **Saisissez votre identifiant Apple utilisé pour acheter sur l'iTunes Store, puis votre mot de passe et cliquez sur Données de facturation.**
9. **Renseignez les champs demandés, puis cliquez sur Terminé.**

   Vous ne souhaitez pas utiliser de moyen de paiement ? Eh bien, cliquez sur Aucun !

10. **Dans le message de confirmation indiquant les quatre derniers chiffres de votre carte bancaire, cliquez sur Continuer.**
11. **Choisissez ensuite de partager ou non vos données de localisation, puis cliquez sur Terminé en bas de la fenêtre iTunes.**
12. **Revenez dans la fenêtre iCloud des Préférences Système, et cliquez sur Continuer.**
13. **Choisissez ou non de partager votre position, puis cliquez sur Continuer.**
14. **Dans la dernière fenêtre, cliquez sur le bouton Ajouter un membre de la famille.**

Ajouter un membre à votre famille

Cet ajout peut s'effectuer directement après la précédente procédure, ou bien plus tard du moment que le partage familial est configuré. Voici comment procéder :

1. **Dans l'hypothèse de l'ajout immédiatement après avoir configuré le partage familial, cliquez sur le bouton Ajouter un membre de la famille.**

   Si vous souhaitez ajouter d'autres membres ultérieurement, cliquez simplement sur le bouton + situé dans l'angle inférieur gauche de la fenêtre de gestion de ce groupe familial.

2. **Tapez l'adresse e-mail d'un membre de votre famille.**

   Il s'agit de l'adresse mail utilisée par cette personne pour accéder à iCloud.

   Si le membre n'a pas d'identifiant Apple nécessaire pour iCloud, activez l'option Créez un identifiant Apple pour un enfant n'ayant pas de compte.

3. **Une fois l'adresse e-mail saisie, cliquez sur Continuer.**

4. **Dans l'étape de vérification, tapez le cryptogramme de votre carte bancaire utilisée pour régler vos achats sur l'App Store. Ensuite, cliquez sur Continuer.**

   Conformez-vous à toutes les instructions.

5. **Pour ajouter d'autres membres, répétez cette procédure.**

Rejoindre une famille

Vous pouvez rejoindre une famille immédiatement après sa création ou bien après avoir reçu une invitation à le faire.

Si vous êtes à proximité de l'ordinateur de l'organisateur du groupe familial :

1. **Tapez l'identifiant et le mot de passe que vous utilisez pour iCloud.**

2. **Ensuite, sur votre Mac, cliquez sur Pomme/Préférences Système, puis sur l'icône iCloud.**

   Vérifiez que votre connexion à iCloud est opérationnelle.

3. **Cliquez sur le bouton Gérer la famille, puis sur votre nom affiché dans le volet gauche.**

   Il ne vous reste plus qu'à suivre les instructions qui apparaissent à l'écran.

Si vous recevez une invitation par mail de la part de l'organisateur de la famille, cliquez sur Afficher l'invitation directement depuis ce message, et suivez les instructions qui apparaissent à l'écran. Vous aurez ensuite le choix de rejoindre ou de ne pas rejoindre cette famille.

Les prérogatives des membres de la famille

En tant que membre d'une famille vous pouvez :

- » Partager les achats réalisés par les autres membres sur iTunes Store, App Store, ou encore iBooks Store.
- » Masquer un achat auprès des autres membres de la famille.
- » Arrêter de partager les achats.
- » Partager les achats avec un autre identifiant Apple.
- » Partager des évènements sur le calendrier familial.
- » Partager des photos et des vidéos.

Je rappelle qu'il suffit d'un compte iCloud pour chacun des six membres de votre famille pour profiter de tous ces avantages.

Gérer votre famille

Le partage familial de Mojave est comme la vie de famille réelle. Les affinités se nouent et se dénouent. S'il est possible d'ajouter d'autres membres tant que le quota de six n'est pas atteint, vous pouvez évidemment en supprimer, voire arrêter le partage familial.

La suppression d'un membre lui enlève toutes ses prérogatives sur le groupe familial. Voici comment procéder :

1. **Cliquez sur Pomme/Préférences Système, puis sur l'icône iCloud.**
2. **Dans le volet gauche, cliquez sur le bouton Gérer la famille.**
3. **Cliquez ensuite sur le nom du membre à supprimer, puis sur le bouton moins (-) situé dans la partie inférieure gauche de la fenêtre.**

Pour interrompre le partage familial :

1. **Suivez la précédente procédure jusqu'à l'Étape 3.**
2. **Cette fois, sélectionnez non pas le nom d'un membre, mais votre nom d'organisateur.**
3. **Cliquez sur le bouton Arrêter le partage familial.**
4. **Dans le message de confirmation qui apparaît, choisissez Arrêter le partage familial.**

Dès lors, il vous faudra reconfigurer une famille pour de nouveau profiter d'un partage familial.

Chapitre 17

Se simplifier la vie

DANS CE CHAPITRE :

- **Siri, la bonne à tout faire de Mojave.**
- **Automatiser des tâches pour gagner en productivité.**
- **Découvrir d'autres fonctions.**
- **Exploiter Microsoft Windows sur votre Macintosh.**
- **Afficher l'écran de votre Mac sur votre télé HD (sans fil).**

Ce chapitre va traiter de l'assistante vocale Siri déjà bien connue des utilisateurs d'iPhone et implémentée dans macOS X depuis la version Sierra du système d'exploitation. Vous verrez à quel point cette fonctionnalité repousse les limites du multitâche, et instaure un dialogue presque humain avec votre machine.

Siri

Siri a été introduit dans macOS Sierra et amélioré avec la version High Sierra de macOS X. Bien entendu, nous verrons qu'avec Mojave, Siri connaît aussi quelques évolutions. Il s'agit d'un système de communication vocale avec votre ordinateur. Il prend ainsi la forme d'un assistant assez intelligent qui reprend les fonctionnalités de Siri disponible sur les périphériques iOS. La grande différence est que Siri sur Mac contient un certain nombre d'innovations qui vont faciliter l'utilisation quotidienne de votre machine.

Que pouvez-vous attendre de Siri ?

Voici une liste des actions et autres aides que vous pouvez attendre de Siri :

- » Pousser encore plus loin l'expérience du multitâche. En effet, Siri est capable d'exécuter des tâches sans que vous quittiez le programme dans lequel vous travaillez.
- » Retrouver vos fichiers vocalement en demandant par exemple de localiser les documents créés la semaine dernière, ou bien ceux contenant un mot spécifique.
- » Conserver à portée de mains les résultats de vos recherches, comme une liste de fichiers liés à vos projets, des résultats Twitter, des documents essentiels et bien d'autres choses encore.
- » Localiser des images et des informations que vous placerez ensuite dans vos documents.
- » Demander tout ce qu'il vous passe par la tête (ou presque) comme des horaires, des orthographes de mots, l'heure d'une ville dans le monde, la météo et j'en passe.
- » Sous Mojave, Siri est capable de mémoriser ce que vous avez l'habitude d'écouter sur Apple Music afin de vous adresser des suggestions musicales. Vous pouvez également demander à Siri de sélectionner des chansons pour vous relaxer. Il est assez extraordinaire de voir comment Siri dévoile le contenu des livrets des albums.

- » Siri est désormais capable de contrôler les appareils compatibles HomeKit (fonctions domotiques), de retrouver des mots de passe enregistrés, et d'en découvrir encore plus sur l'alimentation et les célébrités.

Démarrer Siri

Pour utiliser Siri, vous devez disposer d'un système d'enregistrement audio comme un microphone, un micro-casque, ou une webcam. Vérifiez leur bon fonctionnement, puis conformez-vous aux étapes suivantes :

1. **Cliquez sur l'icône Siri du Dock, ou double-cliquez dessus dans le dossier Applications.**
2. **Si Siri n'est pas activé, un message apparaît. Comme sur la Figure 17.1, cliquez sur Confidentialité de Siri.**

FIGURE 17.1
Pour activer Siri.

Siri collecte de nombreuses informations à votre sujet pour gagner en efficacité comme l'empreinte de votre voix, vos contacts, et votre position géographique.

3. **Prenez connaissance du texte sur la confidentialité, et cliquez sur OK.**
4. **Cliquez sur le bouton Activer.**

   L'icône de Siri s'affiche dans la partie supérieure droite de la barre de menus de Mojave.

Configurer Siri

Le démarrage de Siri confirme que vous disposez d'un périphérique de reconnaissance vocale efficace comme un micro-casque ou une webcam.

Voici comment configurer Siri afin de l'asservir à vos habitudes de travail :

1. **Ouvrez les Préférences Système par un clic sur leur icône du Dock, ou via le menu Pomme du Finder.**
2. **Dans la partie inférieure de la fenêtre Préférences Système, cliquez sur l'icône Siri.**

   Cette action ouvre les paramètres de Siri illustrés sur la Figure 17.2.

3. **Voici les réglages proposés par Siri :**
   - **Raccourci clavier :** un des réglages les plus importants. En effet, bien que Siri soit là en permanence, vous devez l'activer pour le questionner. Pour cela, vous devez cliquer sur son icône de la barre de menus, ou exécuter un raccourci clavier. Cette dernière option semble la meilleure lorsque vous travaillez, et que vous ne souhaitez pas interrompre votre tâche. Il suffit d'exécuter le raccourci pour que Siri entre en action. Utilisez le raccourci clavier par défaut, ou bien définissez le vôtre via ce menu local. Par

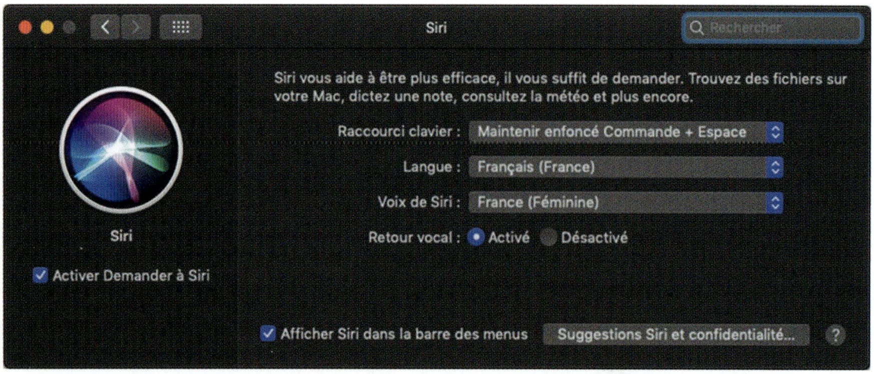

FIGURE 17.2
Pour configurer Siri.

défaut, il suffit de maintenir enfoncées Cmd + Espace pour que Siri soit prêt à vous entendre.

- **Langue :** dans ce menu local choisissez la langue avec laquelle vous souhaitez communiquer avec Siri. Par défaut, Siri utilise la langue que vous avez choisie lors de l'installation de Mojave, probablement le français.
- **Voix de Siri :** ce menu local permet de choisir entre une voix masculine (par défaut) et une voix féminine.

Vous pouvez aussi choisir entre ces deux types de voix, mais pour le Canada.

- **Retour vocal :** si vous désactivez le retour vocal, Siri n'affiche que le texte de la réponse. En d'autres termes, aucune voix ne donne la réponse à la question.

Si vous utilisez le raccourci Cmd + Espace, vous devez maintenir ces touches enfoncées jusqu'à ce que Siri affiche sa boîte de dialogue. Sinon, vous exécuterez Spotlight. Une autre solution consiste à modifier le raccourci exécutant Spotlight.

- **Afficher Siri dans la barre des menus :** décochez cette case si vous ne voulez pas que l'icône Siri soit présente en haut à droite de Mojave.
- **Activer Demander à Siri :** décochez cette case pour désactiver Siri.

4. **Une fois vos réglages effectués, quittez les préférences Système.**

Utiliser Siri

Siri est une fonction hyper intuitive de Mojave. Si vous l'utilisez déjà avec un iPhone, Siri sur Mac présente les mêmes caractéristiques. Donc, voici la procédure générique d'utilisation de Siri :

1. **Activez Siri en exécutant le raccourci clavier Cmd + Espace ou en cliquant sur son icône située en haut à droite.**

   Pour éviter d'ouvrir Spotlight, maintenez ces deux touches enfoncées jusqu'à ce que Siri entre en action.

   Siri ouvre une fenêtre et une animation indique que la fonction est prête à l'emploi, comme sur la Figure 17.3.

FIGURE 17.3 Siri attend votre question.

2. **Demandez ce que vous voulez en posant une question simple comme « Quel temps fait-il à Lyon ? ».**

   Vous obtenez une réponse comme celle de la Figure 17.4.

   Comme nous l'avons rapidement expliqué plus haut dans ce chapitre, Siri pourra répondre à la majorité de vos questions.

3. **Pour exécuter un programme sans quitter votre travaille en cours, comme démarrer Safari pour trouver des informations sur un sujet que vous tapez dans Pages, dites simplement « Peux-tu démarrer Safari ? ».**

   Le programme s'exécute sans autre forme de procès.

   Mieux encore, vous pouvez directement poser ce genre de question : « Peux-tu trouver une page Web consacrée à Charles Aznavour ? ». Et Siri de répondre

FIGURE 17.4 Voici un exemple d'information communiquée par Siri suite à une question.

« Voici le résultat de ma recherche sur Internet pour « consacré à Charles Aznavour », comme le montre la Figure 17.5. Dans ce cas, vous n'avez plus qu'à cliquer sur la proposition.

À partir de cette fenêtre, vous pourriez dire : « Ouvre la page Wikipédia sur Robert Bresson. » et Siri l'affichera dans sa fenêtre. Bien entendu vous pouvez cliquer sur un des liens de cette fenêtre pour l'ouvrir dans Safari.

4. **Enfin, testez ce genre de question : « Où sont les derniers fichiers texte que j'ai sauvegardés ? ». Siri répondra « voilà » et en affichera la liste comme sur la Figure 17.6.**

Sur la Figure 17.6, vous constatez que Siri empile les résultats de vos requêtes. Pour disposer d'une fenêtre vide, cliquez sur le bouton de fermeture (X) situé en haut à gauche de la boîte de dialogue de Siri.

FIGURE 17.5
Testez les performances incroyables de Siri.

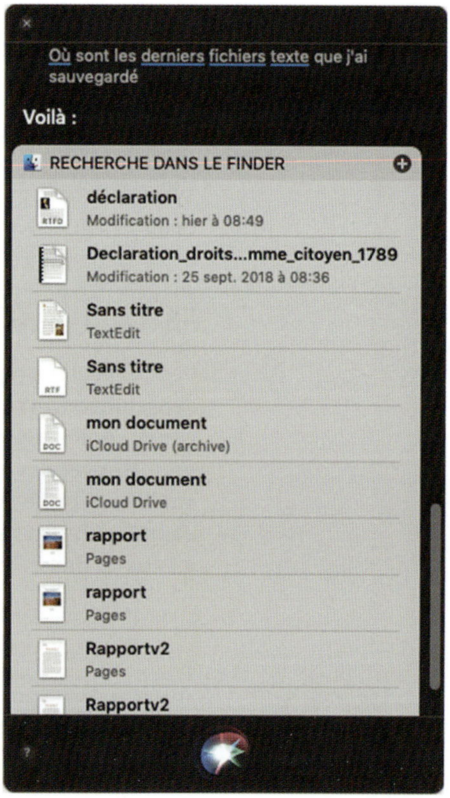

FIGURE 17.6
Les fichiers texte trouvés par Siri.

Siri et la domotique

Comme je vous le disais en préambule, Siri est aujourd'hui capable de contrôler des appareils compatibles HomeKit. *De facto*, vous pouvez contrôler des tas d'appareils *via* Siri et cela même si vous n'êtes pas chez vous.

La configuration HomeKit nécessite de disposer de quelques éléments :

- L'app Maison, dont l'interface est illustrée sur la Figure 17.7. Autorisez cette application à vous localiser pour pouvoir contrôler vos appareils à distance. Configurez également cette application sur votre iPhone, iPad, iPod touch, ou votre Apple Watch.
- Utilisez Siri sur vos périphériques Apple afin de contrôler votre maison. L'appareil doit être compatible avec « Dis Siri » et être connecté à un réseau Wi-Fi ou 3G/4G.
- Vous devez utiliser macOS X Mojave. Donc mettez à jour macOS si vous utilisez encore une ancienne version telle que Sierra ou High Sierra.
- Un concentrateur doit être configuré. Il s'agira d'un iPad, d'un HomePod, ou bien encore d'Apple TV. Un HomePod est l'équivalent de Google Home, mais en énormément plus cher. Vous comprenez qu'il vous faut logiquement un système de communication entre des périphériques informatiques et des appareils « ménagers ».

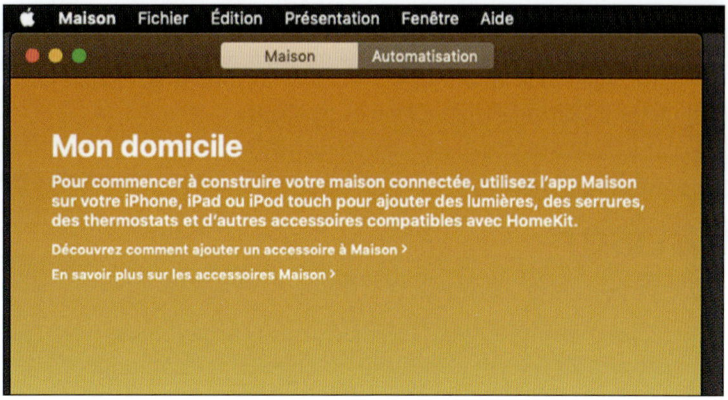

FIGURE 17.7 L'application Maison permet de configurer la domotique de Siri.

Siri saura alors quels sont les accessoires HomeKit configurés dans l'app Maison. Donc, il connaît leur statut. Si vous utilisez un HomePod, Apple TV, ou un iPad en tant que concentrateur, vous contrôlerez votre domicile *via* Siri à partir de n'importe quel lieu.

Grâce à ce dispositif, vous pourrez :

- **Activer et désactiver des accessoires :** il s'agira de lampes et d'appareils électriques. Il suffit de prononcer le mot magique « Dis Siri » et d'ajouter une phrase telle que « Allume la lumière », « Éteins le ventilateur », *etc.*
- **Régler un accessoire :** vous pourrez intervenir sur des lampes ou des thermostats. Par exemple, vous direz « Dis Siri, mets le chauffage sur 20 degrés ».
- **Contrôler une pièce :** il suffira par exemple d'ordonner « Dis Siri, éteins la lumière au rez-de-chaussée », ou « Dis Siri, commence à chauffer l'étage ».
- **Utiliser HomePod pour contrôler la pièce où il se trouve.**
- **Créer une scène :** cela permet de contrôler plusieurs accessoires simultanément. Ainsi, il suffit de dire « Dis Siri, bonne nuit » pour que toutes les lumières soient éteintes en même temps.
- **Vérifier votre domicile à distance :** vous pouvez demander « Dis Siri, la porte du garage est-elle ouverte ? », « Sur combien de degrés ai-je réglé le thermostat ? ».
- **Contrôler des accessoires à distance :** cela permet de contrôler votre domicile en votre absence avec le même principe d'ordre vocal.

Vous serez même surpris de voir que Siri peut vous répondre en utilisant votre prénom ! (Si, bien entendu, vous l'avez utilisé comme prénom de votre compte d'utilisateur... Siri n'est pas médium !)

Voilà ! Siri est assez étonnant. Entraînez-vous à lui demander des tas de choses. Très vite, vous identifierez comment formuler les meilleures questions. Vous disposez désormais d'un allié très puissant.

Automatiser

Mojave vous permet d'automatiser les tâches répétitives. Dans cet esprit, il met deux outils à votre disposition : AppleScript et Automator.

AppleScript, c'est la programmation à portée de tous. Ce langage de programmation est en effet capable d'enregistrer, puis de reproduire une suite d'actions (des « scripts »), comme l'ouverture d'une application ou l'activation par clic d'un bouton. Vous pouvez exploiter les scripts livrés avec votre Mac, en télécharger depuis Internet ou encore, pourquoi pas, en créer d'inédits.

Automator, lui, c'est mieux encore : c'est programmer sans programmation ! Il facilite en effet considérablement la création de flux automatisés grâce à une interface où la plupart des actions s'opèrent par simple cliquer-glisser.

Certains utilisateurs ne peuvent pas vivre sans automatiser des tâches ; d'autres s'en passent très bien. Selon la catégorie à laquelle vous appartenez, lisez ou sautez les sections qui suivent.

AppleScript

AppleScript est un langage de programmation qui vous permet d'automatiser des tâches au moyen de scripts, c'est-à-dire d'une série de commandes rédigées en AppleScript et qui indiquent au Mac ou à ses programmes quelles actions ils doivent mener.

Si vous êtes du genre à tout automatiser, vous adorerez AppleScript. Apprenez à maîtriser son langage de programmation et vous pourrez créer des suites d'instructions que votre Mac se fera un plaisir d'exécuter. Vous pourriez ainsi prévoir un script qui lancerait Mail, vous informerait de la présence d'éventuels nouveaux messages, puis quitterait l'application, le cas échéant en prenant soin, au préalable, de transférer ces messages vers le dossier de votre choix.

Il est évident qu'une description approfondie d'AppleScript sort du cadre de cet ouvrage, qui se veut avant tout généraliste. Si vous êtes intéressé, tournez-vous vers des livres spécialisés ; il n'en manque pas.

Sachez en outre que :

- Vous pouvez stocker dans le Dock ou sur votre Bureau les scripts que vous utilisez souvent.
- Vous pouvez installer un menu Scripts dans votre barre des menus grâce à l'utilitaire AppleScript. Celui-ci vous permet en outre d'activer une série de scripts gratuits prenant en charge l'automatisation de tâches courantes, regroupés dans un dossier intitulé Scripts (vous trouverez ce dossier dans le dossier Bibliothèque de la racine de votre disque dur).

- La plupart des AppleScripts sont prévus pour s'exécuter depuis la barre d'outils des fenêtres Finder, où vous pouvez facilement et rapidement glisser-déposer des éléments sur ces scripts.
- Certains scripts vous permettent de tirer un meilleur parti de programmes comme iTunes, Photos ou iMovie.
- **Éditeur de script est un utilitaire qui vous permet d'afficher et d'éditer des AppleScripts.** (Vous le trouverez dans le dossier Utilitaires du dossier Applications.) Bien que la description de sa mise en œuvre dépasse le cadre de cet ouvrage, sachez toutefois qu'il vaut le détour. Il vous permet, en effet, de créer toutes sortes de scripts sans rien y connaître en programmation. Contentez-vous d'enregistrer la suite d'actions que vous désirez reproduire par la suite, puis demandez-lui de la sauvegarder comme script. Si vous enregistrez le script en tant qu'application (en validant l'option Application du menu local Format de fichier de la fenêtre d'enregistrement de l'éditeur), il vous suffira, pour exécuter le script, de cliquer deux fois sur son icône.
- **Si les scripts vous intriguent, allez donc jeter un œil dans le dossier Scripts** (dossier Bibliothèque de la racine du disque dur). Et si vous tombez sur un script qui vous paraît intéressant, cliquez deux fois dessus pour lancer l'éditeur et voir de plus près de quoi il est question.

Automator

Automator fait ce que son nom indique : il automatise des tâches. Cela vous rappelle AppleScript ? Vous n'avez pas tort : les deux ont un héritage commun. Mais Automator est un outil plus récent (introduit par Tiger), plus simple et plus souple.

Ainsi, alors qu'AppleScript se fonde sur le principe des *conditions* (si telle condition est vérifiée, faites ceci, sinon faites cela), Automator, lui, est strictement *séquentiel* (faites ceci, puis cela, puis cela, et ainsi de suite…). Il enchaîne des séries d'actions, une *action* n'étant rien d'autre qu'un élément qui exécute une tâche spécifique. En d'autres termes, l'action est une étape du flux.

Cette différence de mode opératoire est importante. C'est en effet grâce à leurs conditions que les AppleScripts sont capables de prendre des *décisions* et de s'exécuter *en boucle* (tant que la condition est vérifiée) alors que les flux d'Automator sont bien plus élémentaires et le programme moins polyvalent.

En revanche, celui-ci est beaucoup plus facile à mettre en œuvre, ne requérant aucune connaissance en programmation. Ici, si vous avez correctement décomposé la procédure que vous souhaitez automatiser, il vous suffit de faire glisser les actions préfabriquées d'Automator et de constituer ainsi un *flux*.

Toutefois, dans le cas d'AppleScript comme dans celui d'Automator, ce sont les développeurs d'applications qui doivent fournir le support en matière de scripts et d'actions. Et tous ne le font pas. Dommage ! Ainsi, certains membres de la formidable suite multimédia iLife d'Apple (iTunes, iPhoto et iDVD) sont *Applescriptables* et proposent des actions à l'attention des utilisateurs d'Automator. En revanche, iMovie et GarageBand boudent à la fois AppleScript et Automator.

Lorsque vous lancez Automator, cliquez sur Fichier/Nouveau. Dans la fenêtre Choisissez un type pour votre document (Figure 17.8), sélectionnez un des points de départ proposés si vous souhaitez que le programme vous aide à constituer un nouveau flux ou optez pour Processus si vous préférez partir de zéro.

FIGURE 17.8 Faites-vous aider par le programme ou volez de vos propres ailes.

Nous avons choisi Processus. La liste Bibliothèque de gauche regroupe les applications qui proposent des actions destinées à Automator et que celui-ci reconnaît comme telles. Faites un choix dans cette liste ; les actions disponibles s'affichent alors en regard tandis qu'une explication de l'action sélectionnée vous est proposée dans le volet du bas. Vous trouverez aussi, à cet endroit, l'entrée (ce que l'action attend) et le résultat (ce qu'elle produit). Il suffit ensuite de faire glisser les actions vers le volet droit de la fenêtre pour constituer le flux.

La Figure 17.9 montre deux tâches automatisées qui permettent d'ajouter et de filtrer automatiquement des morceaux à une playlist iTunes.

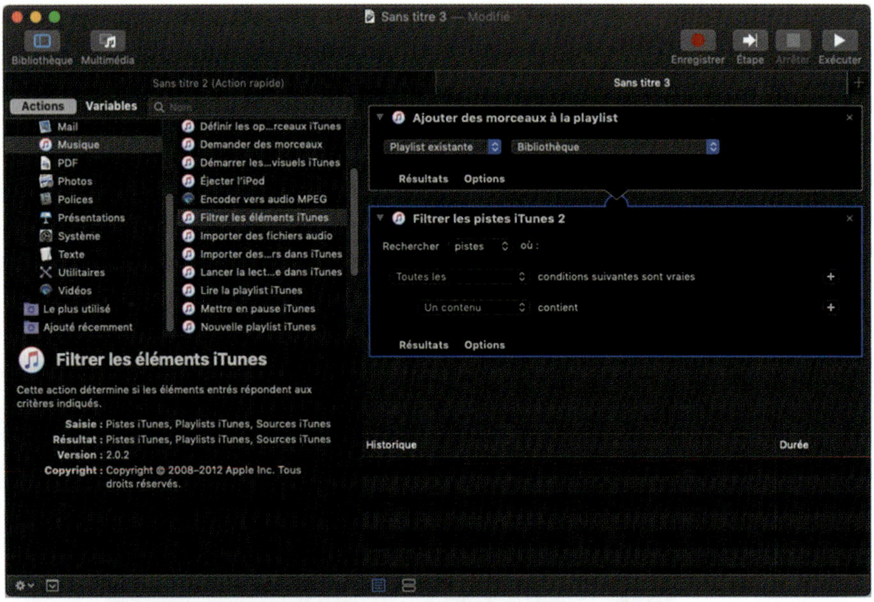

FIGURE 17.9
Construisez des flux en ajoutant des actions.

Automator vaut le détour. Il est simple, puissant et évolutif. Donnez-lui sa chance ; vous ne le regretterez pas.

Découvrir d'autres outils

Vous ne savez pas tout. Mojave, de fait, en a encore sous la pédale. Passons rapidement en revue les fonctionnalités les plus intéressantes.

App Store

L'App Store est aux programmes Apple ce que l'iTunes Store est à la musique. Vous y trouverez des applications de tous types – Commerce, Finance, Loisirs,

Graphisme, Productivité, Réseau social, *etc.* Un certain nombre de ces programmes sont gratuits.

Tout ce que nous vous avons dit au Chapitre 12 à propos de l'iTunes Store s'applique également à l'App Store. Le fonctionnement de ce système est le même. Vous utilisez votre compte Apple et votre carte de crédit et vous achetez les applications qui vous séduisent.

Si une pastille proposant un nombre apparaît sur l'icône App Store du Dock, c'est qu'autant de mises à jour sont disponibles. Lancez alors l'App Store et cliquez sur son bouton Mise à jour. Toutefois, n'attendez pas cette pastille pour aller voir si des mises à jour sont disponibles : elle n'est pas toujours fiable.

L'interface de l'App Store a totalement changé, comme le montre la Figure 17.10.

FIGURE 17.10 L'App Store, une des modifications majeures de Mojave.

Accessibilité

Nous avons déjà abordé cette fonctionnalité quand nous avons décrit, plus haut, la manière de piloter votre Mac à la voix. Sachez toutefois que cette préférence Système est avant tout destinée aux personnes handicapées ainsi qu'à celles qui, pour une raison ou pour une autre, ont du mal à manipuler clavier, souris ou trackpad.

Cette préférence Système propose un volet gauche où les options sont réparties en quatre catégories : Vision, Support, Écoute et Interaction.

La catégorie Vision comporte quatre options.

Affichage permet d'inverser les couleurs (Figure 17.11). L'option Utiliser des niveaux de gris provoque une désaturation qui fait ressembler votre moniteur à un téléviseur noir et blanc.

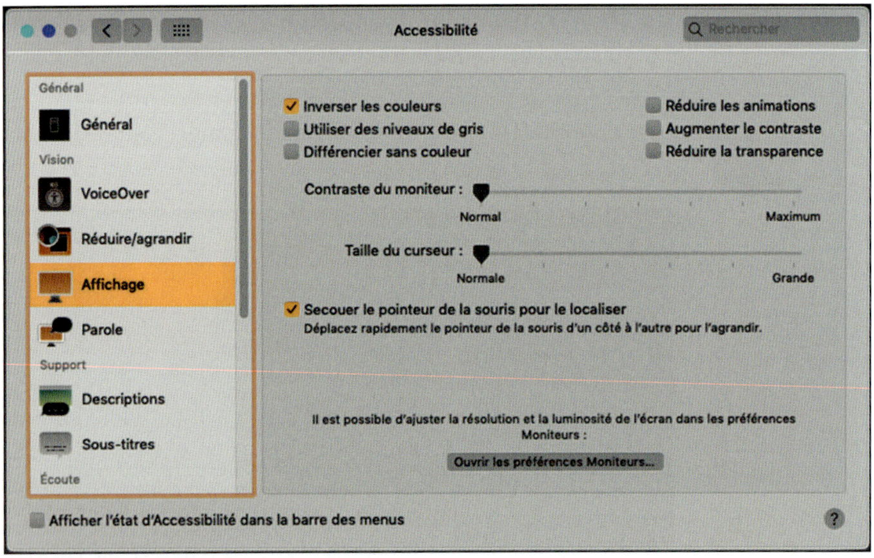

FIGURE 17.11 Blanc sur noir au lieu de noir sur blanc.

Cochez, en bas à gauche, l'option Afficher l'état Accessibilité dans la barre des menus pour visualiser les préférences d'accessibilité directement depuis cette barre, sans passer par les Préférences Système.

L'option Réduire/agrandir vous permet de mettre en œuvre un zoom particulièrement performant. Mettez ce zoom en action *via* la combinaison de touches ⌘ + Option + !. Ensuite, zoomez in *via* ⌘ + Option + = (égal) ou zoomez out *via* ⌘ + Option + – (moins). Enfin, le bouton Plus d'options permet de déterminer des niveaux de zoom minimum et maximum, d'afficher un rectangle d'aperçu lors d'un zoom arrière et de lisser ou non les images.

Cette fonction est géniale, même pour ceux qui n'ont pas de problème de vue.

L'option VoiceOver permet aux malvoyants d'obtenir des descriptions parlées et en Braille des éléments présents sur l'ordinateur.

L'option Parole permet de configurer une voix qui lira certains contenus comme les annonces ou le texte sélectionné.

Support

La catégorie Support propose les options Descriptions et Sous-titres destinées aux vidéos. Si vous cochez Décrire les vidéos le cas échéant, vous obtiendrez le contenu audio des programmes intégrant des descriptions pour les malvoyants.

Sous-titres donne le choix entre trois modes d'affichage des sous-titres et des légendes. Une option annexe, baptisée Préférer les sous-titres codes et SM, remplace les sous-titres classiques par des versions spécialement destinées aux sourds et aux malentendants (sous-titres SM).

Écoute

Cette catégorie abrite la fonctionnalité Audio, qui se charge de faire clignoter l'écran dès qu'un signal d'alerte retentit.

Prévue pour les malentendants, Audio peut rendre de grands services à ceux qui sont appelés à utiliser leur portable (MacBook ou MacBook Pro) dans une atmosphère bruyante.

Vous y trouvez aussi une option intitulée Lire les sons stéréo en mono, qui nous paraît bien inutile ici. Nous n'avons entendu aucune différence en écoutant des sources audio stéréo en mono. Cette option sert peut-être aux utilisateurs qui travaillent avec un casque audio monaural ou aux personnes qui sont sourdes d'une oreille.

Interaction

Cinq rubriques sont disponibles ici : Dictée, Siri, Clavier, Souris et trackpad, et Contrôle de sélection.

Dictée permet de modifier du texte dans les applications de traitement de texte, mais aussi d'interagir avec votre ordinateur.

Siri permet d'activer l'utilisation de Siri en écrivant et non pas en parlant. Il suffit de cocher l'option Activer Écrire pour Siri.

Clavier gère deux types d'aide :

- **D'une part, les touches à auto-maintien :** elles permettent de traiter une *succession* de touches modificatrices, telles que ⌘, Option, Ctrl et Majuscule, comme une combinaison de touches. C'est-à-dire qu'au lieu d'appuyer sur plusieurs touches modificatrices en même temps vous pouvez appuyer sur une touche l'une après l'autre.

  Cela paraît génial, mais cette fonction pose problème dans certaines applications comme Photoshop, où l'état d'un outil bascule lorsque vous activez la touche modificatrice. Désactivez la commande si vous exploitez régulièrement ce programme.

- **D'autre part, les touches lentes :** elles permettent d'introduire une pause entre le moment où la touche est activée et celui où elle est acceptée.

Souris et trackpad est destiné à ceux qui éprouvent des difficultés à manipuler ces deux périphériques puisqu'elle permet de leur préférer les touches du pavé numérique.

Contrôle de sélection vous permet de contrôler votre ordi par l'intermédiaire d'un ou de plusieurs commutateurs.

Économiseur d'énergie

Tous les modèles de Mac proposent un système d'économie d'énergie qui est, en fait, un mode de faible consommation : il vous permet de faire en sorte que le Mac s'éteigne à une certaine heure ou après un certain temps. C'est dans la fenêtre de la préférence Système Économiseur d'énergie que tout se règle.

Sur portable, la fenêtre compte deux onglets presque identiques : Batterie et Adaptateur secteur. Le premier vous permet d'établir les réglages lorsque l'ordinateur fonctionne sur batterie ; le second, quand il est raccordé au secteur.

Sur modèle classique, vous n'avez qu'une seule fenêtre, mais elle regroupe, *grosso modo*, les mêmes réglages, notamment deux curseurs, Ordinateur en veille après et Éteindre l'écran après, qui contrôlent la suspension d'activité du Mac et du moniteur, respectivement.

Ne paramétrez la deuxième option que si vous souhaitez que votre Mac puisse se livrer à certaines opérations tout en sachant que vous n'aurez nul usage, pendant ce temps, de votre écran. Sur portable, elle permet en outre d'économiser la batterie.

Pour réveiller un Mac qui dort, déplacez la souris ou enfoncez une touche du clavier.

Dans la partie inférieure de la fenêtre, plusieurs options complètent le tableau :

- **Empêcher la suspension d'activité automatique de l'ordinateur lorsque l'écran est éteint :** en cochant cette case, le Mac ne bascule pas en veille malgré l'extinction de l'écran.
- **Suspendre dès que possible l'activité des disques durs :** pour mettre le ou les disques durs du Mac en veille dès qu'ils sont inactifs.
- **Réactiver lors des accès réseau :** pour que le Mac se réactive automatiquement lors des accès réseau Ethernet et permette ainsi aux autres utilisateurs d'accéder à ses ressources partagées même lorsqu'il est en veille.
- **Démarrer automatiquement après une panne de courant :** pour que le Mac redémarre spontanément après toute coupure d'alimentation.
- **Activer Power Nap :** malgré la suspension d'activité, votre ordinateur continuera ses sauvegardes avec Time Machine, réceptionnera les courriels avec Mail, et suivra les rendez-vous fixés avec vos calendriers.

Sur portable, d'autres options sont disponibles :

- **Obscurcir légèrement l'écran lors de l'utilisation de cette source d'alimentation :** pour diminuer la luminosité du moniteur quand le portable utilise la batterie.
- **Afficher l'état de la batterie dans la barre des menus :** pour afficher le niveau de charge de la batterie dans la partie droite de la barre des menus.

Enfin, cliquez sur Programmer pour accéder à une fenêtre depuis laquelle vous pouvez décider de faire démarrer le Mac, de l'arrêter ou encore de le mettre en mode veille à une heure prédéfinie.

Bluetooth

Bluetooth est un protocole de réseau sans fil qui permet au Mac de communiquer par radio avec des périphériques à faible bande passante, comme les souris, les claviers ou les téléphones portables. Une seule condition : que le Mac soit équipé d'origine de l'adaptateur correspondant ou que vous lui ajoutiez un adaptateur Bluetooth USB. Vous pourrez alors synchroniser sans fil les données de vos GSM et dispositifs Palm, imprimer sans fil sur des imprimantes Bluetooth, ou encore exploiter des souris et des claviers Bluetooth eux aussi.

Pour gérer les fonctionnalités Bluetooth de votre Mac, ouvrez les Préférences Système et cliquez sur l'icône Bluetooth dans la troisième rangée des icônes.

Ouverture de session automatique

Même si Mojave est, par essence, multiutilisateur, certains n'en ont cure et détestent devoir s'identifier à chaque démarrage de la machine.

Vous faites partie de ces utilisateurs qui rechignent à introduire leur nom et leur mot de passe à l'ouverture de session ? Agissez !

1. **Ouvrez la fenêtre de la préférence Utilisateurs et groupes. Sélectionnez votre compte dans la liste de gauche, puis cliquez sur le bouton Options dans le bas du volet.**

   Si nécessaire, cliquez d'abord sur l'icône du cadenas pour déverrouiller les réglages.

2. **Déroulez le menu local Ouverture de session automatique et choisissez-y votre compte.**

   Seuls les utilisateurs jouissant d'un statut d'administrateur peuvent supprimer la procédure d'identification. Même dans ce cas, il n'est pas exclu qu'il vous faille commencer par déverrouiller le cadenas.

En optant pour une ouverture de session automatique, vous modifiez toutes les préférences établies par un éventuel autre utilisateur qui partage votre Mac. Ainsi, si votre fond d'écran et vos réglages clavier, par exemple, sont différents de ceux qu'emploie cette personne, ces réglages ne seront pas correctement activés, à moins que chaque utilisateur ne dispose d'un compte individuel séparé. Même si vous ne vous préoccupez guère de sécurité, ne désactivez pas l'identification si d'autres personnes disposent d'un compte sur votre Mac et si vous ne souhaitez pas que n'importe qui puisse venir mettre son nez dans vos petites affaires.

Notez encore que l'ouverture automatique ne peut être activée que pour un seul compte. Si un autre utilisateur désire employer le Mac, vous devrez valider la commande Fermer la session (⌘ + Majuscule + Q) du menu Fichier ou activer l'option Afficher le menu Permutation rapide d'utilisateur. Dernière chose : si vous avez désactivé l'ouverture de session automatique dans l'onglet Général de la préférence Sécurité, il vous est impossible de l'activer ici.

Boot Camp

C'est grâce à sa technologie Boot Camp que Mojave est capable de faire tourner Microsoft Windows 10 sur n'importe quel Mac équipé d'un processeur Intel.

Voici les conditions requises pour exploiter Windows depuis votre Macintosh :

- un processeur Intel ;
- un minimum de 10 Go d'espace disque disponible ;
- un disque dur non partitionné ;
- un CD vierge ;
- une imprimante (si vous souhaitez imprimer les instructions) ;
- une copie complète installable de Microsoft Windows 10.

Il vous faut impérativement posséder cette *copie complète*. Les exemplaires fournis avec les machines Dell et HP risquent fort de ne pas faire l'affaire.

Pour installer Windows sur votre Mac, agissez comme suit :

1. **Lancez l'application Assistant Boot Camp (vous la trouverez dans le dossier Utilitaires de votre dossier Applications).**

   Vous allez ainsi pouvoir créer une partition Windows sur votre disque dur et faire redémarrer votre Mac à partir du disque d'installation de ce système.

2. **Installez Windows sur cette partition.**

3. **Installez les pilotes nécessaires depuis le CD que vous venez de créer, ou le disque USB que vous avez connecté.**

   C'est fait ? Tant mieux. Désormais, il vous suffira, pendant le démarrage, de maintenir enfoncée la touche Option pour avoir le choix, dans une fenêtre qui vous sera proposée à cette occasion, d'exploiter la partition Mojave ou la partition Windows.

   Si cette installation vous pose problème, faites-vous aider par un utilisateur plus expérimenté.

Si vous aimez faire tourner Windows sur votre Mac, pensez à vous procurer Parallels Desktop ou VMWare Fusion (environ 80 euros) ou VirtualBox (gratuit). Grâce à ces utilitaires, vous pourrez faire tourner Windows sur votre Mac sans devoir partitionner votre disque dur ni relancer la machine chaque fois que vous voulez basculer dans cet environnement. En fait, ces outils vous permettent de faire tourner en même temps (en parallèle !) vos programmes Mac et vos programmes Windows. Intéressé ? Reportez-vous si nécessaire à la section du Chapitre 8 consacrée aux disques PC.

Recopie vidéo AirPlay

Voici une dernière fonctionnalité que la majorité d'entre vous n'utiliseront pas, mais qui vaut tout de même la peine d'être mentionnée. Elle se nomme Recopie Vidéo AirPlay (ou AirPlay Mirroring) et équipe les Mac récents.

Cette fonction permet de diffuser le contenu de votre Mac (ou de vos périphériques iOS) sur votre téléviseur HD par l'entremise d'un boîtier Apple TV (voir encadré).

L'exploitation d'Apple TV est archisimple : pour peu que ce dispositif soit connecté au même réseau sans fil que votre Mac, une option Recopie Vidéo AirPlay s'affiche dans la fenêtre de la préférence Système Moniteurs, onglet Couleur. Activez cette recopie et le tour est joué !

Depuis la fenêtre de la préférence, demandez que les options de recopie vidéo s'affichent dans la barre des menus ; vous pourrez alors activer/désactiver la fonction sans transiter par les préférences.

QU'EST-CE QU'APPLE TV ?

Apple TV est un petit cube noir qui coûte environ 200 euros en version 4K. Il se connecte à votre téléviseur HD *via* un câble HDMI. Vous pouvez alors louer ou acheter des films, des émissions de télé, des photos et d'autres médias depuis votre ordinateur ou d'autres périphériques.

Apple TV est un modèle de simplicité. Raccordez-la à une prise électrique murale et à votre téléviseur HD *via* un câble HDMI non fourni. Avec un réseau sans fil, la configuration est des plus simples. Bien entendu, vous pouvez établir une connexion Ethernet, mais bien moins pratique à cause du câblage utilisé. En dix minutes, Apple TV est opérationnel.

L'interface affichée sur l'écran de votre téléviseur est simple, proposant une navigation des plus conviviales grâce à la télécommande Apple ou à des applications pour iPhone, iPad et iPod touch. C'est un véritable plaisir de s'installer dans son canapé et de louer ou d'acheter des films en HD ou en SD sur l'iTunes Store. Enfin, vous pouvez accéder à la quasi-totalité de vos contenus audio, vidéo et photo sans quitter le confort douillet de votre sofa. Chacun des membres de votre famille pourra en profiter sur son propre Macintosh.

Grâce à la technologie AirPlay, vous pouvez diffuser du contenu multimédia sur votre Apple TV *via* votre iPhone, iPod touch ou iPad. Comment ne pas adorer cette fonction ! Imaginez que vous veniez nous rendre visite et que vous souhaitiez nous montrer des photos. Vous sortez votre iPhone, touchez l'icône AirPlay depuis l'application Photo et sélectionnez notre Apple TV. Vos images s'affichent sur notre écran en moins de temps qu'il ne faut pour le dire.

Il y a encore bien plus de choses à faire et à découvrir avec ce système, comme, par exemple, la diffusion de vidéos depuis YouTube ou Vimeo.

V
Prendre soin de Mojave

DANS CETTE PARTIE...

Nous pénétrons ici dans les entrailles de macOS Mojave, détaillant les techniques de sauvegarde et commentant la notion de sécurité, avant de passer en revue des utilitaires bien... utiles ! Nous terminerons par quelques conseils et astuces au cas où Sierra se rebifferait.

Ce contenu est plus technique que celui présenté dans les quatre précédentes parties, mais pourrait bien être le plus important de ce livre. Par conséquent, lisez-le !

Chapitre 18

Survivre dans ce monde de brutes

DANS CE CHAPITRE :

- **Mettre vos données à l'abri : tout savoir sur les backups.**
- **Le b.a.ba des mesures de sécurité.**
- **Quelques utilitaires très... utiles !**
- **Comment réagir quand (apparemment) rien ne va plus.**

Bien que le Mac soit éminemment fiable – d'autant plus s'il évolue sous macOS –, il n'est pas exclu que votre disque dur rende l'âme, un jour ou l'autre. Et si vous n'avez pas prévu de copie de sauvegarde de vos données, celles-ci seront irrémédiablement perdues.

Il existe des *utilitaires de récupération* des données perdues. En général, ils s'acquittent très honorablement de leur mission.

Nous ne nous sommes peut-être pas exprimés assez clairement ? Alors, mettons les points sur les *i* : vous devez impérativement faire des copies de sauvegarde de vos données !

Mais à quelle fréquence ? En fait, tout dépend de vous. Si les données que vous manipulez au cours d'une journée sont primordiales pour l'entreprise, sauvegardez une, voire deux fois par jour. Si vous ne traitez que des courriers de moyenne importance, sauvegardez une fois par semaine.

Ce chapitre présente les options de sauvegarde les plus accessibles au grand public, anticipant les problèmes d'attaques virales qui peuvent altérer vos données ainsi que d'autres déboires informatiques contre lesquels vous devez vous préserver.

Enfin, nous vous expliquerons comment faire pour éviter que des inconnus (ou pas !) viennent fouiller dans vos petites affaires.

Sauvegarder : l'enfance de l'art

Il existe trois techniques de sauvegarde : le backup révolutionnaire introduit par Mountain Lion et connu sous le nom de Time Machine, la manière forte et la méthode douce. À vous de choisir.

Time Machine

Time Machine est l'outil de backup que vous propose Mojave. Introduit par Apple à l'occasion d'une mouture précédente de son système d'exploitation (Leopard pour ne pas le citer), Time Machine est un système de sauvegarde qui s'effectue en continu. Il est constitué de deux entités : d'une part, une Préférence Système baptisée fort à propos Time Machine (Figure 18.1)...

Si vous désirez utiliser Time Machine afin de sauvegarder automatiquement vos données, vous devez disposer d'un second disque dur d'une capacité au moins égale à celle de votre disque de démarrage. Il peut s'agir d'un disque FireWire, USB 2 ou 3, Thunderbolt, SSD (*Solid State Drive*), voire d'un autre disque interne si votre Mac est un Mac mini ou un ancien Mac Pro.

Et d'autre part... le fameux Time Capsule d'Apple, un dispositif qui combine une borne AirPort Extreme et un disque dur haute capacité et qui, à ce titre, vous permet de sauvegarder plusieurs Mac *via* Wi-Fi.

Lorsqu'un disque exploitable par la fonction est connecté au Mac pour la première fois, Time Machine vous demande spontanément si vous souhaitez l'utiliser comme disque de backup. Si vous répondez par l'affirmative, la fenêtre de la

FIGURE 18.1 La préférence Système Time Machine.

préférence Système Time Machine s'affiche avec le disque désigné déjà estampillé disque de sauvegarde.

Si les choses se passent différemment, ou si vous envisagez d'effectuer une sauvegarde sur un disque déjà connecté, ouvrez vous-même cette préférence, cochez la case Sauvegarder automatiquement (voir la Figure 18.1), puis sélectionnez le disque cible.

Une fois la sélection réalisée, la fenêtre de la préférence change. Si plusieurs disques durs sont branchés au Mac, cliquez sur le bouton Options pour dresser la liste de ceux qu'il ne faut pas sauvegarder (Figure 18.2). Utilisez les boutons + et – du bas de la liste Exclure ces éléments des sauvegardes pour ajouter ou supprimer des volumes de cette exclusion.

La fenêtre d'options propose en outre une commande intitulée Avertir lorsque les sauvegardes les plus anciennes sont supprimées : cochez-la si vous voulez être prévenu. Sur portable, une commande supplémentaire est disponible, qui autorise ou, au contraire, inhibe la sauvegarde lorsque le Mac fonctionne sur batterie.

Time Machine stocke vos backups à la fréquence suivante :

» toutes les heures pendant les dernières 24 heures ;

» tous les jours du mois dernier ;

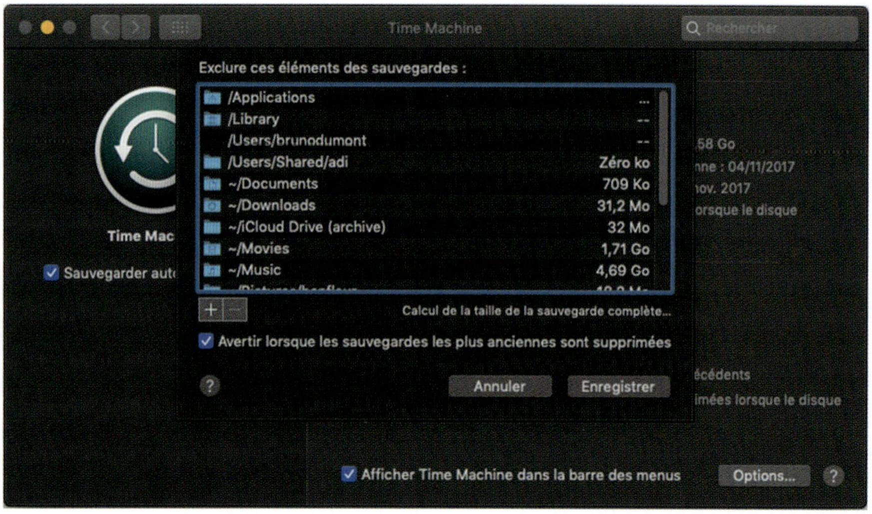

FIGURE 18.2 Les éléments à exclure de la sauvegarde.

» toutes les semaines jusqu'à ce que le disque soit plein.

Quand c'est le cas, les anciens backups sont détruits pour faire place aux nouveaux.

Quand Time Machine travaille-t-il ? C'est simple : quand vous ne travaillez pas.

Avec ce programme, vous n'oublierez plus jamais de sauvegarder vos données puisqu'il s'en charge pour vous. Laissez-le faire !

Quelles sont les données que Time Machine sauvegarde ?

Lors de sa première intervention, le programme sauvegarde l'intégralité de votre disque dur. Par la suite, il se contente d'archiver ce qui a changé depuis le dernier backup en date. Jusque-là, il ne se différencie pas des logiciels de backup traditionnels.

Mais Time Machine va plus loin : il inclut dans la sauvegarde les contacts de l'application Contacts, les images de votre photothèque iPhoto ainsi que les événements de votre Calendrier. Ça, c'est du jamais vu !

Comment restaurer un fichier ?

Qu'il s'agisse d'un contact, d'une photo, d'un événement... c'est très facile :

1. **Lancez le programme concerné – celui qui correspond à l'élément à restaurer.**

   S'il s'agit d'un fichier, ce programme est le Finder qui, comme vous le savez, est toujours en action. Inutile donc de lancer quoi que ce soit. En revanche, pour restaurer un contact, une photo ou un évènement, lancez Contacts, Photos ou Calendrier, selon le cas.

2. **Quand le programme en question est en service (ou que la fenêtre Finder en question est ouverte), lancez l'application Time Machine.**

   Il s'agit de l'application, pas des Préférences Système Time Machine qui créent les sauvegardes. Donc vous la lancerez depuis le dossier Applications ou *via* Spotlight.

   Il est plus commode de restaurer un fichier au niveau du Finder si le dossier dans lequel il se trouve est le dossier *actif* (c'est-à-dire ouvert et affiché au premier plan) au lancement de Time Machine. Dans le cas contraire, vous serez contraint de naviguer jusqu'au dossier en question avant de pouvoir passer à l'Étape n 3.

3. **Cliquez sur une des barres de l'angle inférieur droit de votre écran ou utilisez les flèches Avant ou Arrière placées à proximité pour sélectionner la sauvegarde à restaurer.**

4. **Sélectionnez l'élément à restaurer (fichier, dossier, contact de votre carnet d'adresses Contacts, Photos, évènement Calendrier…).**

5. **Cliquez sur Restaurer.**

Si l'élément en question se trouve au même emplacement aujourd'hui, Time Machine vous demande poliment s'il doit procéder à la substitution. Répondez-lui sur le même ton.

La manière forte manuelle

Si vous ne souhaitez pas investir dans un second disque dur vers lequel vous pourriez faire fonctionner Time Machine, pensez à agir manuellement. Faites donc glisser l'icône de vos fichiers sur celle d'un support externe (CD-R, CD-RW, DVD-R ou DVD-RW). (Si vous utilisez un disque optique, vous ne pouvez pas vous contenter d'un cliquer-glisser : il vous faut, en effet, graver vos fichiers.)

Cette méthode présente plusieurs inconvénients. D'abord, elle est lente puisqu'elle vous contraint à ouvrir tous vos dossiers et à en faire glisser des multitudes d'icônes. De plus, comment être sûr d'avoir traité tout ce qu'il y avait à traiter et uniquement ce qu'il y avait à traiter ? De quoi refroidir les plus entreprenants !

Bien sûr, si vous regroupez tous vos fichiers dans le dossier Documents (comme nous vous avons encouragé à le faire à maintes reprises) ou dans votre dossier Départ, cette technique manuelle devient tout à fait confortable puisqu'il vous suffit alors de sauvegarder un seul dossier. Malgré tout, nous vous suggérons d'exploiter plutôt la seconde technique, celle qui consiste à confier la sauvegarde à un logiciel spécialisé, technique que nous décrivons ci-après.

La majorité des nouveaux Mac portables sont dépourvus de graveur de DVD.

La méthode douce logicielle

Troisième et dernière technique : vous en remettre à un programme de backup développé par un tiers. Ces utilitaires automatisent la procédure de copie. Ils savent exactement sur quels disques sont stockés les fichiers archivés et ne traitent que les fichiers qui ont été modifiés depuis la dernière sauvegarde.

Vous pouvez en outre demander au logiciel qu'il n'archive que les fichiers d'un dossier donné, comme votre dossier Départ ou Documents, et ignore le reste, notamment les centaines de mégaoctets de fichiers qui constituent macOS et qui peuvent, en cas de problème, être facilement réinstallés depuis le CD d'origine.

La durée d'une première sauvegarde logicielle varie, selon la quantité d'informations à traiter, de quelques minutes à plusieurs heures. Elle s'effectue sur une ou plusieurs unités amovibles (CD-R, CD-RW, DVD-R, DVD-RW, disques magnéto-optiques ou autres médias, style disque dur ou bande magnétique.). Les sauvegardes suivantes, appelées *sauvegardes incrémentales*, ne prendront, elles, que quelques instants.

N'oubliez pas d'étiqueter soigneusement les disques de ces sauvegardes incrémentales : il se peut que l'utilitaire de backup en réclame l'un ou l'autre.

Les meilleurs logiciels de sauvegarde permettent d'automatiser vos backups. Ainsi, la sauvegarde s'effectue même si vous n'y pensez pas.

NOS CONSEILS DE SAUVEGARDE

Nous testons régulièrement de nouvelles solutions de sauvegarde et n'hésitons pas à en changer chaque fois que le jeu nous semble en valoir la chandelle.

En général, nous effectuons trois sauvegardes de nos données. Nous mettons quotidiennement à jour deux d'entre elles, et nous stockons la dernière dans un coffre-fort à la banque. Chaque semaine, nous remplaçons la sauvegarde de la banque par une de nos sauvegardes quotidiennes. De la sorte, nous disposons toujours d'une sauvegarde récente entreposée dans un lieu sécurisé.

Dans ces conditions, quoi qu'il arrive (un vol, un incendie, un ouragan ou un tremblement de terre), nous ne perdrions au pire qu'une semaine de données, ce qui, au final, n'est pas mortel.

Bien entendu, dans cette configuration, tous nos programmes de sauvegarde fonctionnent simultanément en tâche de fond. Nous n'avons pas à nous en occuper.

Il est évident que Time Machine représente notre première ligne de défense. Le seul problème avec cet utilitaire, c'est qu'il stocke toutes les versions des fichiers sur un seul et même disque.

Par conséquent, nous ajoutons à cette sauvegarde réalisée par Time Machine l'excellent CrashPlan (`www.crashplan.com`), qui sauvegarde notre dossier Documents quatre fois par jour sur deux disques différents. Il sauvegarde également, et en continu, notre dossier Départ sur un autre disque dur. Chaque fois que nous modifions un fichier stocké dans ce dossier, le programme en effectue deux copies ; enfin, il sauvegarde notre dossier Départ sur un serveur CrashPlan *via* notre connexion Internet.

Qui plus est, chaque nuit à minuit, SuperDuper! (`www.shirtpocket.com`) clone notre disque de démarrage sur un autre disque dur. Ainsi, nous disposons toujours d'un disque système opérationnel contenant nos dernières applications. Ce disque peut alors être utilisé sur n'importe quel ordinateur Macintosh.

Enfin, nous exploitons l'excellent service gratuit Dropbox (`www.dropbox.com`) pour synchroniser les dossiers de nos projets en cours de nos Mac, iPhone et iPad, et ceci malgré la présence d'iCloud en natif chez Apple.

Dernière chose : nous testons régulièrement l'état de nos sauvegardes pour nous assurer que les fichiers se trouvent bien sur le support de backup et qu'ils sont 100 % exploitables. En somme : on n'est jamais trop prudent.

Prévoir deux jeux de disques de sauvegarde

Ne croyez pas qu'une seule sauvegarde suffise ! Pour vous en convaincre, imaginez le scénario suivant :

1. Vous sortez déjeuner.
2. À votre retour, vous êtes abasourdi : tempête, inondation, tremblement de terre, bref une catastrophe naturelle a détruit votre disque dur.
3. Certes, vous aviez un backup. Mais au même endroit !

La preuve est faite : vous devez impérativement prévoir plusieurs jeux de sauvegarde et stocker ces jeux dans des endroits différents (chez votre voisin, chez votre belle-mère, dans un coffre à la banque...) afin de parer à toute éventualité (vol, incendie, inondation...).

Se protéger des virus

Vous l'avez compris : sauvegarder vos données est essentiel. Nous ne le répéterons jamais assez, tant nous savons qu'il faut être pris pour être appris. Mais vous n'êtes pas à l'abri pour autant. Les virus, vous connaissez ? Certes, les utilisateurs PC sont bien plus exposés que les utilisateurs Mac, mais ne sous-estimez pas le danger. Et prenez vos précautions.

En savoir plus sur les virus

Un *virus* informatique est un petit programme qui se reproduit automatiquement et se propage de disque en disque avec, pour mission, de provoquer des dégâts partout où il passe (destruction de fichiers et effacement de disques, principalement).

Un *malware* est un programme hostile, intrusif, perturbant et destructeur. Il est conçu pour obtenir des accès non autorisés à votre ordinateur afin d'y collecter des données personnelles, y compris vos mots de passe.

La différence entre un virus et d'autres types de malwares réside dans le fait que le malware ne se répand pas de lui-même. Il ressemble à un espion capable de découvrir des codes d'accès pour installer un programme ou un fichier malicieux sur votre machine. Si le virus est un malware, tous les malwares ne sont pas des virus.

Les virus sont devenus très rares sur Mac depuis qu'Apple a finalisé son système OS X. En effet, les virus sont développés pour un système d'exploitation particulier. Ainsi, ceux qui affectent les PC n'affectent pas les Mac, et réciproquement.

À l'heure où nous écrivons ces lignes, il n'existe pas d'attaque exclusivement dirigée vers les versions OS X ou le nouveau macOS. Mais le problème est que personne ne sait quand les hackers et autres petits malins de l'informatique vont lancer une attaque de masse sur les ordinateurs Macintosh. Il est donc conseillé de prévenir plutôt que de guérir.

Si les virus sont rares sur Mac, les malwares le sont moins. Apparus début 2012, ils fonctionnent comme suit : quand vous naviguez sur le Web, un message vous informe que votre Mac est infecté par un virus. Le message propose une analyse gratuite en ligne de votre ordinateur. Trois boutons vous sont proposés : OK, Cancel ou Close. C'est le premier volet du *social engineering*, entendez espionnage du contenu de votre ordinateur. Quel que soit le bouton sur lequel vous cliquez, rien n'y fait : le fichier dangereux est téléchargé.

Ensuite, si votre navigateur Web est configuré pour ouvrir les fichiers après le téléchargement, l'élément se décompresse et lance un installeur macOS. Si vous communiquez votre mot de passe administrateur, le malware s'installe sur votre machine. Les dernières versions de malwares peuvent même se passer de ce mot de passe.

Une fois installé, l'intrus se comporte comme un authentique logiciel Mac, avec une interface et une barre d'outils tout à fait crédibles. À un certain moment, le programme « découvre » une infection virale sur votre Mac. C'est là que les problèmes commencent. Il vous offre une mise à jour si et seulement si vous communiquez le numéro de votre carte bancaire. Ne tombez pas dans le piège !

Voici comment vous protéger des malwares :

- Dans les Préférences de Safari (onglet Général), désactivez l'option Ouvrir automatiquement les fichiers « fiables ».
- Si un message ou une fenêtre suspecte apparaît sur votre écran, quittez immédiatement votre navigateur Web *via* Pomme/Forcer à quitter.
- Si l'installeur de macOS s'exécute sans raison apparente, *ne cliquez surtout pas sur le bouton Continuer*. N'installez pas le programme ! Ne tapez jamais votre mot de passe d'administrateur.
- N'exécutez aucun installeur, sauf si vous savez exactement de quoi il s'agit et avez entièrement confiance dans le programme source.
- N'utilisez aucune carte bancaire ou de crédit auprès de vendeurs inhabituels ni sur des sites Web non sécurisés.

S'il vous arrive d'utiliser des disques qui ont servi sur d'autres ordinateurs, vous devez impérativement vous protéger par le biais d'un programme antivirus. Cette protection est aussi nécessaire si vous avez l'habitude de télécharger et d'utiliser des fichiers que vous glanez sur Internet, soit sur le Web, soit depuis des sites FTP (*File Transfer Protocol*).

Ne vous en faites pas trop si :

- Vous ne téléchargez des fichiers qu'en provenance de services en ligne commerciaux, comme Free, Orange et autres, car ces services ont mis en place des ripostes aux attaques virales.
- Vous n'exploitez que des programmes commerciaux et ne téléchargez pas, depuis des sites Web, des fichiers aux noms étranges dont l'origine est floue.

En revanche, vous avez tout lieu de vous inquiéter si :

- Vous vous rendez sur des sites peu recommandables.
- Vous échangez régulièrement des disques avec vos collègues et amis.
- Vous faites tourner vos disques sur plusieurs postes.
- Vous utilisez vos disques dans des ateliers d'impression ou des boutiques de photocopie.
- Vous téléchargez des fichiers depuis des tas d'endroits sur Internet, même depuis des sites aux noms bizarroïdes.
- Vous recevez des e-mails avec des pièces jointes que vous ouvrez sans discernement.

Si tel est votre cas, n'hésitez pas à vous équiper d'un programme antivirus, comme Intego Mac Premium Bundle X9 (`www.intego.com`), MacScan 3 (`http://macscan.securemac.com`) ou ClamXAV 3 (`www.clamxav.com`). L'avantage de ces programmes, c'est qu'ils sont régulièrement mis à jour et que, la plupart du temps, ces mises à niveau vous sont envoyées moyennant un abonnement annuel dont le prix est très raisonnable.

Utiliser un pare-feu

Un pare-feu est une protection qui empêche des personnes mal intentionnées agissant depuis Internet ou depuis un réseau quelconque d'accéder à votre Mac.

Contrairement à d'anciennes versions de Windows, macOS est relativement difficile à « cracker ». Le fait que le système soit équipé d'origine d'un pare-feu n'est sans doute pas étranger à l'affaire. Seule ombre au tableau : ce pare-feu est désactivé par défaut. Mais il ne tient qu'à vous de le mettre en fonction sans perdre de temps.

Si vous utilisez un routeur équipé de son propre pare-feu, n'activez pas celui de Mojave. L'utilisation de plusieurs pare-feu peut poser des problèmes.

Pour activer le pare-feu de Sierra :

1. **Accédez aux Préférences Système (depuis le Dock, le menu Pomme ou le dossier Applications).**
2. **Cliquez sur l'icône Sécurité et confidentialité, puis l'onglet Coupe-feu (Figure 18.3).**

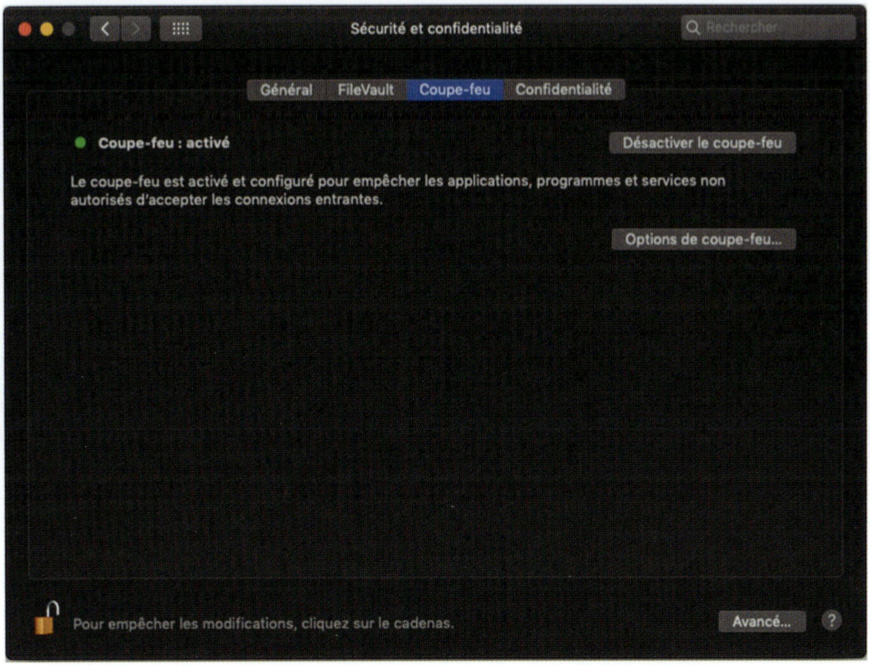

FIGURE 18.3 L'onglet Coupe-feu de la préférence Système Sécurité.

Si le coupe-feu est désactivé (option par défaut), cela signifie, comme la fenêtre vous l'explique, que toutes les connexions entrantes sont autorisées. Vous voilà bien exposé !

3. **Pour vous protéger au maximum, cliquez sur le bouton Activer le coupe-feu.**

   Si nécessaire, cliquez sur l'icône du verrou située dans l'angle inférieur gauche de la fenêtre pour accéder à toutes les options. Fournissez votre mot de passe administrateur quand on vous le demande.

4. **Cliquez sur Options de coupe-feu pour configurer le coupe-feu, puis, dans la fenêtre correspondante, validez l'option Bloquer toutes les connexions entrantes, en haut à gauche, pour interdire toute connexion sauf celles nécessaires aux services Internet de base.**

5. **Cliquez sur OK.**

Installer les mises à jour logicielles recommandées

Une fois par semaine et sans que vous ayez à intervenir, le Mac s'inquiète de savoir s'il existe une nouvelle version de tel ou tel logiciel et vous propose de l'installer. Acceptez ! Ces versions sont développées par Apple pour faire face à de nouveaux problèmes de sécurité ou pour remédier à des bogues qui affectent soit le système proprement dit, soit l'une ou l'autre des applications livrées avec.

Vous pouvez trouver vous-même l'information *via* la préférence Système App Store. Cochez sa case Mises à jour automatique. Cette nouvelle option entraîne le téléchargement et l'installation des mises à jour.

Il arrive que ces mises à jour aient des effets pervers, résolvant un problème avéré d'un côté, mais en créant un nouveau d'un autre. Rassurez-vous : ça n'arrive pas souvent, Apple y veille. Si vous êtes du genre méfiant, ne lancez aucune mise à jour avant d'avoir visité les sites MacWorld (`www.macworld.com`) ou MacInTouch (`www.macintouch.com`) et lu la documentation sur le sujet. Si l'une ou l'autre mise à jour pose problème, ces sites le savent et en font état.

Les applications, elles aussi, doivent être mises à jour. Par conséquent, prenez l'habitude de lancer l'App Store. Dans la fenêtre de cette application, cliquez sur le bouton Mises à jour, puis mettez à jour les applications identifiées par le programme.

Un détail pour terminer : le chiffre qui apparaît sur l'icône App Store du Dock indique le nombre de mises à jour disponibles. Cliquez sur cette icône pour accéder au Store et lancez la procédure en cliquant sur Mises à jour.

Éviter les indiscrétions

Dernière considération en matière de sécurité : mettez vos données à l'abri des regards indiscrets. Apprenez donc comment vous prémunir de personnes mal intentionnées qui, soit agissent depuis un réseau local, soit, tout bonnement, s'installent dans votre fauteuil et viennent mettre leur nez dans vos affaires.

Bloquer ou limiter les connexions

Vous pourriez commencer par accéder à la préférence Système Partage et déconnecter tous les services de la liste de gauche. En effet, quand aucun service de cette liste n'est activé et que l'option Bloquer toutes les connexions entrantes du volet Coupe-feu de la fenêtre Sécurité est validée, personne ne peut, *via* réseau, accéder à votre Mac. (Pour en savoir plus sur les pare-feu, voyez la section précédente.)

Chiffrer des fichiers avec FileVault

Si vous êtes décidé à interdire formellement que quiconque accède aux fichiers de votre dossier Départ, utilisez FileVault. Cet utilitaire en protégera le contenu en le chiffrant selon la norme de chiffrement standard AES-128 (*Advanced Encryption Standard*).

Lorsque vous l'activez, FileVault vous demande de fournir un mot de passe principal pour l'ordinateur, lequel mot de passe vous permettra d'accéder au Mac si vous oubliez votre mot de passe classique d'ouverture de session.

Si vous activez la fonction, puis oubliez vos mots de passe (le principal et l'habituel d'ouverture de session), personne ne pourra rien pour vous : vous ne pourrez plus vous connecter et vos données seront irrémédiablement perdues. C'est clair ?

Envisagez d'exploiter FileVault si les données que vous stockez sur votre Mac sont capitales. Les mettre à l'abri des regards indiscrets évitera que des personnes mal intentionnées ne puissent vous nuire.

Sachez toutefois que, étant donné que FileVault crypte votre dossier Départ, il n'est pas impossible que certaines tâches qui y font appel ne puissent s'exécuter. Ainsi, certains logiciels de backup s'accommodent mal de FileVault. De plus, si vous n'avez pas ouvert de session sur votre ordinateur, les autres utilisateurs n'auront pas accès aux dossiers partagés de votre dossier Départ.

Par ailleurs, le fait que FileVault soit constamment occupé à crypter et décrypter vos fichiers ralentit le Mac lorsque vous enregistrez ou ajoutez des documents. Pour les mêmes raisons, l'ordinateur met plus de temps pour vous identifier, redémarrer ou s'éteindre.

Pour activer FileVault :

1. **Ouvrez la préférence Sécurité et confidentialité.**
2. **Cliquez sur l'onglet FileVault.**
3. **Cliquez sur Activer FileVault pour brancher la fonction.**

Le bouton Désactiver FileVault fait juste l'inverse, au cas où vous vous raviseriez.

Activer d'autres options de sécurité

L'onglet Général des Préférences Système et confidentialité propose encore quelques options dignes d'intérêt. Pour preuve :

- **Modifier le mot de passe :** cliquez sur ce bouton pour modifier le mot de passe de votre compte d'utilisateur.
- **Exiger le mot de passe après la suspension d'activité ou au lancement de l'économiseur d'écran :** fait en sorte que le Mac se protège et exige l'introduction du mot de passe pour reprendre du service après une mise en route de l'économiseur d'écran ou une suspension de l'activité. C'est fastidieux, mais très pratique si vous avez des collègues qui ont tendance à fourrer leur nez partout.

  Lorsque vous validez cette option, vous avez accès à un menu local qui vous permet de définir le laps de temps au bout duquel la fonction se met en route ; ça va de Immédiatement à 4 heures.
- **Afficher un message lorsque l'écran est verrouillé :** tapez le message que vous désirez afficher sur votre écran quand il est verrouillé.
- **Désactiver l'ouverture de session automatique :** parmi les options de la préférence Système Comptes figure l'ouverture de session automatique, qui vous dispense, au démarrage, de choisir un compte et de fournir un mot de passe et vous amène *illico presto* au Bureau, sans autre forme de procès.

Pour inhiber cette possibilité pour tous les comptes, c'est-à-dire pour obliger tous les utilisateurs du Mac à réagir dans l'écran d'accueil pour désigner un compte et entrer une clé d'accès, activez cette option.

» **Autoriser les applications téléchargées de :** cette fonction (appelée *Gatekeeper*) vous aide à vous protéger contre le téléchargement et l'utilisation d'applications malveillantes en limitant les programmes que votre Mac peut exécuter.

  Les deux options proposées ici s'excluent mutuellement. Par conséquent, activez le bouton radio du niveau de protection que vous souhaitez utiliser :

  - *App Store :* permet d'exécuter des applications téléchargées depuis l'App Store. Il s'agit du niveau de sécurité le plus élevé.
  - *App Store et développeurs identifiés :* chaque développeur certifié Apple reçoit un identifiant personnel qui permet à Gatekeeper de vérifier que leurs applications ne sont pas reconnues comme des malwares. Gatekeeper vous indique les applications qui n'ont pas d'identifiant associé.

  Il s'agit là de la meilleure option pour la majorité des utilisateurs, car elle autorise des milliers d'applications tierces développées par des sociétés reconnues.

Enfin, l'onglet Confidentialité vous propose, lui aussi, quelques mesures de protection :

» **Pour activer/désactiver le service de localisation :** choisissez Service de localisation à gauche, puis cochez Activer le service de localisation ; ce faisant, vous permettez aux applications et aux sites Web d'utiliser votre emplacement actuel dans le but de fournir des informations, des services et des fonctionnalités appropriées à ce lieu.

» **Pour autoriser/refuser l'accès d'autres apps à Contacts, Calendriers et Rappels :** choisissez, selon le cas, Contacts, Calendriers ou Rappels à gauche pour afficher, à droite, la liste des applications qui ont accès à leur contenu. Cochez ou décochez chaque candidate selon vos souhaits.

» **Pour permettre/ne pas permettre à d'autres apps de prendre le contrôle de votre ordinateur :** choisissez Accessibilité à gauche pour afficher, à droite, la liste des applications susceptibles de prendre ce contrôle. Cochez ou décochez chaque candidate selon vos souhaits.

» **Pour envoyer automatiquement des données de diagnostic et d'utilisation à Apple :** choisissez Analyse et utilisation à gauche, puis cochez l'option à droite. Désormais, en cas de plantage système, des infos seront envoyées automatiquement et anonymement à Apple. Les ingénieurs analyseront ces données et tenteront d'apporter des solutions lors d'une prochaine mise à jour de macOS.

À ce stade, vous devriez en savoir assez en matière de sécurité et de confidentialité de Mojave.

Chapitre 19

Plus que des ustensiles, des utilitaires

DANS CE CHAPITRE :

- » **Stocker, partager et synchroniser avec iCloud Drive.**
- » **Les nouveaux Bourse et Dictaphone.**
- » **Paramétrer différents outils, comme les bornes AirPort et les périphériques Bluetooth.**
- » **Remettre Mojave d'aplomb,** ***etc., etc.***

Bien que ce chapitre traite de nombreux utilitaires devenus très courants sur un Mac, il va mettre l'accent sur iCloud Drive. Ce nuage informatique d'Apple permet de stocker, de partager, et de synchroniser des informations entre votre Mac tournant sous Mojave et tous vos iDevice fonctionnant sous iOS 11.

iCloud

Revenons un instant en arrière. La notion de Cloud, c'est-à-dire de nuage informatique, n'est pas une nouveauté Mojave. Elle a été introduite dans Sierra sous la forme d'iCloud Drive, mais elle existait avant cette version du système 10. Son inconvénient était de provoquer bien des frustrations auprès des utilisateurs qui ne pouvaient pas synchroniser leurs données entre leur Mac, leurs périphériques tournant sous iOS, et ce fameux Cloud. Par exemple, les fichiers stockés sur le Cloud ne pouvaient être ouverts que par l'application qui les avait créés. Si vous stockiez sur le Cloud (*via* iCloud) un fichier créé avec le programme Pages, vous ne pouviez pas l'utiliser pour ouvrir des fichiers TextEdit eux aussi stockés sur le Cloud.

Voyons en quelques sections comment asservir iCloud Drive à vos besoins.

iCloud Drive sur votre ordinateur

Avec iCloud Drive, toutes les applications peuvent sauvegarder leurs fichiers localement, c'est-à-dire sur votre disque dur, ou sur iCloud Drive. Pour y accéder, il vous suffit d'ouvrir une fenêtre du Finder. Sa barre latérale devrait afficher une icône iCloud Drive dans la rubrique Favoris.

Si ce n'est pas le cas, ouvrez Finder/Préférences. Cliquez sur l'onglet Barre latérale, puis cochez iCloud Drive, comme à la Figure 19.1.

Pour utiliser correctement iCloud Drive vous devez être connecté à Internet.

L'utilisation d'iCloud Drive repose sur celle de vos identifiants Apple iCloud, et votre mot de passe Apple.

Il suffit ensuite de cliquer sur iCloud Drive dans la barre latérale pour que Mojave se connecte à votre compte iCloud et en affiche le contenu, comme à la Figure 19.2. iCloud Drive contient les dossiers associés à vos applications, vos dossiers personnels, et vos documents directement stockés en racine d'iCloud Drive.

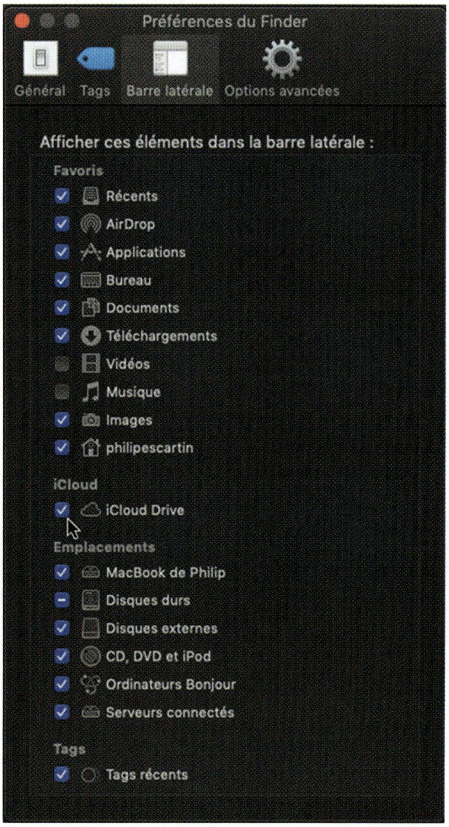

FIGURE 19.1
Pour qu'iCloud Drive soit directement accessible depuis le Finder.

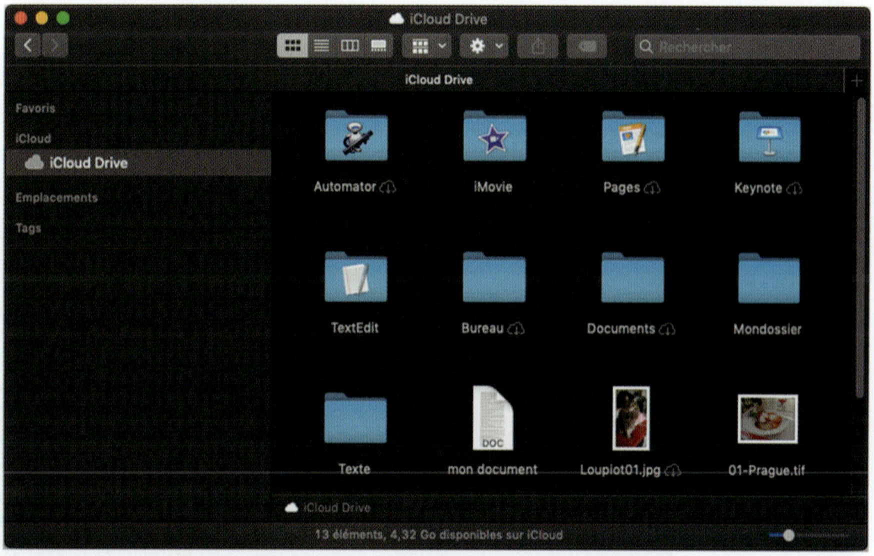

FIGURE 19.2 Les dossiers des applications, les dossiers personnels, et les documents directement stockés sur iCloud Drive.

Normalement, lors de la mise à jour vers Mojave, si vous aviez un compte iCloud, macOS vous a invité à migrer vers iCloud Drive. *De facto*, tout ce que vous aviez stocké sur iCloud se retrouve accessible depuis iCloud Drive.

Il peut arriver que, lors de la première utilisation d'iCloud Drive par un clic sur iCloud Drive dans la barre latérale du Finder, la configuration de ce système soit interminable. Si au bout d'une dizaine de minutes d'attente, vous n'avez toujours pas accédé au contenu d'iCloud Drive, voici ce que nous vous conseillons de faire :

1. **Redémarrez votre Mac.**
2. **Une fois l'ordinateur redémarré, cliquez sur Pomme/Préférences Système.**
3. **Dans la fenêtre des Préférences Système, cliquez sur l'icône iCloud.**
4. **Dans la partie inférieure gauche, cliquez sur Fermer la session.**

   Si le programme vous demande de conserver une copie de vos données iCloud sur votre Mac, optez pour Conserver une copie. C'est une sécurité.

   Il est également possible que Mojave vous demande de saisir le mot de passe de votre compte d'utilisateur du Mac.

   Vous demandez en fait de désactiver iCloud Drive en le supprimant du Mac, et cela afin de mieux le réinstaller.

5. **Cliquez sur le bouton Supprimer du Mac.**
6. **Faites cela pour toutes les demandes successives.**
7. **Ensuite, à la demande de Mojave, rouvrez une session iCloud *via* votre identifiant et votre mot de passe Apple, comme sur la Figure 19.3.**

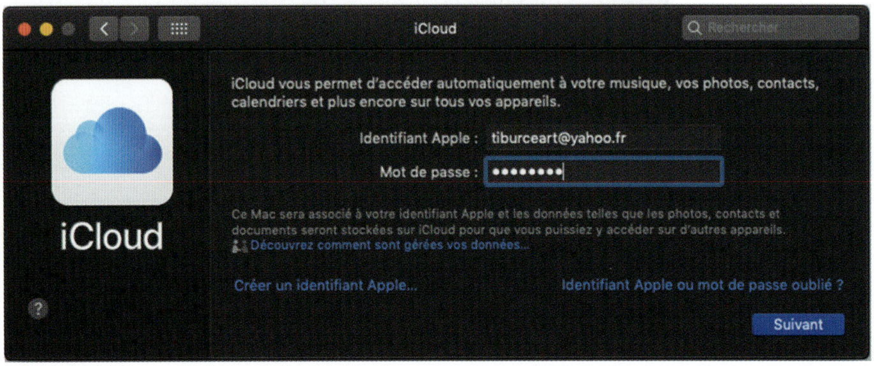

FIGURE 19.3 Une manière de réinitialiser iCloud Drive.

8. **Dans la nouvelle boîte de dialogue qui apparaît, saisissez le mot de passe d'ouverture d'une session sur votre Mac (mot de passe utilisateur donc).**

   iCloud Drive se réinitialisera alors parfaitement bien et deviendra très rapidement accessible depuis le Finder.

9. **Cochez Utiliser iCloud pour vos documents et vos données et/ou Utiliser Localiser mon Mac, puis cliquez sur Suivant.**

Pour utiliser, sur votre Mac, un fichier d'un des dossiers stockés sur iCloud Drive, ouvrez ledit dossier, puis double-cliquez sur le fichier, exactement comme si ce dispositif était un disque dur de votre Mac. Une autre technique consiste à ouvrir l'application, par exemple Pages ou TextEdit, puis d'exécuter la commande Ouvrir de son menu Fichier. Dans la boîte de dialogue qui apparaît, cliquez sur iCloud Drive de la barre latérale, puis ouvrez le dossier contenant le fichier. Cliquez alors sur le fichier concerné. Ensuite, cliquez sur le bouton Ouvrir, comme à la Figure 19.4.

Déplacer et partager des fichiers

iCloud Drive agit comme un simple disque connecté à votre ordinateur. Par conséquent, vous pouvez très facilement déplacer des fichiers entre votre Mac et le cloud.

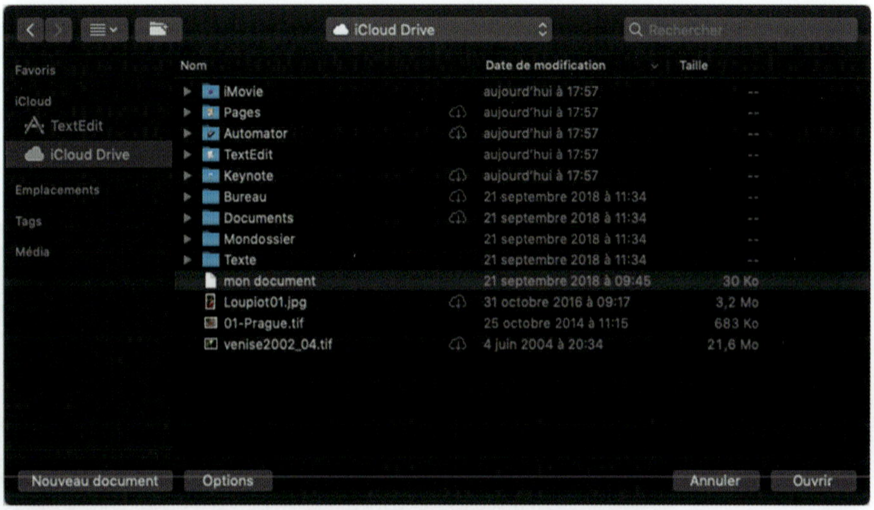

FIGURE 19.4
Ouvrir sur votre Mac un fichier stocké sur iCloud Drive.

Depuis le Finder, glissez-déposez un fichier en racine d'iCloud Drive ou dans un de ses dossiers. Par défaut, l'élément est déplacé. Vous pouvez évidemment effectuer l'opération inverse. Dans ce cas, un message vous demande de confirmer votre intention de supprimer le fichier d'iCloud Drive.

Pour copier l'élément que ce soit depuis votre Mac vers iCloud Drive, ou depuis iCloud Drive vers votre Mac, sélectionnez-le puis exécutez la commande Copier du menu Édition. Ensuite, affichez l'emplacement de destination, et exécutez la commande Coller du menu Édition.

Enfin, il est possible d'enregistrer un fichier en cours de modification dans un programme sur iCloud Drive. Procédez comme vous avez l'habitude de faire *via* la commande Enregistrer sous. Dans la boîte de dialogue qui apparaît, choisissez iCloud Drive comme disque de destination. Nommez votre document, et cliquez sur le bouton Enregistrer.

iCloud Drive est également accessible depuis Internet. Pour cela, accédez à iCloud *via* l'adresse `www.icloud.com`. Connectez-vous *via* votre identifiant Apple. Une fois dans iCloud, il vous suffit de cliquer sur la vignette iCloud Drive pour accéder au même contenu que sur votre Mac. Vous comprenez qu'il est disponible, quel que soit le lieu où vous vous trouvez, dès lors que vous bénéficiez d'une connexion à Internet, et cela même depuis un PC.

Vous pourrez alors utiliser la barre d'outils d'iCloud Drive pour créer des dossiers, charger, c'est-à-dire télécharger, sur iCloud Drive des dossiers et des documents stockés sur votre Mac, télécharger sur votre ordinateur des fichiers et des dossiers stockés sur iCloud Drive, supprimer des éléments, et enfin les envoyer par e-mail, comme le montre la Figure 19.5.

FIGURE 19.5 Gérer le contenu d'iCloud Drive directement depuis Internet.

Enfin, sachez que les applications iOS qui ont été conçues pour tirer profit d'iCloud Drive peuvent exporter automatiquement leurs fichiers sur cet espace de stockage. Ainsi, vous comprenez que grâce à iCloud Drive vos fichiers peuvent naviguer de vos périphériques iOS à votre Mac (et réciproquement) en étant systématiquement à jour.

Bourse et Dictaphone

Il s'agit de deux des trois nouvelles apps proposées par Mojave, la troisième étant Maison que nous avons étudiée au précédent chapitre.

Double-cliquez sur l'icône Bourse du dossier Applications pour accéder à une interface qui permet de suivre, comme vous pouvez l'imaginer, les cours de la Bourse.

Prenez connaissance des informations de l'écran de bienvenue et cliquez sur Continuer. Une fois dans l'interface, utilisez le champ Rechercher pour accéder à une Bourse ou à une valeur particulière. La Figure 19.6 montre les informations obtenues pour Peugeot.

FIGURE 19.6 Afficher les tendances d'une valeur.

Le Dictaphone est une application qui fait son apparition sur Mojave. Vous la lancez depuis le dossier Applications. Prenez connaissance des informations succinctes de l'écran de bienvenue, puis cliquez sur le bouton Continuer. L'app vous demandera de localiser votre Mac. À vous de décider ou non d'y procéder par un clic sur OK ou sur Ne pas autoriser. Bien entendu, pour utiliser le dictaphone, vous devez disposer d'un périphérique d'enregistrement tel qu'un micro, un micro-casque, ou une webcam. Il suffit ensuite de cliquer sur le bouton rouge d'enregistrement pour dicter un mémo vocal, comme sur la Figure 19.7. Pour mettre en pause, cliquez sur le gros bouton de pause, et pour reprendre là où vous vous étiez ainsi arrêté, cliquez sur le bouton Reprendre.

Une fois l'enregistrement terminé, cliquez sur le bouton Lecture (gros triangle). Si l'enregistrement vous convient, cliquez sur OK. Par défaut, le fichier audio porte le nom de votre lieu d'enregistrement (si vous avez activé la localisation). Pour le modifier, ouvrez Fichier/Renommer. Le nom par défaut passe en surbrillance. Tapez le nouveau nom directement et validez-le en appuyant sur Retour. Des outils permettent de procéder à des coupes. Il suffit pour cela de cliquer sur le bouton Modifier en haut à droite.

Dans les préférences du Dictaphone, vous pouvez indiquer au bout de combien de temps les fichiers seront supprimés (Jamais est possible), et choisir une qualité audio avec ou sans compression.

FIGURE 19.7 Le Dictaphone en action.

Moniteur d'activité

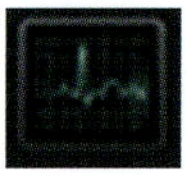

Sous UNIX (le système d'exploitation qui sous-tend macOS), tout ce qui s'exécute en arrière-plan est appelé *opération*. Chaque programme, y compris le système d'exploitation proprement dit, peut exécuter plusieurs opérations simultanément.

Le moniteur d'activité est stocké dans le dossier Utilitaires des Applications.

La Figure 19.8 vous montre différentes opérations en cours, la plupart s'exécutant en tâche de fond. Utile pour ceux qui souhaitent savoir exactement ce qui se passe en coulisses.

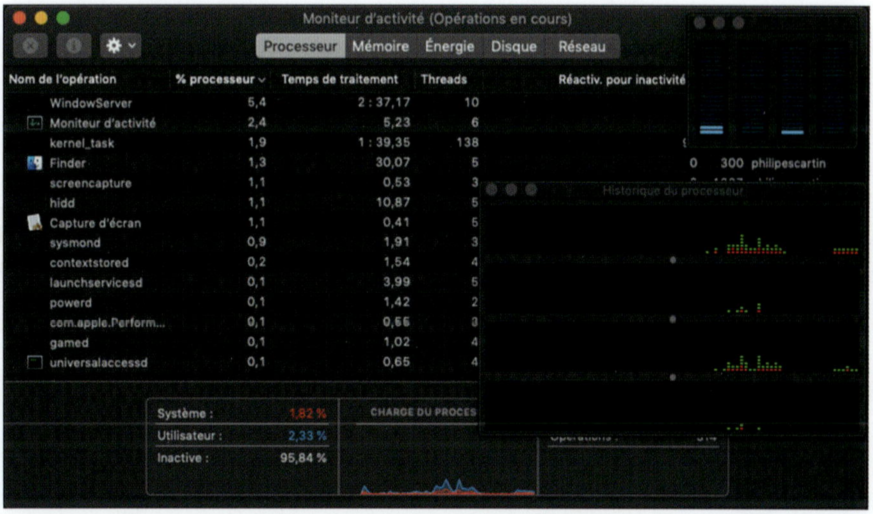

FIGURE 19.8 Moniteur d'activité (à gauche), charge de travail du processeur (à droite en haut) et son historique (à droite en bas).

Comme illustré à la Figure 19.8, différentes palettes peuvent compléter l'affichage ; activez-les depuis le menu Fenêtre : Accès au processeur (⌘ + Option (Alt) + 2) et Historique du processeur (⌘ + Option (Alt) + 3).

Vous pouvez par ailleurs décider de ce que l'icône du Dock doit afficher *via* la commande Icône du Dock du menu Présentation. Les choix disponibles sont : accès au processeur, historique du processeur, accès au réseau, activité du disque ou icône de l'application.

Pour déterminer la fréquence des mises à jour de données dans la fenêtre principale du programme, utilisez le sous-menu de la commande Fréquence de mise à jour du même menu Présentation. En augmentant cette fréquence, vous surveillez de plus près les données.

Revers de la médaille : cette surveillance plus étroite nuit aux performances de l'ordinateur.

Sachez enfin que la partie inférieure de la fenêtre principale, Moniteur d'activité, peut afficher cinq moniteurs différents. Il vous suffit, pour passer de l'un à l'autre, d'activer l'onglet correspondant : Processeur, Mémoire, Énergie, Disque ou Réseau.

Les utilisateurs expérimentés emploient Moniteur d'activité pour connaître les opérations qui sont en cours, les personnes qui les ont en charge, ainsi que la part du processeur et de la mémoire que ces tâches monopolisent. Il permet aussi d'interrompre une opération jugée dommageable.

Non-initiés s'abstenir ! Si une application ou si macOS vous cause des soucis, commencez par quitter les programmes ouverts. Forcez-les à quitter le cas échéant (*via* la combinaison de touches ⌘ + Option (Alt) + Esc). Ou mettez un terme à votre séance de travail, puis reconnectez-vous ; souvent, ça marche !

Utilitaire AirPort

Voilà l'outil grâce auquel vous configurez votre borne AirPort et opérez vos réglages personnels (mots de passe borne et réseau sans fil, nom du réseau, type de connexion Internet, *etc.*).

Lorsque vous lancez le programme pour la première fois, commencez par sélectionner la borne AirPort que vous comptez employer en cliquant sur son icône dans le volet gauche de la fenêtre.

Vous voulez vous faire aider ? Cliquez sur le bouton Continuer en bas à droite ; un Assistant prend les choses en main. Vous préférez vous débrouiller tout seul ? Cliquez sur Configuration manuelle.

Utilitaire ColorSync

ColorSync sert à garantir une parfaite concordance des couleurs lorsque vous scannez, affichez, puis imprimez des images couleur. Il est livré avec une foule de profils correspondant aux principaux périphériques du marché.

Un *profil ColorSync* est un ensemble d'instructions destiné à un écran, à un scanner ou à une imprimante et qui explique à l'unité concernée comment afficher les couleurs (et régler la balance du blanc) afin que le résultat soit identique à celui produit par les autres périphériques de la chaîne. En théorie, si deux unités exploitent des profils ColorSync, la couleur produite lors de la numérisation à l'écran ou à l'impression est rigoureusement identique sur tous les périphériques de sortie. En d'autres termes, le rouge ou le vert, ou le bleu, ou le blanc, ou n'importe quelle couleur affichée à l'écran est, en principe, identique à celle de l'image scannée ou de la page imprimée.

Vous trouverez le programme Utilitaire ColorSync dans le dossier Utilitaires du dossier Applications : choisissez-y un profil ou voyez si ce profil convient à vos périphériques d'affichage, d'entrée, de sortie et d'épreuvage.

Ce programme ne présentera pour vous aucun intérêt si vous n'avez pas à manipuler des fichiers couleur ni à étalonner des écrans et des imprimantes afin d'assurer la parfaite concordance des couleurs entre les divers périphériques impliqués.

Colorimètre numérique

Ce petit outil est capable d'afficher les valeurs chromatiques de n'importe quel pixel de votre écran selon différents modèles colorimétriques (RVB, CIE – initiales d'un espace colorimétrique mis au point par la Commission internationale de l'éclairage – ou Tristimulus). Ces valeurs peuvent ensuite être copiées vers le Presse-papiers, puis intégrées dans une autre application, comme un logiciel graphique ou un programme de conception de pages Web.

Aucun intérêt, à moins que vous ne soyez un professionnel de l'infographie ou que vous n'interveniez, à un titre ou à un autre, dans un processus de production de documents couleur haute définition.

Utilitaire de disque

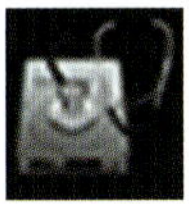

Votre disque dur vous cause des soucis ou vous désirez en modifier les réglages ? Tournez-vous vers Utilitaire de disque, un outil multifonctionnel qui compte quelques cordes à son arc : S.O.S., Partitionner, Effacer, et Monter.

S.O.S.

Si vous sentez que les choses ne tournent pas rond sur votre Mac, commencez par vous en ouvrir à S.O.S. Ce programme est en effet capable de vérifier votre disque et, si besoin est, de le réparer. N'ayez pas peur : lancez Utilitaire de disque, désignez le volume à traiter dans la liste de gauche, activez s'il ne l'est pas l'onglet S.O.S., puis cliquez, en bas à droite, sur Vérifier le disque. Le programme établit son diagnostic. Si tout va bien, c'est que vous vous êtes inquiété pour rien. Dans le cas contraire, demandez à S.O.S. de réparer le volume. Notez au passage qu'il est également capable de régler les problèmes d'autorisations.

Vous ne pourrez pas utiliser la version d'Utilitaire de disque qui se trouve dans le dossier Utilitaires de votre dossier Applications pour traiter votre disque de démarrage. Si telle est votre ambition, il vous faudra redémarrer depuis le CD ou DVD d'installation de macOS et agir depuis la version d'Utilitaire de disque qui se trouve sur ce CD ou DVD.

Le programme, par ailleurs, ne peut traiter ni les CD ou DVD, ni les fichiers image disque, car il s'agit là de disques en lecture seule, dont le contenu ne peut être modifié. Contentez-vous donc de réparer vos disques Zip, SuperDisks, DVD-RAM et autres médias réinscriptibles susceptibles de se monter sur le Bureau de votre Mac.

Partitionner

Créez ici des partitions, c'est-à-dire définissez plusieurs volumes sur un seul et même disque, chacun étant traité par le système comme un disque à part entière.

Effacer

Ce volet vous permet de formater un disque (c'est-à-dire d'en effacer tout le contenu). Impossible, une fois de plus, de traiter le disque de démarrage (celui sur lequel macOS est installé).

Formater signifie effacer. Cette action est définitive ; elle ne peut être annulée. N'agissez donc pas à la légère ; après, ce sera trop tard ! Si le disque à traiter abrite des données que vous souhaitez conserver, sauvegardez-les avant de commencer. N'oubliez pas qu'il vaut mieux deux jeux de sauvegarde qu'un seul. Vous vous souvenez : la ceinture… et les bretelles !

VOLUMES ET PARTITIONS

Partitionner un disque, c'est le diviser en plusieurs volumes. Par *volume*, entendez espace de stockage qui ressemble et se comporte exactement comme un disque à part entière. Une *partition* est donc un volume qui se trouve sur un lecteur et qui est complètement indépendant des autres volumes. Vous pouvez créer autant de partitions que vous le souhaitez, mais n'exagérez pas : il est inutile d'en prévoir plus que nécessaire. En d'autres termes, ne partitionnez pas à toute berzingue !

Vous ne pouvez partitionner qu'un disque que vous venez de formater. Commencez donc par cette opération, puis créez les partitions en ayant pris soin de réfléchir au préalable au nombre et à la taille de celles-ci. Car, une fois la décision prise, il sera impossible de revenir en arrière.

Terminons en disant qu'il n'est pas impératif de partitionner vos disques. Certains utilisateurs s'en passent très bien. Mais si vous partitionnez, faites-le avec modération. Ainsi, ne créez pas plus de deux partitions sur un iMac équipé d'un disque de 500 Go ; c'est inutile.

Restaurer

Permet de restaurer un volume à l'identique à partir d'un autre volume. Ainsi, une copie exacte de l'original est créée.

Monter

Monter permet d'afficher un disque externe sur le Bureau afin d'accéder à ses données. Une fois le disque monté, l'onglet se transforme en Démonter. Cliquez dessus pour retirer le disque du système en toute sécurité.

Infos

Communique des informations sur le disque sélectionné.

En règle générale, les nouveaux logiciels que vous installez sur votre disque dur sont fournis sur CD ou téléchargés depuis Internet. Les éditeurs de logiciels proposent le plus souvent un programme d'installation qui décompresse les fichiers et les installe au bon endroit. Les nouveaux logiciels sont alors exploitables, après redémarrage.

Apple a imaginé une variante à ce mode d'installation : l'*image disque*. Ça a tout d'un disque, sauf que ce n'en est pas un. Et l'idée a séduit les développeurs de logiciels qui l'exploitent de plus en plus, tant pour les installations que pour les mises à jour. Unc fois montéc sur lc Burcau – par *montée*, cntcndcz visiblc par lc systèmc d'exploitation –, l'image disque se comporte exactement comme un vrai disque. Vous pouvez l'ouvrir et en visualiser le contenu dans une fenêtre Finder, copier des fichiers qui s'y trouvent vers un autre disque, faire glisser son icône sur le bouton Éjecter du Dock pour vous en débarrasser, *etc.*

Pour faire apparaître une image disque sur votre Bureau, double-cliquez sur le fichier image. Utilitaire de disque prend la main et affiche une icône qui ressemble à s'y méprendre à une icône de disque.

Ce programme ne se contente pas de monter les images disque lorsque vous double-cliquez sur leur icône ; il vous permet aussi de créer vos propres images disque et de graver des fichiers images disque sur des CD-ROM.

Ces images disque peuvent parfaitement voyager sur le Net. Et comme elles se comportent comme des disques, elles remplacent avantageusement les installateurs sur CD-ROM ou autre support apparenté. D'ailleurs, les concepteurs de logiciel ont pris l'habitude de créer deux supports pour leurs installateurs, une version CD et une image disque téléchargeable.

Nous reviendrons plus en détail sur Utilitaire de disque à l'occasion du chapitre suivant.

Capture d'écran

Vous voulez prendre une photo de votre écran ? Faites appel à Capture d'écran. Il permet de désigner une sélection, de reproduire l'écran tout entier, ou une simple fenêtre ou boîte de dialogue. Il est évident que cet outil est surtout utile aux formateurs ainsi qu'à ceux qui rédigent des manuels informatiques et les illustrent.

L'interface de Capture d'écran s'est considérablement améliorée avec Mojave en facilitant la mise en œuvre de différents outils de capture. Ainsi, le menu local Options permet de choisir l'emplacement d'enregistrement des captures, de lancer un minuteur, et de choisir ou non de capturer le pointeur de souris, de se souvenir de la dernière sélection, et d'afficher une vignette flottante (en bas à droite de l'écran). En fonction du mode, il suffit de cliquer sur une fenêtre ou bien de sélectionner une zone à capturer.

La capture du pointeur ne fonctionne que si vous capturez en mode Capturer tout l'écran.

Par défaut Capture d'écran enregistre les fichiers au format PNG. Pour l'enregistrer sous un autre format, double-cliquez sur la vignette de capture pour l'ouvrir dans Aperçu. Là, maintenez la touche Alt enfoncée, ouvrez le menu Fichier, et choisissez Enregistrer sous. Dans le menu local Format de la boîte de dialogue Enregistrer sous, choisissez le format de fichier qui vous convient comme JPEG, TIFF, ou PDF pour ne citer qu'eux.

Grapher

Grapher, c'est le plaisir des yeux ! Cette application permet, en effet, de représenter des équations mathématiques sous forme graphique en deux ou trois dimensions. Elle est capable de traiter de nombreux types d'équations, notamment courbes et surfaces paramétriques, équations différentielles, séries discrètes et équations partielles. Ça nous dépasse, évidemment. (C'est l'aide du programme qui nous a fourni ces infos, sans que nous sachions trop bien, avouons-le, de quoi il retourne exactement. Et vous ?)

Trousseaux d'accès

Un *trousseau* permet de rassembler les différents mots de passe qui protègent l'accès à vos programmes, sites Web et serveurs. Vous n'utilisez plus qu'un seul mot de passe pour déverrouiller le trousseau, qui en regroupe plusieurs. Vous pouvez donc oublier les autres. N'ayez aucune crainte : vos mots de passe sont protégés, car seul peut y accéder l'utilisateur qui connaît la clé du trousseau.

La notion de trousseau est particulièrement intéressante lorsque vous possédez plusieurs comptes de messagerie ayant chacun un mot de passe différent. Il suffit alors de les ajouter à votre trousseau pour accéder ensuite à tous vos messages avec une seule clé.

Un trousseau d'accès session est créé automatiquement lorsque vous installez Mojave (ou achetez un Mac sur lequel il est préinstallé).

Pour créer un nouveau trousseau, choisissez Fichier/Nouveau trousseau.

Pour ajouter des mots de passe à un trousseau :

- **Pour ajouter des mots de passe pour des applications :** ouvrez Mail ou une application qui gère cette fonctionnalité et modifiez votre mot de passe. Répondez *Oui* quand un message vous demande si vous souhaitez ajouter ce mot de passe au trousseau.

  Comment savoir quels sont les logiciels qui gèrent les trousseaux et quels sont ceux qui ne les gèrent pas ? Impossible à déterminer tant qu'ils ne vous adressent pas un message vous engageant à enregistrer votre mot de passe dans un trousseau depuis leur fenêtre d'ouverture ou de connexion. S'ils gèrent cette fonctionnalité, ils proposent alors la case à cocher correspondante.

- **Pour ajouter un mot de passe de site Web :** ouvrez le programme Trousseaux d'accès, puis choisissez la commande Nouvel élément de mot de passe dans le menu Fichier. Dans la fenêtre correspondante, tapez l'URL – l'adresse – du site dans la case d'édition Nom de l'élément de trousseau, entrez votre nom d'utilisateur dans la case Nom du compte, puis introduisez votre clé d'accès dans la case Mot de passe (Figure 19.9).

Pour employer ce nouveau mot de passe, utilisez Safari afin d'ouvrir l'URL. Si les cases du nom et du mot de passe ne sont pas remplies automatiquement, choisissez Édition/Remplissage automatique de formulaire (⌘ + Majuscule + A). Il ne vous reste plus qu'à vous connecter en cliquant sur le bon bouton de la page Web.

Si vous validez l'option Noms et mots de passe d'utilisateurs de l'onglet Rempl. auto de la fenêtre des préférences de Safari, vous serez dispensé d'ajouter manuellement les sites, comptes et clés d'accès. C'est le programme qui vous demandera si vous souhaitez enregistrer votre mot de passe lorsque vous arriverez pour la première fois sur un site qui a cette exigence.

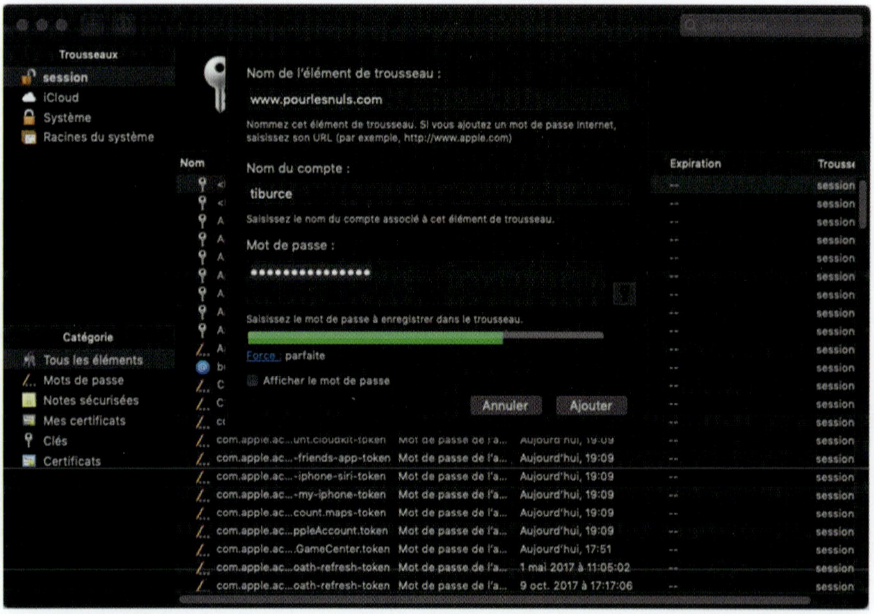

FIGURE 19.9 Ajoutez une adresse Internet à un trousseau depuis l'utilitaire Trousseaux d'accès.

Assistant migration

Cet utilitaire sert à transférer des informations personnelles, comme les comptes de messagerie et diverses préférences, d'un Mac vers un autre. Condition requise pour utiliser cette fonction : disposer de privilèges d'administrateur. Lorsque vous avez installé Mojave (ou lorsque vous avez mis en service votre Mac flambant neuf), cet Assistant vous a demandé s'il fallait récupérer des données personnelles à partir d'un autre Mac. Si vous avez répondu par l'affirmative, il s'est chargé de l'opération.

Vous pouvez exécuter cet utilitaire à n'importe quel moment pour transférer tout ou partie des comptes d'utilisateurs, des applications, des paramètres et des fichiers depuis votre ordinateur vers un autre Mac ou vers un PC. Ou l'utiliser après avoir remplacé un disque dur ou réinstallé macOS. Ce n'est pas fini : cet assistant est même capable d'importer des comptes d'utilisateurs, des applications, des paramètres et des fichiers depuis un PC tournant sous Windows.

Terminal

macOS est basé sur UNIX. Si vous en doutez encore, ouvrez donc Terminal.

En fait, UNIX est un programme à lignes de commandes – il faut taper les diverses instructions au clavier –, et c'est dans Terminal que vous agirez si vous préférez cette façon de faire à l'interface conviviale du Mac. Tapez des commandes qui affichent des répertoires, copient et déplacent des fichiers, recherchent des documents ou des contenus, établissent ou modifient des mots de passe... Cela a peu de chance de vous arriver ! En revanche, les fanas du Mac adorent combiner l'interface graphique et les lignes de commandes !

Non-initiés s'abstenir ! De fait, toute intervention malencontreuse dans Terminal risque de mettre définitivement à mal votre système d'exploitation. Évitez d'intervenir à moins d'être sûr de votre coup.

Chapitre 20

Quand il n'y a pas de solution, c'est qu'il n'y a pas de problème

DANS CE CHAPITRE :

» **Si le Mac vous fait la moue.**

» **Gérer les signaux de détresse.**

» **Lorsque le Système refuse de démarrer.**

Nous, les Macintoshiens de la première heure, avons eu – il faut le reconnaître – notre part de soucis. Mais nous avons appris à les résoudre et souhaitons vous faire profiter de notre expérience.

Si le problème se situe au niveau matériel, ni vous ni nous n'y pouvons rien, malheureusement. Mais s'il est logiciel, les choses peuvent sans doute s'arranger ; ce chapitre vous explique comment.

Disque de démarrage et boot

En général, lorsque vous démarrez, un élégant logo Apple vous accueille. Mais il arrive que ce ne soit pas le cas. Un écran désespérément bleu, ou vert, ou noir... vous fait face, sans broncher.

Aïe ! Cela signifie que votre Macintosh ne va pas bien. Il peut s'agir d'une défaillance matérielle. Mais il se peut aussi que ce soit macOS le problème.

Cette situation est rare, rassurez-vous. N'en tirez donc pas de conclusion hâtive.

Localiser ou créer un disque de démarrage

Lorsque nous disons *boot*, nous faisons référence à un disque ou à une partition en particulier.

Dans le cas de Mojave cependant, étant donné qu'il n'y a pas de DVD *bootable*, l'installateur crée une partition bootable sur le disque sur lequel vous installez Mojave et l'appelle Récupération HD.

Nous avions l'habitude de conseiller à nos lecteurs de garder à portée de main leur disque d'installation du système d'exploitation macOS, c'est-à-dire celui livré avec leur machine ou la copie achetée indépendamment de leur ordinateur. Mais, depuis l'avènement de Mountain Lion, la donne a été modifiée en la matière. Mojave, comme El Capitan, Sierra, et High Sierra son aîné, n'existe que sous la forme d'une mise à jour téléchargeable depuis l'App Store. Par conséquent, vous ne disposez d'aucun disque d'installation ! Il est alors recommandé d'effectuer des copies de sauvegarde du fichier d'installation du système que vous avez ainsi téléchargé.

Expliquer comment créer un disque de restauration exécutable dépasse le cadre de ce livre. Le concept d'une partition de restauration est une bonne chose en soi. Toutefois, qu'arrivera-t-il si le problème rencontré tient à une panne définitive de votre disque dur ? Par conséquent, nous vous engageons à créer un clone de votre disque dur système le plus vite possible juste au cas où ce disque rendrait l'âme.

Apple fournit un utilitaire à cette fin, Assistant Disque de Récupération (`http://support.apple.com/kb/DL1433?viewlocale=fr_FR`). (Au moment où nous écrivions ces lignes, cette page pointait encore sur celle de Mountain Lion. Pas de panique, car la procédure est la même sous Mojave.) Vous pouvez aussi confier cette mission au shareware Carbon Copy Cloner (`www.bombich.com`). Troisième solution, notre préférée : SuperDuper ! (shareware de `www.shirt-pocket.com`). Pensez juste à prévoir un disque dur d'une capacité égale ou supérieure au disque de démarrage, puis lancez-vous.

Les signaux de détresse

Lorsque vous allumez votre Mac, l'appareil commence par effectuer ses tests hardware, puis cherche à savoir si macOS est installé sur le disque dur. S'il ne le trouve pas sur les disques internes, il le cherche sur les disques durs externes (FireWire, Thunderbolt, USB), voire sur un DVD.

Si plusieurs disques durs sont connectés à votre ordinateur, vous pouvez désigner celui depuis lequel le Mac doit démarrer. Ouvrez à cette fin la préférence système Disque de démarrage.

Généralement, le Mac identifie ce disque de démarrage et lance la séquence permettant d'accéder au système d'exploitation.

S'il ne le trouve pas ou s'il ne parvient pas à localiser, sur ce disque, les fichiers dont il a besoin pour mettre macOS en service, il vous informe de son échec en affichant un signal d'interdiction. Cela revient à vous demander : « Indiquez-moi où se trouve le disque de démarrage ».

Ne vous inquiétez pas : cela signifie tout simplement que l'ordinateur ne parvient pas à identifier un disque de démarrage, disque dur, CD ou DVD-ROM contenant un logiciel système en état de marche, qu'il s'agisse de macOS ou d'une version antérieure.

Si vous rencontrez des difficultés avec vos disques, essayez différentes options comme Utilitaire de disque et S.O.S. Par exemple, lancez une vérification du disque comme à la Figure 20.1, vérifiez et réparez les permissions. Pensez également à zapper la PRAM (voir plus loin) ou encore à effectuer un redémarrage en mode sécurisé.

FIGURE 20.1 Vérifiez le disque quand quelque chose ne tourne pas rond.

Restaurer avec le disque de récupération

Si vous êtes confronté à un signal de détresse (c'est-à-dire un message qui vous signale que quelque chose ne fonctionne plus dans votre système au point d'empêcher l'ordinateur d'accéder à macOS), vous devez faire intervenir Utilitaire de disque pour tenter de corriger le problème. Oui, mais voilà ! Comment faire lorsque le système est en rade ? Suivez cette procédure :

1. **Faites redémarrer votre Mac.**
2. **Maintenez ⌘ + R enfoncées jusqu'à ce qu'apparaisse le logo Apple.**

   Au bout de quelques minutes, vous accédez à la fenêtre Utilitaires macOS illustrée sur la Figure 20.2.

   - **Si vous pouvez démarrer depuis la partition Récupération :** si la fenêtre Utilitaires macOS s'affiche après que vous avez redémarré depuis cette partition (ou depuis un disque de démarrage externe, un clone, un DVD-ROM ou un disque quelconque), c'est que la situation n'est pas désespérée. En effet, si vous pouvez démarrer depuis un autre volume, cela signifie que le problème est imputable soit à votre volume de démarrage, soit à l'installation de macOS telle qu'elle a été faite.

     Dans tous les cas, les techniques décrites dans la suite de ce chapitre devraient vous permettre de résoudre le problème.

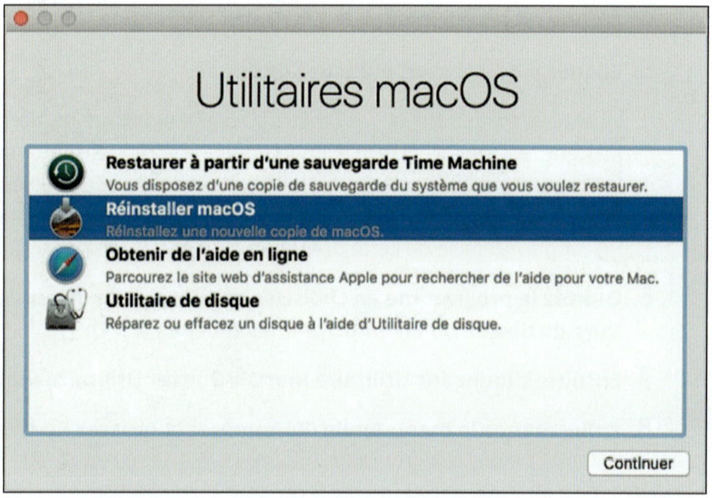

FIGURE 20.2 Les utilitaires macOS X.

Passez donc à l'étape n° 1 ci-après.

- **Si vous ne pouvez pas démarrer depuis la partition Récupération :** s'il est impossible de démarrer depuis cette partition ou depuis tout autre disque exécutable, passez à l'étape n° 5 ci-après.

Étape n° 1 : Faire appel à S.O.S. Disque

Chaque disque regroupe des éléments aux noms bizarres : B-trees, fichiers extension, fichiers catalogue et autres fichiers invisibles. Tous sont impliqués dans la gestion des données stockées sur vos disques. L'utilitaire S.O.S. Disque, qui est une fonction d'Utilitaire de disque, vérifie l'état de ces fichiers et les répare si nécessaire.

Voici comment le mettre en service :

1. **Pendant la séquence de démarrage, maintenez les touches ⌘ + R enfoncées.**

   Cette action permet de démarrer directement depuis le disque de récupération.

   La fenêtre Utilitaires macOS apparaît.

2. **Choisissez Utilitaire de disque et cliquez sur Continuer.**
3. **Quand la fenêtre du programme s'ouvre, sélectionnez l'icône du disque de démarrage à gauche.**

4. **Activez ensuite l'onglet S.O.S. à droite.**
5. **Cliquez sur Exécuter, puis sur Continuer.**

   Le Mac se met au travail ; la fenêtre vous tient informé du déroulement de la procédure. Une fois qu'elle est parvenue à son terme, si tout s'est bien passé, le programme vous avise que l'unité a été réparée et qu'elle est à présent en état de marche. Lorsque S.O.S. a vérifié les autorisations du disque, il affiche un rapport détaillé de cette opération.

6. **Quittez le programme en choisissant Utilitaire de disque/Quitter Utilitaire de disque ou en enfonçant les touches ⌘ + Q.**
7. **Ensuite, cliquez sur Utilitaire macOS/Quitter Utilitaire macOS.**
8. **Enfin, ouvrez le menu Apple (Pomme), et choisissez Redémarrer.**

Si S.O.S. Disque ne parvient pas à réparer l'unité endommagée, faites appel à un programme comme DiskWarrior d'Alsoft (notre préféré) ou Drive Genius 5. D'ailleurs, vous pouvez invoquer ces utilitaires même si S.O.S. Disque vous dit que tout va bien, pour un second avis. Assurez-vous au préalable qu'il s'agit bien de la version prévue pour macOS de ces logiciels et non pour une version antérieure.

DiskWarrior est indéniablement le plus efficace de tous. Si vous ne deviez en avoir qu'un, ce serait celui-là.

Si S.O.S. Disque vous assure que tout va bien, essayez de faire redémarrer normalement votre Mac. *A priori*, tout devrait bien se passer.

En revanche, si les problèmes persistent, essayez de faire démarrer la machine sans les extensions (voir ci-après).

Étape n° 2 : Démarrer sans les extensions

Si vous maintenez enfoncée la touche Majuscule pendant le démarrage, le Mac démarre, mais les extensions sont désactivées, comme l'indique la mention du bas de la fenêtre de démarrage.

Si votre ordi est configuré pour démarrer sans mot de passe, maintenez la touche Majuscule enfoncée jusqu'à complet chargement du Finder. Dans le cas contraire, tapez votre mot de passe comme vous le faites d'habitude, mais, avant de cliquer sur le bouton Ouvrir une session, enfoncez de nouveau la touche Majuscule et gardez-la dans cette position jusqu'à ce que le Finder ait fini de charger.

Le démarrage sans extensions présente trois avantages :

- Il provoque une vérification du répertoire du volume de démarrage.
- Il limite le chargement aux extensions indispensables (certaines sont stockées dans le dossier /Système/Bibliothèque/Extensions).
- Il n'exécute que les éléments de démarrage prévus par Apple (/Système/Bibliothèque/StartupItems et Bibliothèque/StartupItems). Notez que ces deux dossiers StartupItems n'ont rien à voir avec les réglages de la préférence Système Comptes.

Ce démarrage devrait vous permettre de résoudre le problème si celui-ci est dû à des problèmes logiciels ou à des défaillances du répertoire du disque de démarrage.

Certaines fonctionnalités sont inhibées en mode Extensions désactivées. C'est notamment le cas de Lecteur DVD, de la capture vidéo (depuis iMovie ou depuis les autres logiciels d'édition vidéo), de la borne d'accès AirPort, de certains périphériques d'entrée et de sortie audio, du modem USB interne ou externe. En conclusion : n'utilisez ce mode que si vous êtes confronté à des problèmes de démarrage.

Si votre Mac accepte de démarrer sans extensions, c'est sans doute que le problème est dû à un fichier de préférence endommagé (dans le dossier Départ/Bibliothèque/Preferences) ou à un élément de la liste Ouverture automatique de l'onglet Ouverture de la préférence système Utilisateurs et groupes. Dans ce cas, déplacez provisoirement ce dossier Preferences vers le Bureau ou désactivez les éléments à lancer au démarrage. Si, dans un cas ou dans l'autre, la situation s'améliore, remettez les fichiers de préférences à leur place en plusieurs opérations (quelques fichiers à la fois) ou réactivez une à une les applications à lancer au démarrage en testant à chaque fois de manière à identifier le responsable du problème. Si ça ne marche toujours pas, passez à l'étape n° 3 ci-après.

Étape n° 3 : Zapper la PRAM/NVRAM

Il arrive que la pagaille règne dans la PRAM (*Parameter RAM* ou mémoire des paramètres de base) et dans la NVRAM (*Non-Volatile RAM*) ; dans ce cas, il convient de réinitialiser ces mémoires qui ne sont pas effacées lors de l'extinction de la machine et qui, dès lors, mémorisent différents paramètres, comme :

- la date et l'heure ;
- le choix du volume de démarrage ;

» le réglage du volume ;

» les informations de problème de kernel ;

» les paramètres régionaux.

Pour réinitialiser ou *zapper la PRAM* (comme on dit en jargon informatique), il suffit de redémarrer en maintenant les touches ⌘ + Option (Alt) + P + R enfoncées jusqu'à ce que le Mac se relance tout seul. Le point d'interrogation clignotant apparaît, mais il disparaît rapidement ; la machine redémarre. Les utilisateurs avertis vont même jusqu'à prétendre que, pour bien purger la PRAM, il faut laisser le processus se produire deux, trois, voire quatre fois d'affilée avant de relâcher les touches et de laisser le démarrage s'amorcer.

Après le zapping de la PRAM/NVRAM, faites redémarrer le Mac sans activer aucune touche modificatrice.

Si cette réinitialisation ne résout pas le problème, passez à l'étape n° 4.

Lorsque vous zappez la PRAM, le Mac oublie quel disque vous aviez désigné comme disque de démarrage. Sélectionnez-le de nouveau dans le volet Disque de démarrage des Préférences Système. D'autres réglages risquent également d'avoir été réinitialisés, notamment le fuseau horaire ou le volume du son. À vous de les rétablir.

Contrairement aux versions antérieures de Mac OS, la version X ne stocke plus dans la PRAM les réglages relatifs à l'affichage ni au réseau. Inutile donc de la zapper pour résoudre d'éventuels problèmes liés à ces deux paramètres.

Étape n° 4 : Réinstaller macOS

Si cette procédure n'est proposée qu'en quatrième recours, c'est parce qu'elle prend beaucoup de temps.

Il suffit de cliquer sur Réinstaller macOS depuis la boîte de dialogue Utilitaires macOS qui s'affiche lorsque vous redémarrez en appuyant sur Cmd + R.

Si, au terme de cette réinstallation, la situation ne s'améliore pas, passez à l'étape n° 5.

Étape n° 5 : Porter votre Mac en réparation

Si aucune des mesures décrites ci-dessus ne produit d'effet, il ne vous reste plus, malheureusement, qu'à porter votre Mac en réparation.

Vous pouvez aussi essayer ceci :

- **Appelez le support technique Apple.** Connectez-vous au site Apple pour trouver les coordonnées téléphoniques du support. Cette assistance peut vous sortir d'un mauvais pas. Si votre Mac est sous garantie, l'assistance technique sera probablement gratuite.
- **Posez une question dans des forums.** Visitez les forums consacrés au Mac en général et à Mojave en particulier. Il y a peu de chance que vous soyez le seul au monde à être confronté à votre problème. Vous découvrirez alors une communauté d'utilisateurs vraiment prêts à vous porter secours.
- **Vérifiez si vous n'avez pas un problème de RAM.** Voici un problème très répandu : si vous rencontrez des soucis juste après avoir installé de la mémoire RAM – ou tout autre matériel de ce type – vérifiez que les barrettes sont correctement et fermement insérées dans les supports adéquats de la carte mère. (Attention : éteignez d'abord votre Mac et débranchez sa prise d'alimentation.) L'ordinateur n'étant plus sous tension et votre Mac se trouvant alors débranché, retirez et replacez les barrettes de mémoire. Si votre problème persiste, retirez les barrettes supplémentaires pour voir si le souci ne viendrait pas de là.

  Suivez les instructions d'installation de vos barrettes de mémoire RAM – ou celles du guide d'installation de votre Mac. Avant de manipuler les barrettes, déchargez votre corps de son électricité statique. Pour cela, utilisez un bracelet spécial ou touchez un radiateur en métal.

Si aucune de nos suggestions ne fonctionne, il est à craindre que :

- Votre disque dur ait rendu l'âme.
- Un autre élément matériel soit défaillant.
- Vos disques de démarrage et votre logiciel Système ne soient plus en mesure de fonctionner correctement.

En dernier ressort : si après avoir tout essayé, votre Mac ne démarre toujours pas, emmenez-le dans un centre de réparation Apple. Le diagnostic tombera et un devis vous permettra de savoir s'il faut réparer ou remplacer votre machine.

Quand le Système refuse de démarrer

C'est le problème le plus grave.

En général, vous savez que le Système a *planté* quand vous recevez un message d'erreur, quand le curseur se fige, quand l'écran se bloque. Mais le *plantage au démarrage*, lui, intervient entre le moment où vous faites redémarrer la machine et celui où vous parvenez normalement au Bureau.

Si cela vous arrive, la solution la plus simple consiste à réinstaller macOS depuis la partition Récupération. Sinon, revenez au point n° 5 : portez votre Mac en réparation. Ah ! On est bien peu de chose !

VI

Les dix commandements

DANS CETTE PARTIE...

Booster votre Mac.

Ça vaut le détour.

Chapitre 21

Dix conseils pour booster macOS

Ce chapitre s'adresse à tous les speedés qui trouvent que ça ne va jamais assez vite, même avec des Mac tout neufs survitaminés. Nous ne pouvons rien faire pour que votre processeur tourne plus rapidement, mais nous pouvons vous donner quelques trucs pour augmenter ses performances.

Dix conseils... c'est vite dit ! Pfff, pénible cette partie traditionnelle des *nuls* qui vous impose 10 fruits et légumes par livre. Eh bien, dans ce chapitre, nous n'en mangerons pas dix (Na, et j'attends vos réclamations lecteurs ingrats qui ne voyez que les manques et pas le contenu).

Utiliser des raccourcis clavier

Les raccourcis clavier permettent d'agir plus vite ; le Tableau 21.1 dresse la liste des plus intéressants. Grâce à eux :

- Vos mains restent sur le clavier et n'ont donc pas besoin de se déplacer jusqu'à la souris.
- Si votre cerveau mémorise ces combinaisons de touches, vos doigts réagiront instinctivement.
- Plus vous utilisez d'équivalents clavier, plus vous travaillez rapidement.

Arrangez-vous pour garder ce tableau sous les yeux. Épinglez la liste au mur, par exemple.

TABLEAU 21.1 **Les principaux raccourcis clavier.**

Raccourci	Action	Effet
⌘ + O	Ouvrir	Ouvre l'élément sélectionné.
⌘+ . (point)	Annuler	Annule l'opération en cours dans la plupart des programmes, y compris au niveau du Finder. La touche Esc, en haut à gauche du clavier, en fait autant, mais pas systématiquement.
⌘ + P	Imprimer	Affiche une boîte de dialogue dans laquelle vous pouvez demander l'impression du contenu de la fenêtre active. (L'impression est traitée au Chapitre 15.)
⌘ + X	Couper	Coupe l'élément sélectionné et le transfère vers le Presse-papiers. (Le menu Édition et le Presse-papiers sont commentés au Chapitre 6.)
⌘ + C	Copier	Copie l'élément sélectionné et transfère cette copie vers le Presse-papiers.
⌘ + V	Coller	Colle le contenu du Presse-papiers au niveau du point d'insertion.
⌘ + F	Rechercher	Affiche la fenêtre de recherche si vous vous trouvez au Finder. Affiche la boîte de dialogue Rechercher dans la plupart des programmes.
⌘ + A	Tout sélectionner	Sélectionne le contenu complet de la fenêtre active dans la plupart des programmes et au Finder aussi.
⌘ + Z	Annuler	Annule la dernière action exécutée dans la plupart des programmes, Finder compris.
⌘+ Majuscule + ?	Aide	Affiche la fenêtre d'aide dans la plupart des programmes, Finder inclus.
⌘ + Q	Quitter	Quitte l'application en cours (mais pas le Finder qui, lui, est toujours actif).
⌘ + Majuscule + Q	Se déconnecter	Met un terme à la séance de travail de l'utilisateur ; la fenêtre d'identification s'affiche jusqu'à ce qu'un autre utilisateur s'identifie.
⌘ + Suppr.	Supprimer	Déplace l'élément sélectionné vers la Corbeille.
⌘+ Majuscule + Suppr.	Vider la Corbeille	Supprime le contenu de la Corbeille quand vous l'exécutez depuis le Finder.
⌘ + Espace (maintenue enfoncée)	Siri	Siri entre en action s'il est activé.

Apprendre la dactylographie

Mieux vous maîtriserez votre clavier, plus vous serez performant. Inutile d'essayer de nous convaincre que vous vous débrouillez très bien à deux doigts. Rien, en réalité, ne remplace la frappe à dix doigts, sans regarder les touches.

Mettez-vous au travail. Courage !

Procurez-vous un logiciel d'apprentissage et appliquez-vous. Pensez régularité avant de penser vitesse.

Régler la résolution de l'écran

Vous pouvez, pour améliorer votre efficacité, régler la résolution de votre écran. La plupart des moniteurs et des cartes vidéo modernes sont capables d'afficher plusieurs résolutions. Le réglage s'opère dans l'onglet Moniteur de la préférence Système Moniteurs (Figure 21.1). Validez l'option À l'échelle de la rubrique Résolution de manière à afficher une liste des résolutions disponibles ; choisissez celle qui vous intéresse.

N'hésitez pas à valider les options pour voir ce que ça donne, sachant qu'en résolution native vous voyez plus de choses, mais qu'en résolution inférieure, si vous en voyez moins, vous les voyez en revanche en nettement plus grand.

La résolution d'un écran s'exprime en nombre de pixels à l'horizontale et en nombre de pixels à la verticale. Plus la résolution est faible, plus le taux de rafraîchissement est élevé. Ainsi, une résolution de 1024 x 768 pixels est rafraîchie plus rapidement qu'une résolution de 1 280 x 1 024 pixels. Cette règle ne vaut pas pour les écrans à cristaux liquides. Sur ces unités, la résolution native est généralement plus rapide et varie selon le moniteur. Pour les autres écrans plats, consultez la documentation pour connaître la résolution recommandée par le fabricant. La différence de vitesse d'affichage entre les résolutions est pratiquement imperceptible. Par ailleurs, étant donné que plus la résolution est élevée, plus l'écran affiche un nombre élevé d'éléments (icônes, fenêtres…), choisir une résolution élevée vous dispense souvent de faire défiler la fenêtre vers le haut ou vers le bas pour en visualiser le contenu et améliore donc, à ce titre, l'efficacité du Mac.

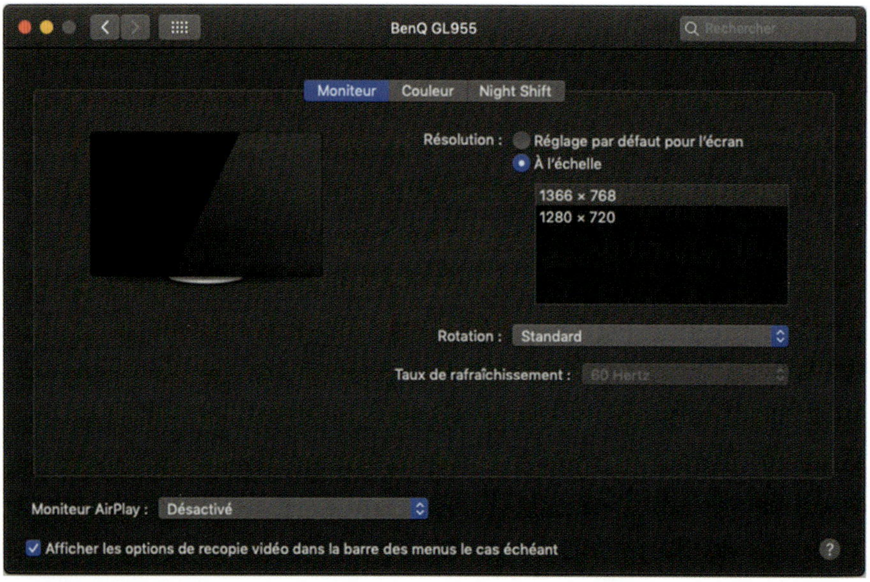

FIGURE 21.1 Choisissez la résolution d'affichage de votre écran.

En matière de résolution, privilégiez le confort d'utilisation plutôt que d'opter systématiquement pour la résolution la plus élevée.

Sachez enfin que, bien qu'il soit possible d'exploiter macOS à des résolutions inférieures à 1 280 x 800, Apple, en concevant ses fenêtres et ses boîtes de dialogue, est parti du principe que vous n'opteriez pas pour une résolution *inférieure* à celle-là. Si vous vous entêtez, vous risquez fort de voir certains éléments de l'interface ne s'afficher que partiellement, voir disparaître complètement de l'écran.

Jongler avec les présentations

Le type d'icônes et le fond du Bureau déterminent directement la vitesse de rafraîchissement de l'écran au niveau du Finder. Vous pouvez intervenir sur ces réglages dans la fenêtre des options de présentation : depuis le Finder, choisissez Présentation/Afficher les options de présentation ou enfoncez les touches ⌘ + J.

Selon l'état de la fenêtre active à l'appel de la commande ou le choix que vous effectuez *a posteriori* dans ce même menu, les options disponibles varient ; examinons-les : par icônes, par liste, par colonnes, et sous forme de Galerie (Figure 21.2).

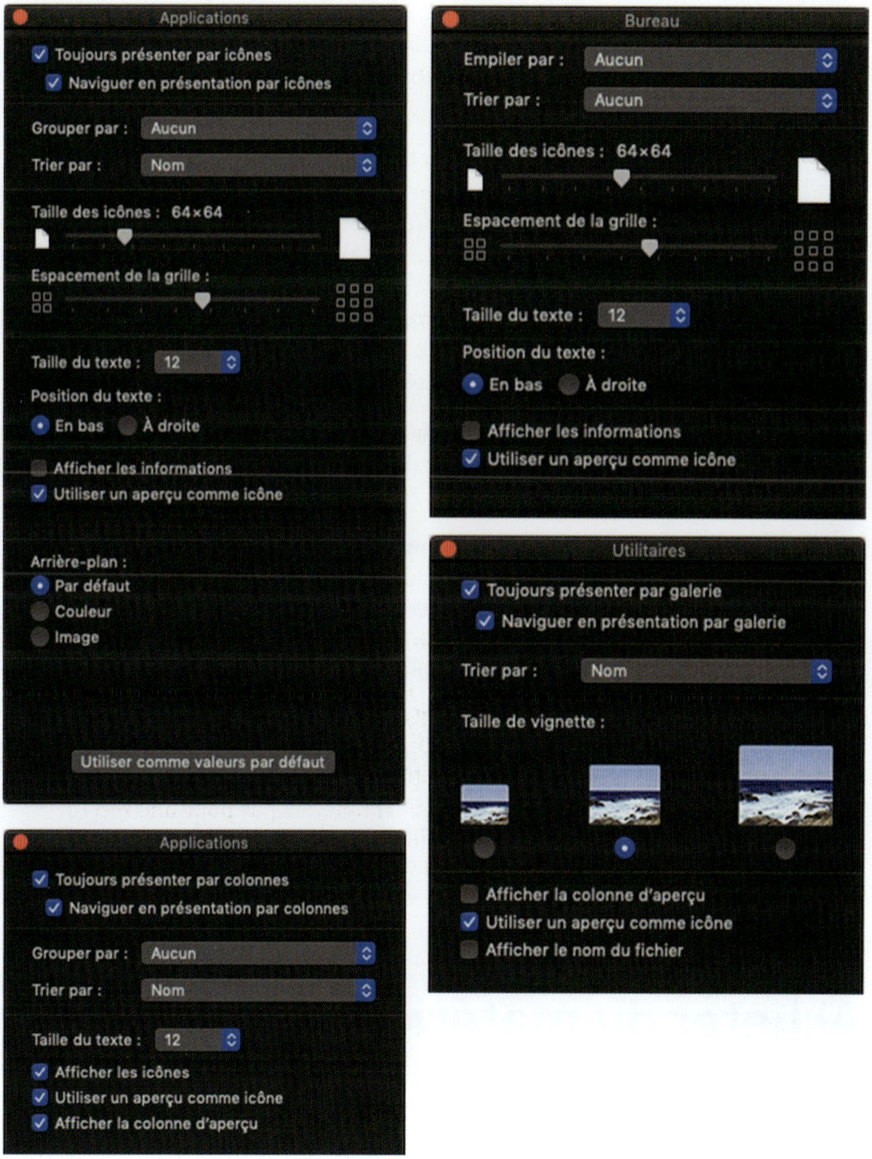

FIGURE 21.2 Les différentes présentations.

Quelques réglages intéressants :

- » **Taille des icônes :** plus les icônes sont petites, plus l'écran est mis à jour rapidement.

En mode Par icônes, réglez la taille des icônes en faisant glisser le curseur correspondant vers la gauche (plus petites) ou vers la droite (plus grandes). En mode Par liste, optez pour une des deux options du haut de la fenêtre : petites ou grandes.

- **Calculer toutes les tailles :** nous vous engageons, en mode Par liste, à ne pas activer l'option Calculer toutes les tailles, car nous avons l'impression qu'elle ralentit le rafraîchissement de l'écran au niveau du Finder. Si vous la validez, celui-ci calcule la taille de tous les dossiers de toutes les fenêtres ouvertes en mode Liste et affiche le résultat de son calcul dans la colonne Taille. Faites-vous votre propre idée à propos de cette option : activez-la, observez le comportement du Finder, puis désactivez-la et voyez si vous constatez une différence de rapidité.

  De toute façon, si vous souhaitez connaître la taille d'un dossier, il suffit de cliquer dessus, puis de choisir Lire les informations (⌘ + I) dans le menu Fichier.

- **Afficher les colonnes :** en mode Par liste, la rubrique Afficher les colonnes met à votre disposition différentes options dont l'impact sur la rapidité de l'affichage est relativement négligeable. Ces options sont : statut iCloud, date de modification, date de création, taille, type, version, commentaires et étiquette. Choisissez celles qui vous intéressent.

A priori, les options que vous cochez dans ce volet d'infos ne concernent que la fenêtre active. Toutefois, le bouton Utiliser comme valeurs par défaut proposé tout en bas vous permet d'ériger ces réglages en valeurs prédéfinies pour *toutes* les fenêtres Finder du même type. Notez cependant que l'option n'est pas disponible pour la présentation en colonnes ni pour le Bureau ; cela signifie que les choix que vous établissez dans ce volet deviennent automatiquement valeurs par défaut.

Acheter du matériel plus performant

Apple ne cesse de commercialiser des ordinateurs toujours plus puissants et toujours meilleur marché. Cependant, beaucoup de modèles sont livrés avec 4 Go de mémoire vive, ce qui est tout juste suffisant pour exploiter efficacement Mojave.

Pensez aux derniers iMac et Mac mini. Ou, si vous privilégiez la mobilité, tournez-vous vers les MacBook et les MacBook Pro. Envisagez éventuellement l'achat d'un modèle d'occasion ; vous en trouverez des centaines sur eBay.

Une autre option consiste à rechercher les matériels reconditionnés dont vous avez besoin sur le site Web d'Apple. Vous économiserez ainsi pas mal d'argent.

Augmenter la RAM

Votre Mac se traîne ? Envisagez d'augmenter sa RAM (*Random Access Memory* – mémoire à accès aléatoire) de quelques gigas (on n'en a jamais trop !). Certes, tous les Mac sont désormais livrés avec au moins 4 Go de mémoire RAM, ce qui, en théorie du moins, suffit pour faire tourner Mojave. Mais, croyez-en notre expérience, macOS est à l'étroit dans ces 4 Go et ne donnera sa pleine mesure qu'avec une RAM étendue.

Ça ne coûte pas très cher (moins de 100 euros) et c'est facile à installer. La procédure à suivre est décrite dans le manuel de votre ordinateur. Si vous l'avez perdu, vous trouverez des instructions détaillées sur le site d'Apple.

Sachez cependant que, si vous possédez un MacBook Air ou certains modèles récents d'iMac, vous n'êtes pas sorti de l'auberge, car ces appareils sont particulièrement difficiles à ouvrir sans un outil spécialisé (qui n'est autre qu'une spatule de peintre à bord aiguisé). Il est préférable de confier l'opération à un spécialiste.

Doter le Mac d'une carte graphique plus rapide

Une carte graphique plus performante permet d'accélérer le rafraîchissement de l'affichage écran. Les infographistes ne peuvent s'en passer ; les fanas des jeux 3D non plus. Elle peut aussi s'avérer intéressante sous macOS, car Metal 2, le système d'imagerie du système, lui confie une part de sa besogne. Même les autres tâches du Mac ont toutes les chances de s'exécuter plus rapidement puisque la carte se charge d'une partie du travail anciennement dévolue au processeur principal.

Une restriction : vous ne pourrez doter votre Mac d'une carte de ce type que s'il dispose d'un connecteur destiné à l'accueillir. Seuls les Mac Pro sont concernés.

Acheter un nouveau disque dur

Étant donné que votre Mac est équipé d'un processeur Intel, vous ne gagnerez pas grand-chose à remplacer son disque d'origine, déjà très performant. Donc, à moins que vous ne soyez vraiment à l'étroit, nous vous déconseillons de procéder à cette substitution.

N'envisagez cette solution que si votre disque est plus ancien ; pensez alors à équiper votre Mac d'un disque FireWire, USB ou Thunderbolt, sachant qu'USB 3 et Thunderbolt sont à l'heure actuelle les bus les plus performants lorsqu'il s'agit de connecter des disques externes au Mac.

FireWire (le top jusqu'il y a peu) est conseillé pour connecter les périphériques qui doivent communiquer avec le Mac à des vitesses élevées. C'est principalement le cas des disques durs, graveurs de CD, scanners et caméscopes numériques. C'est aussi le bus le plus rapide que les Mac sont capables de gérer de manière native.

Sachez que tous les Mac récents possèdent un port FireWire de type 800, différent de la version 400 des modèles plus anciens. Un Mac équipé exclusivement FireWire 800 est capable de gérer un périphérique FireWire 400 (ou l'inverse) à condition que vous disposiez d'un câble de conversion 400 – 800, que vous vous procurerez dans votre magasin habituel.

Thunderbolt, qui n'est présent que sur les Mac les plus récents, est de loin le plus rapide de tous. Cela étant dit, au moment où nous écrivons ces lignes, il existe très peu de périphériques au standard Thunderbolt. Il semble prometteur, mais nous n'avons pas eu le loisir de vérifier les propos d'Apple en la matière.

Enfin, histoire d'en rajouter une couche, sachez que tous les nouveaux Mac utilisent l'USB 3, beaucoup plus performant que les éditions précédentes et que la solution FireWire. Donc, si vous achetez un disque dur externe USB, assurez-vous qu'il s'agit bien de l'USB 3 (à condition, bien sûr, que votre Mac soit à même de le gérer).

Dans tous les cas de figure, une bonne nouvelle : la connexion est opérationnelle dès que le branchement est effectué. Il est rare, en effet, que d'autres interventions soient requises.

Investir dans un SSD (Solid State Drive)

Enfin, le dernier et le plus formidable des périphériques de stockage est appelé *Solid State Drive*. Il utilise une mémoire flash à la place d'un système mécanique de rotation de disque et de déplacement des têtes de lecture.

Autre énorme avantage : il effectue ses opérations deux fois plus vite que les systèmes mécaniques.

Revers de la médaille : il coûte fort cher – au moins 5 fois le prix d'un disque dur mécanique de capacité équivalente.

Au regard des performances (en hausse) et des prix (en baisse), nous en équiperons, c'est sûr, notre prochain Mac !

Chapitre 22

Presque dix détours qui en valent le coup

Bien que nous nous soyons efforcés d'être, dans cet ouvrage, aussi complets que possible, nous savons pertinemment que nous n'avons pas répondu à toutes vos attentes, d'autant que de nouveaux matériels et logiciels sortent tous les jours.

Les meilleures sources d'information actualisées sont les magazines spécialisés, mais aussi le Web. C'est là que vous trouverez des tonnes d'infos techniques, de trucs et d'astuces ainsi qu'une foule de logiciels à télécharger. (N'oubliez pas de lire d'abord le Chapitre 9 consacré à Internet.)

Les sites recensés ici sont tous français. La liste est, bien sûr, loin d'être exhaustive. Une recherche menée avec Google (`www.google.fr`) ou avec tout autre moteur vous permettra sans doute d'en dénicher d'autres.

Là où tout commence : www.apple.com/fr/

Très classe, très *design*, ce site est apparemment destiné à séduire et à faire vendre. Vous y trouverez non seulement les derniers produits mis sur le marché, mais aussi, en cliquant sur Store, une boutique de vente par correspondance. Vous pourrez y commander un Mac fait sur mesure, avec disque dur, lecteur DVD, mémoire ou périphériques AirPort ou Bluetooth préinstallés selon vos *desiderata*.

L'onglet Assistance donne accès à des pages techniques et à des pages de téléchargement. Une seule critique : dès que l'information recherchée est un peu pointue, le site d'Apple France vous dirige sur le site de la maison mère, aux États-Unis.

Et, bien sûr, la page à ne pas manquer est celle consacrée à macOS Mojave (`https://www.apple.com/fr/macos/mojave/`). C'est là que vous trouverez les dernières infos et, surtout, l'annonce des dernières mises à jour.

Le téléchargement : www.cnetfrance.fr/telecharger/mac/

Vous trouvez sur ce site quantité de freewares et de sharewares spécialement développés pour l'environnement Mac en général et pour le système d'exploitation Mojave en particulier. Vous y obtiendrez aussi les versions les plus récentes de toutes sortes de programmes : commerciaux, sharewares et/ou freewares.

Des bidouilles : www.macbidouille.fr/

Comme l'indique son adresse Internet, c'est là que se rencontrent tous ceux qui ne se contentent pas d'utiliser leur Mac, mais qui veulent en savoir plus. Vous y trouverez des tests de matériels, photos à l'appui, des petites annonces, un lexique de termes techniques, *etc.*

Historique : www.aventure-apple.com/

Pour savoir où l'on va, il faut aussi savoir d'où l'on vient. Ce site retrace toute la saga de la Pomme, y compris ses pépins, comme en témoigne le lien Flops, qui recense toutes les mauvaises bonnes idées et toutes les bonnes mauvaises idées d'Apple, comme l'ordinateur de poche Newton, la console Pippin, le PowerBop (un Mac/Bi-Bop, qui l'eût cru ?), *etc.*

Mais ne soyons pas méchants. Apple a été et reste une formidable aventure qui a commencé, un peu par hasard, dans un garage. Dommage que ne figure pas, sur ce site, le tout premier Apple, avec son boîtier en bois épais style « boîte de cireur de chaussures ». Pour l'apercevoir, vous devrez vous rendre sur un site anglophone, The Apple Museum (`http://applemuseum.bott.org/`) et cliquer sur le lien Apple

Products, puis sur le lien Apple I. Et n'oubliez pas d'activer le lien Operation Manual pour admirer le manuel d'origine orné d'une gravure à l'ancienne montrant Isaac Newton méditant sous un pommier, juste avant que le fruit ne lui tombe sur la tête.

Mais revenons au site francophone. Vous y découvrirez des souvenirs d'Apple France, notamment un petit mot de Michel Audiard – oui, le dialoguiste des *Tontons flingueurs* –, qui fait part de son contentement d'avoir rejoint la cohorte des Macintoshiens.

mac4ever : https://www.mac4ever.com/

Site consacré à l'actualité Apple. Il est sans nul doute l'un des sites les plus suivis dans la communauté des utilisateurs Apple, que ce soit pour les ordinateurs, les iPod, ou l'iPhone.

Vous y trouverez des dossiers complets sur le matériel Apple comme l'Apple TV 4K, les Apple Watch et les ordinateurs de la marque à la pomme. Vous découvrirez des tests, comme celui des cartes graphiques eGPU (externes) désormais prises en charge par Mojave, marquant ainsi une révolution sur Mac. Vous pourrez consulter des photos et des podcasts, et enfin passer des petites annonces où y acheter du matériel d'occasion.

Mac génération : http://forums.macgeneration.com/

Officiellement, il s'agit là d'un forum où se rencontrent les passionnés du Mac, mais, en réalité, c'est bien davantage. Vous y trouverez des liens vers des tests et des astuces high-tech, des produits d'occasion, et un guide et un forum dédiés à l'iWatch.

Télécharger encore : http://www.01net.com/telecharger/mac/

Dans le même esprit que Cnet, ce site 01net propose des téléchargements pour Windows, Linux, Mac bien sûr, mais aussi Palm, Pocket PC, téléphones mobiles, extraits de films, démos de jeux vidéo et sonneries de téléphone. Il y a aussi un blog et rien, de surcroît, ne vous empêche de créer le vôtre.

Petit détail qui fait la différence : un petit drapeau français signale les logiciels en français et une cotation qui s'échelonne de une à six étoiles traduit le degré de satisfaction des internautes qui les ont téléchargés.

Vous savez à présent ce qu'il vous reste à faire après vous être connecté à Internet et avoir lancé Safari, un mot qui, en swahili – une langue largement parlée dans l'Est africain –, signifie « voyageur ».

Index

M

N

O

P

R

S

T

U

V

W